HUMANITIES AND SOCIETY

LANDSCAPE AND POWER

风景与权力

W. J. T. Mitchell

[美国] W.J.T.米切尔 编　杨丽 万信琼 译

译林出版社

图书在版编目（CIP）数据

风景与权力/（美）米切尔（Mitchell, W. J. T）编；杨丽，万信琼译. —南京：译林出版社，2014.10（2023.2 重印）
（人文与社会译丛/刘东主编）
书名原文：Landscape and Power
ISBN 978-7-5447-4829-2

Ⅰ. ①风… Ⅱ. ①米… ②杨… ③万… Ⅲ. ①文化研究-世界-文集 ②权力-研究-文集 Ⅳ. ①G112-53 ②D033-53

中国版本图书馆 CIP 数据核字（2014）第 132447 号

风景与权力 ［美国］W. J. T. 米切尔 / 著 杨 丽 万信琼 / 译

校　　译 张箭飞
责任编辑 马爱新
策划编辑 陈秋实
装帧设计 胡 苨
责任印制 单 莉

原文出版 University of Chicago Press
出版发行 译林出版社
地　　址 南京市湖南路 1 号 A 楼
邮　　箱 yilin@yilin.com
网　　址 www.yilin.com
市场热线 025-86633278
排　　版 南京展望文化发展有限公司
印　　刷 江苏凤凰新华印务集团有限公司
开　　本 880 毫米 × 1230 毫米 1/32
印　　张 14.125
插　　页 2
版　　次 2014 年 10 月第 1 版
印　　次 2023 年 2 月第 4 次印刷
书　　号 ISBN 978-7-5447-4829-2
定　　价 78.00 元

主编的话

刘东

总算不负几年来的苦心——该为这套书写篇短序了。

此项翻译工程的缘起，先要追溯到自己内心的某些变化。虽说越来越惯于乡间的生活，每天只打一两通电话，但这种离群索居并不意味着我已修炼到了出家遁世的地步。毋宁说，坚守沉默少语的状态，倒是为了咬定问题不放，而且在当下的世道中，若还有哪路学说能引我出神，就不能只是玄妙得叫人着魔，还要有助于思入所属的社群。如此嘈嘈切切鼓荡难平的心气，或不免受了世事的恶刺激，不过也恰是这道底线，帮我部分摆脱了中西"精神分裂症"——至少我可以倚仗着中国文化的本根，去参验外缘的社会学说了，既然儒学作为一种本真的心向，正是要从对现世生活的终极肯定出发，把人间问题当成全部灵感的源头。

不宁惟是，这种从人文思入社会的诉求，还同国际学界的发展不期相合。擅长把捉非确定性问题的哲学，看来有点走出自我围闭的低潮，而这又跟它把焦点对准了社会不无关系。现行通则的加速崩解和相互证伪，使得就算今后仍有普适的基准可言，也要有待于更加透辟的思力，正是在文明的此一根基处，批判的事业又有了用武之地。由此就决定了，尽管同在关注世俗的事务与规则，但跟既定框架内的策论不同，真正体现出人文关怀的社会学说，决不会是医头医脚式的小修小补，而必须以激进亢奋的姿态，去怀疑、颠覆和重估全部的价值预设。有意思的是，也许再没有哪个时代，会有这么多书生想要焕发制度智慧，这既凸显了文明的深层危机，又表达了超越的不竭潜力。

于是自然就想到翻译——把这些制度智慧引进汉语世界来。需要说明的是，尽管此类翻译向称严肃的学业，无论编者、译者还是读者，都会因其理论色彩和语言风格而备尝艰涩，但该工程却绝非寻常意义上的"纯学术"。此中辩谈的话题和学理，将会贴近我们的伦常日用，渗入我们的表象世界，改铸我们的公民文化，根本不容任何学院人垄断。同样，尽管这些选题大多分量厚重，且多为国外学府指定的必读书，也不必将其标榜为"新经典"。此类方生方成的思想实验，仍要应付尖刻的批判围攻，保持着知识创化时的紧张度，尚没有资格被当成享受保护的"老残遗产"。所以说白了：除非来此对话者早已功力尽失，这里就只有激活思想的马刺。

主持此类工程之烦难，足以让任何聪明人望而却步，大约也惟有愚钝如我者，才会在十年苦熬之余再作冯妇。然则晨钟暮鼓黄卷青灯中，毕竟尚有历代的高僧暗中相伴，他们和我声应气求，不甘心被宿命贬低为人类的亚种，遂把逐译工作当成了日常功课，要以艰难的咀嚼咬穿文化的篱笆。师法着这些先烈，当初酝酿这套丛书时，我曾在哈佛费正清中心放胆讲道："在作者、编者和读者间初步形成的这种'良性循环'景象，作为整个社会多元分化进程的缩影，偏巧正跟我们的国运连在一起，如果我们至少眼下尚无理由否认，今后中国历史的主要变因之一，仍然在于大陆知识阶层的一念之中，那么我们就总还有权想象，在孔老夫子的故乡，中华民族其实就靠这么写着读着，而默默修持着自己的心念，而默默挑战着自身的极限！"惟愿认同此道者日众，则华夏一族虽历经劫难，终不致因我辈而沦为文化小国。

一九九九年六月于京郊溪翁庄

目　录

再版序言

空间、地方及风景

W.J.T. 米切尔

在《风景与权力》初版几年后的今天，如果给我机会重新题名，我会出于两个原因把它称为《空间、地方及风景》（*Space, Place, and Landscape*）。第一个原因是，本书已经发表了大量关于权力的观点，并就此展开了透彻的争论。如果有人继续坚持认为权力是风景意义的核心，那么他将不得不承认，相对于军队、政治力量、政府和企业的意义而言，风景的权力是相对较弱的一股力量。风景在人身上施加了一种微妙的力量，引发出广泛的、可能难以详述的情感和意义。事实上，无论风景具有怎样的权力，其效力的不确定性似乎成为一个重要特征。作为一个形象、形式或者叙述行为出现的背景，风景发挥了环境、场景或视野的被动作用。它常常"被忽视"，而不是"被观看"，我们也很难说清楚，一个人"正在看风景"这句话到底指的是什么。

当一个人像我们用日常语调那样重述那句风景祈使句："看那片景色"（look at the view）——不是"看那座山"（或那海、天空、平原、森林、城市、河流），而是"看那片景色"，这种独特的不确定性显示为一种冗余。俗语的表达暗示，邀请看风景实际上不是邀请看任何明确的事物，而是忽视所有细节以欣赏一个完全的格式塔（gestalt），一处被某一具体特征主导，却不可简化为这一特征的远景或景色。（当这条指令变

vii 成“描绘或描述一片风景”时，类似的问题依然可见。）风景祈使句是一种撤退的指令，即从一个位置后退从而抽身而出。正如我们所说，如果一片风景以其诱人的美丽“吸引了我们”，那与这一举动密切相关的，则是退回到一个更宽广、更安全的视角，一段审美的距离，以及抵制这片景色可能向我们提出的任何实际的或道德的要求。雷蒙·威廉斯的论断仍然正确：“一个劳作的乡村几乎不是风景。”[1] 因此，邀请看一片景色就是建议什么都不看——或者更准确地说，是看观看本身而已——以便随着空间在某个特殊地方的展露，对它进行一种意识的感悟。

这促使我想对本书的标题做一个积极的改变。当对风景（landscape）效用的评估涉及到空间（space）和地方（place）时，会发生什么？这三个术语如何产生共鸣？当然，在许多文本里，我们把它们互换着使用。一片风景就是一个空间，或是一个地方的景色。在这一话题的现象学和历史唯物主义传统中，空间和地方都是关键术语，而风景则被想当然地看成是空间和地方的现实特征的美学框架。在此，戴维·哈维的研究值得仿效。[2] 哈维尝试着把以加斯东·巴什拉和马丁·海德格尔为代表的现象的、经验的传统和以亨利·列斐伏尔、米歇尔·德·塞图和米歇尔·福柯为代表的马克思主义传统结合起来。尽管这些传统中存在许多差异，但它们都同意“空间”和“地方”作为分析的基本范畴的首要地位。相对而言，风景仍然缺少分析。它主要留给对绘画或造园术感兴趣的艺术史家，或是J.B.杰克逊这样的文化地理学家。就我所知，还没有人真正尝试将这三个术语作为一个概念整体来思考。

或许米歇尔·德·塞图提供了最简单的开始。他依据整整一系列双重对立划分出空间（espace）和地方（lieu）之间的“区域”（field）。地方与“稳定性”、“专有的法则”和特定的、有边界的场所相联系。相反，空间：

> 存在于人们考虑方向、速度和时间变数等矢量时。这种空间

> 由移动因子的交集构成……与地方相比，它因此没有一个“专有的”单义性和稳定性。
>
> 简而言之，空间是被实践的地方。因此，由城市规划用几何学所限定的街道通过行人变成了一个空间。同样，一次阅读行为也是由一个特殊地方的实践所产生的空间：一个写作文本，也就是一个由一套符号构成的地方。[3] viii

戴维·哈维以一个必须“免受不可控制的空间矢量的侵害”（292）的门禁社区为例，回应了这种区分。这种空间矢量以贫穷的黑人邻居入侵的形式存在。事实上，他认为中心城市的主要动力是“地方边界的稳固性与空间的移动性之间的张力”（296）。在此，我们可以窥见一整套由空间和地方之间的区别推断出来的为人熟知的对立。德·塞图将这些术语跟操作与对象、线路与地图、言语与语言、犯罪与法律、行动与静止之间的差异联系起来。

空间与地方在日常语言中也形成了引人关注的辩证对立。空间具有抽象性和几何学的内涵，而地方则与特殊性和有质感的密集度产生共鸣。有“外层空间”，但“外层地方”听起来就很奇怪。为某事“腾出地方”（take place）在语法上也与“占据空间”（take space，或者应该是take up space？）完全不同。place是一个带有宾语的及物动词，如：“我把一个罐子放在田纳西。”space则仅仅是作为位移和迷失方向之隐喻的谓词。（一个人能够通过拉开物体间的距离而把它们“分隔”或“隔开”，因此动词to space与placing的动作似乎完全相反。）在某种程度上，这些俗语的内涵颠覆了德·塞图的对立，因为它们将空间与数字、否定、测量、监视和控制联系起来，而地方将有形的、复合的和感官的存与留存在图绘和描绘的空间符码之下。一个真空和一块空地不是一回事。一块空地里充满了空间，似乎空间是一个地方腾空后便趁虚而入的负空（negative void）。它是“充斥”在一个空壳和一块林中空地中的幽灵般的空缺。无论怎样，一个地方基本上和“一个”明确的、有边界的空间是一回事，而这样的空间，没有限定性冠词修饰，变得抽象和绝对。然而，并不存在绝对的地方，除了博尔赫斯的“阿莱夫”（Aleph）之外，这个神秘的希伯来字母是一个涵盖了所有其他地方的地方。[4]

与这种二元研究方法不同，亨利·列斐伏尔的经典之作《空间的生产》（*The Production of Space*）基于他所称的感知的、构想的和生活的空间的区别，坚持一种强硬的三元概念结构。[5] 感知的空间大致相当于德·塞图所说的“空间的实践”，是“隐匿”了一个社会空间的日常活动和行为，就像同时出现在一块草皮上的、由人们习惯的行走模式所形成的多条小径。构想的空间是由工程师、城市规划师和建筑师规划、管理和意识上建构的领域，正如在（列斐伏尔指出）“数字”和“智力设计的”
ix 语言符号中所展示的。最后，生活的空间（列斐伏尔也称之为“再现的空间”）通过“图像和符号”传递给想象。这块领域属于“居住者”和“使用者，还有某些艺术家和……少数描绘并且渴望不止于描绘的作家和哲学家。这是想象试图改变和占用的受主导的空间——因而是被动体验的空间”（39）。

或许显而易见的是，列斐伏尔的三个范畴大致相当于我一直说的“空间、地方和风景”。然而，我更感兴趣的不是加强这种对应关系，而是谈论列斐伏尔把整个主题三元化，且抵制二元主义的诱惑这一更综合的建议。[6] 更具体地说，空间、地方和风景这种表达提供了一个进入我们研究领域的俗语入口，而这个入口，可能三个术语中，单独一个或双拼无法提供。因此，我在《风景和权力》再版中要推荐的不仅仅是一些重要的新素材——爱德华·萨义德、乔纳森·博尔多、迈克尔·陶希格、罗伯特·伯格·哈里森和我本人的文章——还是一种由对这一更宽广和分化的理论领域的关注所引起的，阅读所有这些文章的新方法。

那么，人们可以把空间、地方和风景看成是一个辩证的三一体（triad），一个可能从不同角度激活的概念结构。如果地方是一个特定的场所,空间是一个“被实践的地方”,一个被行动、活动、叙述和符号激活的地点,而一处风景是那个被视为图像和“景色”的地点。因此,纽约市的中央公园坐落于地球上一个具体的地方;它是无数活动和实践的地点;它作为一系列如画的画面或从欧洲风景画衍生出的“风景”而被消费(也被设计为供如此消费)。这些术语中没有哪一个在逻辑上或先后顺序上优于其他术语:一个人可以把空间的活动说成是生产或改造一个地方,或者把一个地方的特性说成使某些空间活动成为可能并且阻碍其他的活动(因此,地方可能被认为具有某种能动作用,尽管德·塞图的观点认为空间是一个积极而动态的术语)。风景可被认为是与一个地方首次认知上的相遇,和对它的空间矢量的领悟(因此,欣赏风景可能也包括领会——或者无力领会——它的叙述轨迹或符号特征)。

或许列斐伏尔和德·塞图的见解中最重要的一点是,风景中权力的表达是一种法则、禁令、规则、控制的表现——拉康所说的整个“象征域”。这是列斐伏尔的“概念化的空间”,是由景观设计师或工程师创作的、被管理或被设计的空间,是巫师宣布禁止进入的禁地或神圣空间,或者是被殖民官员命名、声称拥有并控制的被征服的领土。对于这种把空间看成是象征域的维度(如同法律或否定)的观点,我还想补充一 x
个看法,即把地方看成是拉康式现实域的场所,是创伤和历史事件的发生地。我们说,“这是这件事发生的地方”,但若说“这是这件事发生的空间(或风景)”则似乎有一点奇怪。纪念馆或纪念碑被建起以标记一个地方。空间的实践(仪式、朝圣、游览)则可能激活这个地方,而这个地方则可能变成想象力渲染的对象(明信片、描绘、声光表演、幻想、记忆)。

然而,我的观点并不是要严格地将空间、地方和风景与拉康的象征域、现实域和想象域对应起来,而是要激活这个概念三一体的辩证资源。我的目标是要释放出体现在这些术语中的理论的白话资源,像海德格尔所说的那样“倾听我们的元语言”。我们需要这样做,因为我们简直不知道如何命名这些术语所包含的“领域”或“主题”。我们谈论的是文化地理学或人文主义地理学么？是造园术、环境研究或深层生态学么？是艺术、文学或者媒体的历史么？是地点、区域和领土的社会学、人类学或现象学么？任何想要围绕三个术语中的一个来奠定这一探索的尝试，例如，把“空间”设为基础概念而把其他两个看成衍生出的变体，都容易使这个讨论具体化并且枯竭。在我看来，最好一开始就把这个主题三分化。这一姿态实际上可能是认知性绘图中某些基本过程的反射，是在任何感知的或概念的领域确定方向的方法。于是，我们的“主题”（实际上理解为地方）要求把空间 / 地方 / 风景设想为一个统一的问题和一个辨证的过程。

本版中新编入的文章都从不同的方面引发了这个三一体。爱德华·萨义德的《虚构、记忆和地方》为 1998 年一次难忘的关于“巴勒斯坦的风景方面”的会议定下基调，展示了媒介（写作、记忆、想象）如何产生出一个“人类空间”，也就是一个空间 / 地方 / 风景的复合体，有着具体的位置和历史，空间矢量和运动在其面孔上留下并探查到了伤痕。我自己的关于以色列 / 巴勒斯坦和美国西部“神圣的风景”的文章（为同一次会议所写），同样关注一处想象的风景如何被编织到现实地方（例如，美国西部的沙漠、约旦河西岸的沙漠地区）和象征性空间（如受到法律和军事权威管制的领域）的结构中。这两篇文章首次发表的具体地点是约旦河西岸的比尔泽特大学，也是其价值的一个重要方面。两篇文章又具有双重定位的意义，在美国背景下如此深深地与以色列
xi 和巴勒斯坦产生了象征的、想象的、现实的联系。

乔纳森·博尔多关于荒野的文章同样是一个有着破坏性空间实践的真实历史和象征性控制体制的特定地点，介入了北美和加拿大人对“未被踏入的”或“处女”风景的想象。迈克尔·陶希格关于“沙滩（幻想一种）”的沉思，正如标题所示，是一次对那些想象的海滩的探险——在那里我们追溯了在“盐海”中“人类的起源”，也探讨了 20 世纪中作

为公共空间的“港口”所受到的现实毁坏，以及澳大利亚悉尼邦代冲浪海滩之类的具体地方的象征性共鸣。最后，罗伯特·伯格·哈里森的“Hic Jacet”重新思考了海德格尔的问题，即地方同时被决定并决定了我们“在世存在”，此在。是我们创造了地方，还是地方创造了我们？这个问题的价态变化，把能动性归于生存的人类主体，或者他们埋葬的地方，似乎使整个空间、地方和风景的问题回到“地面”。无论风景具有什么样的权力，无论它向空间和地方展现了什么样的权力，它无疑是我们生活、活动、实现自身之存在的媒介，是我们最终注定返回的媒介。 xiii

注　释

1. 雷蒙·威廉斯，《乡村与城市》（*The Country and the City*，纽约：牛津大学出版社，1973），第120页。

2. 尤其见戴维·哈维，《正义、自然与差异地理学》（*Justice, Nature, and the Geography of Difference*，马萨诸塞州剑桥：布莱克威尔，1996）。

3. 米歇尔·德·塞图，《日常生活实践》（*The Practice of Everyday Life*，伯克利：加利福利亚大学出版社，1984），第117页。

4. 引自豪尔赫·路易斯·博尔赫斯，《阿莱夫和其他故事：1933—1969》（*The Aleph and Other Stories：1933—1969*，纽约：E.P. 达顿，1970）

5. 亨利·列斐伏尔，《空间的生产》（1971），唐纳德·尼尔克森—史密斯译（牛津：布莱克威尔，1991）

6. 见爱德华·索亚（Edward Soja），《第三空间》（*Thirdspace*，布莱克威尔，1996），尤其是他对“空间性的三重辩证法”的论述。

致 谢

本书最开始成形于1990年春天一次名为“风景的权力”的中西部教员研讨会上，并得到芝加哥大学继续教育办公室的伊丽莎白·奥康纳·钱德勒的推动。安·亚当斯、安·伯明翰、戴维·班恩、伊丽莎白·赫尔辛格、W.J.T. 米切尔和乔尔·斯奈德递交了论文。聚集到这次研讨会上的艺术、人类学、心理学和文学专业的大学教师们给予了活泼的、批判性的讨论，对此我们表示感谢。同时，还要感谢伊丽莎白·奥康纳·钱德勒和她的同事苏珊·卡斯滕迪克和珀尔·冈萨雷斯，以及百合基金会对这次学习盛宴的赞助。我要感谢安·亚当斯愿意与我在1990年春天一起开展名为“文字的和视觉的风景”的研究生研讨班的合作教学，以及客座教授——中国风景方面的安尼·伯库斯，欧洲现代主义方面的玛莎·沃德，以及德国风景方面的拉里·西尔弗——他们使这次研讨班的国际探讨成为可能。

W. J. T. 米切尔

导 论

W.J.T. 米切尔

这本书的目的就是要把“风景”从名词变为动词。它提出，我们不是把风景看成一个供观看的物体或者供阅读的文本，而是一个过程，社会和主体性身份通过这个过程形成。风景研究在本世纪已经经历了两次大的转变：第一次（与现代主义有关）试图主要以风景绘画的历史为基础阅读风景的历史，并把该历史描述成一次走向视觉领域净化的循序渐进的运动；[1] 第二次（与后现代主义有关）倾向于把绘画和纯粹的“形式视觉性”的作用去中心化，转向一种符号学和阐释学的办法，把风景看成是心理或者意识形态主题的一个寓言。[2] 我认为第一种方法是“沉思性的”，因为它的目的是要挖掘言语、叙述和历史的元素，呈现一个旨在表现超验意识的意象——无论是一只“透明的眼球”、一次“存在”的体验，或者一种“纯真的眼神”。第二种方法是阐释性的，其例证就是试图把风景解码成许多决定性的符号。我们都知道，风景可以被译解成各种文本系统。自然的景物，比如树木、石头、水、动物，以及栖居地，都可以被看成是宗教、心理，或者政治比喻中的符号；典型的结构和形态（拔高或封闭的景色、一天之中不同的时段、观者的定位、人物形象的类型）都可以同各种类属和叙述类型联系起来，比如牧歌（the pastoral）、田园（the georgic）、异域（the exotic）、崇高（the sublime），以及如画（the picturesque）。

《风景与权力》一书旨在将这些方法糅合成一种更具综合性的模式，该模式所追问的不仅有风景“是”或者“意味着”什么，还有风景做
1 什么，它作为一种文化实践如何起作用。我们认为，风景不仅仅表示或者象征权力关系；它是文化权力的工具，也许甚至是权力的手段，不受人的意愿所支配（或者通常这样表现自己）。因此，就某种类似于意识形态的东西而言，风景作为文化中介具有双重的作用：它把文化和社会建构自然化，把一个人为的世界再现成似乎是既定的、必然的。而且，它还能够使该再现具有可操作性，办法是通过在其观者与其作为景色和地方（sight and site）的既定性的某种关系中对观者进行质询，这种关系或多或少是决定性的。因此，风景（不管是城市的还是农村的、人造的或者自然的）总是以空间的形式出现在我们面前，这种空间是一种环境，在其中“我们”（被表现为风景中的“人物”）找到——或者迷失——我们自己。以这种方式理解的风景因此不可能满足于只是置换现代主义范式那种模糊不清的视觉性，代之以可读的比喻；它需要追溯风景抹除自身的可读性、把自身自然化的过程，在与可以被称为其观者“自然历史”的关系中去理解这个过程。我们已经以及正在对环境所做的一切、环境反过来对我们的所作所为、我们如何使我们对彼此的行为变得自然，以及这些“行为”如何在我们称为“风景”的再现媒介中得到展现，这就是《风景与权力》一书的真正主题。

尽管这本文集没有收入任何论述影视风景的论文，但我们应该清楚，风景的移动映像其实就是照片、绘画和其他媒介中传统静止风景意象的这些修正性描述的次文本。这些文章的基本论点是，风景是一个动态的媒介，我们在其中“生活、活动、实现自身之存在”，同时它本身也从一个地方或者时间移动到另外一个地方或时间。通常，人们是根据固定的类型（崇高、优美、如画、牧歌），固定的媒介（文学、绘画、摄影），或固定的地方，也即视觉想象或阐释的目标来处理风景美学，与此

相对，这本文集中的文章则考查风景流通的方式：如何成为一个交换媒介、一个视觉占有的地点、一个身份形成的焦点。因此，即使是风景美学最传统的主题，17 世纪的荷兰绘画，在文集中也被安·亚当斯看成是一个动态的过渡性构成，直接参与到了一场生态革命（实实在在地从海洋中建造低地）以及一个复杂的政治、社会和文化身份网络的形成之中。在亚当斯的描述中，荷兰风景不仅仅只是许多需要“在历史环境中”阐释的绘画，还是文化和经济实践的主体，既在实有的又在再现出来的环境中制造历史，在社会主体的形成过程中扮演了重要角色，而社会主体则为不可读的“私人”身份和由地方和民族认同模塑出来的决定性的公共自我。 2

与此相似，在她关于 18 世纪 90 年代“英国风景画的政治”的描述中，安·伯明翰把风景再现既看成是一种“话语”，不同的政治立场在其中可以得到发声，也看成一种文化实践，它消除话语，使风景的可读性无法发声，让制度和政治的合法化过程得以进行。伊丽莎白·赫尔辛格向我们展示，对于透纳而言，风景不仅仅再现自然场所，同时还创造一个“流通场所”系统，它关系到迅速发展的英国旅游、民族主义和帝国主义的各种互不相容的阶级利益，并反映到公共领域中政治代表权的各种条件。乔尔·斯奈德考查了美国边疆如何在 19 世纪首次被风景摄影占领、归化，之后似乎（在蒂莫西·奥沙利文的作品中）远离了大众消费模式，被再现成为一个具有危险力量、只有通过专业技能才能把握的对象。戴维·邦恩研究了欧洲风景传统（尤其是英国的）从宗主国向帝国外围的转移，重点论述了南非风景的文字和视觉再现中的“过渡性”和“修复性”特征如何自然化了殖民地移民的地位，控制了背井离乡与喜爱家居、异域风情与耳熟能详之间的体验性矛盾。

就研究风景问题的方法而言，这本文集的开篇和结尾是互相对立却又彼此呼应的。我的论文，《帝国风景》，把风景绘画这种类型从其在风景的艺术—历史描述中的中心地位撤离下来，把风景描述成一种在

很多其他媒体中被重新表现的再现媒介，并考查了现代主义话语中的
风景概念和它被当成殖民地的再现技艺之间的一致性。查尔斯·哈里
森的结尾文章，《风景效果》，重新提出了风景作为一种绘画类型这个问
题，追踪了它在现代主义绘画实践中的命运，并分析了它的效果，尤其
是其对抗观者的意识形态建构的各个时刻。哈里森让我们注意到了本
文集的所有作者都会赞同的一个观点。描述风景或者它在其中得到再
现的媒介的“权力”，不能仅通过把它解读为权力关系的再现或者解读
为影响其生产的权力关系的痕迹。我们必须关注各种效果的特殊性，
关注某种媒介在某个特定的历史时刻所需要的绘画作品的种类。以如
3 画美欧洲传统形式出现的风景很可能是一种“枯竭”的媒介，至少对于
严肃艺术或者自我批判的再现的目的而言是这样；但是，这种枯竭也许
正好可以标志着其他层面上的一种权力增加（比如在大众文化与媚俗
4 作品之中），以及在其他形式、其他地方中复兴的可能性。

注　释

1. 这种风景美学方法在恩斯特·贡布里希（Ernst Gombrich）富有影响力的作品，尤其是他的文章《文艺复兴艺术理论与风景的崛起》（*The Renaissance Theory of Art and the Rise of Landscape*）中得到了最全面的发展。该文章收录于《范式与形式》（*Norm and Form: Studies in the Art of the Renaissance*，芝加哥，1966）一书。同时参见肯尼思·克拉克，《风景走进艺术》（*Landscape into Art*，波士顿，1963），这本书使贡布里希的观点得以广为人知。

2. 比如参见《阅读风景：乡村—城市—首都》（*Reading Landscape: Country-City-Capital*），西蒙·皮尤（Simon Pugh）编辑（曼彻斯特，1990）：“这本文集认为，风景及其再现是一种‘文本’，因此它们像其他的文化形式一样是‘可读的’。”（2—3）

一

帝国的风景

W.J.T. 米切尔

关于风景的命题：

1. 风景不是一种艺术类型而是一种媒介。
2. 风景是人与自然，自我和他者之间交换的媒介。在这方面，它就像金钱：本身毫无价值，但却表现出某种可能无限的价值储备。
3. 类似金钱，风景是一种社会秘文。通过自然化其习俗和习俗化其自然，它隐匿了实际的价值基础。
4. 风景是以文化为媒介的自然景色。它既是再现的又是呈现的空间，既是能指（signifier）又是所指（signified），既是框架又是内含，既是真实的地方又是拟境，既是包装又是包装起来的商品。
5. 风景这一媒介存在于所有的文化中。
6. 风景是一种特殊的历史构型，与欧洲帝国主义密切有关。
7. 命题 5 与命题 6 并不矛盾。
8. 风景是一种枯竭的媒介，作为一种艺术表现方式不再活力盎然。但我们不能因此就说，风景犹如生活令人生厌。
9. 命题 8 中的风景所指与命题 6 的所指相同。

我们置身于事物中——它们不是我们的创造，有着不同于我们的生命和结构：树木、花朵、青草、河流、山丘和云朵。几个世纪以来，它们一直激发着我们的好奇和敬畏。它们是愉悦的对象。我们在想象中再造它们来反映我们的情绪。我们渐渐认为，是它们促成了我们所称的"自然"观念的形成。风景画记录了我们认识自然的阶段。自中世纪以来，人类精神一次次试图与环境建立和谐关系，风景画的兴起和发展则成为其中一环。

——肯尼思·克拉克《风景进入艺术》(1949)

这是肯尼思·克拉克在《风景进入艺术》(*Landscape into Art*)中的开篇语，而我们离这种天真状态已经很远了。尤其是，克拉克言之凿凿所代表的"我们"已无法表达不加引号的含义。谁是这个通过与"树木、花朵、青草、河流、山丘和云朵"的差异来界定自己，然后又将这些差异改造为自身情绪和观念的投射，从而消除了差异的"我们"？谁的历史和谁的自然被风景画"记录"到"阶段"中？是什么样的分裂，需要一种能够把"人类精神"恢复到"与环境和谐共生状态"的艺术？

近来的风景美学批评——一个超越绘画史，涵盖了诗学、小说、旅行文学和园艺学的领域——很大程度上可以被理解为清晰表达了天真的迷失。它把克拉克的断言变成幽灵般萦绕心头的疑问，甚至还有令人不安的答案。"我们"现在知道，并不存在简单的、毫无疑问的"我们"。这种"我们"与追求和谐的普遍人类精神相符，与中世纪以来欧洲的"上升"与"发展"一致。我们现在知道，正如约翰·巴瑞尔之类的批评家所说的那样，存在"风景的阴暗面"(dark side of the landscape)。这种阴暗面不仅仅是神话的，也不仅仅是一种与非人类的"自然"相关的退化、冲动的力量，而是一种道德的、意识形态的和政治的阴暗面，它们正是用克拉克式天真的理想主义遮蔽了自己。[1] 当代有关风景的讨论似乎饱含争议，例如最近那场围绕泰特美术馆的展览与理查德·威尔逊（Richard Wilson）作品专论所产生的争论。[2]它们可能将风景的美学理想与“庸俗的”经济和物质思考放在一起，就像约翰·巴瑞尔和安·伯明翰那样，将英国风景画运动置于圈地运动和剥夺农民财产这一背景下。[3]

我不妨在一开始就表明，本人大体上赞同像这样阴暗地、怀疑地解读风景美学。本文还试图进一步推进这种解读。基本上，我们对“高雅” 6
艺术的理解可以受益于一种批判性的观点，这种观点着眼于菲利普·费舍所称的镶嵌于理想化背景中的“严酷事实”（hard facts）。[4]然而，本文的主要目的并非增加有关风景的严酷事实，而是用一种更严酷的眼光来看构成风景事实的框架——尤其是，如何用理想主义和怀疑主义的阐释建构风景的自然、历史，以及符号学或美学特征。

事实上，在这些建构中存在着大量共同之处。关于风景画至少有三个主要“事实”达成了基本共识：（1）“纯粹”形式上而言，它是一个西欧和现代现象。（2）它出现于17世纪，并于19世纪达到高潮。（3）它最初主要被当成一种与新的观看方式有关的绘画类型。当代讨论英国风景的各方基本上都接受这些假设，并且提供了一套共同的批评语法和叙述形式，还在怀疑主义批评及与之对立的理想主义美学中间培育了一种镜面对称。例如，如果用反讽的方式理解克拉克开篇段落中的关键术语，他的观点“依然真实”：自然的“不同结构”可以被解读为一种与大地疏离的症状；“风景”中情绪的“反映”和想象性投射可被解读为意识形态的梦工场；风景画的“兴起与发展”可被解读为资本主义兴起与发展的征兆；在风景中追求“和谐”可被解读为对发生于其中的真实暴力的补偿与遮掩。

对这三个基本“事实”（让我把它们称为风景画的“西方性”、现代性和视觉 / 图像本质）达成了共识，这足以说明它们是有充分根据的。如果在根本上持不同信念的评论家们都把这几个观点视为理所应当，只是在对它们的解释上有不同意见，那么我们大可推论它们都是正确的。例如，欧洲风景画的现代性就是风景历史学家传授给学生的第一课。恩斯特·贡布里希的经典论文《文艺复兴艺术理论与风景画的兴起》（1953）叙述了16世纪一个被称为“风景画”的新类别在欧洲绘画领域“革命性”地出现，这篇文章至今仍然是该领域艺术史研究的基本参考文献。[5]

肯尼思·克拉克用最概括的方式讲述了这一课：“从不思考这事的人们，倾向于假定欣赏自然美和绘画风景是一种普通而持久的人类精
7 神活动。但事实上，在人类精神最光芒四射的时代，因为风景本身而作画的举动似乎并不存在，而且不可想象。”[6]马克思主义的艺术史家将这一“真相”复制到了英国风景美学这一更为狭窄的领域中，以意识形态观替代了克拉克的“精神活动”。于是，安·伯明翰提出：“存在一种风景的意识形态。在18世纪到19世纪，风景的阶级观念体现了一套由社会，并最终由经济决定的价值。画出来的图像对此赋予了文化性的表达。”[7]伯明翰和巴瑞尔都没有像克拉克那样清楚地断言世界历史的唯一性；他们的注意力限于英国风景画传统，甚至特定到其中的某次运动。然而，尽管缺少更宽阔的视野，或者缺少对克拉克更为全面的观点的挑战，但历史唯一性的假设仍然存在，只不过解释有所不同。

关于风景作为美学对象的视觉/图像构成，也可以提出类似的观点。伯明翰把风景看成一种有意识形态的“阶级的观看”，而“画出的图像”为它赋予“文化的表达”。克拉克说，“欣赏自然美和风景绘画是”（*is*，笔者加重）一种历史上独一无二的现象。这两位作者都忽略了“看”与“画”、感觉与表达之间的区别——伯明翰把绘画看成是一种“观看”的“表达”，而克拉克则靠单数“is”将欣赏自然与用绘画再现自然混为一体。克拉克赞同地引用了罗斯金在《现代画家》（*Modern Painters*）中的论断——随着风景画的创造“人类获得了一种新感觉”，从而进一步将绘画和观看等同起来。不仅是绘画风景，还有感知风景都“发明”

于某个历史时刻；唯一的问题是这个发明是否有精神的或者物质的基础。[8]

这些有关风景美学的基本假设中，存在两个问题：其一，它们高度可疑，其二，它们几乎从未被质疑过。“landscape”一词既可以指一个地点又可以指一幅画，正是这种歧义妨碍了问题的提出。但从字面上看，观看风景和再现风景之间区别模糊是非常有问题的。我们是否真的相信克拉克所说的，“对自然美的欣赏”仅仅始于风景画的发明？当然，从赫西俄德到荷马再到但丁等诗人的证明显示，人类并没有如罗斯金所想的那样，在中世纪之后获得一种使他们“完全区别于之前存在过的所有伟大种族”的“新感觉”。[9] 甚至连那个更有限的宣称——即认为风景绘画（不同于感知）具有独特的欧洲及现代特征，似乎都充满疑问。 8
从历史上看，风景是“后中世纪”发展的产物这一断言，与古希腊和古罗马画家“发展了一个风景画的流派”这一证据相左（这一点在克拉克的文中提到过，但仅仅当做“装饰的”和“枝节的”部分被搪塞过去）。[10] 从地理上看，认为风景是西欧独有的艺术这一观点，在遇到丰富、复杂和古老的中国风景画后也分崩离析。[11] 中国的传统在这种情况下有着双重的重要性。它不仅颠覆了任何关于风景独特的现代或西方血统的断言，而且还在18世纪英国风景美学的阐发中发挥了重要作用，以至于英中式园林（*le jardin anglo-chinois*）成为英国园林的通用欧式标签。[12]

我上面提到的中国传统介入风景话语这个问题值得进一步深思，因为它对这套话语的欧洲中心主义偏见及其起源神话提出了一些基本的质疑。关于中国风景画，有两个事实需要特别强调：其一，它盛行于中国皇权的鼎盛期，衰落于18世纪。那时英国开始成为一个帝国主义强国，而中国则成为了英国迷恋和占有的对象。[13] 风景画被理解为一种新的视觉/图像媒介的历史“发明”，那它与帝国主义是否存在必然联系？当历数几个风景画的主要“起源地”（中国、日本、罗马、17世纪的荷兰和法国、18到19世纪的英国）时，这个问题将难以回避。我们至少需要探究这样的一种可能性：风景的再现不仅事关国内政治，民族或阶级观念，也是一种国际的、全球的现象，与帝国主义的话语密切相关。

随着这个假设伴生的，是一整套规定和限制。很显然，帝国主义不是一个简单、独一和同质的现象，而是一套有关文化、政治和经济扩张与控制的复杂系统，并且随着特殊的地方、人民和历史时刻而变化。[14]帝国主义也不是一个“单向”的现象，而是一个充满交流、互换和矛盾的复杂过程。[15]这个过程同时发生在暴力、占用、协作和胁迫等具体层面，和各种象征或者再现的层面，而它们与具体层面之间的联系很少是相似和清晰的。风景被理解为一种观念或再现性实践，它与帝国主义
9 的联系一般并不直接显现。在我看来，风景不纯粹是罪恶的帝国规划的工具，也不仅仅是由帝国主义引起的。例如，荷兰风景画被认为是风景话语和绘画实践的欧洲起源，但至少在一定程度上又具有反帝国和民族主义的文化姿态。在 17 世纪下半叶，尼德兰从一个反叛的殖民地转变成海上帝国。这至少可以显示一种文化事件的政治环境会发生多么迅速和激烈的变化。同时它还表明了在混合风景构成方面的可能性，这种风景可以同时具有帝国主义和反殖民的特征。[16]

或许，把风景看成是帝国主义的“梦工场”之类的东西会更为有益：它展露自己在时空中从某个中心原点开始的运动，并返回自身，揭示出完美帝国前景的乌托邦幻想，以及悬而未决的矛盾和未压制的抵抗等破碎图像。简而言之，我在这里提出帝国主义和风景之间的联系，并不是为解释其中任何一个术语提供某种演绎模式，而是为了引出某种询问。如果肯尼思·克拉克说“风景画是 19 世纪主要的艺术创造”[17]是正确的，那我们至少需要发掘出这个文化事件与 19 世纪另外一个“主要的创造”——被称为“欧洲帝国主义”的全球控制之间的联系。

风景的"兴起"

人类不仅夺回了他的权利,还重新占有了自然。一些作品证明了穷人们在第一次看到他们国家时的感受。多么奇怪的叙述!那些河流、山脉和宏伟的风景,他们日复一日地经过那里,但在那一天,他们却发现:他们过去从未看过它们。

——米什莱,《法国革命史》

从此他飞翔,在生命之树上,
那长在中间,最高的树,
他贪婪而坐;……
……
……没有美德的思考
那赋予生命的植物,只是用作瞭望,
过去,好好用时,那景色保证
不朽的承诺……

——弥尔顿,《失乐园》,IV : 194—196 ; 198—201 10

风景从什么时候开始被感知?当然,这全部取决于人们如何定义"正确的"或"纯粹的"的风景体验。因此,肯尼思·克拉克摒弃装饰罗马式别墅的风景画,认为它们只是"背景"和"枝蔓",没有也不意在再现自然的景色。"正确的"风景感知只可能是一种"现代意识",一种能够精确追溯其起源的现象。克拉克告诉我们:"在所有的历史书中,彼特拉克都以第一个现代人的身份出现",所以并不奇怪"他第一个表达这样的情感:从都市的骚乱中逃离到乡村的平静里,而这正是风景画赖以生存的情感"。克拉克可能会承认某种类似的情感在古代的田园诗中曾经频繁出现,但是他更可能坚持"因为风景本身"而欣赏风景是在

"现代意识"之后才出现。彼特拉克追随田园风而逃离都市,不只是为了享受乡村的舒适;他找出自然的不适之处。"众所周知,他是第一个出于对大山的兴趣而去爬山的人,并且在山顶享受了美景。"[18]

"众所周知"的事实几乎无需争论,但克拉克还是持有某些异见。彼特拉克对风景的感知处于一个从古代到现代的原初的、过渡的时刻,这个独特的历史时刻由彼特拉克的身份得以"证明"。他同时生活在两个世界里——既是现代的人文主义者,又是中世纪的基督徒。克拉克注意到,在彼特拉克欣赏景色的那个时刻,"他忽然随意地翻开他抄写的圣奥古斯都的《忏悔录》,来到了其中谴责凝视自然的那一段话:'人们开始惊叹于山峰的高度、大海的巨波、河流的绵延,以及大洋的巡游和星辰的运行,而不再考虑人自己。'"[19]这个虔诚的提醒或许使彼特拉克感到惭愧,于是他宣称"看够了山峰"并且将"内在之眼"转向自己。克拉克对于风景发展的"历史"叙述忽略了一点,圣奥古斯都的劝诫本身证明了风景凝视的传统早已年深日久。远在彼特拉克和圣奥古斯都之前,人们已经禁不起诱惑"因为自然本身"而去观看自然奇观。

从耶和华打量他的创造物并发现了它的美好,到米什莱的法国农民第一次奔出门外去感受自然环境之美,我还可以举出其他大量观看风景的"原初时刻"。在有关风景凝视的叙述中,对18世纪英国绘画、
11 园林和诗歌影响最深的,可能是弥尔顿对天堂的描述。我们应该记得,那是以撒旦的意识建构的观景方式,他把生命之树上的有利位置"只用作瞭望"。马克思主义的历史学家所揭示的风景的"阴暗面",在风景的神话中通过周而复始的矛盾感被预示出来。彼特拉克把风景视为令人畏惧的、世俗的、感官的诱惑;米什莱则把风景看成被盲目与奴役所遮蔽的美与自由的瞬间显露;弥尔顿把风景描述成窥伺的对象,注视者的目光在审美愉悦和恶毒意图之间犹豫不决,将"怜悯"和"荣耀、帝权与被放大的复仇"融合起来。

而且,这种含混被世俗化和叙事化了。在风景观念的法则和逻辑

中似乎被植入了某种东西,它需要一段精心虚构的包括史前史在内的伪历史。而这个史前史是一个起源时刻,它引发渐进的历史发展,以及(常常)最终的衰落和失败。我们注意到,当风景画的兴起与衰落通常被描述为解放、自然化和统一的三重进程时,它与帝国的“兴起和衰落”这一典型叙述之间的相似性就显得更为突出。《牛津艺术词典》(*The Oxford Companion to Art*)中“风景画”一条概述了这一过程:“兴起”于罗马帝国和16世纪神圣罗马帝国,“结束”于20世纪的“周日绘画”。一个老生常谈的说法是,风景画从文学插图、宗教启迪和装饰画等次要的角色中解放出来,获得了独立的位置,在其中自然“因其本身”而被观看。中国风景画是史前的,早于“因其本身而被欣赏”的自然的出现。“*另一方面*,在中国,风景画的发展……与对自然力量的神秘崇拜结合在一起。”[20]

风景的“另一面”,无论是东方的、中世纪的、埃及式的或者拜占庭式的,都在解放之前,在对自然本身进行感知之前出现。因此,作为一种绘画类型的风景画的解放过程也是*自然化*的过程,即自然从习俗的束缚中解放出来。以前,自然以“高度习俗化”或者“象征性”的形式被描述。后来,它出现在“自然的自然主义摹本”中,这是“长期演化(的结果),描绘自然景观的词汇成形了,同时也获得了把自然看成风景的能力”。由从属到解放,由习俗到自然,这种“演化”的最终目的是在对风景的感知和再现中实现自然的*统一*。“似乎直到近期为止,人们一直把自然看作是许多孤立物体的集合,没有把树木、河流、山川、道路、石 12
头和森林联合成统一的场景。”[21]

风景言说方式的每一次改变或者发展,都表现为一种历史的转变——从古代到现代,从古典到浪漫,从基督教的到世俗的,无论这种转变是突变的,还是渐进的。因此,风景画史经常被描述为一种追求,不仅追求对自然纯粹的、透明的再现,还追求摒除了文学考虑和表现的*纯粹绘画*。正如克拉克所说的,“不能认为风景绘画与脱离模仿而成为艺术存在之目的这一趋势无关”。[22] 风景画发展的结局之一是抽象绘画。另一个极端,风景画史被描述为一场从“传统原则”到“对自然的自然主义摹写”的运动。[23] 这两种叙述都是对纯粹的神圣追求。一方面,目标是抽象的绘画,没有所指、语言和主题;另一方面,目标是纯粹的、高度具象的绘画,是自然的超级写真,是“对自然的自然再现”。

于是,作为一种伪历史的神话,风景话语是把“自然”纳入现代性合法化中的关键手段。现代性的合法化是这样一种观点,它认为“我们现代人”与先于我们出现的一切都不同,而且在本质上更优越,没有迷信和陋俗的主张,掌握着一种由风景绘画体现的,统一、自然的语言。本尼迪克特·安德森指出,帝国往往依赖“神圣的沉默语言”——如“中国的、拉丁的和阿拉伯的表意文字”,以想象“全球的共同体”的联合。[24] 他认为,这些语言的效力在于,其符号具有假定的非任意性,它们是“现实的散发”,而不是“现实的虚假再现”。安德森认为,非任意性的符号是“当代西方思想相当陌生的一个概念”。但正如我们看到的那样,它对西方风景绘画理念来说并不陌生。风景画是西方帝国主义的“神圣的无声语言”么?是西方帝国主义为了自己的目的,“解放”、“自然化”、“统一”这个世界的媒介么?[25] 在我们提出这个问题前(更别说回答这个问题了),我们需要仔细思考:把风景视为一种媒介,一个巨大的文化密码网络,而不是一种特殊的绘画类别,这意味着什么?

神圣的无声语言

> 今天早上我看到的迷人风景,实际上是由二三十个农场构成
> 13 的。米勒拥有这边的土地,洛克拥有那边的,而远处的林地属于曼宁。但是他们中任何人都不拥有这片风景。在地平线上有一种财产无人可以拥有,除非此人的眼睛可以使所有这些部分整合成一体,这个人就是诗人。这是所有农场中最好的部分,但无人能凭产

权而据为己有。

——爱默生,《自然》(1836)

在本文中,我一直主张把风景理解为一种文化表述的媒介,而不是一种绘画或者美术类别。现在该清楚地解释这是什么意思了。确实存在一种叫"风景画"的绘画类别,但对它的定义相当宽松,只是在一定程度上强调把自然物体当做主题。然而,我们常常忘记,这一"主题"不仅仅是绘画要表现的素材,其本身往往已经成为一种象征符号。我们熟悉的对风景画的分类——诸如理想的、英雄的、牧歌式的、优美的、崇高的和如画的等,它们的区别不是在画布上作画的方式,而是绘画表现的对象和视觉空间的不同。[26]

因此,我们最好不要把风景画看成是观看风景的唯一重要媒介,而要看成是某些已经是再现的形式的再现。[27] 风景可以通过绘画、绘图、雕刻、摄影、电影、戏剧场景来再现;还可以通过写作、言谈,甚至还可能是音乐和其他"有声形象"来再现。然而,在所有这些二级再现之前,风景本身是一个物质的、多种感受的媒介(土地、石头、植被、水、天空、声音和寂静,光明与黑暗等),在其中文化意义和价值被编码。这些意义和价值要么通过对某个地方的改造而被赋予(put)到园林或建筑中,要么在我们所说的"天然"形成的地方被发现(found)。总结这个观点的最简单的办法就是指出,它使肯尼思·克拉克的标题"风景进入艺术"成为赘言。早在风景变成绘画表现的主题之前,在它被欣赏的那一刻,它就已经是一种人工品了。

风景是涵义最丰富的媒介。它是类似于语言或者颜料的物质"工具"(借用亚里士多德的术语),包含在某个文化意指和交流的传统中,是一套可以被调用和再造从而表达意义和价值的象征符号。作为表达价值的媒介,它与金钱有着类似的符号结构,作为一种特殊的商品发挥功能,在交换价值的体系中扮演了独特的符号角色。就像金钱,风景本

身作为一种使用价值毫无意义，但是在其他某些层面上，它又可以作为
14 理论上无限的价值的象征。在最基本、庸俗的层面上，风景的价值以特殊的价格体现出来：房地产价值中优美景观的附加费用，一张前往落基山、夏威夷、阿尔卑斯山或新西兰的机票价格。在“跟团旅游”中，风景是能被展现和再现的可销售商品，一种被购买和消费的对象，甚至可以通过明信片和相册等纪念品的形式被买回家。在商品和有力的文化符号的双重角色中，风景成为拜物教行为的对象，例如游客们在同一地点以可互换的情感拍摄出无限重复的照片。

作为一个被崇拜的商品，风景是马克思所说的“社会的象形文字”，是它所隐匿的社会关系的象征。在支配了特殊价格的同时，风景自己又“超越价格”，表现为一种纯粹的、无尽的精神价值的源泉。爱默生说，“风景没有所有者”，纯粹的观景被经济考虑毁掉了：“如果劳动者在附近艰难地挖地，你无法自在地欣赏到崇高的景色。”[28] 雷蒙·威廉斯说：“一个劳作的乡村几乎从来就不是风景。”约翰·巴瑞尔也指出劳动者如何被隐藏在英国风景的“黑暗面”里，以免他们的劳动破坏了观看者对自然美的哲学沉思。[29] 于是，“风景”必须将自己表现为“土地”的对立面，表现为与“实际地产”无关的“理想地产”，表现为爱默生所说的“诗意的”财产而不是物质财产。土地这种不动产的财富是有限的，如矿产、植被、水和居住空间。如果挖光了山中的金子，它的财富也就耗尽了。但是要多少关于大峡谷的摄影、明信片、绘画和敬畏的“注视”，才会耗尽这片风景的价值？我们能用图画来填满大峡谷么？我们如何耗尽风景这种媒介的价值？

风景作为一种媒介不仅是为了表达价值，也是为了表达意义，为了人与人之间的交流——最根本的，是为了人类与非人类事物之间的交流。就像18世纪的理论家所说的，风景调和了文化与自然，或者“人”与“自然”。它不仅是一处自然景观，也不仅是对自然景观的再现，而是对自然景观的自然再现，是在自然之中自然本身的痕迹或者图像，仿

佛自然把它的本质结构烙印并编码在我们的感觉器官上了。可能这是我们赋予湖泊或倒映的池塘以特殊价值的原因。倒影展现了自然对自己的描绘，显示出真实与想象之间的一致，鉴证了我们自己的图像的真实。[30]

在科学、地形学图示的修辞中，要求纯粹的客观性和透明度同时压 15
制“风格”或“类型”等美学特征，因此对真实的证物的渴望最为明显。但即便是最模式化、常规化和风格化的风景，都趋向于将自己表现得“忠实”于某种类型的自然，“忠实”于“理想”自然的普遍结构，或者“忠实”于编写到视皮层和视觉愉悦的深层本能根源中的密码。视觉愉悦与偷窥、窥阴癖，以及观看却不被发现的欲望有关。

在《风景的体验》（*The Experience of Landscape*）中，杰伊·阿普尔顿将风景模式与动物行为和“栖地理论”，特别是与猎食者的眼睛联系起来。猎食者把风景看成是一个战略要地，一个瞭望、庇护和冒险的网络。[31] 对这种眼睛来说，标准的如画风景是特别愉悦的，因为它通常将观者置放于一个受保护的阴暗处（一个“庇护地”），两边的遮蔽物利于从背处伏击或者诱发好奇心，中间的开口则提供了深入中心的通道。阿普尔顿的观察者就是霍布斯的自然人，他们隐藏在灌木丛中以便突袭猎物或者躲避猛兽。他们视野中的如画结构，就是把“自然再现”的景色前景化，给它“镶框”或者将之置于某个台面上。至于这景色在狭义上是否属于如画的风景，则无关紧要；即使其特点是崇高的、危险的等，有了这个框架就可以保证它就是一幅画，就是如画的。而观者身处另外的安全地方——在框架之外，在望远镜、相机或者眼球的背后，在头脑深处隐秘的避难所中。

阿普尔顿理想的观景者根植于暴力（狩猎、战争、监视）的视野中，必然成为如画美学中的一个关键形象。问题是阿普尔顿认为这样的观者是普遍的和“自然的”。但是显然还有其他的可能性：观者可能是女人、采集者、科学家、诗人、解说员或游客。有人会认为，暴力的威胁（就像崇高美学）往往优先于其他所有形式的表现与再现，从这个意义上说，这些形象从来都没有完全摆脱阿普尔顿的观者的主体性（或者摆脱对这观者的从属）。阿普尔顿的风景美学不仅适用于猎食者，也适用于不胁从的猎物。

那么，我们可以认为阿普尔顿"掠夺性"的风景观是一种策略。通过这一策略，风景的某些传统被强制性地自然化了。正如我们所知，自然与传统在风景这一媒介中既被区分，也被认同。我们说"风景是自然，不是传统"与我们说"风景是理想的而不是现实的地产"用的是同一种方式，而且还是出于同一原因——擦除在风景成为意义或价值的过程
16 中人为的印迹，生产一种隐藏了技巧的艺术，想象一种"突破"再现进入到非人领域的再现方式。这就是我们如何设法把风景称为"自然的媒介"，同时又以同样的口气，承认风景不过是骗人的把戏，一堆传统和成规旧俗而已。正如我们所知，风景的历史不断把它描述为与传统、语言和文本断裂，以获得纯粹的自然观，正如这些历史把风景描述为超越了财产与劳动一样。一个有影响力的观点认为，风景的欧洲起源在于中世纪手稿彩饰的"自由空间"，即"手抄本的页边空白和页脚"中"字迹空白处的非正式空间"。在这里，画者可以即兴创作，摆脱"拉丁文严密的行文"所要求的教义性、图解性和说明性，实现与自然的嬉戏和纯粹的绘画。[32] 当我们把风景的"历史"叙述为一种辉格主义的发展——从古代到现代，从基督教到世俗，从混合、附属、不纯粹的风景到"纯粹的"、"因为其本身而被观看"的风景，从"传统"和"人造"到"真实"与"自然"时，风景的双重符号结构——同时连接和区分了自然与传统的差别——成为关键因素。

风景的这些符号学特征以及由此形成的历史叙述，都是为帝国主义的话语量身定做的。该话语恰恰（同时）把自己想象为一种风景的扩张——这种扩张被理解为历史上一次不可避免的、进步的发展，一种"文化"和"文明"以自述为"自然的"进程向"自然的"空间的扩张。

诸帝国把空间上向外扩展作为时间上向前推进的一种方式；在它们面前展现的“前景”不仅仅是一个空间场景，还是一个被投射的“发展”与剥削的未来。[33] 这种扩张并不局限于吸引帝国的外部、外国领地，通常与之相伴的还有一种复兴的兴趣——即重新描绘家乡的风景，帝国中心的“自然”。[34]18 世纪英国风景传统的发展完美地说明了这一双重运动。在英国艺术和趣味向外运动，从欧洲大陆和中国引入了新的风景传统的同时，它也向内运动，开始了对本土的再造和重绘。圈地运动和随之而来的对英国农民阶级的驱逐，是一种对本国的内部殖民，它把布莱克所说的“绿色而怡人的土地”变成一片风景，一个民族和帝国身份的象征。蒲柏的“温莎森林”就是这样一个象征，代表了不列颠的政治和文化主权（“既是帝王的宝座，也是缪斯的宝座”），以及它的帝国命运。塑造这个命运的“橡树”为不列颠的商业和海军力量提供了物质基 17
础：“橡树肩负着我们的伟大重任 / 它们装饰了帝国掌控之下的领地。”（第 31—32 行）

衰败与堕落

> 如果读者真的从未疑心过风景绘画绝不是什么美好、正确、健康的工作，那么，我会非常抱歉让他产生了疑心……如果他已经在这一问题上产生了疑心，那我真该为此而高兴，而不是悲哀……关于这一点，如果没有非常精确的考察，我们无权假设这是一种杰出的变化。我们以某种奇怪的方式区别于我们之前存在的所有伟大种族，这个简单的事实并不能马上被当作我们自身之卓越的证据。
>
> ——罗斯金《风景的新奇性》（*On the Novelty of Landscape*）

在 18 世纪和 19 世纪初风景画运动的高峰期，南太平洋上的岛屿和更广阔的澳大利亚大陆，被证实为最易受到不列颠海军的“橡树”攻击的“领域”。从1768年库克船长的第一次航行到1831年达尔文乘坐小猎犬号的航行，英国在南太平洋上建立起无敌的海上霸权，并培育了许多能发展成独立的英语国家的殖民地。轻松的征服对于理解风景而言具有特殊意义。不同于印度、中国或者中东等殖民地，南太平洋没有能反抗殖民力量的，古老的、都市化的帝国文明或者军事组织。不同于非洲，南太平洋很少有不列颠的“橡树”难以接近的大陆。[35] 不同于北美洲，南太平洋也没有迅速发展出要成为帝国、都市中心的独立要求。[36] 用马歇尔·萨林的话说，文化分散的波利尼西亚群岛是“历史的群岛”，是史前和开化前的人类在“自然国度”中的最后一块避难所。[37] 因此，南太平洋为欧洲帝国主义的幻想提供了一块空白，在这里欧洲的风景传统得以发挥作用，并且未受到“本土”的抵抗。这些传统的“自然性”在一个被理解为自然的国度的真实地方得到了确认。

伯纳德·史密斯的《南太平洋中的欧洲视野》(*European Vision in the South Pacific*)以百科全书式的细节记载了这一过程，并指出一些特定的地方是如何被迅速地融入到欧洲的风景传统之中。比如，塔希提被描绘为克劳德·洛兰式的阿卡迪亚天堂，而通过模仿萨尔瓦托·洛萨，
18 有着毛利“强盗”的新西兰被描绘为浪漫的荒野。[38] 澳大利亚有一点难以编撰，不是因为什么本土的反抗(澳大利亚的土著可能比南太平洋任何其他民族更快地被征服和清除)，而是因为英国自己对希望在这片土地上看到什么感到矛盾——是一个关押着流放囚犯的可怕、荒凉的监狱，还是对殖民者来说吸引人的牧歌景色。[39] 但是史密斯对南太平洋风景发展过程的描述说明了，关于恰当的再现形式与殖民风景的“独立性”或“他性”的矛盾心理，是其被感知的自然之构成部分。史密斯这样概述他的书所要讲述的故事：

> 太平洋的开发……是19世纪价值世界里有助于浪漫主义和科学胜利的因素之一。同时可以看出，太平洋的发现是如何在某

些领域对新古典主义形成挑战的。我们更应该关注的,是太平洋的开发对风景绘画的理论和实践以及生物学观念所产生的影响。因为这两个领域提供了便利却又相异的平台,来观察太平洋世界如何刺激了欧洲关于自然世界是一个整体的思想。风景画的理论和实践把自然看成是模仿和表现的对象,生物学则把自然看成是哲学思考的对象。[40]

欧洲视野的矛盾(“浪漫”与“科学”,“新古典主义”与“生物学观念”,“模仿和表现”与“哲学思考”)被纳入到一种进步的辉格党的叙述中得以调和。这种叙述克服了用科学、理性和自然主义再现等手段来征服太平洋的过程中的所有矛盾。史密斯关于风景画的描述的关键点在于“勇敢地尝试突破新古典主义原则,转而用自然的眼光作画”。[41] 史密斯把太平洋看成一个将被“开发”、“发现”,被建构成科学与艺术再现对象的空间区域。它为欧洲思想的内在展开,即克服自身对技巧和传统的依赖,保留了所有的“挑战”和历史的、时间的运动。真正的问题其实不是南太平洋,而是欧洲的帝国“视野”。帝国“视野”是朝向风景的辩证运动,而风景被看成是对自然的自然主义再现。

帝国终将走到末日,仅留下遗迹和废墟。就在罗斯金赞美风景的“新奇性”时,他似乎已经感觉到了这一点。他质疑,在创作一种图画(以及相应感情)以揭示我们“区别于我们之前存在的所有伟大种族”时,“我们是否有合理的理由因此自满”? [42] 肯尼思·克拉克说,在19世纪自然宗教中,“风景画和所有的艺术形式一样,是一种信仰行为”,这在 19
今天看来是不可思议的。[43] 对克拉克而言,抽象绘画是风景画的后继者,是其反摹仿倾向的合乎逻辑的发展结果。或许我们最好认为,抽象这种20世纪国际的、帝国的风格,用其他的方法完成了风景画的任务。[44] 更有可能,风景画的“终点”与我们一直追溯的“起源”和发展逻辑一样,仅仅是一个虚构的概念。但无疑,在欧洲帝国主义的伟大时代里逐步形成的古典主义和浪漫主义风景画，现在好像已经枯竭了，至少从严肃绘画的目的来看是如此。[45] 传统的 18 和 19 世纪风景习俗如今已成为媚俗的贮藏品的一部分，在业余绘画、明信片、跟团旅游和预设感情中无休止地复制着。这并不意味着美丽的景色已经失去了打动人心的能力。恰恰相反，更多人欣赏风景之美，正是因为他们如此远离风景。现在风景比以前更加珍贵——像濒临灭绝的物种，要远离文明却又不得不受到文明的保护，被安全地保护在博物馆、公园以及正在不断缩小的“荒野地带”中。就像帝国主义，风景在后殖民和后现代的时代里成为怀旧的对象，反映出这样的一个时期：那时都市文化能够在无尽的占有与征服的无限“前景”中想象它的命运。

在本文的最后，我想通过后殖民理论的“后视镜”来考察两种帝国风景，它们以两种截然相反的方式展示了风景的“珍贵”和“濒危”状态。首先是新西兰，这片土地几乎与原始的自然美同义，这个国家主要的商品就是展现与再现的风景。第二个是“圣地”，以色列与巴勒斯坦争夺的领土。很难想象比这距离更远的两处风景——不论在地理位置上，还是在文化 / 政治的重要性上。新西兰处在欧洲帝国主义的外围，是大英帝国最后也最偏远的边区。它是一个未被玷污的天堂，19 世纪对理想的、如画的和浪漫的风景的幻想在这里似乎被完整地保存下来。“圣地”在漫长的历史中一直是帝国争斗的中心；这里的风景是伤痕累累的羊皮纸，一个比地球上任何地区更频繁地被征服国“掠夺”的天堂。这两种风景的并置可能有助于显示在殖民风景中，各种可能性的范围到底有多大——在两个极点或者对跖点之间，帝国风景的全球特征可以被映射到（比如）非洲、印度、中国、美洲和南太平洋。但是，比任何全球
20 映射更重要的是这样的一种可能性，即对特定殖民风景的细读不仅能帮我们看到通过帝国的再现而对一个地方的成功统治，还能让我们看到从内部和外部抵抗帝国的迹象。就像所有在后视镜中框定的景象，这些风景可能比表面上更接近我们。

外围与中心

哥伦布环绕世界边缘的航行，他认为，将通回到它神圣中心的岩石。

——斯蒂芬·格林布拉特，《神奇的财富》（*Marvelous Possessions*）

乍一看，新西兰似乎是最不可能抵抗欧洲风景再现传统的地方。那里雄伟的“南阿尔卑斯山”，如画的海岸、湖泊、河谷，以及牧羊经济，看上去像是为强加的欧洲牧歌视野量身定做的。新西兰最初被传教士殖民，他们迅速地将毛利居民转变为基督徒。这个事实更加强了新西兰“牧歌式”天堂的身份。[46] 如果我们把澳大利亚想成一个监禁英国罪犯的狱景（prison-scape），那么新西兰则是一个花园和牧场。在那里，英国社会最好的元素可能造就一个理想的国家，使野蛮的原住民与理想的自然达到和谐状态。因此毫不奇怪，风景画一直是新西兰主要的艺术形式，并且总是与国家认同密切相关。新西兰将自己打造为一个背包客、登山者、牧羊人和业余画家的国度（随便看一本旅行手册，就可以确认这一点）。新西兰也是一个逃避现代文明的避难所，一个南太平洋上无核的英国社会主义乌托邦。

然而，新西兰的风景霸权从一开始就存在矛盾。当新西兰借用欧洲风景再现的传统时，它又如何表现为一个具有独立民族身份的、独一无二的地方？该如何调和它在求异和趋同上同样强烈的渴求？在 20 世纪 80 年代早期，新西兰艺术批评家弗朗西斯·庞德给了一个答案。他对新西兰风景画的独特性和原创性的质疑引发了一场争论风暴。庞德指出，新西兰风景画的历史就像其欧洲前辈一样，在很大程度上被描述为一个耳熟能详的故事：一场从传统到自然、从理想到现实的运动， 21
而这个故事承担了从文化殖民和文化附属迈向民族独立的责任。庞德

图1.1 吉尔菲兰，《土著战争会议》(1853)。

揭露了他所说的“谬误……即(认为)存在一种带有‘现实’的光与空气特质的‘真实’的新西兰风景”。他指出，这种自然主义只不过是一种“批评的神话”，一种为了“创造一个国家”而设计出来的“真实的幻象”。[47] 庞德讽刺求异行为，他不断地在新西兰绘画中寻找共同性，以显示新西兰在风景规则方面毫无新意，相反，新西兰的画家只是引进了欧洲传统并吸收了异质的土地。因此，在新西兰，风景画是对别处发明的风格、技巧和传统的派生的、削弱的模拟。

这种图绘殖民化的一个很好的例子，是约翰·亚历山大·吉尔菲兰的《土著战争会议》(1853)。这幅画将“本土的”毛利人嵌入到我们熟悉的、克劳德式如画风景的传统中(图1.1)。无论我们如何欣赏这幅画的美丽与专业技巧，它都不过是回归到一种更早的风景画风格，而不是创造了一种新的风格或新的现实。最清楚的证据在于，文化“他者”——毛利人的战争会议——被置放到蜿蜒的“优美曲线”中。至少从贺加斯以来，“优美曲线”已经成为一种图像符号，象征着视觉好奇心和各种视觉体验。

庞德以文化相对主义和因袭主义的国际话语，抨击了传统新西兰艺术史中的民族主义/自然主义主张，从而对新西兰艺术史以及构成这个历史的视觉传统有了相当精炼的理解。但是他用历史传统取代自然想象，引起了一个新的问题，他随后很快就意识到了这个问题：

> 上述这些可能会引起异议，认为这只是把18、19世纪的风景画分成七个类别——其标签分别是：自然中的神、理想的、崇高的、地形学的、如画的、素描和印象主义。对于这种异议，可以用以下的主张来回应：以前在批评资料中，所有新西兰风景画被分为两类——忠实或者不忠实于新西兰。现在的分类的优点在于，它所提供的是绘画时代所用的概念，而不是那些一个世纪后用于回应批评家们民族主义忧虑的概念。[48]

庞德用适合于新西兰风景自我理解和自我再现的历史类别，取代了回顾性的民族主义神话的二元对立。问题是，这一转变是否只恢复
帝国风景传统的类别，而没有追问它们特定的历史功能。例如，庞德对 22
基夫兰的风景画的分析，如同他的大多数评论，趋向于将绘画简化为一个详细的列表，列出关于这幅画的传统元素以及与之相符的情感称号——如画的、崇高的、优美的——而与这些传统相称的情感只是被反复循环。帝国风景话语以历史的名义恢复了，代价却是它在殖民和民族身份形成中的历史作用。

在我看来，历史性地看待这类绘画（不同于历史主义的看法）不是简单地恢复它们的常规，而是探索在特定地点和时间内这些传统的意

识形态作用。庞德说,吉尔菲兰在《土著战争会议》中为所有形象“做了精确的铅笔素描”,除了两个“导入式形象”——一个“提香式”女人
23 和她旁边坐着的男人。这两个人物被安置在画面的入口,位于观看者和被观看者之间的过渡空间。他们为了欧洲的观看者而“出席”,使我们确信毛利人的观看方式和我们一样,同时又保留了他们的不同之处。调和这些差异的关键人物,就是这个裸胸的女人。她像文艺复兴时的维纳斯扮演着引人注目的角色,是挑逗而又隐晦的殖民色情描写,象征着本土的“自然”轻易向帝国的凝视打开了自己。而她的丈夫则背转了过去(与她相反,丈夫遮掩了他的裸体,抑制着自己)。[49] 这些入口处的人物是画中仅有的“被创造”的元素,唯一不是“来源于生活”的形象;是该绘画最醒目的传统性、衍生性的特征,最清晰地表明了不同的殖民描绘中不可思议的相似性。画家在相对安全的澳大利亚完成了这幅画,而八年前,他的妻子和三个孩子被一个毛利突袭队杀害。知道这一信息后,画中陌生人物与熟悉环境之间田园诗般的融合就显得更为不可思议。

吉尔菲兰的画(也许可以理解地)没有抵抗欧洲风景传统,除了轻微的构图上的不和谐——毛利人围成椭圆的、独木舟形状的圈子,切断了蜿蜒的小径。与此相反,奥古斯塔斯·厄尔(Augustus Earle)的《远眺岛屿湾》尽管从标题上看无非是要表现一个如画场景,实际上却尖锐又微妙地抵抗了欧洲传统(见图 1.2)。弗朗西斯·庞德列举了这幅画使人想起的某些特定传统:“厄尔运用了阴影面与受光面交替的传统方法;尽管风景中没有合宜的树木可供借助,但他还是在画面右侧放置了一个合适的视觉引导物[一种如画的侧屏]”——一尊雕像。[50] 这种解读的问题不仅仅在于它立即把此画简化为一套熟悉的编码和一个传统的回应(“效果是庄严壮丽的”),真正的问题在于它没有足够诉诸成规,却回过头来借助自然——“风景本身”赋予画者的权力。如画传统的一个主要原则是,为了与常规保持一致,允许画家就近引入一棵树(或

图1.2 厄尔，《远眺新西兰岛屿湾》(约1827)。水彩画，26×44.1cm。

者把它砍掉)。正如威廉·吉尔平所说:“尽管画家没有权力增加一个壮丽的城堡,但他可以如其所愿地铲起周围的泥土……他还可以拔掉栅栏或拆掉一个村舍。”[51] 吉尔菲兰引入提香式的维纳斯就正好说明了这种创造性的特许。

如果厄尔只是遵循了如画传统,那么“风景自身”在此无话可说。如果右边“粗野的雕像”(用厄尔的话说)真的被看做是如画风景的侧 24
屏或者“导入”形象的替代物,那它也是一个异常别扭、无效和讽刺的替代物。它不像传统的视觉引导物(repoussoire)那样,为观看者提供一个可以藏在其后的隐秘的避难所,也没有为观者的目光提供一个替代物。相反,它是一种危险,象征着一种回视观者空间的陌生视线。这个雕像在毛利文化中的作用是守卫禁区,将神圣的、被禁止的风景与欧洲旅行者和他的毛利伙伴们所考察及穿越的领域区分开来。[52] 它与早期新西兰风景画的前景中常常出现的被砍伐的树干一样,也许暗指着如画风景侧边屏的诸种痕迹。这雕像或许可以“替代”视觉引导物,但这样做的结果不过是展现了那传统被其他的东西所取代。

什么是“其他的东西”？当然不是“风景本身”或者自然，而是组织和感知风景的另一个传统，对抗并重塑了厄尔作为如画旅游者所怀有
25 的传统。那个传统是以这尊雕像作为象征的，毛利人对风景的体验和再现。雕像矗立不动，就像那个停下脚步的欧洲旅行者一样，凝望着神圣的土地。到目前为止，据我所知，庞德说“毛利人不画风景”是对的，但是他宣称“风景，这种从绘画的角度看待土地，停下脚步只为观看一片土地的态度，纯粹是引进的传统”[53]则大错特错。厄尔的画显示了更复杂的情况。毛利塑像至少表明“停下来仅仅是为了观看”一片土地对毛利人来说是多么地重要，因此他们树立了一块雕像来持续监视一个地方。而这种监视也并非仅限于雕塑。左边的毛利脚夫在行走时似乎有些犹豫，转过身扫视着禁地，轻轻举起战棒防范着潜在的威胁。那个毛利战士恰好站在欧洲旅行者的前面，他似乎学会了西方的凝视，正遥望着云层和地平线。他的火枪、挺拔的站姿和欧式着装，暗示出他是这个队伍中的毛利人首领，而且他能够把毛利人对禁地风景的感受转换成欧洲人欣赏“风景”时的一种分享心理。这对他来说就像以火枪代替战棒一样容易（但也可能同样付出了巨大的代价）。[54]

然而，不同风景传统相互融合的最明显的体现并不在于鲜明的肖像符号，而在于奇怪、昏暗的构图和着色。最值得注意的是，如画传统里从前景蔓延到后景的蜿蜒线条，在这幅画里被切断了，并最终折回。在中景处，就在毛利首领的左边出现少许蜿蜒的曲线，但这只是如画传统的一丝痕迹，或者余迹，而不是完全实现——这与那个雕像虽然让我们想起了如画风景的侧屏但却去除了其做庇护所的功能几乎一样。在本该是蜿蜒小路的地方，有一个月牙形的、独木舟形状的山谷，包围着前进的队列。队列中人物尺寸相当，似乎要穿过画面浅浅的表面。这种效果通过在整个画面中使用明暗交替以拉平透视而得到强化，让我们想起了浅浮雕中人物的处理方法。于是形成了这样的效果：椭圆的

或圆形的队列，从左边向我们走来，在右边离我们而去，永远悬在独木舟形的临界线上，隔开了两种风景：欧裔新西兰人或者欧洲人的如画景色，以及毛利人的禁忌空间。[55]

这两种场景都是“非常醒目的”景象，把画中的观看者固定在复杂的感情中——恐惧、敬畏和惊奇。厄尔没有（也不能）描绘毛利人的视野：它超越了画框，与我们一起在外面的暗处。但他却可以把毛利人的凝视表现为风景中的一种存在，某种通过构图的雕塑特质（连同画中的 26
那些雕像人物）凸显出来的东西。画面的色彩设计强化了这种雕塑特质。绿色的树木、略带红色的赭褐色的土地、白色的骨头等构成主色调，好像右边的雕像把它的颜色渲染到了整个风景中，晕染了欧裔新西兰人的视野，使帝国的凝视偏离中心。

在这种解读中没有诉诸“自然”，除非有人坚持将毛利人置于“自然状态”这种具有明显意识形态特征的举动。（厄尔把毛利文化看成是一种复杂、先进的文化；他欣赏并模仿毛利文化，既包括木雕也包括他们精美的纹身图案。）[56] 这种解读是两种传统的碰撞，这种碰撞将我们置于一个奇怪、混乱、阈限的空间，即两种文化的临界线上。但是，无论是出于特定地点或人物的需求，还是一个历史时刻或者根深蒂固的感知习惯的需求，或者是公认的真理、快乐和道德等的需求，自然都没有被忽略。至少这幅画中有一种道德十分清楚。欧裔新西兰人和毛利人在一件事情上达成一致意见：即等级社会制度的自然性，在其中有的人劳作而有的人注视。厄尔对毛利文化已经足够熟悉，因此意识到它不仅仅是一块被动殖民的领域，更是有活力的、开阔的生命形式，有自己的帝国野心，以及自己对地方和风景的感受。

与新西兰不同，在以色列 / 巴勒斯坦地区帝国征服的痕迹似乎是绝对不可磨灭的。神圣风景的外表因为战争、挖掘和迁居而变得伤痕累累，以至于任何关于单纯、原始的自然的幻想，都无法维持哪怕片刻。但这都不能阻止画境游客和坚定的殖民者戴上某种形式的眼罩，把风景理想化并擦除所有暴力的痕迹。以色列的明信片通常描绘某种“沙漠牧歌”：前景中一棵棕榈树（暗示绿洲避难所），中景处一个贝都因人骑着骆驼。这幅画面让人想起以色列人仅仅是亚伯拉罕的闪族部落中另一支游牧民族的时代。其他版本的牧歌风景更具倾向性。我第一次公开陈述这篇文章，是在特拉维夫的巴伊兰大学的一个风景研讨会上。那时我确信：（1）耶路撒冷周围山坡上的古代梯田，是古代以色列人挖掘出来用于承接雨水并使“沙漠开花”；（2）从居先占领和农业发展这两种背景上看，这些梯田的存在都为以色列宣称合法拥有这片土地打下了初步的基础。[57]

马察达地区则提供了一种更具启示的“解读”。我们的导游把从古罗马要塞俯瞰死海时马察达的崇高景色称为“现代以色列的象征”。以色列的风景和新西兰的一样，是民族想象的核心，是日常生活的一部
27 分，在许多地方和场景上留下了公共的和集体的幻想。马察达、带梯田的山坡和阿拉伯的牧歌，尽管方式各异，但都是人试图将风景统一到既包含图画传统又有意识形态信念的框架中的尝试：牧歌表达了对自我的怀旧，这个自我现在成为被殖民的他者；[58] 农业化的山坡则提供了永远合法居住的前景；从罗马遗迹上看到的宏伟远景，则激起了对集体自杀行为（作为投降之外的另外一种选择）的思考。

统一的神圣风景的真相却是分裂与冲突。基恩·莫尔拍摄的一张约旦河西岸一个以色列公寓的照片[59]，清楚无误地表明了这一事实。正如奥古斯塔斯·厄尔一样，莫尔描绘了这片风景中两种空间组织方式的碰撞；但这一次，是建筑而不是雕塑充当了如画风景的视觉引导物，或者侧边屏的角色。现代公寓框定并控制了远处如画的山谷，它的窗子俯视着阿拉伯人的村庄。就像毛利雕像的眼睛，它们使禁区领地处于长期的监视之下。不像厄尔的构图，莫尔的风景没有为不同传统的碰撞提供临界点，没有目光的交汇，只有完全的对抗——传统的、有机的地形与晶状的、“立体的”建筑之间的对抗；只有被动的被观看的景色与

注视它的目光之间的对抗。风景因为人物的缺席而变得显眼。阿拉伯村庄太远了，而前景处的庇护地又毫无魅力，因此除了摄影师谁也不会 28
在此驻足。没有人会误把以色列当做新西兰。在以色列，当地人和白种人处于交战状态，部分是为了“谁是本土，谁是外来”这一问题。要把战争的种种迹象排除在风景之外，要在如画的“遮蔽”和景色的选择上付出巨大的努力。华兹华斯或许会把这种景观称为“日常的景色”；对于住在公寓里的定居者而言，这当然是每天都不可回避的景象。但在莫尔鲜明的构图中，它又是华兹华斯所称的“梦幻的荒凉”（visionary dreariness）。

爱默生说“风景没有所有者”，除了能够将各部分整合起来的“诗人”。但是莫尔的照片展示了这样一种景色（sight）——或者地点（site），它要求诗人能够这样发问：“谁拥有这片土地？”是那些从坚固的居所向外监视的殖民定居者吗？还是山谷中那些传统房屋里的居民？山谷对于殖民的目光来说肯定是致命和威胁的，与监视它的瞭望塔一样。又或者是摄影师本人？他从所有看到的形象中选择了这个，把它当作争端领域的典型风景呈现给我们。唯一合适的那些答案乍一看也是非常矛盾的：从拥有明确的、毫无争议的权利这个意义上看，没有人“拥有”这片风景——争议和争夺在它上面留下了难以消除的痕迹。但是每个人都必须承认或坦白自己对这片风景负有一定责任，与它有着某种牵连，从这个意义而言，每个人又都“拥有”（或者应该拥有）这片风景。这不仅是一个地缘政治问题，也不是以色列成为一个大国帝国主义的演习场所的问题。这还是一个全球诗学的问题：圣地作为想象的风景，扮演了历史的和神话的角色。在这里，东西方文化在冲突中发生了碰撞，而这种冲突不再把自己局限于想象之中。

我意识到，对于那些坚持在第一种意义上“拥有”这片风景，但拒绝为它破碎和痛苦的外表“承担”任何责任的人而言，这种分析听起来无可救药地含糊、概括和模棱两可。但我想，只有这种模棱两可的诗意才能胜任爱默生的“把风景的各个部分”整合成一个宜居的统一体的计划，更不消说凝视了。模糊可能还是实际外交，以及批评地 / 诗意地解决巴勒斯坦问题的关键。自罗斯金以来我们就知道，把风景作为美学对象欣赏，并不能提供自满或者不受困扰的沉思的机会；相反，它必须是一种历史、政治及（的确）美学的警惕性的核心，对书写在土地表面上的暴力和邪恶保持的警惕性，那是通过凝视的眼睛投射上去的。至少自从透纳——或者弥尔顿——以来，我们就知道，这只邪恶之眼的暴力与帝国主义和民族主义密不可分。现在我们所知道的是，风景本身是一种媒介。通过这一媒介，这种邪恶被隐藏并自然化了。而这样的
29 认识能否给予我们任何力量，则完全是另外一个问题了。[60]

注　释

1. 约翰·巴瑞尔，《风景的阴暗面》（*The Dark Side of the Landscape*，剑桥，1980）。同样见西蒙·皮尤（Simon Pugh）编，《阅读风景：乡村 — 城市 — 首都》（曼彻斯特，1990）。用心理分析的方法把风景解读为“倒退的”象征，已经被罗纳德·保尔森（Ronald Paulson）在《文学风景：透纳与康斯太布尔》（*Literary Landscape*：*Turner and Constable*，纽黑文，1982）中完美阐发。

2. 理查德·威尔逊，《感应的风景》（*The Landscape of Reaction*，伦敦，泰特美术馆，1982）。关于这场争论的论述，见约翰·巴瑞尔，《绘画的政治理论，从雷诺兹到哈兹利特》（*The Political Theory of Painting from Reynolds to Hazlitt*，纽黑文，1986），第 340 页。

3. 安·伯明翰，《风景与意识形态：英国乡村传统，1740—1860》（*Landscape and Ideology*：*The English Rustic Tradition*，*1740—1860*，伯克利，加利福尼亚，1986）

4. 费舍（Philip Fisher）讨论美国历史中的“特殊背景”，例如荒野、农田以及与印第安人、奴隶制度和市场连接在一起的城市。见他的《严酷的事实：美国小说中的背景与形式》（*Hard Facts*：*Setting and Form in the American Novel*，纽约，1985）。

5. 贡布里希的论文重印于《范式与形式：文艺复兴艺术研究》（芝加哥，1966），第 107—121 页。对贡布里希论点的批评，可见我的论文《待售的自然：贡布里希与风景画的兴起》，载自安·伯明翰、约翰·布鲁尔编，《现代早期的文化消费》（*The Consumption*

of Culture in the Early Modern Period,伦敦,即将出版)。——译注:伦敦劳特里奇出版社1995年出版。

6. 肯尼思·克拉克,《风景进入艺术》(*Landscape into Art*, 1949年第一版;马萨诸塞波士顿,灯塔出版社, 1963年再版), viii。参阅《牛津艺术词典》(*The Oxford Companion to Art*)中"风景画"这一词条:"直到相当近代的时候,人们还把自然看成是独立物体的集合,而没有把它们联合成一个统一的场景……正是在这种16世纪早期的欧洲氛围中,'纯粹的'风景首次入画。"

7. 伯明翰,《风景与意识形态》,第3页。

8. 伯明翰承认克拉克的作品在"阐明风景绘画的形式和感性维度"方面的作用,给她提供了"重要的思想,即使并不都能接受"。(同上,5页)

9. 引自克拉克,《风景进入艺术》,第viii页。

10. 同上,第1页。

11. 有人可能会问,风景画是现代的或西方的现象这一观念,在面对大量中国的反例后是如何维持的。《牛津艺术词典》中"风景画"一条对此做了有启发的回答。它指出,中国风景画"与一种对自然近乎神秘的崇敬感密切相关",相反,在西方(罗马)画中,"自然因其本身被欣赏,并且被描绘为一幅统一的场景"。在下文中我将讨论宗教的(或者"象征性的"、"传统的")风景和"自然主义的"风景之间的差异的含义。

12. 见约翰·狄克逊·亨特、皮特·威利斯编,《地方的天才:英国风景园林,1620—1820》(*The Genius of the Place: The English Landscape Garden, 1620—1820*,纽约,1975)中关于英国园林中的东方风格的讨论,第32页。

13. 关于中国风景绘画的总体评价,见迈克尔·沙利文(Michael Sullivan)的《中国风景画的诞生》(*The Birth of Landscape Painting in China*,伯克利,加利福尼亚, 1962)及詹姆斯·卡希尔(James Cahill)的《中国绘画》(*Chinese Painting*,纽约, 1977)。在此我并不是想暗示,"帝国"一词是指在10世纪中国和18世纪英国以相同方式出现的某种一成不变的现象。关于帝国和民族主义话语的多样性,以及它们与"普世的"或"非任意性的"语言之间的联系的精彩评论,见本尼迪克特·安德森,《想象的共同体:民族主义的起源和散布》(*Imagined Communities: Reflections on the Origin and Spread of Nationalism*,伦敦,1983),第21页。

14. 关于帝国主义的文献与帝国主义现象本身一样庞大。我论述的出发点是最近在帝国主义批评上的变化,即关注中心从经济和政治控制转向文化——也就是说,把帝国主义看成一套复杂的再现与话语的运作体系。爱德华·萨义德的《东方主义》(*Orientalism*,纽约, 1978)以及随后关于文化和帝国主义的论文是这一转变的基础,该转变使当今的人类学和社会学领域产生了新的学术著作。本辑中戴维·邦恩的文章以特定历史地点(19世纪南非)为例,为这一批评性转变做了精彩介绍,并指出转向文化和再现并不意味着需要忽略殖民主义中的残酷事实。

15. 关于帝国主义及其矛盾,见霍米·K. 巴巴(Homi. K. Bhabha)的《奇迹的符号:

1871年5月德里城外一棵树下关于威权与矛盾问题的思考》(Signs Taken for Wonders),载《批评探索》(*Critical Inquiry*)12,第1期,(1985年秋),第155—165页。

16. 关于荷兰风景画和民族主义的讨论,见本辑中安·亚当斯的论文和我的一篇关于北欧风景与抵制帝国主义之间关系的论文《待售的自然》。

17. 克拉克,《风景进入艺术》,第viii页。

18. 同上,第1,10页。

19. 同上,第10页。

20. 中国风景画是前现代的和“不科学”的论断,得到中国人不懂得自然的(人造的)透视法这一观点的支撑。见威廉·钱伯斯,《东方造园论》(*Dissertation on Oriental Gardening*,1772),收于亨特、威利斯编,《地方的天才》。

21. “风景画”,《牛津艺术词典》。

22. 克拉克,《风景进入艺术》,第231页。

23. “风景画”,《牛津艺术词典》。

24. 安德森,《想象的共同体》,第21页。

25. 同上。

26. 绘画中风格和技巧的区别(线描性的、彩绘性的、表现主义的、印象主义的、几何图形的等)大体上与主题无关。各种绘画与风景之间的相互联系可以通过论证某些恰当的准则来建立(例如,可能有人认为崇高的风景最好用表现主义的,彩绘性的风格来呈现。)但这些相互联系只是从属的,是对类别划分的提炼,而类别划分早已坚实地存在于上一级媒介,即风景本身。

27. 例如,威廉·钱伯斯论述中国风景造园术时通常把园林本身看成一幅画;见他的《中国建筑、家具、服装、机械和生活用具的设计》(*Deigns of Chinese Buildings*, *Furniture*, *Dresses*, *Machines*, *and Utensils*,1757),载亨特、威利斯编,《地方的天才》,第284—285页。

28. 爱默生,《自然》(1836),载罗伯特·E. 斯皮勒(Robert E. Spiller)、阿尔弗雷德·R. 弗格森编,《自然、演说词和讲演录》(*Nature*, *Addresses*, *and Lectures*,马萨诸塞州剑桥,1971),第39页。

29. 雷蒙·威廉斯,《乡村与城市》(伦敦,1973),第120页;巴瑞尔,《风景的阴暗面》。

30. 关于倒影在浪漫主义风景描绘中的特殊作用,见詹姆斯·赫弗南(James Heffernan),《风景的再创造》(*The Re-Creation of Landscape*,汉诺威,新罕布什尔州,1984)。

31. 杰伊·阿普尔顿,《风景的体验》(伦敦,1975)。

32. 德里克·皮尔索尔(Derek Pearsall)和伊丽莎白·索尔特,《风景与中世纪的四季》(*Landscape and the Seasons of the Medieval World*,伦敦,1973),第139页。同时参见163页:“无论面向现实主义的运动是什么,它都发生在边页上。在这里,艺术家拥有更多试验的自由,较少受制于缩本和原本那些程式的支配。”与我描述的风景史相比,皮尔索尔和索尔特构建了一个颠倒的版本。他们把中世纪描写为这样的一个时期,在其中,古典传统中真正自然的风景被“惯例化”描绘的自然所取代，后来随着文艺复兴的到来才慢慢得以恢复。

33. 见玛丽·路易斯·普拉特（Mary Louise Pratt），《国家脸上的伤痕；或者，巴罗先生在布须曼人的土地上看到了什么》载亨利·路易斯·盖茨编，《阶级、写作和差异》（*Race, Writing, and Difference*，芝加哥，1986），第138—162页。普拉特指出，18世纪和19世纪的游记的趋势是淡写“与当地人的对抗”，专注于“不那么刺激的风景描写”（第141页），同时穿插一些当地人的“肖像”描写。“这种话语结构以风景为中心，使人与地方分离，并且抹去了（旅行中的观者所）言说的自我”（143），把作者描述为“一种集体的移动目光，它以一种把掌控和被动接受奇妙结合起来的方式，记录了”目之所及的“风光 / 地点”（142）。“眼睛‘掌控’落入视线的一切事物；山脉‘显示’或‘展示着自己’；乡村向那些新来的欧洲人‘开放’，同时开放的还有那些未着寸缕的土著的身体景观（bodyscape）”（143）。

34. 伊莉莎白·赫尔辛格分析了康斯太布尔如何演变为一个典型的“民族”画家，在画中展现濒危的“深度英国”的景观。《康斯太布尔：一个民族画家的产生》，《批评探索》（*Critical Inquiry*）15，第2期，1989年冬，第253—279页。这种分析很有启发性，它阐释了这样的一种驱动力，即在面对国际压力时加强本土的家庭生活——以保持英格兰的英国性。相反，中国的皇家园林（以及伦敦的“邱园”之类的地方）被设计成帝国所有地区的景观特征的缩影，以展示甚至施加一种类似“顺势疗法”的权力。例如，秦始皇在他的园林里复制了所征服的诸侯国的宫殿，汉武帝在长安开凿了南部滇国一个主要湖泊的比例模型作为其征服的象征性预言。见洛塔尔·雷德侯（Lothar Ledderose），《世间天堂：中国风景艺术中的宗教成分》，载苏珊·布什、克里斯汀·默克编，《中国艺术理论》（*Theories of the Arts in China*，新泽西普林斯顿，1981），第165—183页。

35. 见本辑中戴维·邦恩关于南非风景的文章。该文认为，最好从“移民资本主义”的角度，而不是在画境游的框架中理解19世纪风景的再现。

36. 要更充分地分析北美对大英帝国风景传统的改造，必须考虑那些巨大的、地图上未绘制的陆块（本辑中乔尔·斯奈德的文章讲述了摄影师在面对这一问题时的方法）。然而，美洲印第安人的抵抗不像澳大利亚土著、波利尼西亚人的那样轻易被扫除。在美国的民族想象中，“印第安战争”是美国民族想象中的西部扩张和风景再现这个情节剧的中心情节。风景再现是美国西部片中的重头戏，这再次引起人们对这一帝国情节的关注。

37. 萨林，《历史的群岛》（*Islands of History*，芝加哥，1985）。

38. 史密斯，《南太平洋中的欧洲视野》（*European Vision in the South Pacific*），第2版（纽黑文，1984）。关于“塔希提如何被看作古典的风景，（而）新西兰如何被看作浪漫的风景”的讨论，见第69页。

39. 关于澳大利亚风景两面性的广泛论述，见罗伯特·休斯，《致命海岸》（*The Fatal Shore*，纽约，1987）。休斯指出了托马斯·沃特林（Thomas Watling）等早期风景画家难以发现如画风景：“‘风景画家’，沃特林……写道，‘若在这里寻找那种令人不悦的非景

（offscape）所产生的美，[即以萨尔瓦托·洛萨的方式表现的浪漫的反差之美]，将一无所获。'"（93）但他又同时指出，最初绘画澳大利亚风景的英国画家除了看到如画的、阿卡迪亚式的的风景原型（2—3）外，很难看到其他的东西。他们被鼓励把"荒芜的澳大利亚和新西兰地区"改造成"难以与科茨沃尔德或一个如画公园区分开来的阿卡迪亚式的澳大利亚"（339）。同样见蒂姆·波尼哈迪（Tim Bonyhady），《对立的形象：澳大利亚的风景画，1801—1890》（*Images in Opposition*：*Australian Landscape Painting*，*1801—1980*，墨尔本，1985）；伯纳德·史密斯的《欧洲视野》中"澳大利亚风景的殖民阐释，1821—1835"一章。

40. 史密斯，《欧洲视野》，第 1 页。

41. 同上，第 80 页。

42. 约翰·罗斯金，《风景的新奇性》，载 E.T. 库克、亚历山大·韦德伯恩编，《约翰·罗斯金的作品》（*The Works of John Ruskin*，伦敦，1904），第 196 页。关于罗斯金和透纳对欧洲和圣经风景中描绘"英国死者"的方式的悲观态度，见赫尔辛格，《罗斯金和观者的艺术》（*Ruskin and the Art of the Beholder*，马萨诸塞州剑桥，1982），第 244—245 页。

43. 克拉克，《风景进入艺术》，第 230 页。

44. 关于类似的争论的开端，见我的论文《绘画理论：抽象绘画和语言的压制》（"*Ut Pictura Theoria*"），《批评探索》（*Critical Inquiry*）15，第二期（1989 年冬），第 348—371 页。

45. 关于现代主义和风景画之间矛盾关系的论述，见本辑中查尔斯·哈里森的文章。

46. 见哈里森·M. 赖特（Harrison M. Wright），《新西兰，1769—1840：早期的西方联系》（*New Zealand*，*1769—1840*：*Early Years of Western Contact*，马萨诸塞州剑桥，1959）。

47. 弗朗西斯·庞德，《土地上的画框：早期新西兰风景画》（*Frames on the Land*：*Early Landscape Painting in New Zealand*，奥克兰，1983），第 11，33，16，76 页。

48. 同上，第 28 页。

49. 关于妇女形象如何调和欧洲的他者想象的分析，见马利克·阿路亚（Malek Alloula），《殖民地的后宫》（*The Colonial Harem*，明尼阿波利斯，1986）。

50. 庞德，《土地上的画框》，第 40 页。

51. 引自同上，第 22 页。

52. 感谢坎特伯雷大学的玛格丽特·奥贝尔（Margaret Orbel）为我提供关于毛利工艺品的传统意义方面的信息。

53. 庞德，《土地上的画框》，第 12 页。然而，有些证据表明，毛利人可能已经雕刻风景；人物形象头顶上的圆锥形可能表明他们把山拟人化了。

54. 关于枪在好战的毛利人部落中产生的破坏力量，见赖特《新西兰，1769—1840》。

55. 厄尔非常清楚毛利人是熟练的雕刻家，并为他们精心装饰的独木舟绘制了大量草图。见他的《1827 年在新西兰 9 个月短居》（*Narrative of a Nine Months' Residence in New Zealand in 1827*，基督城，1909）。厄尔评论了毛利雕刻和装饰品的"伟大品味和精巧"（23），他尤其欣赏毛利人将绘画和雕刻融入到最简单的日常工具中的方式。

56. 见同上，第 23 页。

57. 毫不奇怪，这个观点在大会上受到许多以色列学者的热议。

58. 比较雷纳托·罗萨多（Renato Rosaldo），《帝国主义的怀旧》，载《表征》（*Representations*），26（1989），第 107—122 页。

59. 这幅照片在《最后的天空之后：巴勒斯坦的生活》（*After the Last Sky: Palestinian Lives*）中重印。该书是爱德华·萨义德和基恩·莫尔合作的一本摄影文集（纽约，1986）。更充分的论述，见我的论文《摄影散文中形式的伦理学》，载《后像》（*Afterimage*）16，第 6 期（1989 年 1 月）：第 8—13 页。

60. 这一章的初稿写于我在新西兰基督城坎特伯雷大学做访问学者的研究期间。我要感谢坎特伯雷的许多同仁，特别是丹尼斯·沃尔克和玛格丽特·奥贝尔给我的帮助和建议。第一次陈述这些观点是在新西兰奥克兰城的奥克兰大学，弗朗西斯·庞德和乔纳森·兰姆的批判性回应让我受惠良多。写这篇论文是为了参加 1987 年 11 月在以色列巴伊兰大学举行的名为"风景 / 人造品 / 文本"的会议。这次令人难忘的会议的发起人是莎朗·巴里斯和艾伦·斯波尔斯基。在 1987 年的以色列，风景并不是个可以轻松讨论的话题（巴勒斯坦人的暴动刚刚开始），但是，本次会议所集中展示的文明、激烈的思想交锋和知识的开放性还是给我一些希望，本章乐观的结局也许是合情合理的。

二

“欧洲大沼泽”中的竞争共同体：身份认同与17世纪荷兰风景画

安·简森·亚当斯

艺术史上一个老生常谈的说法是，所谓的自然主义风景画最初萌发于17世纪的荷兰。[1]各种西欧风景画史在阐释这一观点时，常常将16世纪佛兰德人想象的世界风景——例如约阿希姆·帕蒂尼尔的《风景中的圣杰罗姆》（1515—1524；见图2.1）与17世纪早期荷兰自然主义景观——例如彼得·莫莱恩的《树木、马车、沙丘风景》（1626；见图2.2）放在一起看[2]。风景画史的叙述是：一些戏剧性的事情在1620年左右的哈勒姆发生了，似乎17世纪荷兰艺术家眼前的障碍物突然间集体掉落，他们突然能够看到并且忠实地描摹身边的那块土地。尽管荷兰风景画的研究者们已经不断证明，荷兰画家很少对他们栖居的土地做不加鉴别和阐释的描摹，但目前的研究仍然极力就这一主题构建新的观点。[3]风景意象在西欧文化中的作用确实发生了戏剧性的变化。[4]

一直以来，17世纪荷兰风景画的研究者们对于这一绘画流派的表现手法形成了两个评论和一个假设。第一，荷兰画家描绘那些可辨识的建筑古迹时，会随意地把它们移至自己的家乡附近，有时甚至加以改造，或者将几个合并成一个虚构的建筑。例如，萨洛蒙·范·雷斯达尔竟然将乌德勒支的大教堂和格罗恩伍德庄园（Huis Groenewoude）与30

英里之外阿恩海姆的圣沃尔伯吉斯（St.Walburgis）双塔教堂合并起来。[5]在目前存放在德累斯顿的雅各布·范·雷斯达尔的一幅画中（约1660，见图2.3），画家把位于老教堂（Oudekerk）的葡萄牙人—犹太人 35
公墓置于阿尔克马尔附近的艾格蒙城堡的废墟前。而在另一幅存放在底特律的画中，他又把该公墓置于艾格蒙的罗马式教堂前，同时还糅合了位于阿尔克马尔以西三公里的艾格蒙—宾能的布尔教堂（Buurkerk）的哥特元素。[6]第二，荷兰画家常常夸大古迹所在地的地形。在雅各布·范·雷斯达尔十几幅描绘本特海姆城堡的画中，绘于1653年的《本特海姆城堡》（*Bentheim Castle*，见图2.4）就是其中一例。[7]该城堡位于尼德兰联邦东部边境的德国威斯特伐利亚境内。从照片上看，本特海姆附近根本没有高地（见图2.5）[8]，但在雅各布的画中，它却矗立于一座 36

2.1 约阿希姆·帕蒂尼尔，《风景中的圣杰罗姆》（1515—1524）。画板，74×91cm。

图2.2 彼得·莫莱恩,《树木、马车、沙丘风景》(1626)。画板,26×36cm。

小山之上。西摩·斯里夫打趣说,对一个本国的最高点只有海拔 320 米的荷兰年轻人来说,一个小丘看上去也像一座高山。第三,尽管人们已经认识到风景画通常并不具备地形上的精确性,但他们通常假设荷兰艺术家描绘的是可辨识的土地形构,即能被确认为本国某些具体的地区。后一种假设在学术研究中还有待开拓。

关于荷兰风景画的有价值的研究,已经概括了风格特征、标志地点,并阐明了具体作品或主题的意象内涵。然而,通常人们欣赏那些看上去如实地再现了荷兰的风景形构,却并没有明显的文学和文本所指的风景画,仅仅只是为了视觉愉悦,一种由画者演绎给观者的视觉愉悦。用艺术理论家杰拉德·德·雷瑞斯的话说,17 世纪的观者欣赏风景画无疑是为了"消遣和愉悦眼睛"[9]。然而,我们对这些作品的理解仍然存在着巨大的鸿沟。一方面是承认荷兰风景画家如实地描绘了现实古迹和土地形构，同时又以不写实的方式把它们组合起来。另一方面则是得出结论，认为他们创作大量这样的绘画主要是为了愉悦观者。

本文意在填补这道鸿沟。我认为，画家对典型的荷兰土地形构和地点的选择，改造和物理化的处理，以及最重要的"自然化"手法，迎合了17世纪荷兰三种历史元素的独特结合。具体地说，是政治的、经济的和宗教的转变。戏剧性变化在这三块领域同时发生，因而它们得以合力震撼了17世纪的荷兰，赋予本土的、乏味的、易辨的土地以新的含义。[10] 第一，在政治层面，1579年"七省同盟"共同宣布脱离西班牙独立，几乎同时，移民浪潮蜂拥而至。第二，在经济前沿，荷兰人以前所未有

图2.3 雅各布·范·雷斯达尔，《犹太人公墓》（约1660）。画布，84×95cm。

图2.4　雅各布·范·雷斯达尔，《本特海姆城堡》。画布，110.5×144cm。

的程度开拓了许多当今社会所有的开放市场经济的活动，包括积累资本以实施迄今为止世界上最大规模的土地开垦工程。第三，在宗教领域，新教取代了天主教成为这片土地上公开承认的宗教。荷兰风景意象回应和“归化”（自然化）了这三个有争议的话题，三个至今仍会引起热议，并引发社会环境——政治、金钱和宗教——中个体烦扰的话题。在一个移民占大多数、不断发展的国家中，所谓的土地自然化是创造新的（而且是竞争的）集体认同的必要条件。

39 在17世纪的荷兰，社会各个阶层都热衷于收集风景画。事实上，荷兰人收集的风景画远远多于其他类型的绘画。有档案记录了风景画在肖像画和风俗画背景中出现的次数，从而加深了人们的这一印象。这些肖像画和风俗画大多绘于室内，从范·布列克林卡姆笔下最朴实的裁缝的家庭店铺（1661，阿姆斯特丹，国立博物馆）到范·米里斯笔下

图2.5 本特海姆城堡照片（约1928）。照片：雅各布·罗森伯格，《雅各布·范·雷斯达尔》（柏林，1928），图46。

装潢精美的联体别墅（1658，什未林，国立博物馆）。[11] 在对1610年至1679年间代夫特绘画主题的系统研究中，经济学家迈克尔·蒙提亚斯发现，风景画在整个17世纪，在很大范围内都是最受欢迎的绘画类型。它在所有绘画主题中的比重由1610年至1619年间的25.6%上升到1670年至1679年间的约41%，分别领先第二名9%和23%。[12] 荷兰人到底在这些描绘祖国的画中看到了什么？

从历史上看，荷兰人与他们的土地保持了独特而又切实的联系。荷兰有一句广为流传的谚语：“上帝创造了世界，荷兰人创造了荷兰。”从16世纪后期开始，联合省实施了人类历史上最大规模的土地改造工程。在1590—1664年间，通过一套复杂的筑堤和排水系统，荷兰人在海上和内陆湖开垦了11万公顷或425平方英里以上的土地。[13] 这一时期仅北荷兰省的土地面积就增长了52.7%。[14] 但是，这些工程使荷兰大 40
部分陆块低于海平面，易受巨大洪灾侵袭。事实上，如今史基浦机场和阿姆斯特丹大部分地区的海拔都低于邻近的北海。土地曾经是，现在仍然是一种宝贵的商品，必须小心翼翼地加以保护以抵御洪水的威胁，因为堤坝决口会造成耸人听闻的灾难。几个世纪以来，荷兰人一直以历史记录和绘画的形式纪念1421年圣伊丽莎白节暴风雨造成的布鲁克(Brock)决堤事件。[15] 据历史记载,洪水淹没了500平方公里的土地,至少有10万居民丧生,72个村庄被毁,这无疑有些夸大其词。如今人们估计约20个村庄被毁,1万人丧生,但这依然令人震惊。[16]17世纪也发生了类似的灾难。在1651年的一场暴风雨中,霍特维尔市的圣安东尼斯堤坝发生了堤坝决口决堤事件。谢林克斯、罗夫曼、诺尔普、科林、埃塞伦斯和扬·范·戈延等画家纷纷对这一事件做了描绘。[17]

土地不仅是工具,还是荷兰人自我防卫和自我创造的武器。1664年,一个匿名小册子的作者以讽刺的口吻道出这一重要的防御资源:

> 问:请问,先生,荷兰人靠土地获得怎样的力量?
>
> 答:大海、河流、岛屿使荷兰不可战胜……这是欧洲的大沼泽,而不是世界上其他类似的沼泽,这是一个他们能够随意淹没的民族泥潭。[18]

例如,1573年荷兰人防御性地打通阿尔克马尔周围的堤坝,使挺进的西班牙军队被迫折返。1574年,他们又破坏了南荷兰省的大堤,以便能够驾驶荷兰平底船去援救莱顿市。[19] 在荷兰人宣布脱离西班牙独立前不久,他们填平了斯凯尔特河的入海口,使低地(the Lowlands)的哈布斯堡首府与大海隔绝,同时也使该地重要的贸易被迫孤立。这一行动结束了安特卫普的经济霸权,同时也标志着阿姆斯特丹开始成为欧洲最繁荣的城市。整个国家随之兴旺起来。1688年英国国民收入会计师格里高利·金(Gregory King)比较了北欧主要国家的人均收入水平,荷兰共和国在其中位居第一。[20] 日渐富裕的荷兰吸引了数量空前的移民。在1577年至1589年的22年间里[21],安特卫普的人口减少了一半以上,从100000人到49000人。其中大部分人流向了北尼德兰,一个经济更繁荣,宗教更宽容,政治更少束缚的国家。在1500至1650年间,

荷兰的人口增长了三倍，其中一半增长于1580年到1622年间。[22] 41

这个国家的实际创造过程不仅意味着土地是人们始终关注的事物，还意味着它的政治结构与其他欧洲国家截然不同。17世纪以前，荷兰大部分土地由荒凉的沙丘和湿软的泥炭沼泽构成，因此对于那些掌管着欧洲其他地方的未来封建领主而言，这个地区没什么吸引力。尽管自1428年起这里名义上属于勃艮地公爵的统治之下，并且与其他16省一起归属于查理五世，但它们之间其实相隔甚远，由任命的总督来管理。实际上，大部分的土地为在此生活并劳作的居民所拥有。1514年，荷兰省平均42%的农民拥有他们的土地，有些地区的比例最高可达100%。作为一个阶级，他们不仅仅是贵族、教士或城市中产阶级中的任何一个。[23] 尼乌芬的长者们解释道，所有居民都拥有他们自己的土地是因为“外面的人根本没有人想要”。[24]1540年查理五世到阿姆斯特丹访问期间，大臣们着实为他的健康感到担忧，因为阿姆斯特丹的饮用水状况出名地糟糕。[25] 由此可见，这块区域对君主而言是如何缺乏吸引力。正因如此，荷兰没有欧洲其他地方所经历的那种农民依附于土地，为贵族家庭服务的庞大封建体系。《贝里公爵的祈祷书》（1413—1416，见图2.6）中描绘三月的那一页对这种关系做了生动描绘。在画中，农民在公爵的土地上劳作，视野受限于他们所依附的田野边界。[26] 而荷兰的居民从来没有从属于一个领主，因此也从未从属于他们的土地。从一开始他们就把土地据为己有，在此生活、劳作，土地是公共创造、个体拥有的商品。[27]

根据西欧的悠久传统，一块土地依据其君主或领主而被认定。领主与土地的关系以及他从土地获得并施与土地的权利，在他本人的和土地的身份认同中都是很重要的一部分。在前面提到的《祈祷书》中描绘八月的一页，贝里公爵（他的土地印刻了他自己的名字，以作为其权利的标志）以一个自豪的财产所有者的形象出现在狩猎场景中。[28] 当伊丽莎白一世等君主开始巩固政治权利时，他们自身就转变成民族

图2.6　林堡兄弟，“三月”，取自《贝里公爵的祈祷书》（1413—1416），尚蒂伊。

身份的象征。在1592年左右马库斯·海拉茨为伊丽莎白女王绘制的一幅肖像画中，女王站立在世界地图上，双足恰好位于牛津郡——他的导师、这幅画的委托人亨利·李爵士的故乡（见图2.7）。1537年布修斯绘制的一幅不同寻常的神圣罗马帝国地图则更为直观。该地图的形状是佩戴王冠，手持宝球和权杖的君主，他的头部是西班牙，右臂是意大利，42
左臂是北德意志。伊丽莎白女王的一幅类似的地图肖像画绘制于1600年左右。[29] 语言也可进行类似的授权。亨利五世是英格兰，路易十四则是法国。[30]

但当没有君主或领主，即没有现成实体能被赋予集体认同的象征时，有什么能与地方或国家认同相关联？尽管北尼德兰实际上接二连三地向伊丽莎白女王、安茹公爵（法国亨利三世的兄弟）和莱斯特伯爵表达友好之意，但荷兰人坚持对他们的领导者保持一定的控制，这最终引起了所有未来的储君与君主的不满和抵制。[31] 因此，他们无法赋予任何一个个体以民族权力，无论是象征的还是其他。这并不是说荷兰人没有民族英雄——民族起义的领导者，奥兰治王室的威廉一世，能够而且也确实催生了民族情感。但他仍然难以成为一个经济、政治和宗教通通分散且富有对抗的复杂国家的象征。由于没有一个人能被赋予民族身份的象征，当面对创造集体认同这一问题时，荷兰人转向了他们的土地。

荷兰人使政治制度与他们的土地联系起来，这一特点内化于他们的语言中。考虑其物质起源，荷兰人把其栖居的国家称为“Nederlands”，描述的不是一个人，一个地点，另一个地区或者一个政治实体，而是土地的物理性质——低地，就并非偶然。同样毫不奇怪的是，最初建国的七省中有四省的名字与土地有关：荷兰（Hol-land），格尔德兰（Gelder-land），泽兰（Zee-land），弗里斯兰（Fries-land）。[32] 此外，词语“Vaterland”或者“Fatherland”都来源于荷兰语。正如英国的评论员威廉·坦普尔在1672年所说的，“荷兰人用‘Fatherland’取代‘our

图2.7　小马库斯·海拉茨，《伊丽莎白女王一世（1533—1603）》（约1592）。画布，241.3×152.4cm。

Country’，表达热爱之情”。[33] 这个词最初指天堂，我们的圣父的家，而荷兰人第一次用它来称呼自己的祖国。[34]

除了民族的地方名字外，历史事件也被形象地印刻在风景意象中。与欧洲其他地方对历史事件的描绘——如鲁本斯的《和平与战争，1629—1630》——相反，荷兰画家阿德里安·范德·文尼将他的《十二年休战的寓言，1609》（1616，见图2.8）——联合省与西班牙之间十二年的和解——置于一处风景中。[35] 鲁本斯似乎把自己的画当成一种对查理一世同西班牙达成和解的盛情赞美。用查理一世私人藏品的管理人范德·多尔特的话说，这幅画是“一个象征，其中显示了和平与战争 44
之间的区别与相依相随”。[36] 鲁本斯的画完全由裸体的或着衣的寓言和神话人物构成。画面中间，戴头盔的智慧女神密涅瓦赶走战神马尔斯。这样，她就保护了一位妇女和儿童——被认为是和平女神帕克斯正准备给还是婴儿的丰产之神普鲁特斯哺乳。年轻的婚姻之神海曼正给一个女孩戴上花冠。这个女孩和其他两个女孩一起被献上用象征和平与丰饶的羊角所装盛的水果。背景处云彩和帷幕旋转，透过它们只能在画面右边隐约见到一些风景。

与之相反，范德·文尼的画尽管也被寓言性人物占据，但主要还是由被嵌入到广阔的风景中、完全被风景环绕的人物构成。画家把七省 46
同盟描绘为一个新娘，正由一个西班牙贵族模样的新郎牵引。一个丰腴的丘比特正自豪地给他们指着路。左边前景处，一堆盔甲和兵器正待被马车运走。不和与忌妒之神畏缩在两条树根之间，他们也将被带走。在右边，荷兰陶器和银器中的面包与酒展现出和平的福祉。信仰新教的北尼德兰的联省执政莫里蒂斯和他同父异母的兄弟弗雷德里克·亨德里克以及信仰罗马天主教的南尼德兰的摄政王阿尔伯特和伊莎贝拉大公一起见证了这场婚礼，同时出席的还有一排排清晰可辨的顾问，以及正向观画者做着手势的画家本人的自画像。

考虑到荷兰人与土地之间这种罕见而又切实的联系，现在我将转

图2.8　阿德里安·范德·文尼，《十二年休战的寓言》（1616）。画板，62×112.5cm。

而考察经济、政治和宗教中某些特定事件是如何印刻于荷兰风景画最常见的四个主题中。这四个主题是：17世纪20年代中期哈勒姆附近 47 开始产生的单色沙丘风景、17世纪30年代中期盛行的河中渡轮形象以及之后两个被频繁迁移和改造的建筑古迹——多德雷赫特的格罗特教堂和乌德勒支的贝勒库森城门。我认为，前两个主题归化了当时的经济发展，后两个主题则归化了有争议的政治和宗教事件。我最后得出的几个观点考查了这些绘画如何参与创造集体的身份认同，而这些身份认同从不同方向渗透到了荷兰的社会之中。

荷兰风景画的研究者常常从彼得·范·桑伍特（Pieter van Santvoort）1625年创作的《农舍和乡村道路》（见图2.9）开始论述荷兰

图2.9 彼得·范·桑伍特，《农舍和乡村道路》（1625）。画板，30×37cm。

的自然主义。[37]（一个题外话，值得注意的是，桑伍特把风景印刻到自己的名字中。这位画家出生时的姓氏是“Bontepaert”，桑伍特这个意为“沙子漫延而出”的姓似乎是画家根据哈勒姆附近的一个小渔村取的）。[38]这幅画随后即被扬·范·戈延、彼得·莫莱恩（上图2.2）和其他画家相继模仿。这些作品的特点是着力烘托大气效果，大量减少鲜明的地方色彩，如对黄褐色带灰绿色的阴影、低视角，以及包括草地、一小片繁盛的灌木丛或树林、老旧的农舍和谷仓、有车辙的沙道、风化的小丘在内的平凡事物的偏爱。[39]

沿着海岸线从南到北，再到西边的莱顿、哈勒姆、桑特波尔特和阿尔克马尔，典型的地貌都是这样多沙的沙丘风景。沙丘使桑伍特的家乡，哈勒姆和阿姆斯特丹附近正在干涸的沼泽与湿地免受海水侵蚀。[40]在菲利普斯·哈勒1573年绘制的一幅地图中，一行行沙丘在哈勒姆西边延伸。[41]它们是哈勒姆附近的制高点。桑伍特笔下的沙丘与荷兰其他常见的土地形构完全不同，例如雅各布·范·雷斯达尔在《林边的麦地》（牛津，伍斯特学院）中描绘的荷兰东部边境的林地。[42]

桑伍特描绘地方事物和平凡事物的非凡尝试——即转向可辨识的荷兰地形——同样被其他画家在风景画中继承。当时恰好是阿姆斯特丹和哈勒姆的商人在北部郊区对内陆湖和沼泽地集中进行大规模开垦土地工程的时候。[43]在1612至1635年间，这些市民至少投资一亿盾（超过他们建立荷兰东印度公司时的投资）来抽干26000公顷（100平方英
48 里）的土地，使该地区的面积在仅仅23年间就增长了三分之一。[44]这一非凡成就可以通过一个图表加以说明。这个图表比较了1560年和1650年该地区的水域面积（见图2.10）。它显示出荷兰人如何以近似创世纪的方式，几乎完全从大海中拓得他们的土地。

尽管造田需要获得省级政府的授权，但实际上它是个体公民的商业投资。例如，1607年，五位商人在阿姆斯特丹有影响力的东印度公司长官范·奥斯（Dirck van Oss）的带领下，和一位金匠、三位市长还有海

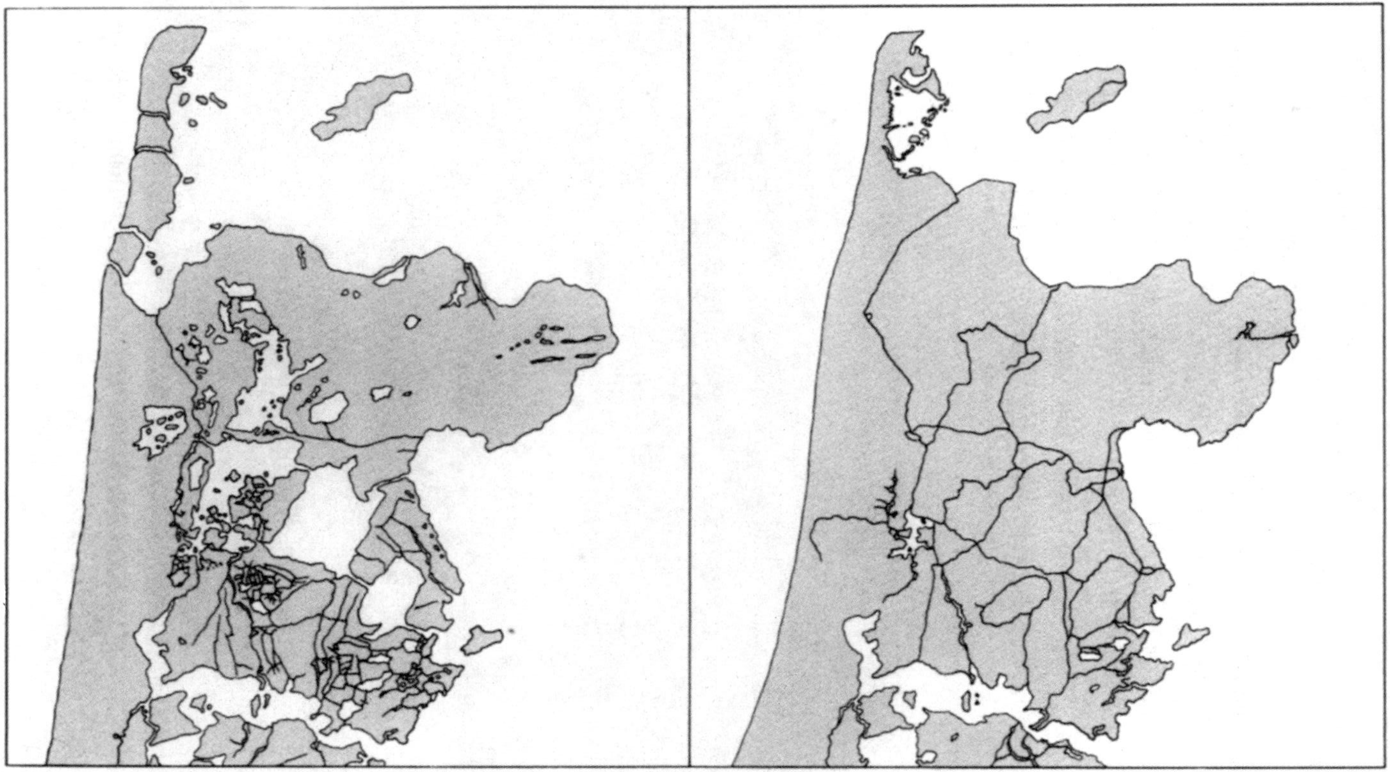

图2.10　北荷兰土地开垦图，约1560至1650年。改编自A.M.范德·乌德，《北部地区》（*Het Noorderkwartier*），3卷，*A.A.G. Bijdragen*，图16 (1972)，第755，756页。

49 牙市的6位政府官员，包括荷兰省有声望的议会议长范·奥尔登巴内费德一起，承担了贝姆斯特湖17500英亩（7100公顷）的排水工程。这个大型工程受到了高度关注。到1612年为止，超过100名的公民为这一计划投资。同年3月工程竣工时，人们在烂泥地里支起的帐篷中举行了一场庆功宴。[45] 这类工程极大程度地改变了该地区的地貌。投机者们在先前的海底沙丘后修建了一套运河系统，以及42个横贯大地的风

图2.11　匿名，《恩克赫伊曾附近的圩田"Het Grootslag"》（约1600）。画板，60×138cm

车泵。[46] 最终形成的风景是极度平坦、高度规则的圩田，其中穿插着遍布排水区的，网格般的运河和航道，就像 1600 年左右一位不知名的画家生动描绘的另一个工程那样（见图 2.11）。[47]

鉴于哈勒姆和阿姆斯特丹附近的商业活动恰恰发生在单色沙丘风景形成之时，桑伍特风景画的两个特点尤其值得注意。第一，尽管描绘的地点是一个正在迅速创造地产的地方区域，但桑伍特并没有以任何

图2.12 菲斯海尔,《哈勒姆外通向莱顿的道路》(1607)。钢笔和棕色墨水,125×189mm。

形式,例如风车、运河或者平坦的圩田等,提及这场商业计划。[48] 相反,树木掩映下的农舍似乎已在那里坐落多年。第二,尽管他描绘了哈勒姆和阿姆斯特丹西部沙丘地带典型的多沙风景,但画家通过低视角、连绵弯曲的道路、隆起的小山、迎风摆动的树木以及暮色沉沉的天空等改造了主题。通过与菲斯海尔描绘类似地点的题为《哈勒姆外通向莱顿的道路》(1607)的画比较(见图2.12),这一改造就更显而易见了。[49] 桑伍特忽略了同时代人对周边土地上的投资和创造;相反,这块正以前所未有的规模增辟土地的地区被赋予了历史感。因此,尽管对本土风景形态的视觉关注与此地区第一次大规模的土地增辟同时发生,但"自然主义的"图像貌似在受到这一商业活动催化的同时又忽略了它。在资本主义的创造地产的摇篮里,沙丘主题是非商业的和伪历史的。

类似的否认商业的处理显然也存在于另一个风景画主题中。这个主题即河中的渡船，由哈勒姆的画家萨洛蒙·范·雷斯达尔和扬·范·戈延在17世纪30年代推广开来。[50] 在17世纪早期，渡船形象以更具想象性的方式表现。而诸如雷斯达尔1649年创作的《渡船河景》之类的作品改写了这一主题。它们常常描绘一艘满载着乘客，有时还有牲畜的平底船，由船夫撑着行驶在平静的河中，岸边几棵大树悬垂而下，远景处通常隐约可见一个教堂塔尖或农舍（见图2.13）。[51] 河中渡船的形象取代了17世纪20年代受欢迎的沙丘风景，和后者一样，它们也在哈 51
勒姆地区被大量创造。这些明显加工过的绘画起初表现单色沙丘风景的柔和色彩和朦胧效果，到17世纪中期开始呈现出更明亮的局部色彩和更高的大气清晰度。

内陆水运是17世纪荷兰的另一伟大成就。土地增辟带来运河的

图2.13 萨洛蒙·范·雷斯达尔，《渡船河景》（1649）。画布，99.5×133.5cm。

图2.14　“Reys Boek”的封面（18世纪）。

开凿；在1632至1665年间，荷兰人在运河上建立了一套卓越的内陆交通系统。通过30个独立的风险项目，荷兰人投资近500万盾开凿了658公里的“trekvaarten”（拖船运河）。这些运河修得十分笔直，沿岸由 52
马匹拖曳驳船运送乘客。如同排水工程，运河开凿也是一项集体事业，尽管它更直接涉及到市级政府。在获得省级政府的许可后，两个市必须达成协议以建立一套连接运河系统，开发一套管理系统，最终还要把企业股份卖给个体股东。[52]

其中某条线路时刻表的封面显示了这一新运输系统中的运河，驳船、马匹以及拖曳装置（见图2.14）。[53] 长期以来，内陆水运都是北尼德兰的重要交通方式。然而，直到拖船运河修建时，只有少数渡船航线提供固定时刻的航班，大部分航线都是客满发船。1632年第一艘“trekschuit”（驳船）在阿姆斯特丹和高达之间开通。[54] 到17世纪中叶， 53
运河系统连接了联合省的所有主要城市，按照十分规律和稳定的时刻表运行。例如，从阿姆斯特丹到哈勒姆每小时1班，到南部的高达则每天2班，到乌德勒支每天3班，到北部的霍恩每天12班，到东部那尔顿或维斯普每天6班。[55] 由于要打铃通知出发时刻，很多驳船也装配了沙漏。船长若不遵守时刻表将面临高额罚款。德·弗里斯在对运河系统的仔细分析中发现，当所有线路满载运行时，驳船承担了弗里斯兰和格罗宁根地区78%的公共交通，以及荷兰省和乌德勒支省81%的公共交通。相比之下，四轮马车仅仅承担了6%的城际旅运。在17世纪60年代至70年代，乘坐拖曳驳船出行的付费乘客总量，相当于运河系统服务的四省里的男女老少每人平均每年乘坐6小时的驳船。[56]18世纪本雅明·西利曼的一句评论最能说明驳船的重要性：“由于驳船的行驶速度相同，荷兰人通过时间来估算距离。”[57]

值得注意的是，河中渡船形象最丰产的时间几乎就是1632至1665年，在这一时期，驳船运河系统正在建造中。[58] 同样不寻常的是，这些画即使展示了这一新的运输方式，数量也屈指可数。就像雷斯达尔的画，几乎所有的画描绘的都是由摆渡者撑着行驶在河中而非运河上的渡船——一种更古老的16世纪的水上运输方式。因此，就像桑伍特的沙丘风景，雷斯达尔的《渡船河景》似乎在主题上回应了当时发达而卓越的经济成就——即水路运输，但它还是把主题历史化并且回忆了一个更早的时代。如同单色的沙丘风景，这幅画也是从一个戏剧化的角度来描绘风景，因为比起古老的、宽阔的、弯曲的河流来说，崭新的、狭窄的、笔直的运河在荷兰乡村更为普遍。

55 另一层面的商业也体现在这些绘画中，因为许多作品（即使不是大部分）最初是为了一个商业的开放市场而创作，而不是根据详细说明的要求而为个体赞助人创作的。[59] 这提出一个问题，与这些画产生共鸣的是哪一类观者，它们发挥了怎样的想象作用？留存于世的少数风景画评论不够详细，未能给予我们答案。但是，若把这一问题放到我刚才概括的时代环境中讨论，我们或许能得出一些结论。我认为，这种对土地的历史化以及把注意力从当时的商业活动转向“自然的”、历史的土地形构和活动，可能与当时复杂的身份形成问题有关。

如上所述，土地排水是一项需要市民共同努力的事业，而驳船运输则需要市政府的参与。因而值得一提的是，少数描绘了驳船的存世画作都是城市全景图，它们显然是市政厅授权绘制或被捐赠给市政厅的。例如，1615年亨德里克·科内利斯·弗罗姆最初创作《阿姆斯特丹的哈勒姆城门》（阿姆斯特丹历史博物馆）时，画中并没有运河，因为那时拖船运河尚未规划。17年后——即运河已经修建好的1632年，他又在已经署了姓名和日期的画上添加了一条运河以及四艘停泊在码头上的驳船。[60] 尽管我们不清楚这幅画在17世纪时的起源，但无疑它和这个城市一起庆祝了拖船运河的建成，并把二者联系起来。扬·范·戈延描绘海牙风景的作品《代尔夫特—瓦尔特》（*Delftse Vaart*，海牙，市立博物馆）是受地方法官的委托而创作，酬金在1651年高达650盾。[61] 拖船运河得以修建，与城市有着财政的、行政的联系，而这种联系与运河修建后的明显动机一致。德·弗里斯指出，拖船运河本身没有什么经济效益，甚至没有盈利，但对于更进一步刺激城市贸易非常重要。更重要的是，作为一种典型的公用事业，它们还是市政形象的象征。[62]

上述两个风景画主题未提及商业活动，这在荷兰文化中并非独一无二的现象。很多人发现，农事这个15世纪泥金装饰手抄本和16、17世纪佛兰德人绘画中的常见主题，在荷兰风景画中即便有也很少见。[63]尽管荷兰海景画中偶尔会出现捕鲸船和私人商船，但却明显缺少对东印度公司商船的描绘。[64]不同于荷兰国内的风景画，在17世纪下半
叶海外殖民群落形象中，工业是一个流行主题。例如，范·艾弗丁根描 57
绘了亨德里克·特里普的《瑞典南曼兰的朱利塔布鲁克火炮厂》，以及范·舒伦伯格1665年创作的《孟加拉胡格利河畔的东印度公司工厂》（两幅画都藏于阿姆斯特丹国家博物馆）。[65]在商业形象普遍缺席的情况下，也存在少许例外，例如雅各布·范·雷斯达尔创作了不下9幅关于哈勒姆私人漂白区的绘画。[66]然而，这些画对雷斯达尔和他的观者而言是合适的，因为漂白的事物一般被轻易赋予诸如道德纯净之类传统的、非商业的性质。[67]但我们不能就此认定商业是荷兰人普遍认为需要隐藏的事物。可以说，上述大部分绘画描绘的是私人拥有的财产，而非劳动。[68]

在17世纪早期，商业活动尚未在那些被认为适合公开表达的个人理想中占有一席之地。尽管接下来的财富积累在这个世界中被认为是拯救的标志，但同时，公开声称的理想却是对精神事务的热衷而非卷入物质世界。其他因素或许也在同时发挥作用。一个层面上，这些绘画为都市居民提供了一个视觉上的逃往乡村和欣赏乡村风景的机会。另一层面上，其怀旧主题可以减轻人们因当时的商业活动给过去的风景带来剧变——如果不是摧毁——而产生的负疚感。最后，它们是对乡村的视觉占有和支配，是到17世纪已牢固建立的经济关系的视觉变体。[69]这一种支配，轻易忽略掉当时那块土地上正在由富人群体实施的经济变革，使它在象征意义上为更大范围的群体所有。少数现存的文

件表明，沙丘风景画丰富而廉价，因而广大市民都可以欣赏。[70] 在地方经济利益的层面上，哈勒姆的沙丘景观有助于给观看者提供一种共享地方区域历史的感觉（这并不是说它们与想象共同体的联系对所有观者而言都是一样的）。渡船景观展示了城镇之间或者城市之间的交通运输，对地方省甚至跨省的公众同样也有想象性的作用。

尽管这一主题内容丰富，值得进一步研究，得到再现的和没有得到再现的商业行为之间的区别因子似乎是与隐藏在它们身后的资本的组织有关，即个人与个人之间以及与他们的投资之间的关系。特别是在
58 17 世纪初，私有市场中那些由一群个体在家操作的商业活动行为，可能
被视为对社会组织有潜在的破坏力——如果市民至少有一个概念去思考这个问题。[71] 无论如何，大部分事业看上去还不是公共的身份话语的一部分。而驳船运河却是个例外，它为私人投资者所有，作用是服务公众而不是私人赢利，可能在新的创业进程的框架内为公共满足感提供依据。

接下来我要分析的两幅画在主题上具有更公开的经济性和明显的政治性。第一幅是阿尔伯特·克伊普的《多德雷赫特与牛》，又被称为《大多德》（*Large Dort*），据风格看大致绘于 17 世纪 40 年代末（见图
59 2.15）。[72] 与前两幅画一样，我们能准确无误地辨认出克伊普展现的是
一处荷兰古迹。不是一种地形，也不是一艘荷兰驳船或一条河流，他画的是从多德雷赫特市格罗特教堂，或者称“圣母大教堂”的东南方看到的景观；教堂左边有一座城门，即威尔城门（Vuilpoort）清晰可见。与前两幅画一样，这幅画的主题让人想起历史，既有宗教的又有商业的。多德雷赫特在 1200 年以前建立于莱茵河的一个支流旁，是荷兰最古老的城市，一度还曾是最重要的贸易中心。这一角色在 17 世纪让位于阿姆斯特丹和鹿特丹。[73] 自 1339 年以来，格罗特教堂未完工的砖塔使它成为荷兰最令人印象深刻的教堂之一。甚至到今天，这座教堂仍主导着多德雷赫特市。[74] 这个城市是 1578 年全国首届改革宗宗教会议的举

办地（在 1571 年埃姆登组织会议之后），1618—1619 年批判性的多特会议在该市的克洛文尼厄斯多伦（Kloveniersdoelen）召开。在此期间，荷兰境内的加尔文教派巩固了自身地位，并且发布了最重要的教义声明《多特会议信条》（*Articles of the Synod of Dort*）。[75] 正是在这次会议上，制订了新译荷兰语《圣经》（States Bible）并出版的计划，并最终在 1637 年付诸实现。

《大多德》将突出的教堂与前景处一小群奶牛、牧羊人和一个挤奶女工并置起来。与前面分析的两幅画相比，这些元素更直接地涉及到一个重要工业。荷兰奶牛因其体格和惊人的产奶量，以及由此制作的奶酪而在欧洲赫赫有名。弗里斯兰的奶牛平均每头 1600 磅，年产奶量

图2.15　阿尔伯特·克伊普，《多德雷赫特与牛》（《大多德》，17世纪40年代后期）。画布，157×197cm。

1300 升，远远优于欧洲其他地区的奶牛，后者平均体重 1000 磅，年产奶量 700 升。[76] 同时代的文学作品也在吹捧荷兰牛群。[77] 作为农业生产和荷兰繁荣的基石，自 16 世纪以来肉牛奶牛就与爱国情感联系起来，成为荷兰的象征。摆脱西班牙的统治独立时，寓意画把北荷兰描绘为一头健康的奶牛或公牛。[78] 正如人们时常指出的，这种联系在 17 世纪 40 年代再次凸显。当时荷兰正与西班牙进行一系列谈判，并最终达成《明斯特合约》，1579 年“七省同盟”宣称的独立也被承认合法。[79] 洪迪厄斯二世 1644 年绘制的一幅版画具有代表性（见图 2.16）。图片上的标题告诫荷兰人不能为了达成停战协议而向西班牙做出过多让步：“守卫，请尽全力确保荷兰奶牛不被从我们手上偷走。”[80]

具有历史意义的教堂和具有经济利益的奶牛的视觉并置，必然在
60 荷兰观者心中激起爱国热情的强烈共鸣。[81] 对某些观者而言，这幅画是否将荷兰的兴盛与改革宗教会联系起来？或者，对另一些观者而言，它是否将繁荣与更早的时代，即该教堂还为天主教徒所用的时代联系起来？事实上，是何种联系无疑取决于观者的宗教隶属。无论如何，这幅画或者其他像这样展示荷兰奶牛和格罗特教堂的画，都为表达政治思想和立场提供了潜在的场所。与前面两幅画相比，这些画可能呼吁一个更广阔的共同体。这个共同体建立的基础不是狭隘的经济事务，而是全国范围的经济和宗教利益。这种利益认同者一心认为，与西班牙达成的协约应该尽可能地对荷兰的经济增长与繁荣，以及观者的宗教隶属宽容有利。[82]

就像前面分析的两幅画，画家可以自由地改造地点。多德雷赫特实际上位于两条主要河流老马斯河和多特则·基尔河（Dordtse Kil）的交汇处。但很显然，克伊普像同样描绘过这个地方的桑伍特和雷斯达尔一样，用一个小山丘代替了从教堂边流淌而过的宽阔河流。更精确的描绘可见同一时期扬·范·戈延的一幅画（1645 年，卡特藏品，洛杉矶）。[83]

图2.16　洪迪厄斯二世，《河中的奶牛》（1644）。蚀刻版画。

我最后要举的例子或许表达了更鲜明的宗教和政治立场，这就是范·戈延在同一时代创作的、初看十分神秘的《河景与乌德勒支的贝勒库森门，以及哥特式唱诗班圣坛》（1643，见图 2.17）。[84] 在暖棕色和黄色的基色下，画面展示了一大片结构高耸的城墙、几艘帆船和一艘重载的渡船。其中最清晰可辨的结构就是右边城墙之上的哥特式唱诗班圣坛。由于太过概括，我们无法辨认出这具体是哪一个教堂，但它作为一种类型常常出现该画家的画作中，并被同时代人印制。[85] 这种教堂遍布荷兰的乡村和小镇，例如 18 世纪早期亚伯拉罕·拉德马克用三种语言写成的旅游指南中，一幅创作于 1620 年名为“Aegten 修道院”的插图。[86]（见图 2.18）但是，范·戈延画中的唱诗班圣坛没有袖廊和中殿，而是毗邻着一座市政塔楼。突出的高塔是 17 世纪乌德勒支被称为贝勒库森门的古城门的变体。该城门毁于 18 世纪初，但在 17 世纪是画家热衷描绘的对象，不断出现在各种绘画、绘图和印刷品中。[87] 城门的角楼连接着屋顶，轮廓很容易辨认。拉德马克印刷的另一幅画从反面描绘了这一建筑（见图 2.19）。[88]

62 因此，范·戈延并置了中世纪的前天主教堂和一个历史的城门。在一篇关于 17 世纪门的形象的文章中，斯特乔断定它为 17 世纪的观者展现了一种牧歌的理想，一种对古城门所通往的乡村的浪漫颂扬。但在我看来，范·戈延在这部作品中更想评论的恰是当时颇具争议的教堂与国家之间的关系问题，一个在 17 世纪 40 年代的紧张时期显得尤为迫切的主题。[89] 贝勒库森门是乌德勒支的一个城门，而乌德勒支曾是天主教主教所在地。在整个 17 世纪，乌德勒支的天主教徒比例在整个国家中始终居于首位。而且，当改革宗教会的支持者在政治上控制了荷兰时，据估计全国仍有 40% 以上的人是天主教徒或者支持天主教。[90] 早在荷兰成为一个新教国家之前，天主教徒就修建了这座哥特式教堂。这幅画为一个天主教画家所画（因为范·戈延本人是天主教徒），因而看上去像是对较早时代的一种怀旧的反思——那时天主教徒在荷兰还

图2.17 扬·范·戈延，《河景与乌德勒支的贝勒库森门，以及哥特式唱诗班圣坛》（1643）。画板，76×107cm。

未受到压制。这种联想在天主教的观者，尤其是乌德勒支市民中会引起强烈的共鸣。一个新诞生国家的独立地位能够得到正式认可的时候，也是对这个国家各种宗教派别与国家关系进行重新评估之时。

四幅画展现了一些共同的元素。首先，每一幅描绘的都是典型的荷兰景观风貌（沙丘景观中的风景形构、内河渡船的运输方式）或建筑遗迹（多德雷赫特的格罗特教堂，乌德勒支的贝勒库森门）。其次，四位画家都对描绘的风景地点进行了改造。在前两幅画中，与景观外貌相关的是当时的经济活动；在后两幅画中，则是宗教和政治事件。最后，在所有作品中，风景都是一个场所。在其中，艰难的都市事务被归化，尤其是通过对一个新创造的国家和具有悠久历史的土地的想象。

图2.18　《Aegten修道院》(1620)。亚伯拉罕·拉德马克的“*Kabinet van Nederlandsche Outcheden en Gezichten*”(阿姆斯特丹, 1725)上的雕版画, 第2卷, 插图第300幅。

图2.19　《贝勒库森门》(1620)。亚伯拉罕·拉德马克的“*Kabinet van Nederlandsche Outcheden en Gezichten*”(阿姆斯特丹, 1725)上的雕版画, 第2卷, 插图第223幅。

专注于风景对那些不断遭受大海侵蚀威胁的人们而言具有重要作用，给他们一种想象地控制自然的形式，而自然每天都威胁着要摧毁他们已经创造的一切。实际上，荷兰画家想象性地把著名的历史遗迹转移到小丘上，安全地置于危险水位线之上。这种控制必须在共同体而非个体的层面上才得以施加，因为只有通过大规模的集体努力才能维护堤坝和圩田。荷兰风景画因而能够把共同注意力集中于对一个潜在的危险敌人的驯服和控制上。风景的视觉改造及其历史感也一定能使那些正在打造新政治制度的市民和一个由大量移民构成的群体安心。它通过一个关于这片土地的虚构的共同史，在视觉上给这个群体一种稳定感。（它可能还使这块异常平坦，对许多移民而言非常陌生的土地变得更熟悉，更像他们故乡的土地。）

在每个例子中，我分析的这些形象可能在特定的都市群体最有共鸣，并且在有些情况下，是针对某一非常具体的公共问题——对它们的描绘潜在地有助于在各个领域建立集体的身份认同。新创造的、还在不断变化的风景提供了一块现成的、无归属的地点，用来协商一些或许零散的问题，如资金投资、政治竞争、宗教纠纷等。

本文的假设是，观察一个形象（这里是一处风景），能够通过它所引 65
发的各种联系给观者创造一种与他者相联或相异的感觉，一种与各种共同持有的身份相关的个体身份。就像本身为动态并且在许多层面同时演化的社会关系，荷兰风景画同时演绎了多重价值和主题。除非能幸运地找到日记和书信，否则我们永远无法知晓这些主题对任何一位个体的观者而言意味着什么。更重要的是，这些荷兰风景画揭示了一些社会地点和社会问题，围绕着它们，身份认同得以建立。

荷兰社会是非常分散的。[91] 个人同时属于不同的经济、政治、宗教共同体，其中不少甚至可能相互冲突。这些共同体从不同方面分化了文化。在一个区域建立的联系可能随着友谊和家庭关系在另一个地方中断或改变。这些风景画在不同层面提供了一个集体的身份认同，并通过自然化和历史化的方式使其主题显得合情合理，在实际上空无一物的地方提供安全保障。当政治理论高度关注社会凝聚力时，诸如哈勒姆的沙丘风景或者河中的渡船之类的形象必然广泛迎合地方观众，忽略私人合资的经济投机和土地改造——一种显然没有社会定位的，新形式的经济活动——所引起的潜在的社会破坏。而克伊普的《大多德》之类的绘画则可能给全国范围内的公民以经济和政治预警；范·戈延的《贝勒库森门》若不是天主教徒的政治抗议，就是一种形式的怀旧。每一幅画都给观者提供了一个不同的共同体，通过这些共同体他们可能在想象上紧密相联，或者彼此疏远。

因此，荷兰的风景画为解决都市问题而非乡村问题提供了场所。[92]就像科斯格罗夫所说，“风景是一种主观的构成”。它是“一个意识形态的概念。它提供一种方法，使某些阶层的人通过想象与自然的关系表示自己及其所处的世界，并强调和传达自己与他人相对于外部自然的社会角色”。[93]讽刺的是，即使在科斯格罗夫看来，荷兰的风景画仍保留了“一种朴素的，写实的并且熟悉的语言……对历史学家和地理学家而言是易辨识又有价值的”；与之相反的，他演示了其他地方、其他时代“主观的”风景画[94]。荷兰“自然主义”具有浓厚的经济、宗教和政治主题，它始终抵制进一步的探究，还依然令人信服。在对其故土的非凡改
66 造中，荷兰画家在视觉上将他们的国家转变为上帝的伊甸园；“尼德兰、荷兰”（Nederland）又一次变成了“瓦德兰、祖国”（Vaderland），不仅在
67 语言上也在图画上。

注 释

1. 我要感谢 W.J.T. 米切尔在一个研究生研讨班的合作教学中与我进行了多次富有启发的谈话，本文的一些观点在这些谈话中成形。同时还要感谢贝基·钱德勒（Becky Chandler）在 1990 年春中西部教员研讨会上给我机会提交本文的初版。此外，我还要感谢查尔斯·哈里森仔细阅读本文，并就其中一些假设和含意跟我进行探讨。

2. 例如，鲍伯·哈克（Bob Haak），《黄金时代：17 世纪荷兰画家》（*The Golden Age: Dutch Painters of the Seventeenth Century*，纽约，1984），第 134—143 页。帕蒂尼尔：目录编号 1614，罗伯特·科赫（Robert Koch），《约阿希姆·帕蒂尼尔》（*Joachim Patinir*），普林斯顿艺术与考古学专著，编号 38（普林斯顿，新泽西，1968），目录编号 11，图 28、29。另见瓦尔特·S. 吉布森（Walter S. Gibson），《“地球之镜”：16 世纪佛兰德绘画中的世界风景》（*“Mirror of the Earth”: The World Landscape in Sixteenth-Century Flemish Painting*，普林斯顿，新泽西，1989），第 11 页，及其附加的引文。莫莱恩：目录编号 338，沃尔夫冈·斯特乔（Wolfgang Stechow），《17 世纪荷兰风景画》（*Dutch Landscape Painting of the Seventeenth Century*，伦敦，1966），第 23—26 页，将莫莱恩的作品作为“荷兰风景画的基石中的一块”来讨论。另见彼得·萨顿（Peter Sutton）编，《17 世纪荷兰风景画大师》（*Masters of Seventeenth-Century Dutch Landscape Painting*），展览目录（波斯顿美术馆，1987），编号 56。

3. 斯特乔在他关于荷兰风景画的里程碑式的研究中指出，“尽管存在一些地形准确的城市风景图（大部分是一个城市内的景色），但这些主题中的大部分被自由甚至任意使用”（《荷兰风景画》第 8 页）。H. 范德·瓦尔（H. van de Waal）更早在 2 卷本的《三个世纪的爱国历史学家的写照：1500—1800 年的肖像研究》（*Drie eeuwen vaderlandse geschieduitbeelding, 1500—1800. Een iconologische studie*，海牙，1952）中表达了这一观点，第 1 卷，第 51 页。而沃尔夫冈·斯特乔则在《十七世纪荷兰室内的风景画》一文中对此进行了阐释，载于《荷兰艺术史年鉴》第 11 期（*Nederlands Kunsthistorisch Jaarboek* 11，1960），第 165—184 页，尤其是第 165 页。

4. 在近期展出的目录中，荷兰风景意象变成许多重要论文广泛思考的话题。其中包括载自克里斯托弗·布朗（Christopher Brown）等人，《荷兰风景画，早期：哈勒姆和阿姆斯特丹，1590—1650》（伦敦，国家美术馆，1986）；萨顿，《荷兰风景画》；玛棱·沙佩尔霍曼（Marijn Schapelhouman）和彼得·夏特波恩（Peter Schatborn），《土地和水：17 世纪以来国家博物馆图片室中的荷兰绘画》（阿姆斯特丹，国家博物馆，1987）；弗雷德里克·J. 朱帕克（Frederik J. Duparc），《透视中的风景：伦勃朗与他同时代人的绘画》（马萨诸塞州剑桥，Arthur M. Sackler 博物馆，1988）；辛西娅·P. 施奈德（Cynthia P. Schneider）等人，《伦勃朗的风景画：素描与版画》（华盛顿，国家美术馆，1990）；大卫·弗里伯格（David Freedberg），《17 世纪荷兰风景画》（伦敦，大英博物馆，1980）等中的论文。

5. 萨洛蒙·范·雷斯达尔，《冬日临近乌德勒支》（*Winter near Utrecht*），画板，75.5

×107cm，恩斯赫德，范·基克—范·霍恩夫人（Mrs. van Keek-van Hoorn）1966 年收藏，沃尔夫冈·斯特乔的《萨洛蒙·范·雷斯达尔的艺术简介》（*Salomon aon Ruysdael, eine Einfuhrung in seine Kunst*，柏林，1938）中的插图 13；以及斯特乔《荷兰风景画》，图 6，第 8 页，第 190 页图 29，及其他例子（第 162 页），如阿尔伯特·克伊普将乌德勒支的玛利亚教堂（Mariakerk）置于意大利风景中（托雷多艺术博物馆）。关于后者，见 W. 赫顿在 1981 年秋的《托雷多博物馆新闻》（*Toledo Museum News*）中的论述，79 行以后，带彩色插图。

6. 画布，141×182.9cm，底特律艺术学院；西摩·斯里夫（Seymour Slive），《雅各布·范·雷斯达尔》（*Jacob van Ruisdael*），展览目录（马萨诸塞州剑桥，福格美术馆，1981），图 20、21，带充分论述。

7. 关于范·雷斯达尔：斯里夫，《雅各布·范·雷斯达尔》，图 14；关于此地点的其他两幅画，见图 12，13.

8. 该照片复制于斯里夫的《雅各布·范·雷斯达尔》，第 54 页。

9. 杰拉德·雷瑞斯称赞风景画，因为它"是艺术品中最令人愉快的题材，具有非常强有力的特性，关于视觉，……它消遣和愉悦了眼睛"［*Het Groot Schilderboek*，（阿姆斯特丹，1707）。英文译本《绘画艺术的各个分支》（*Art of Painting in All Its Branches*，伦敦，1778），第 203 页］。斯特乔宣称，因为那些荷兰风景画没有明显的"主题"，视觉愉悦是其背后唯一的创作动机。（《荷兰风景画》，第 11 页）。

10. 已经有人提出过，逐渐增长的民族自豪感和风景画中"现实主义"风格的兴起之间的联系；见 J. 范·盖尔德（J.G. van. Gelder），《扬·范德·维尔德》（*Jan van de Velde*，海牙，1933），第 15 页。有两篇文章精彩地论述了荷兰风景画产生的更为广泛的文化背景，分别是：克里斯托弗·布朗在《早期荷兰风景画》的序言，第 11—34 页，尤其是第 24—30 页；以及西蒙·沙玛，《荷兰风景画：作为前景的文化》，载萨顿，《荷兰风景画》，第 64—83 页。两位作者提出了一些普遍的政治、经济和宗教问题，本文将做更进一步的研究。沙玛（同上，第 70—71 页）讨论了有关"现实主义"这一术语的某些问题。同样见 W.J.T. 米切尔，《待售的自然：贡布里希与风景画的兴起》，载安·伯明翰、约翰·布鲁尔编《现代早期的文化消费》（伦敦，即将出版）。——译注：伦敦劳特里奇出版社 1995 年出版。

11. 布列克林卡姆：画布，66×53cm，彼得·C. 萨顿等，《17 世纪荷兰风俗画大师》（*Masters of Seventeenth-Century Dutch Genre Painting*），展览目录（费城艺术博物馆，1984），第 18，及彩色插图。范·米里斯：画板，31.5×24.6cm，奥托·瑙曼（Otto Naumann），《老弗兰斯·范·米里斯（1635—1681）》，2 卷（Doornspijk, 1981），第 2 卷，整页插图第 22；现在已知至少有七个版本。风景画还作为室内人物肖像画的背景出现，其中大部分可能再现了真实的作品。例如埃弗隆·亨德里克·范德·尼尔的《一对夫妇的画像》（*Portrait of a Couple*）以雅各布·雷斯达尔专有的签名方式署名，波士顿美术馆，斯特乔《风景画》中的插图 11。斯特乔在这篇文章中指出，这些室内肖像画中的风景画有少数似乎基于真实的作品，但可能大部分实际上并不存在。问题的关键是，它们在这些室内画中流行，无论虚构与否，数目与其本身存量相当。见约翰·迈克尔·蒙提亚斯（John Michael Montias），

《代尔夫特的艺术与工匠》(*Art and Artisans in Delft*,纽黑文, 1982),第269—270页。

12. 蒙提亚斯,《代尔夫特的艺术与工匠》,第242页。同样见J. M. 蒙提亚斯,《17世纪阿姆斯特丹的艺术作品：主题和属性分析》,载 大卫·弗里伯格和德·弗里斯编,《历史中的艺术 / 艺术中的历史：17世纪荷兰文化研究》(*Art in History/History in Art*: *Studies in Seventeenth-Century Dutch Culture*,圣塔莫尼卡,加利福利亚：盖蒂艺术史与人类科学研究中心, 1991),第331—372页,尤其是第334—337页。该书记载17世纪20年代风景画比例为20%, 1630至1659年间为25%—28%, 1660年至1689年间约为35%；以及艾伦·庄(Alan Chong),《17世纪荷兰的风景画市场》,载萨顿,《荷兰风景画》,第104—120页。

13. H. 布林克(H. Blink),《荷兰的农民和农业史》(*Geschiedenis van den boerenstand en den landbouw in Nederland*),2卷(格罗宁根, 1902),第2卷,第112—113页,被德·弗里斯引用,《荷兰乡村经济与风景画》,载布朗编,《荷兰风景画,早期》,第79—86页,尤其是第82页；同样见德·弗里斯,《1490—1650年荷兰北部的农业》,载《荷兰通史》(*Algemene geschiedenis der Nederlanden*,哈勒姆, 1980),第7卷,第12—43页,特别是第36—37页。

14. 雷尼·凯斯特马克(Renee Kistemaker)和鲁洛夫·范·盖尔德,《阿姆斯特丹：黄金时代, 1275—1795》(*Amsterdam: The Golden Age*, *1275—1795*,纽约, 1982),第16页。另见A·M. 范德·乌德,《北荷兰》(*Het Noorderkwartier*), 3卷(*A. A.G. Bijdragen*,图16；瓦赫宁根, 1972)。

15. 围绕洪水产生的传奇故事,见范德·瓦尔,《三个世纪》,第1卷,第255—257页。西蒙·沙玛,《财富的困窘：黄金时代荷兰文化解析》(*The Embarrassment of Riches: An Interpretation of Dutch Culture in the Golden Age*,纽约, 1987),图14、16,分别为一幅1421年当年的绘画(阿姆斯特丹,国家博物馆)和一幅17世纪后期由洛米恩·德·霍夫(Romeyn de Hooghe)根据阿努德·范·豪布拉肯(Arnoud van Houbraken)的《荷兰改造中的谢尔伯》(*Schouburgh der Nederlandse Veranderingen*,阿姆斯特丹, 1684)创作的雕版画。最早的文字记录显然是那不勒斯克里索斯托姆(Chrysostom)的《荷兰的地方和风俗》(*De situ et de moribus Hollandiae*, 1514),后来在如彼特鲁斯·斯克里夫琉斯(Petrus Scriverius)的《巴达维亚图集》(*Batavia Illustrata*)之类的描述中不断重复,被沙玛引用,《荷兰风景画》,第625页,图47、48。

16. 奥德丽·M. 兰伯特(Audrey M. Lambert),《荷兰风景的制造》(*The Making of the Dutch Landscape*,伦敦,1971),第123页。同样见杰哈德·沃克曼(Gerhard Werkman),《与海夺地》(*Kent gij het land der zee ontrukt*, Bussem, 1948),第70—74页,德·弗里斯引用于《黄金时代的荷兰农村经济, 1500—1700》(*The Dutch Rural Economy in the Golden Age*, *1500—1700*,纽黑文, 1974),第31页；以及高兹恰克(M. K. E. Gottschalk),《风暴和河流》(*Stormvloeden en rivierstromingen*), 3卷(阿森, 1974—1977)。

17. 克拉拉·比勒(Clara Bille),《300年前的阿姆斯特丹河堤决口事件》,刊于《阿姆斯特丹杂志》第 47 期(*Amstelodamum*, *Maandblad* 47, 1960),第 204—211 页;绘画包括威廉·谢林克斯(Willem Schellinks),《霍特维尔市圣安东尼斯堤坝的崩决》(*Collapse of the St. Antonisdyk at Houtewael*),画布, 47×68cm,阿姆斯特丹历史博物馆,目录 1975/79,编号 401;沙玛《荷兰风景画》中的插图,图 17。扬·阿斯棱(Jan Asselijn),画板,46.5×63cm,阿姆斯特丹历史博物馆,目录 1975/79, 编号 13(附有其他描绘这一主题的绘画的列表),以及 C. 斯特兰德 — 斯蒂夫(C. Steland-Stief),《扬·阿斯棱》(阿姆斯特丹,1971),第 81—82 页。扬·范·戈延根据这一场景画了一系列素描写生,载 H.U. 贝克,《扬·范·戈延笔下的霍特维尔市决堤(1651 年)》,《荷兰旧事》第 81 期(*Oud Holland* 81, 1966),第 20—33 页。

18. 匿名小册子,《荷兰人写真》(*The Dutch Drawn to Life*,伦敦, 1664),第 42 页。

19. 彼得·盖尔(Pieter Geyl),《尼德兰的反叛》(*The Revolt of the Netherlands*,伦敦, 1958;第 1 版, 1932),第 134—135 页,第 136—138 页;S.J. 弗科马·安德烈(S. J. Fockema Andreae),《1574 年荷兰大洪灾》(De militaire inundatie van het vaste land van Holland in het jaar 1574),刊于《荷兰皇家地理学会杂志》第 70 期(*Tijdschrift van het Koninklijk Nederlands Aardrijkskundig Genootschap* 70, 1953),第 307—315 页。

20. 格里高利·金,《对英格兰情况的自然的、政治的观察和结论》(Natural and Political Observations and Conclusions upon the State and Condition of England,伦敦, 1696),被德·弗里斯引用,《荷兰乡村经济》,第 242—243 页。

21. 原文为 "in the twenty-two years between 1577 and 1589",疑有笔误。——译注

22. 德·弗里斯,《荷兰乡村经济》,第 89—90, 107 页;关于北尼德兰人口增长及其来源的详细分析,见第 3 章。同样见 J.A. 法伯(J. A. Faber)等,《尼德兰的人口变化和经济发展:历史的考察》,《AAG 期刊》第 12 期(*A. A. G. Bijdragen* 12, 1965),第 47—113 页; A.M. 范德·乌德,《1500—1800 年荷兰北部人口的发展》,《荷兰通史》(*Algemene geschiedenis der nederlanden*),第 5 卷第 102—168 页,尤其是第 123—139 页。

23. J.C. 纳伯(J. C. Naber),《回首》(Een terugblik),刊于《统计研究所期刊》第 4 期(*Bijdrage van het Statistisch Instituut* 4, 1885),第 1—48 页。被德·弗里斯引用,《荷兰乡村经济》,第 50 页,他还根据 16 世纪联合省农民拥有土地的现有证据进行了详细分析(第 49—67 页)。

24.《1514 年荷兰弗里斯兰的城镇和乡村》(*Informacie up den staet Faculteyt ende Gelegentheyt van de Steden ende Dorpen van Hollant ende Vrieslant...gedaen in den jaere 1514*),R.J. 弗鲁因(R. J. Fruin)编(莱顿, 1866),第 293—294, 297 页,被德·弗里斯引用,《荷兰乡村经济》,第 30 页。事实上,即使在很短距离内,土地质量都有极大差别;因此意大利的编年史作者卢多维科·奎恰迪尼(Ludovico Guicciardini)在《关于荷兰的种种》(*Beschrijvinghe van alle de nederlanden*)一书中赞扬荷兰肥沃的土地,科内利斯·基利安译(阿姆斯特丹, 1613),第 9 页。

25. 凯斯特马克与盖尔德,《阿姆斯特丹》,第 38 页。

26. 见保罗·林堡和让·林堡绘制的《三月》，收于让·隆尼翁（Jean Longnon）编辑的《尚蒂伊孔德博物馆之贝里公爵豪华时辰祈祷书》（*The Tresriches heures of Jean, Duke of Berry, Musee Conde, Chantilly*），维多利亚·本尼迪克特译（纽约，1969），彩色插图4。

27. 对16世纪通过区域和村庄所形成的农民与土地以及贵族之间关系的概述，见H.A.埃诺·范·盖尔德（H. A. Enno van Gelder），《荷兰贵族遭遇的起义》（De Hollandse Adel in de tijd van de opstand），《历史杂志》第45期（*Tijdschrift voor Geschiedenis* 45，1930），第113—150页，特别是第130—130页；同样见他刊于《荷兰皇家艺术与科学学院文学院论文集》上的《16世纪的荷兰乡村》（*Nederlandse dorpen in de 16e eeuw. Verhandelingen der Koninklijke Nederlandse Akademie van Wetenschappen, Afdeling Letterkunde*），新辑59（1953），均被德·弗里斯引用，《荷兰乡村经济》，第25页。埃诺·范·盖尔德认为封建组织在低地越往北越衰弱。

28. 隆尼翁，《祈祷书》，彩色插图9。

29. 罗伊·斯特朗（Roy Strong），《荣光女王：女王伊丽莎白一世的肖像画》（*Gloriana: The Portrait of Queen Elizabeth I*，纽约，1987），第134—141页；同上，《女王伊丽莎白一世的肖像画》（*Portrait of Queen Elizabeth I*，牛津，1963），编号P72，作者还插入了伊丽莎白女王的地图肖像画，编号E32。在1544至1600年间出版的明斯特（S. Munster）的《宇宙学》（*Cosmography*），以及1580年左右出版的亨利希·邦亭（Heinrich Bunting）的《〈圣经〉的征程》（*Itinerarium Sacrae Scripturae*）中，布修斯的地图被复制了十次以上。

30. 见路易斯·马丁（Louis Marin）的《君王的肖像》（*Portrait of the King*）中的论述，M.霍尔译（明尼阿波利斯，1988），第169—179页。

31. 杰弗里·帕克（Geoffrey Parker），《荷兰的反叛》（*The Dutch Revolt*，伊萨卡，1977），第146，191，197—198，201，205—207，220—221，225，241—242页。

32. 例如，"England"一词的用法与之形成对比，该词最初联系到一个民族——盎格鲁，用来描述盎格鲁人居住的领地。关于其他源自土地形貌的荷兰地名的论述，见兰伯特，《荷兰风景的制造》，第52—52页。

33. 威廉·坦普尔爵士，《政府的起源及其性质，写于1672年》载《作品集》（*Works*），2卷（伦敦，1740），第1卷，第100页。相比之下，英语"country"一词最初源于"contra"（言下之意为不是城市）和"view"；见《牛津英语辞典2》，"country"。

34. J.W.穆勒（J. W. Muller），《祖国与母语》（Vaderland en Moedertaal），《荷兰语言和文学杂志》第47期（*Tijdschrift voor Nederlandsche taal-en Letterkunde* 47，1928），第43—62页，尤其是第45页。

35. 鲁本斯：画布，198×297厘米，克里斯托弗·怀特（Christopher White），《彼得·保罗·鲁本斯，人与画家》（*Peter Paul Rubens, Man and Artist*，纽黑文，1987），彩色图片252；参看劳伦斯·J.鲍尔（Laurens J. Bol）关于范德·文尼的著作，《阿德里安·皮特兹·范德·文尼：画家和绘图员》（*Adriaen Pietersz. van de Venne, Painter and Draughtsman*，Doornspijk，1989），第41—42页，彩色插图27。

36.《亚伯拉罕·范德·多尔特的查理一世藏品目录单》,收于奥利弗·米拉(Oliver Millar)编的《沃波尔学会期刊》第37期(*Walpole Society* 37, 1960),第4页。

37. 斯特乔,《荷兰风景画》,第24—25页;哈克,《黄金时代》,240;萨顿,《荷兰风景画》,图98和第35页,他写道:"很难说17世纪的观者如何看待沙丘中暗褐色的沙道,以及在道路旁或破旧的茅屋前闲荡的农夫和牧羊人。"

38. 萨顿,《荷兰风景画》,图98。

39. 关于这些画家作品的选集,见布朗《荷兰风景画,早期》中的条目;以及萨顿,《荷兰风景画》。

40. 关于这些地貌及其地点的图表,见兰伯特,《荷兰风景的制造》,图33,34,36。

41. 出版于安特卫普;冈特·席尔德(Gunter Schilder),《荷兰古迹遗址测绘》(*Monumenta Cartographica Neerlandica*)中的插图,3卷,(Alphen aan den Rijn, 1987),第2卷,第113页。关于沙丘的规模,见科内利斯·特·拉恩(Kornelis ter Laan)的《范·古尔的荷兰地理词典》(*Van Goor's Aardrijkskundig Woordenboek van Nederland*),贝尔特(A. G. C. Baert)编,第3版(海牙,1968),第98页。

42. 画布,103.8×146.2cm,斯里夫,《雅各布·范·雷斯达尔》中的插图,图18。

43. 尽管已经有人试图将"自然主义"沙丘风景的兴起与十二年休战而产生的民族自豪感联系起来,但我认为更重要的是这种景观与对土地的经济关注之间的联系。

44. 德·弗里斯,《荷兰乡村经济》,第81页;范德·乌德,《北荷兰》。

45. 凯斯特马克与盖尔德,《阿姆斯特丹》,第17页;同样见J. 鲍曼(J. Bouman)的《比姆斯特水道的出现和蓬勃发展》(*Bedijking, opkomst, en bloei van de Beemster*,阿姆斯特丹,1857)。

46. 关于遍及该地区的排水工程的概况,见兰伯特的《荷兰风景的制造》,第212—220页;以及《荷兰其国——南部和北部的风景变迁》(*Het land van Holland. Ontwikkelingen in het Noord-en Zuidhollandse landschap*)展览目录,《荷兰》特刊总10期(*Holland 10*),第3期(1978年6月)中的优秀文章。

47. 由此形成的地势平坦(flatness)在一幅沃特兰的航拍图中显得尤为明显——该地区正位于哈勒姆和阿姆斯特丹的北部,以及这块再生区域的中央处;见《航拍荷兰:鸟瞰城镇、村庄和乡村》(*Aerophoto Holland: Air-View of Towns, Villages, and the Countryside*, 1982),图10。

48. 丹尼斯·E. 科斯格罗夫(Denis E. Cosgrove)在《社会形构和象征性风景》(*Social Formation and Symbolic Landscape*,伦敦,1984)中指出这一点,见第152页。他补充说:"关于这个事实我们没有令人信服的解释。"对他而言,荷兰风景画仍然是少数对世界进行"自然的"演绎中的一种(如下所见)。

49. "Buyte Haerlem aen de wech naer Leyden.1607":目录编号1902 A 4701-e;沙佩尔霍曼和夏特波恩,《土地与水》(*Land and Water*),图5。在户外和现场绘制的画远远多于在画室创作的;前者可能更接近画家的主旨,虽然并非总是如此;见斯特乔,《荷兰风景画》，第8页；以及沙佩尔霍曼和夏特波恩，《土地与水》，第viii—xi页。

50. 萨洛蒙·范·雷斯达尔第一幅关于这一主题的、署有日期的画创作于1631年；见斯特乔，《荷兰风景画》，第34—35页；以及斯特乔，《萨洛蒙·范·雷斯达尔》，第19页。关于范·戈延，见汉斯—乌利希·贝克（Hans-Ulrich Beck）的《扬·范·戈延》（*Jan van Goyen*，阿姆斯特丹，1972—1973），2卷。

51. 在众多作品中，以赛亚·范德·维尔德（Esaias van de Velde）在1622年创作的更富幻想的《渡船》（阿姆斯特丹，国家博物馆）常被当做重要的先例引证；见斯特乔，《荷兰风景画》，第50—63页。范·雷斯达尔：目录编号A 3983；比较萨顿，《荷兰风景画》，图93、94。

52. J. 德·弗里斯，《驳船和资本主义：荷兰经济中的旅客运输，1632—1839》（*Barges and Capitalism: Passenger Transportation in the Dutch Economy 1632—1839*，乌德勒支，1981），第97—120页。

53. 德·弗里斯，《荷兰乡村经济》，第82页；同上，《驳船和资本主义》。

54. 兰伯特，《荷兰风景的制造》，第191—192页。最全面的驳船研究是德·弗里斯的《驳船和资本主义》；同时见凯斯特马克与盖尔德的精彩概述，《阿姆斯特丹》，第146—147页。

55. 德·弗里斯，《荷兰乡村经济》，第82页；若要察看更多关于时刻表的实例，请参看扬·滕·霍恩姆（Jan ten Hoorm）的《阿姆斯特丹旅游指南》（*Reisboek door Amsterdam*，阿姆斯特丹，1679）；以及同上作者的《荷兰旅游指南》（*Reisboek door de Vereenigde Nederlandsche*，阿姆斯特丹，1679，1689，1700年版）。

56. 德·弗里斯，《驳船和资本主义》，第24页注解24，第233页注解84—85。

57. 本雅明·西利曼（Benjamin Silliman），《英格兰、荷兰和苏格兰旅行日记》（*Journal of Travels in England, Holland, and Scotland*），3卷（纽黑文，1820），第2卷，第293页。他继续说道，“例如鹿特丹到海牙是4小时或12英里；从阿姆斯特丹到鹿特丹是13小时或32英里，这是荷兰的通用语。”

58. 德·弗里斯，《驳船和资本主义》，第26—34页。当然，马拉驳船以前就为人所知，例如雅各布·德·绪欣二世（Jacob de Gheyn Ⅱ）的一幅画中显示的那样，《运河风景》（*View of a Canal*），署名时间1598年，阿姆斯特丹的I.Q. 范·黑希提恩·阿尔特纳（I. Q. van Regteren Altena）收藏，见I. 范·黑希提恩·阿尔特纳的《雅各布·德·绪欣：三代》（*Jacques de Gheyn: Three Generations*）中的插图（海牙，1983），图941，整页插图62；同样见A.T. 范·丢尔森（A. T. van Deursen）等的《雅各布·德·绪欣二世作品展：1565—1629年》（*Jacques de Gheyn* Ⅱ *drawing, 1565—1629*）展览目录（鹿特丹，Boymans-van Beuningen博物馆，1986），图90，插图。

59. 特别参见庄的《经济因素对风格的影响》中《风景画的市场》，载于《17世纪》第6期（*De Zeventiende Eeuw* 6）（1990），第49—57页，经济学家迈克尔·蒙提亚斯认为，这些绘画的风格——单一的色彩和迅速着笔的粗线条——及其丰富的产量可能是由市场力量推动；生产和创作容易辨识的作品具有成本效益。速度的压力显而易见，例如，阿德里安·德伦（Adriaen Delen）和画家扬·波塞利斯（Jan Porcellis）签订的合同规定画家必须在 20 个星期内完成 40 幅海景图。见小约翰·沃尔什（John Walsh, Jr）的《荷兰海洋画家扬与朱利厄斯·波塞利斯》，载《伯灵顿杂志》第 116 期（*Burlington Magazine* 116）（1974），第 653—662，734—735 页，尤其是第 657 页。创作速度也明显体现在扬·范·戈延的作品数量中，在最新的分类目录中，他全部作品总量超过 1200 幅绘画和 800 幅绘图；见贝克的《扬·范·戈延》。

60. 画布，71.5×109.5cm，署名和日期为“VROOM 1615”，阿姆斯特丹历史博物馆，目录 1975/79，图 496。德·弗里斯指出，这幅画中的运河是后来添加上去的，见《荷兰乡村经济》，第 82 页。在一幅未署日期的画中，弗罗姆同样描绘了一艘由两个纤夫拉着的内河驳船，见斯特乔《荷兰风景画》中的插图，图 109。

61. 画布，170×438cm，贝克，《扬·范·戈延》，第 2 卷，图 332，插图。

62. 德·弗里斯，《驳船和资本主义》，第 185，192 页。

63. 埃格伯特·哈弗坎普—贝格曼和艾伦·庄未经引证便断言，当代荷兰文本认为农业与已经被废除的封建制度有关，《荷兰风景画及其关联》，载 H.R. 霍廷克（H. R. Hoetink）编辑的《莫瑞泰斯皇家美术馆》（*The Royal Picture Gallery*, *Mauritshuis*，阿姆斯特丹，1985），第 57 页。然而，正如我上面所指出的，荷兰人从未经历其他欧洲地区经历过的封建制度。德·弗里斯《荷兰乡村经济》在第 29—30 页引用的布朗“序言”指出，在同一时代，农业技术的一项革新使荷兰农民比许多欧洲同时代人更高效和多产。关于农业技术的革新，见 B.H. 斯利希尔·范·巴斯的《低地国家集约式饲养的兴起》，载布罗姆利（J. S. Bromley）和考斯曼（E. H. Kossman）编辑的《英国与荷兰》（*Britain and the Netherlands*，伦敦，1960）；无论如何，德·弗里斯指出，农业都不是这个国家重要的收入来源，见《荷兰乡村经济》，第 80 页。

64. 这一观点得益于比特丽斯·布壬宁基迈尔—德·罗威（Beatrijs Brenninkmeyer-de Rooij）。前者的例子包括里夫·P. 弗苏哈耶（Lieve Pietersz. Verschuier）的《鹿特丹附近马斯河上的“威廉王子”号捕鲸船》画布，95×140cm，私人收藏；亨德里克·弗罗姆的《第二次远征东印度群岛归来》，画布，110×220cm，阿姆斯特丹，国家博物馆，目录 A2858；两幅画均为乔治·凯斯（George Keyes）等的《帝国之镜：17 世纪荷兰海洋艺术》中的插图，展览目录（明尼阿波利斯艺术博物馆，1990），图 44、50。

65. 艾弗丁根：画布，192×254.5cm，目录编号 A1510，见艾丽丝·I. 戴维斯（Alice I. Davies）的《阿拉特·范·艾弗丁根》（*Allart van Everdingen*，纽约，1978），第 19—24，191—200 页，图 98，插图。艾丽丝指出，画家真实地再现了建筑的位置，但在风景场地上却做了自由处理；她还补充道（195），艾弗丁根至少还绘制了四幅关于瑞典火炮厂的画。舒伦伯格：画布，203×316cm，目录编号 A4282；两幅画都是凯斯特马克与盖尔德的《阿姆斯特丹》中的插图，第 118，77 页。

66. 罗森伯格，《雅各布·范·雷斯达尔》，经过鉴定的至少有 18 幅：图 38—40，44，

47—50, 56, 58, 60, 62—63, 63a, 64—67。其中詹姆斯·D. 伯克 James D. Burke 鉴定的至少有9幅，“Ruisdael and His Haarlempjes”，《M. 蒙特利尔美术馆季评》（*M. Quarterly Review of the Montreal Museum of Fine Arts*），1974年夏，第2—11页。琳达·斯通—弗里尔（Linda Stone-Ferrier）指出这些画大量创作于哈勒姆而非别的地方，《哈勒姆景观：重评雷斯达尔和伦勃朗》，载《艺术通报》（*Art Bulletin* 67, 1985），第422, 429页。亚麻也在哈勒姆漂白，因为这里的漂白工业无论在质量还是产量上都是无与伦比的。

67. 感谢查尔斯·哈里森的这一启发。

68. 值得注意的是，在17世纪上半叶形形色色都市“济贫所”或感化院的印刷画中，保留了对从事实际劳动的个体形象的描绘；17世纪后半叶，开始描绘家庭中的“手艺”。

69. 1531年查理五世被劝说颁布了“*Order op de buitennering*”，禁止大部分工业在农村建立，同时禁止在城墙2.26公里以内开设新的面包店和酒馆，城市对乡村的经济征服渐渐达到了顶峰。见布伦纳（E. C. G. Brunner），“*De order op de buitennering van 1531*”（阿姆斯特丹，1921）；以及德·弗里斯，《荷兰乡村经济》，第49页。

70. 在阿姆斯特丹商人约翰内斯·德·雷尼阿尔姆（Johannes de Renialme）1657年的库存清单中，绘画总价高达500盾，其中包括彼得·莫莱恩和扬·范·戈延价值12到40盾不等的画作；见亚拍拉罕·布雷迪厄斯（Abraham Bredius），*Kunstler-Inventare: Urkunden zur Geschichts der hollandischen kunst des XVI., XVII., XVIII. Jahrhunderts*, 8卷（1915—1922），第1卷，第228—238页。

71. 17世纪下半叶，这些观念得到更充分的表述；见莱顿的布匹制造商、零售商皮特·德拉·库尔特（Pieter de la Court）的政治和经济小册子，*Het interest van Holland ofte Gronden van Hollands Welvaren aangewezen door V.D.H*（阿姆斯特丹，1662）

72. 克伊普：斯蒂芬·瑞斯（Stephen Reiss），《阿尔伯特·克伊普》（*Albert Cuyp*，波士顿，1975），图83；尼尔·麦克拉伦（Neil Maclaren），《荷兰画派，1600—1900》（*The Dutch School, 1600—1900*，伦敦，国家美术馆，1960），图961，第86—88页。这一主题非常流行。关于克伊普描绘这个教堂的大量作品，见瑞斯《阿尔伯特·克伊普》。1633至1655年间范·戈延对它描绘了不下25次，多于其他任何画家；见贝克，《扬·范·戈延》。其他描绘了这一地点的画家包括 A. Willaerts, G. Neyts, J. Peeters 和 J. de Grave。

73. 见约翰·范·贝弗维克（Johan van Beverwijk），《多德雷赫特的荷兰起源》（*'t Begin van Hollant in Dordrecht*，多德雷赫特，1640）；兰伯特，《荷兰风景的制造》，第189页；E. 哈弗坎普—贝格曼，《科克伦馆藏的扬·范·戈延：荷兰自然主义的典范》，载《William A. Clark 藏品》，展览目录（华盛顿，科克伦博物馆，1978），第51—59页，尤其是第55页。

74. 从《航拍荷兰》中的一张航拍照片可以看出这一点，图90。

75. 彼得·Y. 德容（Peter Y. De Jong）编，《改革宗的危机：多特会议纪念文集，1618—1619》（*Crisis in the Reformed Churches: Essays in Commemoration of the Great Synod of Dort, 1618—1619*，大急流城，密歇根州，1968）；托马斯·斯科特（Thomas Scott），《多特会议信条及其反对的错谬》（*The Articles of the Synod of Dort and Its Rejection of Errors*,

伦敦，1818），特别是第1—100页。吉拉特·布兰特（Geeraert Brandt），*Historie der Reformatie*，4卷（阿姆斯特丹，1677—1704），全面描述了这次宗教会议。

76. 德·弗里斯，《荷兰乡村经济》，第127—144，166—168页。

77. 见史蒂文斯（Kaerle Stevens）和利鲍特（Jan Libaut），*De veltbouw*（阿姆斯特丹，1622）；以及伍特·范·古特豪文（Wouter van Gouthoeven），*D'oude chronijcke end historien van Holland*（海牙，1636）。另一个例子见G. J. Hengeveld，*Het rundvee*，2卷（哈勒姆，1865—1870），被庄引用，《荷兰风景画市场》，图21。

78. 这些画包括一幅1585年左右的英国讽刺画《奶牛：关于奥兰治亲王开发尼德兰的讽刺》（阿姆斯特丹，国家博物馆，目录A2684），以及当代作品《伊丽莎白女王喂养荷兰的奶牛》，罗伊·C. 斯特朗（Roy C. Strong）《伊丽莎白女王一世肖像》（牛津，1963）中的插图，附录9。见范德·瓦尔，《三个世纪的爱国历史学家的写照》，第1卷，第21—22页；哈弗坎普—贝格曼和庄，《荷兰风景画》，第63—64，67页；庄，《荷兰风景画市场》，图21；艾米·沃尔什（Amy Walsh），《保卢斯·波特绘画中的意象和风格》（博士论文，哥伦比亚大学，1985），尤其是第8章。

79. 彼得·奎斯特（Pieter Quast）的寓言画中象征荷兰的公牛正要踢开西班牙骑者，16［41？］年，黑色粉笔和灰色水墨，羊皮纸，萨克拉门托，克罗克艺术画廊，目录编号578，引自哈弗坎普—贝格曼和庄，《荷兰风景画》，第67页，图32。范德·瓦尔，《三个世纪的爱国历史学家的写照》，第1卷，第22页，也引用了塞缪尔·科斯特（Samuel Coster）一部关于此合约的戏剧，“verklaringh van de ses eerste vertoningen, gedaen binnen Amsterdam ... 5 Junij 1648”，在其中他联想，“统治荷兰共和国，就像百眼的阿耳戈斯”，不能睡觉，必须警惕地守卫着“奶牛（即她自己亲爱的祖国）”。关于荷兰绘画中奶牛与食用公牛的详细描述，见《精湛的牛：荷兰画牛大师，1600—1900》（*Meesterlijk Vee. Nederlandse veeschilders, 1600—1900*）中范·修顿（Sjraar van Heugten）和艾伦·庄的文章，展览目录（兹沃勒，1988）。

80. “Ghy Heeren wachters wel neerstelyck toesiet, Dat Ons gerooft werd ‘de Hollandse koe neit,” 亨德里克·洪迪厄斯二世，“荷兰的繁荣”，1644，雕版画，六个风景主题系列之一，霍尔斯泰因（F. W. H. Hollstein），《荷兰与佛兰德蚀刻、雕刻和木刻版画，1450—1700年左右》（*Dutch and Flemish Etchings, Engravings, and Woodcuts, ca.1450—1700*，阿姆斯特丹，1949—1978），第9卷，第92页，图12；范德·瓦尔，《三个世纪的爱国历史学家的写照》，第1卷，第21—22页，第2卷插图，整页插图4—1。

81. 公民自豪感与描绘具有历史意义的城市之间的联系，特别在政治关键时期，已经多次得到认同；见哈弗坎普—贝格曼和庄，《荷兰风景画》，第57页；布朗，“序言”，第28页；萨顿，“前言”，《荷兰风景画》，第2，38页。据我所知，学术研究中尚未把多德雷赫特的教堂和与西班牙协商合约联系起来。

82. 克伊普的画与一个悠久的田园意象传统产生共鸣，其中包括提香著名的木雕画《风景与挤奶女工》（*Landscape with Milkmaid*），1520—1525年左右。该作品为大量北方艺术家的创作提供了母题,包括鲁本斯和凡戴克(Van Dyck)。其金色的光线,是一代受到克劳德·洛兰作品影响,以意大利化闻名的荷兰画家的独有特征,给场景平添了一份威严且具历史意义的调子。庄,《荷兰风景画市场》,图 21,讨论了观者可能赋予奶牛的其他联想;在我看来,所有这些都不如其政治寓意那样迫切。

83. 小约翰·沃尔什和辛西娅·P. 施奈德,《自然之镜:爱德华·威廉·卡特先生和夫人收集的荷兰绘画》,展览目录(洛杉矶艺术博物馆,1982),图 11。哈弗坎普一贝格曼,《扬·范·戈延》,第 55 页,论述了范·戈延描绘雷嫩和多德雷赫特的风景画是如何精确再现了某些遗迹,同时又特别把周围乡村描绘得比实际更荒凉和粗野。

84. 贝克,《扬·范·戈延》,第 2 卷,图 693。安·简森·亚当斯最先在《纽约私人收藏的荷兰与佛兰德绘画》中确定这幅画的主题,展览目录(纽约,国家设计学院),图 21。

85. 包括创作于两年后,如今保存在布拉格的一幅画(荷兰艺术史资料局影印资料)。在科隆一幅私人藏画中,类似的唱诗班圣坛以反转的方式出现在一个哥特式教堂中(贝克,《扬·范·戈延》,第 2 卷,图 190)。范·戈延从这个角度素描了若干哥特式教堂,包括同上,卷 1,图 247、550、576、819,以及 847—848;最后一幅也描绘了类似的城墙。

86. 在 2 卷本的 *Kabinet van Nederlansche Outheden en Gezichten* 中(阿姆斯特丹,1725),拉德马克加入了许多其他类似教堂的插图。

87. 沃尔夫冈·斯特乔,"范·戈延和范·雷斯达尔画中的贝勒库森门",《荷兰旧事》第 55 期 (1938),第 202—208 页,有很多例子。萨洛蒙·范·雷斯达尔一些描绘塔楼的画存放于鹿特丹博伊曼斯博物馆,1962 年目录,图 1761,1972 年目录,第 55 页插图;斯特乔,《萨洛蒙·范·雷斯达尔》,图 489。范·戈延在许多画中对这座城门进行了各种改造,其中一幅创作于 1648 年,如今存放于明尼阿波利斯,贝克,第 2 卷,图 693;其他例子还包括图 74, 639, 640, 760, 762, 765 和 788。在戈延 1644 年创作的一幅画中,塔楼看上去有些破败,图 659。

88. 同样见拉德马克,*Kabinet*,第 2 卷,插图第 124 幅。

89. H.A. 范·盖尔德,《受抑制的自由:荷兰共和国的政教关系,以及宗教、新闻和教育方面的自由》(*Getemperde vrijheid.*,格罗宁根,1972)。这并不是说某些风景不会让人想起怀旧和牧歌;见弗里伯格更广泛的论述,《荷兰风景版画》,第 1—20 页。

90. 伊沃·舍弗(Ivo Schoffer),《信仰与教会》,载伊沃·舍弗、H. 范德韦和 J. A. 沃编,《低地国家,1500—1700》(*De Lage Landen van 1500 tot 1780*,阿姆斯特丹,1978),第 212 页;同样见扬·瓦赫纳尔(Jan Wagenaar)关于国内各种天主教社区历史和处境的论述,《新兴的阿姆斯特丹》(*Amsterdam in zyne opkomst, aanwas, geschiedenissen, voorregten, koophandel, gebouwen, kerkenstaat, schoolen, schutterye, gilden, en regeeringe*,4 卷,阿姆斯特丹,1760—1788),第 3 卷,第 207—218 页。

91. 关于在反抗西班牙的革命时期荷兰社会分散性质的精彩分析,见詹姆斯·D. 特雷西(James D. Tracy),《哈布斯堡统治下的荷兰,1506—1566:一个政治实体的形成》(*Holland under Habsburg Rule, 1506—1566: The Formation of a Body Politic*,伯克利,加

利福利亚，1990）。

92. 18世纪英国也有类似的处理方法，见安·伯明翰，《风景与意识形态：英国乡村传统，1740—1860》（伯克利，加利福利亚，1986）。

93. 科斯格罗夫，《社会形构》，第15页，以及第2章。

94. 同上，第153页。

三

系统、秩序及抽象：1795年前后英国风景画的政治

安·伯明翰

一登上比琴崖（Beechen Cliff）的顶峰，亨利·蒂尔尼就开始教导凯瑟琳·莫兰如画美的法则。“他谈到了近景、远景、次远景——侧边屏和透视——光线和阴影。……他从一座嶙峋的山石和他假想长在其上近顶的一棵枯掉的橡树谈起，很容易就转到一般的橡树，再谈到树林、林场、荒地、王室领地和政府，不久他就发现自己谈到了政治，一谈政治就很容易导致沉默。”在所有如画自然的符号都指向政治的风景中，政治导向了沉默。亨利对巴斯周围风景的描绘强调了一个事实，即在18世纪的英国，风景——即使是如画的风景——都是一种政治话语模式。因此，这段描绘中引人注意的并不是风景与政治之间的必然联系，而是由这种联系带来的沉默，而原文也假定这种沉默是不可避免的。在简·奥斯汀开始写《诺桑觉寺》（*Northanger Abbey*）的1797年，英国反雅各宾派的偏执狂潮正处于顶峰。政治失语通过议会立法确立，由政府间谍监控及法院强制执行。激进主义被视为对公民社会自然秩序的一种威胁，在此基础上，以诸如通过《叛国和叛乱法案》（*Treason and Sedition Acts*）和中止人身保护权等法律手段来禁止像汤姆·潘恩的《人权论》（*Rights of Man*）这样的激进小册子及相关社团的各种活动，都被

认为是正当的。

对于18世纪90年代反雅各宾派的辉格党和托利党而言，法国大77 革命最大的谬误就是试图依据抽象的原则，而非“自然”的习性、本能和局限来管理人民。柏克在《法国大革命沉思录》（*Reflections on the Revolution in France, 1790*）中对这一点进行了简明扼要的阐述，他这样写道：“建构一个公民社会的科学不能被理解为先验的……人性是复杂的，而社会客体则是最复杂的：因此，没有哪种简单的权力控制或者权力指导可以适合任何人性或者人类事务的特性。”[2] 柏克反对靠先验原则和简单的权力控制进行统治，这观点得到了流行的保守派报纸的呼应，如威廉·吉福德主编的《反雅各宾派或每周观察者》（*Anti-Jacobin or Weekly Examiner*）。吉福德曾在1799年写道：“我们只消追溯法国原则从最初发布直到现在的发展轨迹……如果我们有耐心去完成这一任务，我们将发现这些原则（即使在人们看来是最貌似合理的观点中）最初依据的是一种新的政体理念——虚假的幻想，不切实际，与人性和公民社会的框架相左。”[3]

在柏克和吉福德等人看来，英国政体不是建立在抽象概念的基础上，而是建立在人性本身的基础上。它是有机的、多维的，因此它的运转也无法用某种简单的理念或表述来领会或涵盖。在他们看来，英国宪法经历几个世纪的演化，已经成为一个公民法律、权利和责任的集合体，并且经过了时间、习俗和实践的历练。此外，这是一部未成文的宪法，一个松散的、契约性的法律和惯例的组合体，靠被统治者的认同来维持政治体系。相反，《人权宣言》则是当时的一个谎言。正如《反雅各宾派》的一位记者宣称的，这份文件被认为是“‘由人类智慧和正直’——或者更接近真相地说，是由人类的愚蠢和疯狂——所创造的，最荒谬、最自相矛盾、最不切实际的政体形式”。[4]

我想说的是，这种对抽象与秩序的看法对艺术再现有意义。体现在如画风景美学中，它重建了景观设计和风景绘画的程序和技巧。作为大众消遣，园艺和绘画将一系列观点和价值内刻于某种再现性的操作，以此将它们标准化。它们作为一种媒介而起作用，通过它们，关于秩序、权力和意义的社会倾向在一些表现自然的技巧中得以表达。简而言之，风景园艺和绘画并不是一种意识形态上持中立立场的技艺。相反，通过比如构图和透视等空间策略，或者（以绘画为例）通过指示如何勾勒风景中的某些物体，它们主动印刻特定意识形态观念和矛盾情绪，或成为其表达场所。

一

通过对比约翰·罗伯特·科曾斯的水彩画《阿尔巴诺湖和冈道尔夫堡》（约 1779 年；见图 3.1）与托马斯·赫恩的《橡树》（约 1789 年；见图 3.2），我们可以概括出艺术趣味上的变化。在科曾斯的画中，树被置于前景以服务于整个画面效果；作为一个视觉引导物（repoussoir），它为构图框定了景深、设置了比例、确立了对角线方向。它的孤立状态使其成为一个富有诗意的物体，而我们也依据它的独特位置来欣赏风景。树属于这片风景却又是孤立的，这暗示人类自己在自然中的隔离。这一暗示通过孤独的牧羊人与他的羊群得以强化。因此，在科曾斯的画中，通过描绘自然物体，如树、岩石甚至是背景物等创造出来的情感，最终是通过风景的整体空间布局来体现的。

与之对比的是，赫恩的橡树本身就是风景，而且不从属于某种预设的构图结构。科曾斯仅勾勒宏大而粗略的轮廓，赫恩则用细致得近乎过分的笔致描绘橡树的内部细节。与科曾斯的树不同，赫恩的橡树对想象的需求不像对感觉的需求那么多。在科曾斯的风景中，修饰性元素（如树、牧羊人、城堡等）强调了空间的广阔。而在赫恩的画中，它们使风景的空间成为了问题。例如，羊群在橡树后面的位置并没有表明它们与这些树之间的距离多近或者多远；结果，这些树看起来时而高

图3.1　约翰·罗伯特·科曾斯，《阿尔巴诺湖和冈道尔夫堡》（约1779）。水彩与铅笔，布纹纸，44.5×64.2cm。

大，时而巨大。我们的目光游移于橡树丰富、破碎的内部形态，而不是广阔的景观空间。因此，对广阔的体验是内化于橡树本身，而不像科曾斯的画那样扩展至整片风景。在科曾斯的水彩画中，风景以一种渐退平面的预设空间组织形式存在。而在赫恩的画中，风景是一群极具个性化的物体的集合，它们貌似创造了自己的空间秩序。

这种景观设计的变化与18世纪末的如画趣味改革有关。当时两位业余园艺家——尤维达尔·普赖斯爵士和理查德·佩恩·奈特在抨击兰斯洛特·布朗（"万能的"布朗）及其后继者汉弗莱·勒普顿的园林设计粗俗不堪时，常常论述到如画趣味的改革问题。[5] 在普赖斯和奈特的作品中——从1794年普赖斯的《论如画》（*Essay on the picturesque*）和奈特的说教诗《风景》（*The Landscape*）到1805年奈特的《对趣味原理

图3.2　托马斯·赫恩，《橡树》（约1786）。钢笔，棕色墨水和水彩，506×343cm。

图3.3　托马斯·赫恩，《布朗式风景园林》，来自理查德·贝伊·奈特《风景》（伦敦，1795年）。软底蚀刻画。

79 的分析调查》（*Analytical Inquiry into the Principles of Taste*），“如画性”被重新定义。该词渐渐地不再指克劳德式风景和布朗式园林的全景画面，而适时地指向其对立面，即指更小规模的、设计感不那么明显的如画园林。这种园林由各种私秘隐匿景色组成，自然在其中呈现出粗糙、杂乱、甚至简朴的一面。普赖斯和奈特指责布朗式园林没有考虑到自然的多样性和地点的个性特征。普赖斯写道：“在一个艺术如此高度发展的时代和国家，这样一种单一的设计竟然被广泛地接纳，就连对独特性的热爱也都没能遏止这种均衡所有差异，使所有地方都是一个模样、都变得平淡而枯燥无味的方法。我承认，这着实令我感到惊奇。”[6]

赫恩为奈特的诗《风景》所配的插图，阐明了布朗式园林和革新的
80 如画园林之间的差别。布朗式园林（见图3.3）在画中被描述为一处绵

图3.4 托马斯·赫恩，《如画式风景园林》，来自理查德·贝伊·奈特《风景》（伦敦，1795年）。软底蚀刻画。

延起伏的风景，带有修剪平整的草地。蜿蜒的小溪上拱起两座“中国桥”，修葺整齐的小树林中种植的树木成为远景中的帕拉迪奥式房屋的相框。相反，如画式园林（见图 3.4）则是杂草丛生和废弃版的布朗式园林。地面崎岖不平，断断续续。小溪被杂草和落叶阻塞，一座粗糙的、用树干劈成的小桥随意横跨于溪上。树丛和灌木生长得如丛林一般茂盛，逐渐遮蔽了远处新近哥特化的房屋。所有这些如画的空间效果就是要尽量减少先前那种设计里的敞开式的开阔性，集中于狭窄地带上的美景取代了广阔的地平线，这种集中风景突出的是前景的蕨类植物、岩石和生苔的河岸等自然枝节，而不是远处的房屋。

如画美学的目的不仅仅是要建造这种“风格”的新园林，更是要保留那些原本就很如画的园林。普赖斯这个保守的辉格党地主在《论如画》中承认，他提倡如画趣味的动机与懊悔毁坏父亲福克斯莱庄园（Foxley）里的古老园林有关。

> 我毁了它。……这是我违背自己的感觉以迎合流行观点的牺
> 82 牲品。一直以来，这个园林，还有其中所有的装饰都与我息息相关，而我却使它们毁于一旦；或许是基于同样的想法，很多粗心、草率、无情的人，认为他有义务投票赞成拆毁一些城镇和地区。在美国，很多居民——像我一样（但在尺度和趣味上却有着天壤之别！），都选择认可这样一个原则：无论是什么阻碍了主流体系，都应被丢弃、被推倒，没有任何中庸的、调和的方法。不管接下来会是什么，首先必须是摧毁。[7]

系统化的园艺或政体显然是令人厌恶的，两者在普赖斯心中的联系很好地例证了景观设计成为政治隐喻的途径。布朗和他的后继者们清除了视野中的障碍，以便把园内的景色和远景向园外敞开。在普赖斯看来，这一举动堪比民主政体和革命中的均衡倾向。对于这种令人厌恶的表达自由的方式及其在园林设计中的编码作用，普赖斯评论道："我们公正地看到，对隐居生活和安全的热爱和对自由的热爱一样都是人之天性，对此我们的祖先已经留下了许多铁证。"[8]

83 这样一种对远眺风景（prospect landscape）的反叛值得注意，因为在18世纪早期，其精确的建筑空间及其一目了然的寓意已经成为关于是自由——尤其联系到辉格党的自由——的文化话语萌发的基础。早在1712年，约瑟夫·艾迪生在《旁观者》（*Spectator*）中指出，远眺是"各种想象的愉悦"中的一种。他写道："广阔的地平线象征着自由。在这里，目光四处游骋，最大限度地打量着无垠的景色，并沉湎于目之所及的百卉千葩。这样广阔而不确定的景观能唤起想象的快感，就像对永恒和无限的沉思能激起理解的愉悦一样。"[9] 精确地说，这里的自由指的是观

者的目光能“四处游聘”以掌握风景的全貌，并使之服从于人的幻想和想象的自由。因此，观者对广阔自然的感受实际上是使这种广阔性服从于人的视觉控制。在科曾斯水彩画那引人遐思的空间里，在自然这种被解放和解放性的宗教与教宗那种被禁锢和禁锢性的宗教之间的主题对立，是从属于观者更优越的视点的。这表明，即使是自然的自由也比不上艺术家获得自由的眼睛。

与这种把全景控制作为表述自由的方式密切相关的，是艾迪生将远眺与某种精神官能联系起来。作为视觉刺激想象的一种途径，远眺堪比哲学思考。相应的，想象力只有跟随眼睛“最大限度地打量”时，才能被发挥出来。在美学理论中，以布朗式园林或克劳德绘画为代表的远眺景观能够达到雷诺兹所说的“宏伟风格”，因为它确实能超越某个具体景色里的个性特征，以把握整体效果。正如约翰·巴瑞尔所说的，不能从特别事物或事件中提炼一般原则的人，或者，以绘画为例，不能从自然的种种偶然和畸形中对自然做一般性描绘的艺术家，通常被认为是低等的，因为他们没有抽象推理的能力。[10] 这种低等有一定社会倾向性，因为一般认为只有从日常生活的需求中解放出来的人——通过财产或教育——才能理性地旁观这个世界。因此，标志着自由、“想象力”和抽象理性的远眺不仅体现了一种审美观，还表现了社会观和性别观。

无垠的视野和其中纷繁的景物给艾迪生带来愉悦，这也暗示了一种特殊的、经济富足的都市形象。自然的广阔暗示了想象的自由。想象经由视线引导在“开阔而不确定”的风景中*占据*(take up)地方，但又不用*承担*(take on)占有及维持风景的责任。对于有理性和想象力的 84
人而言，远眺是一种景观，为观者提供一种超越了简单经济的，支配和拥有的体验。更重要的，对艾迪生这样受过教育的都市中产阶级辉格党人而言，它是一种美学观，巧妙地挑战了古老的、明显乡村的、仅仅靠土地财富进行统治的托利党。[11]

如果艾迪生这一代辉格党人意识到：与在风景园林中建构一种自

由和想象的话语相伴而生的，是一种新形式的经济权力的合法化；那么，18 世纪 90 年代反雅各宾派的辉格党与托利党人都明白：重新阐释这一话语是维持这种权力的必要步骤。在评论英国园林史时，普赖斯指出，园艺与议会政治都在 1688 年被奥兰治亲王威廉制度化了。他还说：

> 但是趣味革命与政治革命仍然存在本质区别，这种区别与它们开创者的个性有着最确切的联系。政治革命的开创者有着稳定、周到、连贯的启蒙头脑；既没有对古代的盲目偏见，也没有对新奇事物的狂怒；既不喜欢摧毁旧体系，也不喜欢创造新体系。而那些下层的，或不那么开明的人在宗教或者政治领域所实行的改革的特点，趣味革命统统都有。[12]

普赖斯厌恶以布朗式花园“均衡所有差异”为典型的趣味革命，这完全可视为是由法国政治事件中的多重因素造成的。革新趣味革命而不是政治革命的关键，可能是要建立一种新的风景美学，在编码自由时还要赋值以年龄、习俗、个性、多样性和等级。普赖斯宣称：“在一处好的风景中，所有的部分是自由而不受约束的。在其中，尽管有一些是主导的和高度彰显的，而其他的则处于阴暗和隐蔽的位置；有一些是粗糙的，而其他的是光滑和精美的，但是它们对于整体的优美、活力、效果与和谐都是必需的。好的政体是怎样的？我没有见过比这更精确的定义了。”[13] 与法国大革命的均衡倾向形成对比，风景中个体多样性逐渐代表了英国式的自由，一种大概让富人富，穷人穷的自由。

同样从如画风景的角度重新定义自由，奈特在他的诗歌《风景》中把树木丛生的如画园林描述成一个“每一处凌乱的灌木，每一棵伸展的
85 树木 / 都宣称了当地自由之所在”[14] 的地方。这首诗写于 1793 年 9 月，奈特以对法国大革命（“什么心如此野蛮，非得要现在就谴责 / 那些涌

到高卢海岸的鲜血浪潮！”）[15] 和被监禁皇后的悲惨境遇（“她每时每刻都在等待，直到暴民的憎恨 / 把他们的牺牲品带到她欣然接受的命运面前！”）[16] 的沉思结束全诗。结合 1790 年代的背景来看，如画美学要保存的不仅仅是旧园林。如画园林富有多样性、个性和古迹，与缓慢而自然演进的英国宪法类似，与布朗式园林或《人权宣言》中强加的抽象原则形成对比。那么，远眺风景若不是法国原则的象征，至少也成为其后果的标志。值得提及的是，亨利·蒂尔尼的沉默是在比琴崖上远眺所见的风景——“树林、林场、荒地，王室领地和政府”——引发的一系列艾迪生式经济联想之后发生的。因此，他最终谈到政治，是离开某个不再安全的制高点的必然结果。陷入沉默不仅是“容易的一步”，更是不可避免且必需的一步。随着那个十年即将结束，它还将导向一种更为隐蔽和更具强制性的政治，即沉默的政治。

二

正是在如画风景美学变革的背景下，我们来讨论在旅行指南和业余绘画手册中日益出现的对威廉·吉尔平的风景素描风格的非议。吉尔平是一名牧师，同时也是如画趣味的普及者。1782 年至 1802 年间，他旅行英国各地的游记陆续发表。这些游记教画境游的游客如何把自然风景看成一个有秩序的、协调的统一画面，而不是一堆零星碎片的混乱组合。通过这种方法，使大量读者对英国本土风景之美变得敏感。吉尔平提倡人们像绘画那样观看现实的风景，用艺术法则去比较和评价这些风景的美学价值。他将“如画美”定义为“一种独特的美，是一幅画中令人愉悦的部分”。[17] 实际上，吉尔平所说的“如画”就是更古老的远眺风景的一个典范。典型的吉尔平式观景需要通过想象将风景组织成前景、远景、次远景。这套系统所遵循的简单的三重构图法，是他从对克劳德·洛兰、加斯帕德·杜埃、萨尔瓦托·洛萨等人的研究中推究

图3.5　威廉·吉尔平，来自《怀河和威尔士南部其他几个地区的观察……主要与如画美相关；作于1770年夏》（伦敦，1782）。水彩铜版画。

出来。任何一个业余画家——例如亨利·蒂尔尼，都会运用这套法则将任意一处风景转变为如画风景。

一位早期评论《如画美三论》(*Three Essays on Picturesque Beauty*)
86 的评论家说，毫无疑问“普通读者……被冒昧地告知，他的观念受到了误导，他对自然美的感知也是虚假和靠不住的。他只有在长成科学的眼光，通过人为的法则形成自己的习惯品味之后，才能评价美”。[18] 然而，正如时间证明，许多读者都非常愿意根据吉尔平的人工法则去使自己变得科学，去欣赏风景。贺拉斯·沃波尔在1789年给汉娜·莫尔的一封信中写道：“我成为一个彻头彻尾的游荡者，在美丽的怀河上顺流而下，欣赏两岸的寺院和城堡，以作消遣。手里拿着吉尔平先生的手册，它教我如何用鉴赏家的行话去评价和谈论前景、远景、透视以及突出物。”[19] 为了使读者能看到他所描绘的风景，吉尔平为他的游记配了蚀刻铜版插图（见图3.5）。就像科曾斯笔下的阿尔巴诺湖，这些画的空间渐次展开，其目的就是要展现风景最具如画特点的一面。

吉尔平的游记负有盛誉，但他的插图却并不受欢迎。例如，怀河的游客抱怨当他们想观赏吉尔平描绘的景色时，却发现真实的风景与插 87
图大相径庭。另一位旅行指南的作者，土地测量员詹姆斯·克拉克发牢骚说："不管谁观察那些被吉尔平称为风景、实际上却只是'一场空'（abortive nothings）的地方，他都几乎无法从中找到一处美景，无论他对这里有多么熟悉。就我而言，它们只会让我想起男孩们幻想在落日的空中，或者霜冻夜晚的炉火中看到的景象。"[20] 在一次关于雕刻的讲座中（1807），约翰·兰西尔告诫学习版画的学生们远离吉尔平"蚀刻的污迹"，在他看来，它们"由于虚假的艺术原则而失去光泽"。[21]

对吉尔平的画风最彻底的批判来自绘画大师威廉·马歇尔·克雷格。1793 年，克雷格出版了名为《关于绘画中的自然的研究》（*An Essay on the Study of Nature in Drawing*）的业余绘画指南。在其中他提出，吉尔平的素描风格及其公式化构图与他执意漠视视觉现实有关。克雷格提出，"画笔的目标是要模仿自然"[22]，"没有人能画好一幅微型素描，除非他此前已经就习惯于画精笔素描。"[23] 他批评吉尔平的方法是"画笔的病……其不良影响已经流传开来，不可遏止"。[24] 克雷格对吉尔平的批评与普赖斯对布朗式园林设计的指责触及到同一个话题，即对个性的忽视。克雷格问："对于一个走遍了整个辽阔、美丽的国家去观察自然，随意地建议他的读者放弃所有勾勒事物独特外貌的尝试的人而言，我们该说些什么？或者，该如何表达我们的感谢？"[25]

克雷格的建议强调了风景绘画从前景起笔，再将物体放在"有助于后续构图的位置上"[26] 的重要性。从前景开始再回到景观空间的方法，意在强调一处风景里的个性特征和偶然细节。就像赫恩的如画园林插图所显示的那样，这类风景画主要依靠细节来组织结构。毫不奇怪，尽管吉尔平的作品广受赞誉，但尤维达尔·普赖斯却批评他仅仅"把绘画当作一个模型"，而且忽略了"水的流向，建筑，动物及鸟类的形态"[27] 等细节。在他看来，吉尔平的前景是后来添加的。吉尔平说："前景通常只是附加物。一般来说，中景构成了画面，需要最多的特性。"[28] 不同于克雷格所坚持的工笔描绘，吉尔平写道："我们通常认为，细节是一幅画中的次要部分。更让我们感到愉悦的风景画要有好的设计、构图和启
88 发性。"[29]

吉尔平随意地合成、提升风景，"在需要的地方增加山峰高度，虚构树木和前景，甚至改变河水的流向"，这显然让克雷格感到反感。但克雷格最严厉的批评，还是给予了吉尔平的"再现一般的自然，而不是她的个性特征"[30] 这一建议。不仅如此，克雷格把抨击范围扩大到了乔舒亚·雷诺兹的理论。提及吉尔平和雷诺兹时，克雷格说："看来要弄清楚什么是'一般的自然'，以及该如何去模仿它是有些困难的。如果它指的是从一个物种的各种特性中挑出我们认为最好的、最具代表性的部分，我们就应该称赞这种方法。但这不是一般的再现——这是个性的集合。"[31] 不同于克雷格，吉尔平和雷诺兹坚持"自然可以被复制，就像一部著作可以被翻译一样。如果你像贺拉斯的译者那样字对字地直译，你的作品当然会枯燥乏味。但是如果你把握了原作者的意思，然后用目标语言的习惯灵活地表达，你的翻译就同时抓住了原著的精神和思想。自然和语言一样有着习语，绘画也是如此。"[32] 这种观点继承了一个古老的话语传统，即把艺术看成一种抽象推理的训练。克雷格反对普遍性而坚持个性，不仅是对吉尔平式如画性，也是对雷诺兹"宏伟风格"的抨击。

克雷格在给业余画家提建议时强调自然的个性。与吉尔平不同，他认为画素描时注意力应该集中于标记（notation）而不是构图上。他还附上一张插图（见图 3.6），用来讽刺吉尔平的绘画风格以及在他看来像吉尔平那样将实物简化成一套抽象符号的倾向。"在许多画者中间，有一套约定俗成的符号被用来再现、象征自然界的某些物体，但它们和这些物体之间本质上很少或者完全没有相似点。毫无疑问，这就是我

们经常说的概括的模仿，的确很概括，因为……这些符号彼此间十分相像。”[33] 与吉尔平的“绘画符号法”相反，克雷格认为，“所有不同的物体和材料都应该用不同的线条和笔触来表现，如果注意点就会发现，自然一直在向我们指明这一点”。[34] 他习作的柳树（图 3.7）是一个很好的例子，说明了他所谓的“典型的再现”（characteristic representation）。与吉尔平不同，克雷格显然希望在视觉符号和所指之间存在相似之处，而不只是抽象和任意的联系。相应地，能指（画笔在纸上留下的痕迹）应该 89
是对所指（主题）的透明的摹写。克雷格期望视觉符号是一种自然的符号，与再现的事物保持高度清晰、透明的一致性。吉尔平的符号是任意的，在解释和修辞功能上具有开放性；而克雷格的符号是清晰、自然的，与再现的事物之间保持了一种镜照关系，因而不受各种处理、变化和误读的影响。吉尔平把克雷格的画风视为想象的敌人，并称这类艺术家为“直译者”。

吉尔平和克雷格对视觉符号的不同看法，进一步体现于他们对绘画和复制媒介的选择上。吉尔平选择蚀刻铜版画，因此他的插图与其笔法粗糙的钢笔画有几分相似。克雷格使用软底蚀刻画，它可以直接将铅笔画摹绘到一块将要蚀刻的底板上。吉尔平的淡彩画《瀑布》创作于 1785—1789 年间（见图 3.8），在画中，单根线条被涂抹掉，融成一块块大片的水墨，少数清晰可见的笔画用于描绘风景的细节，其作用类似于书法中的点睛之笔——例如这幅画中的树。吉尔平的笔画提醒我们艺术家的存在，以及艺术家对风景的直接反应和想象性占用。相反， 92
克雷格根据物体不同的肌理和形状而改变铅笔笔画的长度、宽度和特性（见图 3.9），并且还将这些笔法系统化为一套法则。由于他热衷于对细节做自然主义描绘，因此画面中从属于构图的部分比吉尔平画中的少。插图 3.9 来自于《关于绘画中的自然的研究》一书，在这幅风景画中，观者的目光从充满对立细节的前景直接跳跃到模糊的远景，中间没有任何提示画家情感的笔触。这样的笔触往往在吉尔平的风景画里带

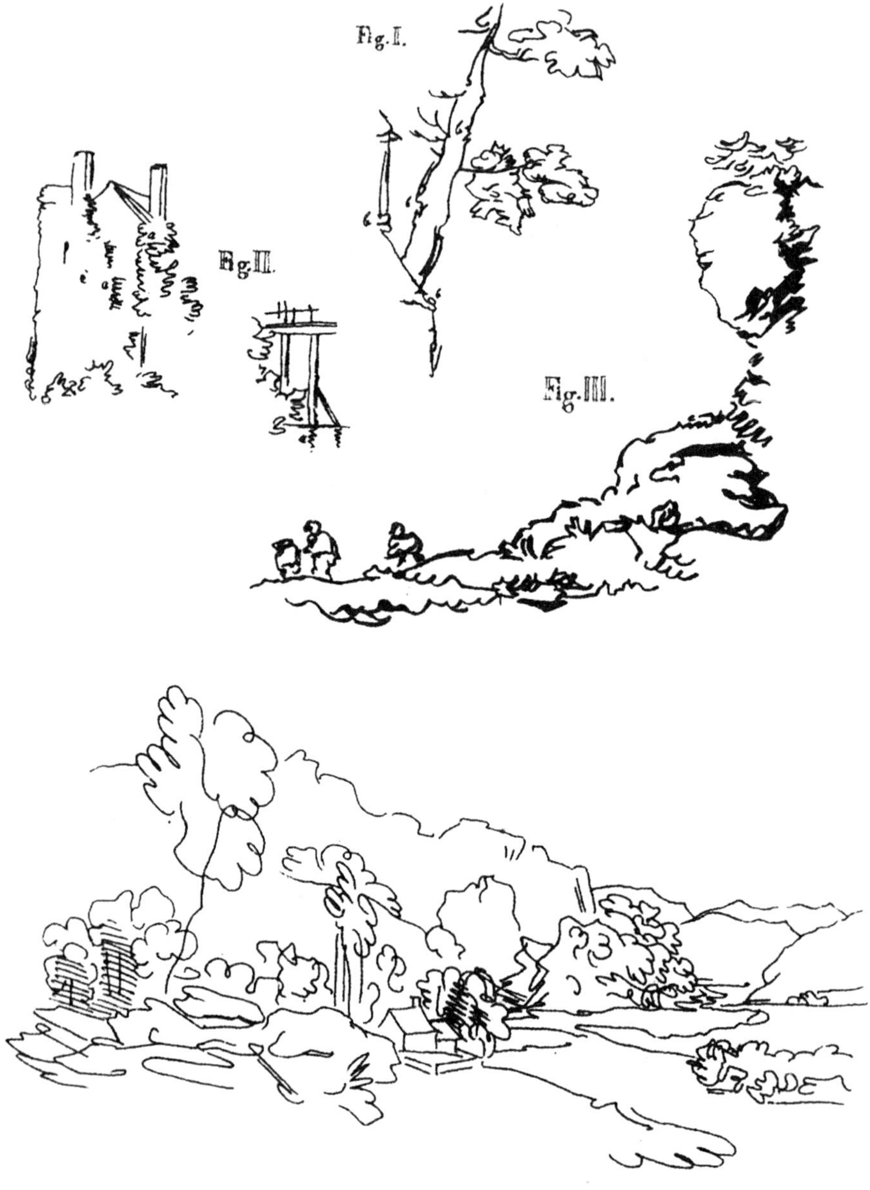

图3.6　威廉·马歇尔·克雷格，《雕版二》，来自《关于绘画中的自然的研究》（伦敦，1793）。软底蚀刻画。

图3.7　威廉·马歇尔·克雷格，《雕版四》，来自《关于绘画中的自然的研究》（伦敦，1793）。软底蚀刻画。

图3.8 威廉·吉尔平，《瀑布》（约1790年）。钢笔，水墨和不透明水彩，160×242cm。

来情感的波折（emotional inflection），而克雷格所提供的波折却是感知的变化，关注的是每一个物体的样子和感觉，无论它有多卑微。他的画风强调了自然的个体多样性，而不是艺术家的独创性头脑。

我们或许可以把克雷格和吉尔平的区别概括为以下一系列对立：分析性、附加性的构图法与公式化的合成法；写实主义的描绘与概括性的转化；意义系统的封闭与开放——简而言之，是写实主义与抽象主义之间的区别。我相信，同样的辩证法在其他地方还会重演，例如自然与法国原则、公民社会的真正秩序与人为的虚假秩序之间的对立。

三

在克雷格抨击吉尔平画风的同时，反雅各宾派的辉格党人和托利

图3.9　威廉·马歇尔·克雷格，《雕版七》，来自《关于绘画中的自然的研究》（伦敦，1793年）。软底蚀刻画。

党人正抗议激进分子对传统政治话语的挪用和更改。诸如在《叛国与叛乱法案》通过前的1795年出版，并在该法案通过后被禁止发行的《皮戈特的政治词典》（*Pigott's Political Dictionary*）之类作品，对以下这些常用词语做了激进的政治解释：

> 滥用（abuse）——欧洲各种政体；特权阶级，教会制度……
>
> 警报（alarm）——欺骗的警钟[tocsin，原文如此]：以英国人民的自由和财产受到威胁这一最虚假的借口，使英国人陷入战争的灾难，掩盖了憎恨、嫉妒、专制和报复等真实目的。控诉、违法的军备扩张、引入国外军队、驻扎军营等行为的托词。
>
> 贵族（aristocrat）——傻子，或者恶棍，通常两者兼是；贪婪的怪物，人类的敌人……
>
> 权利（rights）——那些与生俱来且人人平等的要求，如今已经过时且无人知晓。它是否曾经存在于这块土地上，已经成为博
> 93 学的政治古董家们争论的话题……[35]

语言符号的易变性和由此造成的对事实的曲解，恰恰是吉福德的《反雅各宾派》着力监督的地方。吉福德在1798年创立这一周刊，力图指明并驳斥一些定期报刊的错误从而对之实施监督。为此，他开辟了一些题为"国外情报"、"情报"、"错误"、"歪曲"、"谎言"的专栏，在其中刊登从《晨报》（*Morning Chronicle*）和《晨邮报》（*Morning Post*）等报纸上摘录的新闻，并依据他所搜集的"事实"对其进行矫正。更多时候，这些矫正（通过一种文字定义的过程）阐明了一次国会演讲或者一则战区报道的真正含义。尽管吉福德选择评论的报纸在政治立场上是自由的，但它们仍然已经受到政府的严格审查，于是吉福德对其中报道的密切关注就显示了他的偏执程度。

除了矫正新闻报道外，吉福德还刊登一些读者、订户的信件和诗

歌。在他看来，这些信件、诗歌概括了当前时事的令人不安的状态。1798 年 3 月 26 日刊登的一封署名为“乳臭未干的辉格党人”的信件，涉及到一个热门的反雅各宾派话题，即辉格党中保守的皮特派与自由的福克斯派的区分：

> 辉格党人是什么样的？一个人是天生就是辉格党人，还是后来成为的？是通过什么途径成为的？
>
> 是否他一旦成为辉格党人，就永远是辉格党人？
>
> 在家庭中也有辉格党么？
>
> 这个身份能否中止？——或者丧失？——或者放弃？——或者禁止？
>
> 一个辉格党人的头衔能否被其他为数更多或者更团结、因此能够定下基调的辉格党人所剥夺？
>
> 是否每一个辉格党人本质上都是共和主义者？——他是否或者能否是一位保皇党人？依据同样的对比，若一个托利党人必须是信仰上的狂热分子，或者换句话说是大主教，那么一个辉格党人是否至少是一名无神论者或自由思想者？……
>
> 这些都是关键问题……我的答案就像约翰逊词典中的解释性词语，与被解释的词语一样意义满满却很难言表。[36]

皮特的党派中存在福克斯、格雷、谢里丹等人，这无疑显示了政治术语和政治称号是多么不稳定和无意义。

至于皮戈特和潘恩之类的激进分子自己，他们也承认了政治术语和话语的不稳定状态。但大多数情况下，他们利用词语能指和所指之间的任意关系来去除他们所认为的反雅各宾派修辞上的故弄玄虚，从而夺回政治话语。例如，皮戈特的《词典》开启了语言意义的易变性，
以及语言能同时成为政治解放和政治压迫的根源这一观念。 95

例如,关于18世纪90年代的一个关键词“社团”(association),我们找到了如下的解释:

> 这个词的涵义最近经历了一次变革。以前,英国人认为,为了讨论政治原则和自身权利而联合起来是合法的。这类集会曾一度符合宪法且受到称赞。里士满公爵皮特,以及其他“人民之友”是这些集会的主要支持者。如今,政府认为它们违反宪法并煽动叛乱,社员很有可能被监禁在新门监狱四年;若是在苏格兰,则很有可能被戴上镣铐,流放到博特尼湾。然而,另一方面,正是在同一个皮特的直接许可下,成立了一些社团来镇压那些曾经合法的集会,而这些社员被认为是唯一的忠臣,国家最好的朋友。[37]

皮戈特的《词典》从现实意义上教我们认识了符号的任意性。它把语言符号当作一种权力工具,揭示了它的功能以及它成为政治符号而非自然符号的必然性。这堂“语言课”被吉福德等反雅各宾派斥为“歪曲”和“谎言”,被政府视为“叛乱”而禁止。

为了评价18世纪90年代语言表达上的变化,将之与塞缪尔·约翰逊在《英语词典》(*Dictionary of the English Language*)序言中所描述的语言的运作相比较是有益的。约翰逊首先哀叹不精确性已经慢慢潜入到语言中。他说:“语言只是科学的工具,词语仅是思想的符号:然而,我希望这个工具不那么容易衰败,这些符号能像它所指称的事物那样长久。”[38]与克雷格一样,约翰逊理想的语言中符号能够镜照所指。然而,他也意识到,不管人们再怎么希望语言保持稳定,它都不可避免地随着社会的变化而变化。约翰逊继续说道:

> 最有可能保持不变的是这样一个民族的语言:这个民族人口稀少,远离野蛮,与外界隔离,完全专注于保持生活的舒适……但

> 一个受过艺术熏陶、有等级划分的民族不会存在这样的恒定。在那种共同体里，一部分人靠另一部分劳动者供养，他们有闲暇时间思考从而扩充思想；而每一次知识增长，无论是现实的还是幻想的，都将产生新的词语或者词语组合。当语言不再受必要性捆绑时，它就会随方便而盛行；当语言被废弃时，表达它的词语必然随之枯萎：任何观念的流行都会以同样的力度既改变行为，又革新语言。[39]

在约翰逊看来，在语言符号和"指称事物"之间进行调节是一种文明的社会化进程。因此，语言既指称特定含义，也反映文明。约翰逊理解的文明是什么很重要。对他而言，文明代表了一种阶级与经济多元化的社会，这里有等级和秩序，这里受过教育的有闲人士，即那些既有时间又有学识思考的人们，扩充观念并控制语言的进程。因此，一个复杂的、不断发展的语言是文明和阶级特权的标志。[40]

危险的是，在18世纪90年代，调节语言符号和所指的不再是有闲暇、受教育的有产阶级，而是在阶级和政治上都严重分化的群体。因此，需要通过一些手段，例如通过《叛国与叛乱法案》或者出版吉福德的《反雅各宾派》来监督这种调节。更彻底的做法，是把语言符号自然化从而杜绝这种调节。自然化杜绝了符号的随意性，使它看上去能纯粹地、直接地、透明地反映所指。人们很难想象这样一种语言符号或由这些符号组成的语言，但却能使视觉符号看上去与所指相似。正因如此，绘画可能成为一种普遍的视觉语言。在皇家研究院和罗素研究院前的一系列演讲中，克雷格评论了绘图、绘画和雕刻的重要性。他宣称："它们尽最大努力，用一种直观易懂的语言最大范围地表达这个栖居世界最有价值的信息，这种语言有着词语永不能及的清晰和精确。"[41] 自然的、普遍的图像语言正是18世纪后期和19世纪早期的绘画指南所追求的乌托邦梦想。克雷格以赫恩所画的橡树为例阐释的自然主义画风，直到

1820年左右仍主导着各种业余绘画手册。这种风格还可见于许多艺术家和绘画大师的作品，如塞缪尔·普劳特，戴维·科克斯，约翰·瓦雷，约翰·塞尔·科特曼等，并在约翰·康斯太布尔早期的风景画得到最淋漓的展示。[42]

在绘画中，自然主义风格有助于勾画一个在表层与深层、局部与整体间来回交替的新视野。这种风格在思想内涵上所为人称道之处，即
97 摒弃了抽象概念并赋值以个性、多样性和有机自然主义。此外，最重要的是，它能同时表达保守派和自由派的观点，因为其意识形态和再现功能恰恰在于能物化并重申两派关于社会秩序的政治想象。独特的自然主义标签既能从视觉上加强柏克和吉尔福这类人的保守观点——他们把复杂多变的社会等级看成是自然的反映，又能突出华兹华斯等自由派的怜悯之情——他在《抒情歌谣集》中歌颂“卑微的乡村生活”。在《坎伯兰老乞丐》和《最后的羊群》中，华兹华斯放弃自己的声音而讲述“真实人类的语言”（language of real men），把这些人贫困的生存描述为一种自然状态。这些诗歌不仅赞颂了社会等级中最卑微的人，更是无条件地接受了社会等级制度的概念。《我们是七个》(*We Are Seven*)中“单纯的孩子”或者《痴童》（*Idiot Boy*）中苏珊的纯朴语言显示了风景中的贫穷和艰难，反过来又诗意地表达了豁达和同情。严格意义上讲，《抒情歌谣集》的自然主义并不是克雷格在绘画中追求的自然主义，因为诗中“真实人类”的语言最终淹没于诗人的语言中。他们简单而生动的语言引发了诗人更高级、综合、抽象的意识。诗人对他们谈话的思考包纳了这些谈话。诗歌为穷人的话语赋形，后者的浅显拙朴则证实了这种赋形之必要。诗人在对贫贱乡村生活场景的回顾中发现一种个体的诗意感受，它的产生根本上来自与这生活有一种怀旧的、懊恼的疏远，即与所哀叹失去的事物保持一定的安全距离以寻求某种慰藉（refuge）。或许当布莱克说“如果我们没有使人贫穷 / 怜悯不会再有”时，他对此感受最深。[43]

对法国革命者及其激进的拥护者们过分简单化、政治化的抽象，不能仅靠政治镇压来纠正，还要把再现域重整为各种知识和经验的专业领域，使秩序内化于复杂、多层次、貌似有机的操作中。重整不仅对园林设计和风景艺术，还对诗歌语言都有重要意义，因为它最终不动声色地重申了对秩序的需求。它对英国景观艺术的影响是长期的，因为其再现性设想和结构与 19 世纪的头几十年的英国社会一致。当时英国社会凭借一个先验准则——自然的多样性和复杂种类，反对政府的激进话语，目的是使自身的政治机构和等级制度合法化且得到遮掩。 98

注　释

1. 简·奥斯汀，《诺桑觉寺》（*Northanger Abbey*），查普曼（R. W. Chapman）编，（牛津，1980），第 111 页。

2. 埃德蒙·柏克，《法国大革命沉思录》（纽约，1973），第 73—74 页。W. J. T. 米切尔也发表过类似评论［《眼睛和耳朵：埃德蒙·柏克和感性的政治》，载《肖像学：形象，文本，意识》（*Iconology: Image, Text, Ideology*），芝加哥，1986，135—143］，他看到柏克早期对崇高的正面描述和晚期反雅各宾派的政治观之间的一致性。对于晚期的柏克而言，崇高涉及的敬畏和模糊并没有体现在法国大革命中（大革命依赖的是公开展示和《人权宣言》的明确原则），反而在看不见、未成文、有机的，口耳相传的英国宪法中得到最好的表达。因此，在他心中崇高是一种英国特性而不是法国特性；是高贵的、男性气质的政体模式，而法国大革命是低等的、女性的成果。

我对此分析并无异议；事实上，我发现它与我的一个观念存在某种一致性。我相信，当时英国人已经感觉到原则和抽象观念是危险的、非英国式的。但在描述 18 世纪 90 年代应用于政治话语中的语言治疗，即对制造一种“自然的”语言和视觉符号的渴求方面，我的观点有细微差别。我认为，对于激进分子挪用政治术语和语言这一问题，柏克的崇高只是一种符号学的解决方法，最终给予一种已经存在的家长制的、社会的等级制度以特权，使其能够继续操控和压制某种政治话语。我所描述的另一个途径可能更通俗幼稚和“民主”，因为它不依赖于上述的检查制度和指导，而是依赖于认为语言意义可以固定，因此它通常是清晰和真实的。这种公共的、自然的语言概念既呼应反雅各宾派的民族主义，又呼应更自由的华兹华斯对于共享的心灵语言的信仰。

3. 威廉·吉福德,《反雅各宾或每周观察者的美文》(*The Beauties of Anti-Jacobin or Weekly Examiner*,伦敦,1799),第 2—3 页。

4.《反雅各宾派或每周观察者》,1798 年 3 月 19 日,第 147 页。日前,前首相玛格丽特·撒切尔感到有必要指出,代表制政体并非《人权宣言》的发明。在法国大革命两百周年纪念日前夜接受《世界报》(*Le Monde*)和法国天线电视 2 台(Antenne-2)的访问时,她评论道,民主制政体"可以远远追溯到法国大革命之前。我们有我们自己伟大的章程—— 1215 年的《大宪章》,而人权的观念恰恰可以追溯到古希腊甚至更早……我们有 1688 年的和平改革,并在改革中把议会的意志置于君主之上。我们去年庆祝了这一事件,但十分低调"(报道于《洛杉矶时报》,1989 年 7 月 14 日,第 1 部分,第 1—13 页)。

5, 关于这个话题在 18 世纪 90 年代政治和景观设计上的应用,更多信息见我的《风景与意识形态:英国乡村传统,1740—1860》(*Landscape and Ideology: The English Rustic Tradition, 1740—1860*,伯克利,加利福利亚,1986),第 57—85 页;以及约翰·默多克(John Murdoch)《前景和焦点:1800 年左右风景感知中的变化》,载《湖区:一种国家财产》(*The Lake District: A Sort of National Property*),约翰·默多克编(伦敦,1986),第 43—59 页。

6. 尤维达尔·普赖斯,《论如画与崇高、优美的异同;以及,关于绘画研究在提升现实风景方面的作用》(*An Essay on the Picturesque, As Compared with the Sublime and the Beautiful*),2 卷(伦敦,1810),第 1 卷,第 342 页。

7. 同上,第 119—120 页。

8. 同上,第 121 页。

9. 约瑟夫·艾迪生,《旁观者》,唐纳德·F. 邦德(Donald F. Bond)编,5 卷(牛津,1965),第 3 卷,第 540—541 页。

10. 约翰·巴瑞尔,《从雷诺兹到哈兹利特的绘画政治理论:"公众的身体"》(*The Political Theory of Painting from Reynolds to Hazlitt: "The Body of the Public"*, 纽黑文,1986),第 119—122 页。

11. 关于远眺风景的深刻论述,见罗伯特·克拉克(Robert Clark),"The Absent Landscape of American's Eighteenth Century",载米克·戈德利(Mick Godley)、罗伯特·桑森—佩莱斯(Robert Sansen-Pelles)编,《美国风景观》(*American Views of Landscape*,剑桥,1990)。

12. 普赖斯,《论如画》,第 2 卷,第 147 页。

13. 尤维达尔·普赖斯,《关于财产保护的思考》(*Thoughts on the Defence of Property*,伦敦,1797),39;引自马尔科姆·安德鲁斯(Malcolm Andrews),《寻找如画美:英国的风景美学与旅游 1760—1800》(*The Search for the Picturesque: Landscape Aesthetics and Tourism in Britain, 1760—1800*,奥尔德肖特,英格兰,以及帕洛阿尔托,加利福利亚,1989),第 65 页。

14. 理查德·奈特,《风景》(*The Landscape*,伦敦,1795),第 33 页,第 39—40 行。

15, 同上,第 92 页,第 393—394 行。

16. 同上，第 93 页，第 404—405 行。

17. 威廉·吉尔平，《论版画》（*An Essay on Prints*，伦敦，1768），第 2 页。

18.《1789 年书评》（"Account of Book for 1789"），载《年鉴》（*Annual Register*，伦敦，1789），第 170—183 页。

19. 引自威廉·D. 坦普尔曼（William D.Templeman），《威廉·吉尔平的生活与工作（1724—1804），如画大师与博尔德的牧师》（*The Life and Work of William Gilpin*，厄巴纳，伊利诺，1939），第 276 页。

20. 同上，第 290 页。

21. 同上，第 236 页。

22. 威廉·马歇尔·克雷格，《关于绘画中的自然的研究》（*An Essay on the Study of Nature in Drawing*，伦敦，1793），第 15 页。

23, 同上，第 18 页。

24. 同上，第 10 页。

25. 同上，第 11 页。

26. 同上，第 17 页。

27. 普赖斯，《论如画》，第 1 卷，第 328 页。

28. 威廉·吉尔平，《绘画和绘画书目录……包括作者对其中绘画作品，以及绘画原则的评论》（*A Catalogue of Drawings, and Books of Drawings*...，伦敦，1802），第 35 页。

29. 同上，第 32 页。

30. 克雷格，《关于绘画中的自然的研究》，第 10 页。

31. 同上，第 7 页。

32. 吉尔平，《绘画和绘画书目录》，第 20 页。

33. 克雷格，《关于绘画中的自然的研究》，第 9 页。

34. 同上，第 21 页。

35. 查尔斯·皮戈特（Charles Pigott），《政治词典：解释词语的真正含义》（*A Political Dictionary: Explaining the True Meaning of Words*，伦敦，1795），第 1，2，3，119 页。

36.《反雅各宾派的美文》，1798 年 3 月 26 日，第 157 页。

37. 皮戈特，《政治词典》，第 4—5 页。

38. 塞缪尔·约翰逊，《英语词典》（*Dictionary of the English Language*），2 卷（伦敦，1805），第 1 卷，第 iii 页。

39. 同上，第 xv 页。

40. 关于这一时期语言理论及其政治含义更全面的论述，见约翰·巴瑞尔，《历史中的英国文学，1730—1780》（*English Literature in History, 1730—1780: An Equal, Wide Survey*，伦敦，1963），第 110—175 页。

41. 威廉·马歇尔·克雷格，《关于绘图、绘画和雕刻的演讲，作为高雅艺术的分支考虑》（*A Course of Lectures on Drawing, Painting, and Engraving, Considered as Branches of*

Elegant Art,伦敦,1963),第 47—48 页。

42. 在这个背景下,我们应该记得康斯太布尔将他的早期训练归功于许多业余画家和绘画大师。他从业余画家约翰·邓索恩、乔治·弗洛斯特和乔治·博蒙特爵士学习风景画,从雕刻家、绘画大师约翰·托马斯·史密斯学习如画美。他的艺术思想形成于 18 世纪 90 年代,距离克雷格的时代并不遥远。1802 年,在拒绝了格利马罗军事学院的一个绘画教师职位后,他写信给邓索恩(这可能是他的被引用最多的一封信),谈到他决心用整个夏天"刻苦向自然学习",结尾处说,"那里有足够的空间来做自然的绘画"。见贝克特(R. B. Beckett)编,《约翰·康斯太布尔通信集》(*John Constable's Correspondence*),7 卷(伊普斯威奇,萨福克),第 2 卷,第 31—32 页。

43. 威廉·布莱克,《人类的抽象》("The Human Abstract"),选自《经验之歌》(*Songs of Experience*,约 1794),杰弗里·凯恩斯作序(伦敦及纽约,1967),第 1—2 页。

四

透纳与英国的代表

伊莉莎白·赫尔辛格

从拿破仑被打败的1815年,直到19世纪中期,英国在代表(representation)的问题上一直争论不断。国会是不是应该有更多的代表权?如果是,它应该代表谁?由谁来代表?这场争论的焦点是关于国家本身的定义。在本杰明·迪斯雷利于1845年出版的小说《女巫》(*Sybil*)中,工人阶级激进分子谈到了截然不同的两种国家——“富裕的和贫穷的”。贵族主人公最终宣称要把两者统一起来:穷人的利益应该由有责任心的世袭贵族代表。与之相反,那些为自己的政治权力进行斗争的中产阶级把他们所关注的东西定义为国家的利益。参与19世纪英国代表权力争夺的不仅有新兴的阶级,同时还有其他的选民团体。英国是乡村的,还是城市的?是本地性的,还是全国性的?是农业的,还是工业的?在这次定义国家、争取其代表权的竞争中,关于英国的文学及艺术描述通常被认为是争论的一部分,这点并未出乎意料。英国最伟大的两位风景画家之一,透纳在这次争论达到白热化之际,出版了一本描画英国的书。他的《英格兰和威尔士的如画美景》(*Picturesque Views in England and Wales*)在1826—1835年间分节出版,之后于1832年和1838年辑为两卷出版。透纳的书非常直接地承认了这次争论的作用。正如埃里克·谢恩斯指出的那样,两卷中的几幅镌版印刷绘画对19世纪20年代末和30年代初关于改革的激烈争论都有明确的提示。但我要考察的是透纳的绘画和国家表征问题之间一个不那么明显的关系。通过改变如画风景绘画的传统，这些绘画动摇了风景的概念，而这个概念则暗示了对该问题的一个回答。

103 就考察英国的民族认同而言，透纳的作品似乎不是一个理想的对象。他的风格和题材都与本色的英国并无关联，而正是这类关联为他的同辈康斯太布尔的风景画增色不少。[2] 透纳最有名的作品都是在描画欧洲风景。但是，就艺术家的自我呈现而言，这两位画家都具有民族主义的特点。对这两人来说，皇家艺术学会的会员资格对于他们的职业身份都至关重要（尽管康斯太布尔需要等上很多年才被选上）；两人都开设了讲座，积极地参与学会事务。透纳把自己数量巨多的个人作品都留给了国家，条件是要为它们建造一个国家美术馆，同时他还捐出自己的大部分地产，用以资助英国画家。康斯太布尔最初出于必要、最终非常乐意地把自己的表现主题都限定在"本土的"景色，把自己的"自然绘画艺术"（natural painture）同他本人对英国特定乡村的迷恋联系在一起。[3] 而透纳则经常游历欧洲以寻找素材，并创作了一些全面反映欧洲历史的历史风景画传统的作品，向这一传统发起了英国式的挑战。在他的遗嘱中，他明确表示要把自己的两幅重要作品与克劳德·洛兰的两幅作品一起挂在国家美术馆这个国家性的公共空间里，以此作为本人和国家文化成就的一个永久证明。《晨雾中的日出》和《狄多女王建造迦太基王国》这两幅绘画都隐隐暗示了一个可与迦太基、威尼斯和荷兰等帝国相抗衡的新兴海洋帝国——英国的崛起。有人会说，与越来越多的英国人一样，透纳认为英国是欧洲文化历史的合法继承人。

透纳很多表征英国风景的作品并没有那么出名，或许是因为它们大都是水彩绘画，尺幅要小很多，主要是为出版商的雕版印刷风景图册而画的。其中最重要的是惠特克的《里士满郡的历史》（1816）、库克的《英格兰南部海岸的如画美景》（1816—1826）和希思的《英格兰和威尔士的如画美景》。前面两部都是受人委托创作的小型和中型地方主题画集，最后一部则是雄心勃勃的工程，涵盖了全国范围。[4] 在这些年里，通过这一工程，透纳不仅创作出了一部分毕生最出色的水彩作品，而且借此对再现国家这一错综复杂的政治和美学问题提出了自己的看法。然而，要理解国家的再现这两个方面是如何交织并贯穿于透纳的作品中，我们必须先详加探究传统如画风景著述所隐含的关于土地及其民众的理念——透纳在自己画册里提示了这些理念。[5]

到 18 世纪末，游览英国已经成为英国上流社会的一种惯常活动，且慢慢地扩散至中产阶级。[6] 这些游客所到的景点属于私有地产，除了 104
废墟和一些自然奇观外，还有当代的宅院、园林和工业景点。主人们越来越有兴趣把它们展示给上流社会的游客。导游、指南、接待时间以及所有类似的旅游设施都已全部到位。原先主人们为了自己的观赏需求而委托创作的风景画和油画逐渐发展成为一种独立的商业活动。到 19 世纪初，复制英国美景的书籍吸引了作为潜在游客或卧游者的读者。

这样的书籍都有两个颇有问题的概念：流通（circulation）和占有（possession）。英国形象被置于流通领域之中，购书者则借此在视觉上占有了它。[7] 对于大多数的中产阶级目标读者而言，这可以被理解为是被纳入地主阶层的一种姿态，因为后者在 1832 年《改革法案》（Reform Bill）通过之前，很多年里依旧占据着最主要的政治和社会权力地位。购得这类书籍后，你至少可以在视觉上接近这些领地。这些印刷品也代表着流通，它们向人们提供了观光旅行体验的替代物（自 18 世纪以来，它已成了间接占有英国的方式之一），同时，它们也吻合了中产阶级，通常就是城区购买者日渐显著的地理和社会流动性这一特征。这些风景书籍隐约地呈现了两种身份类型，其一是占据了观赏英国之优势位置的地主，其二是中产阶级旅行者和国内移民。同时，这些乡村英国的再现所展示的人物还提供了与国家风景可能有的更为广泛的联系，这些人物从乡村劳动者到外省中产阶级，再到乡绅及贵族，不一而足,更不用说间或出现的沿着道路行走的职业旅行家和游客了。有人也许会说,这一绘画类型通过一系列与英国乡村风景可能有的关系使我们看到了某种社会身份认同。但它也强调了作为风景观赏者的人物与那些只能被想象成是风景主体的人物之间的差别。[8] 只有第一组人可以享受如画美风景画册所呈现出来的占有和流通特权,而占有和流通紧紧相连。成为这些风景的主体但永远不能成为其观赏者,意味着要像农村劳动者那样被定死在一个地方,被限制在某个社会地位和某处地点上,无法把握英国这个更为巨大的实体,而对于那些来去自由的如画美鉴赏者而言,当地景色就代表了英国。

风景美学以及作为其体验形式的观赏和展示英国各地的行为,为那些能够参与其中的人创造了一个把英国当成是他们的国家美学财产
105 的权利。18 世纪开始的私有地产的美化、展示和再现迅速促进了公共财产这一概念的诞生。引领如画美之旅的吉尔平认为,一座废弃的修道院是一处“矿藏,供后来人娱乐和欣赏,[其主人] 仅仅只是监护人而已”,以此在“品味法庭”限定私有财产的权利。[9] 20 年后,如画美权利的另一位拥护者很乐意把“普通人认为美丽的……自然景色”描述成为“公众的共有财产”。到了 1810 年,华兹华斯把湖区说成是崇拜和参观它的“具有纯粹品味的人”的“一种民族财产”。[10] 当英国被风景观赏者看成是“一种民族财产”的时候,这样的“具有纯粹品味的人”实际上构成这个国家,一如政治性的国家被理解为是由那些选举出国会代表的有产者所构成。

不言而喻的是,“英国”不论在哪一个国家 / 民族概念上,并不属于所有生为“英国男人”(Englishmen)的人(更不用说女人了)。尽管美学的国家 / 民族潜在地包括了所有能够“用眼睛观察,用心感受”的人(华兹华斯可能就同意这一点),但在实际中,它的规模只比改革之前的国会稍微大一点。它的成员,就像 1832 年后的政治国家 / 民族的成员一样,还是那些有产者,尽管有产者不一定非得是土地的私有主人。类

似《英格兰和威尔士的如画美景》这样的书给中产阶级消费者提供了一个占有英国(它的土地)的办法。在政治改革重新定义财产概念,赋予他们选举权之前的几年时间里,他们借此要求自己的会员资格,即在国家的会员资格。但在19世纪20年代和30年代期间,无论是那些拥护把英国风景作为民族财产的人,还是绝大部分的中产阶级政治改革者,都没有打算延展占有权的意义范围,以便把劳工阶层纳入其中。[12]

当人们越来越迫切地要求进行更为剧烈的选举权改革时,因风景观而延伸的财产意义并不是很牢固。由此产生出风景画类内部的紧张感,此外,19世纪20年代和30年代初发生的一些事件亦成为紧张感的来源:因风景观必定涉及到的流通或者流动性同样饱受争议。在如画美的世界中,劳动者作为表现的主体是固定的,而观者则是运动的,就像游客那样。此外,地理意义的流动和社会意义的流动通常互为象征,而且两者都被视为是私有财产的特权,是要求拥有民族财产的前提。如画美观巩固了把乡村劳动者排除在这种特权和所有权之外的做法。乡村劳动阶级无法流动,这一特性不仅与风景观赏者的体验冲突(总有些乡村穷人体验过流动),而且与观赏者及风景书籍都参与其中的经济 106
要求和意识形态也迥然不同。政治经济学家们认识到,已经具备资本主义特征的英国经济需要一支庞大的流动劳动力,并认为允许社会的流动将加速资本主义经济的发展。在这个意义上,风景观的各种假设一直与它的生产模式及其所描述的乡村经济模式相互抵牾。[13] 经济对流动的雇佣劳动力的迫切要求与对社会安定的渴望相抵触,后者的象征是更为古老的农村劳动力的模式,他们被固定在当地等级制的、无法与特定土地拥有制度脱离的社会结构中。流动劳动力和流浪,以及流浪和犯罪之间的联系渊源流长:流动小贩、吉普赛人以及任何来自下层阶级的流浪汉和陌生人总会引发有产阶级的怀疑和恐惧。1815年后的经济萧条和高失业率给处理这些恐惧增加了新的紧迫性,尤其是在农村,因为这里的劳动力加速向雇佣劳动力转变,他们没有了土地的使用权，也因此没有了对土地的依恋。1816年和1822年，尤其是1830年，广泛的农民抗议运动使得乡村穷人的流动性越来越大，因此，这一局势下，中上层阶级所体会的不安全感也日益加重。[14] 当地男人成群结队地上路奔波跋涉，穿过一个又一个乡村，放火点燃干草堆、破坏打谷机，或者要求提供面包及更高的薪酬；原本熟悉的乡村劳工突然令人惊惧地变成了四处流浪的陌路人。乡村穷人这种无法控制的运动因此具有了一种模糊的两面性——或令人惊惧，或引人叹惋，不论它是自发的观光旅行，还是响应政治经济学家呼吁的劳动力自由流动。而对于中产阶级旅行者来说，打破地方的束缚则被视为一条占有英国的途径，一次享有国家成员资格的机会——但这个要求受到了强烈的抵制。

在透纳的书出版后十余年时间里，对这种风景美学至关重要并由其支撑的那些排外结构开始瓦解。随着廉价的铁路一日游在19世纪40年代的发展，劳动阶级们——用欧斯比精彩的话讲，变成了游客，而不是革命者。[15] 当他们作为消费者游览全国之时，他们或许也同样要求拥有英国财产的权利。二十年后，他们希望参与政治国家的要求经由选举权的进一步扩大而得到了满足。但在20年代末30年代初，这些进展毫无必定会发生的迹象。革命的威胁并没有消除。透纳的书出版的时候，恰逢风景美学之核心的占有和流通比喻已经饱受高度质疑之际。《英格兰和威尔士的如画美景》非常明显地抓住了这些变动不居的比喻，比其读者和评论家愿意承认的还要明显得多，不论是过去还是现在。

107 《英格兰和威尔士的如画美景》的出版商查尔斯·希思期望它能以恪守旅行文学所创造的流通和占有传统的形象出现。在某种意义上，它意在复制旅行体验，而实际上它也确实诞生于该类经验。书中绘画全部以透纳可追溯至1795年的专业旅行期间所作的速写为蓝图，它们记录了他在30年间所游览过的英格兰和威尔士的如画美名胜。[16] 在某种意义上，这是一本如画美之旅的回顾，是风景观的产物。驿站马车是一个经常出现的主题。这种著作的文字部分都是受其专业制作人委托写成的，属于咖啡桌读物之类，他们的目标读者就是旅行者。透纳书中大部分题材与那些喜好古物和优美风景的旅行者的兴趣爱好相契。诚然，正如有一位学者所指出的那样，在其出版的 96 个题材中，有 58 个可在博斯韦尔的《英格兰和威尔士古迹的如画美景》（1786）中找到，透纳还是一个少年时，曾受雇为这本书的雕版上色。[17]

但是，最终印制出来的图画与如画美实践、甚至透纳本人的实践都相去甚远。这些差异面对的是现在，而不是过去。它们令人注意到发生在 19 世纪 20 年代末 30 年代初的种种之争：为代表英国而争，为占领英国之再现而争——后者是代表英国的途径。这些画中，很多幅采用的视角，尤其是所描画的活动，构成了针对所画的传统景象的一种评论，令人隐隐不安，暗示了在英国，某些差异、矛盾之处只属于英国人。

传统的如画美景色采用的视角相对较低——塞缪尔·普劳特、克拉克森·斯坦菲尔德和 J. D. 哈丁，还有与透纳同时代的画家以及如画美画册的主要创作者能够给我们提供很多例子。[18] 低视角可以使画中主要景物，如城堡、大教堂、修道院或山峰等，显得高大庄严。它可以再现满怀敬畏的游客的体验——通常，从道路取景，因而道路在前景中格外突出。即使画家听从吉尔平的建议，选择从一个中等高度的“观景点”取景，也会小心地把观赏者定位在一处平稳的地面——很显然，这类位置旅行者可以轻易抵达。[19]

不论是在这本还是更早的印本中，透纳的实践显示多变性。低视角或道路风景散布在其他的视角之中，这些视角从尚未被发掘，或完全为人忽略的另一种角度去描述旅行者的经历。辽阔的全景画让人想起了 17 世纪末 18 世纪初地理诗歌中的“环视景色”（prospects），而不是如画风景旅行者所看到的风景。虽然这样的景色也能通过详绘当地的实景和文明细节而为观者提供一个稳定的视点，但是透纳的一些大场 108
景绘画却摒弃了所有清晰的揭示物，而要求进行丰富的想象。在这个

图4.1　E. 古多尔根据透纳作品《约克郡蒂斯河上游瀑布》(1827)所作的雕刻画。复制自透纳的《英格兰和威尔士的如画美景》(伦敦, 1838), 第1卷。

具有实际超验性质的视点之下,山峰、城堡以及大教堂都被模糊化,成为了地平线上的灰色魅影。这种与画境游游客及其观赏主体保持距离的隐含义在《英格兰和威尔士的如画风景》中尤其常见。比如,《蒂斯河的上游瀑布》(*The Upper Force of the Tees*,见图 4.1)这幅画的蓝本是 1816 年透纳在约克郡旅游时所作的一幅素描。透纳把那次旅行中相同主题的另外一幅素描用来为惠特克的《里士满郡历史》制作镌印图画。先前的绘画采用的是低视角,而后面这幅则是透纳最为壮观的作品之一。在画面深处的瀑布脚下可以看到一个素描者细小的身影,就在第一幅画作的取景点附近。但后面这幅画的观众则是从一个很高
109 的高度俯瞰着瀑布,透纳并没有给他们以任何可以立足的地面。今天来到这里参观一下就可以证实,透纳是在想象中确定了自己的立足点,

他在那里所能够把握到的大地及其形塑力量要比任何如画风景旅行者所能看到的全面得多。[20]

但是,对于那些习惯了先前半个世纪的英国风景印刷品的读者来说,透纳的《英格兰与威尔士的如画美景》一书最令人觉得不安的一面是其人物的相对突出。那些明显的如画风景主题——废弃的教堂、有城堡防卫的海岸、田园风光、瀑布、遥远的小镇——都通常被透纳表现得非常大气,富有诗意,但其前景总是充满了人的活动,超出了其作为场景的边框或补充的名义功能。透纳的绘画似乎是在强调,风景从来就不是空洞的,旅行者会发现它早就已经被占据。其他的如画风景画家,比如普劳特或者菲尔丁,要么通过认真考究的当地服饰(普劳特),要么关注富有特色的当地活动(菲尔丁),以此方式对前景人物加以利用。但这些带有当地传统农民特点、受时间和地点限制的人物总是附属于他们所组成的这些场景。这种并置增进了文化和自然丰碑的力量,此力量毫无疑问并不属于那些忽视它们的当地人物,而是属于那些受过教育,能够感受、欣赏它们的观赏者。[21] 相反,透纳前景人物从事着复杂的活动,它本身需要人们的注意。我们不能轻易地认为,它们印证了风景观赏者的文化优势,并支撑观赏者所看重的那些景色所具备的价值。透纳特色的空气和水组成的背景使得远处的山峰、城堡或者教堂等古迹变得很虚幻,令人好奇。在这样的背景之下,透纳微小的人物具有了一种素描式的鲜明特色,这种特色使他更像是一个制图艺术家,或政治漫画家,而不是写实主义画家。

透纳笔下人物所具有的令人困扰的效果,当出现在一些不如《英格兰和威尔士的如画风景》那样重要的作品中时,总是引起评论家们一些鄙夷的评论,他们宁愿将其忽略掉。[22] 比如,罗斯金在无法以隐喻的方式阅读透纳画中的人物时,经常跳过他们,从不发表任何评论。但对于《英格兰和威尔士的如画风景》中的《林肯郡的鲁斯》这幅画,他认为前景中的马市赶集者太扎眼,因此非得特别点明,作为揭示透纳粗俗之气的典型例子。[23] 其他的评论家干脆一笔勾销了透纳的人物，声称它们是无用的，或者用保尔森尖锐但同样刻薄的评论来说，它们就是文艺上自毁作品的画蛇添足或者签名——透纳的"涂鸦"是也。[24] 这些评论表明，评论家和观者认为，透纳的风景完美地呈现了他的美学价值，而他的人物却对此构成了一种晦涩但粗暴的威胁。（在很多为《英格兰和威尔士
110 的如画美景》而作的画中，评论说的风格粗暴似乎也暗指前景人物的处理以及他们所从事的活动。）

比如，《萨里郡里士满的台地》的画面非常宁静，它可能会引发一个令人困扰的问题：这些是谁眼中的风景？排列在台地顶端，望向一片空阔的风景的，是一个周密、详尽的社会等级金字塔，上至君主，下至精疲力竭的穷人。[25] 很明显这是轻松惬意的一天，他们全都到场来欣赏这一美景。

这幅镌刻画是当时即将出版（1838 年）的系列作品中的最后几幅画之一，但更早以前的《约克郡里士满，从荒野所见》也会引发同样的问题。小镇外的一处高地提供了这最美的田园风光，然而站在那儿的却并不是如画风景的旅行者，而是一个牧羊女，她正在逗自己的狗玩。实际上，在这几个系列中，如画美景观赏者的位置常常被来自农村劳动阶层的人物所占据，他们本身非常悠闲——尽管他们并不一定是在欣赏美景。透纳意识到这样的置换可能会有争议，这点在几幅绘画中得到了强烈的暗示，它们不是把不同阶级的人物按着等级来排列，而是把他们放置到对立或对比的位置上。在《伯克郡伊顿公学》中，河流直接把画面一分为二。一边的河岸上有几个渔民正在捕捉鳝鱼，而在另一边则闲躺着一些绅士派学生，他们身后即是公学里的哥特式建筑。在《怀特岛上的加里斯布鲁克城堡》（见图 4.2）一画中，一座跨过护城河伸进城堡的桥将画面沿对角线分开，同时也让这座坚不可摧的石头建筑融入到乡村风景之中。那群穿着考究，骑马沿着高墙石桥进入城堡的人与在他们视野之外的乡间劳作的劳动者截然不同。《牛津郡的布伦海

姆》（创作于1830—1831年，出版于1833年；见图4.3）很清楚地提出了谁应该得到旅游观光特权问题。在这幅被谢恩斯解读为直接关涉争取政治国家进入权之骚动的画作中，一群中产阶级和下层中产阶级游客——在画的最右下角处——正在一个高门边站着，等着进入位于画面左上角，英格兰最受欢迎的别墅。[26] 一个头戴高顶大圆礼帽的人牵着几只猎犬，端着一支枪，稳稳地站在中间前景的左边，面对着读者，正堵在那些游客的路上，不知出于什么目的。而在更左边的地方可以看到一群骑行的人。远处，在被从浓云中钻出的太阳照亮的中央位置，一座桥（讽刺的是，这是一座纯装饰性的桥，建在从镇上征来的土地上）将画面中原本相互独立的两边连接了起来。布伦海姆宫，这处用公共资金建造而成，奖励给一位民族英雄的建筑实际上是“一种国家财产”，或许

图4.2 C. 韦斯特伍德根据透纳作品《怀特岛上的加里斯布鲁克城堡》（1830）所作的雕刻画。复制自《英格兰和威尔士的如画美景》（见前面图4.1），第1卷。

图4.3　拉德克利夫根据透纳作品《牛津郡的布伦海姆宫》(1833)所作的雕刻画。复制自《英格兰和威尔士的如画美景》(见前面图4.1),第2卷。

恰如其分地代表了中产阶级所要求的那些国家特权——1832年,下层阶级也有同样的要求,但没有成功。很明显,他们并没有出现在大门边。

这些画作把英国的风景描述成为竞争的战场。少数像《牛津郡布伦海姆宫》这样的(画)表明,那些美学和政治的问题至少可以通过允许一部分无法占有国家财产的民众进入其中而得到解决。[27]但在其他的作品中,风景中的下层人物则被表现成为一个更为根本的威胁,其对象就是包含在风景美学中的国家财产思想。如果说透纳的人物丑化了他们所占据的风景,其原因不仅仅是因为他们特别地突出或者得到了大胆的勾画,还因为他们从事着一些超越了品位和财产法则的活动。

首先,透纳笔下的劳工人物更常明显地表现出休闲之态,而非处于工作之中。比如,在《从引水桥看兰卡斯特》(见图4.4)中,城市是地平线上一个遥远的剪影,中景有一些细小的人正在打干草;前景是带有河112 道和驳船的桥梁,它本身是观景的平台,开阔的风景在这里突然向下延展开来；桥上是钓鱼、休息和睡觉的劳动者，靠在栏杆上睡觉、倚着甲板钓鱼的人们那松弛、斜靠的身影与强壮、漂亮、稳固的石栏杆，或者驳船的甲板，或者长长的水平桥面本身形成了鲜明的对比。

其次，《从引水桥看兰卡斯特》着重突出的悠闲在其他绘画中则直接与欢乐以及特定欢乐形式相关联，对上流社会的情感而言，这些形式都强烈地暗示着混乱和过度。在《德文郡普利茅斯湾》（见图 4.5）中，在画面三分之一的底部，一大群水手和他们的女人正在跳舞、饮酒、闲躺；在中景上，一个酒吧已经在帐篷中立了起来，地面上到处是人的身体、碟子、各种器具、啤酒杯、酒瓶、篮子以及围巾等，它们溢出了画面之外，向观者扑面而来。这个充满垃圾和放纵的场景把读者挡在了安静、开阔的海湾及其围绕在它周围，云雾缭绕、慢慢消失在远处的层层小山之外。《威尔士的卡那封城堡》（见图 4.6）中，在夕阳照耀下几乎变得

图4.4　罗伯特·沃利斯根据透纳作品《从引水桥看兰卡斯特》（1827）所作的雕刻画。复制自《英格兰和威尔士的如画美景》（见前面图4.1），第1卷。

图4.5　W.J.库克根据透纳作品《德文郡普利茅斯湾》(1832)所作的雕刻画。复制自《英格兰和威尔士的如画美景》(见前面图4.1),第2卷。

透明的墙,以及在它掩映之下的船桅的剪影,都是透纳式的氛围的杰
113 作,消解所有的形质之物,化为隐隐绰绰的浩虚之气——但占据这个场景的是一群劳动妇女,她们正在宽衣解带,从一艘船上跳进水里游泳,另外一群男人、妇女和小孩则在岸上看着她们。这些妇女还没有被转化成为赏心悦目的《坎伯兰的阿尔斯沃特湖》中那些承袭美学范式、令人熟悉的沐浴裸女。她们的衣着透露了她们的身份,这是一群大汗淋漓、灰尘扑扑的 19 世纪女性,她们在众目睽睽之下洗浴也许会令那些寻找如画风景的人感到难堪。

下层民众这些受人争议的乐趣显然与观光者所持有的道德和品味原则存在冲突,正是这些原则决定了后者对于前者所占据的这片风景的审美旨趣。这种冲突在两幅描述公共集市的画中得到了尤为集中的

展示。一幅是《林肯郡的鲁斯》中的马市，它引发了罗斯金对透纳的粗俗画法的抗议，另一幅是《萨里郡吉尔福德附近的圣凯瑟琳山》（见图4.7）中喧闹的场景。在这两幅画中，悠闲、放纵和垃圾出现在商业的背景之中。商业醒目的存在大有完全接管如画美之地的趋势；或许正是这一点支撑了罗斯金的“粗俗”指控。在《圣凯瑟琳山》中，山顶上的中世纪小教堂几乎只有一个影影绰绰的轮廓而已；集市上的帐篷及其 114
四周混乱的大批人群占据了大部分的画面；农产品从帐篷中滚了出来，一张桌子上摆放的瓷器——瓷器上用很大的字母为观众标示出“斯塔福德郡出品”的字样——正在朝着观众怀中的方向倾斜下来。前景中一个巨大的帐篷上打着当地两家马车旅馆的广告（“欢迎试住红狮旅馆，普天之下无出其右”）；一个揽客者正向山上更远处一顶伦敦杂耍人的帐篷示意。这种买卖商品和奇趣的急切、混乱的场面因为一块正从

图4.6 拉德克利夫根据透纳作品《威尔士卡那封城堡》（1835）所作的雕刻画。复制自《英格兰和威尔士的如画美景》（见前面图4.1），第2卷。

图4.7 J.H.科诺特根据透纳作品《萨里郡圣凯瑟琳山》(1832)所作的雕刻画。复制自《英格兰和威尔士的如画美景》(见前面图4.1),第2卷。

左边逼近的乌云,以及一架正在向着人群和观众冲过来的马车黑影而得到了加强。在这片即将迫近的黑影之前,有两个人正在人群上方的那片光亮处以短棍为剑,上演一场“出血运动”(blood sport)。他们手中凶险的棍子,在周围人群高举着的双手的应和之下,暗示了大众暴力的威胁(对个人、财产,以及对该场景左下部衣着整齐的游客之类如画风景欣赏者所持有的审美价值观的威胁),这种暴力常被与下层阶级混
115 乱、过度的欢乐联系在一起。[28]

最后,一大组海岸场景描述了下层阶级冲破财产法则,挑战国家实体完整性的活动。透纳一生都在描绘海岸的场景,通常都是暴风雨和遇难船只,因此在《英格兰和威尔士的如画风景》中出现几个例子是不足为奇的。但在这几卷中的十个海岸场景里,有八个是在19世纪30年代早期绘成的,当时正是英国内部政治稳定最有问题的时候。这些海岸场景强迫性地重复描绘救助(遇险船只)和走私——即不承认私有

或国家财产（比如关税）的权利而携带货物穿越国家之法定边界的活动。画中所描述的当地劳动阶级宣称有权拥有从作为公共财产的沉船上抢救下来的物品，公然反抗守卫国境的海关官员。在类似《诺森伯兰郡的泰尼茅斯》这样的景象中，中景处的海岬上的废弃古迹和遇险船只不仅证明了自然力量比人类的冒险精神更为强大，而且也证明不论是农业国家，还是商业国家，都无力掌控自己脆弱的边境线，使之免受当地居民违规活动的影响——在这幅画中，他们正在画面前景部分的沉 116
船上忙着打捞东西。《从福克斯顿港到多佛之间的海岸》（见图 4.8）更为清楚地阐明了这个观点。在其前景中，走私者们正在和海关官员对峙，他们头上是一座怪异的圆形古迹。它是皮特的几处圆形炮塔之一。这些防御工事是在拿破仑战争期间为防备法国军队的侵略而修建起来的，价格不菲。激进的记者科贝特 1823 年 9 月在福克斯顿的乡间骑行

图4.8 J.霍斯博根据透纳作品《福克斯顿到肯特郡的多佛之间的海港及海岸》所作的雕刻画（1831）。复制自《英格兰和威尔士的如画美景》，第1卷。

的时候，把这些炮塔说成是 19 世纪 20 年代国家与难驾驭的乡村民众之间的紧张关系的一个生动写照：“这些炮塔现在竟然被用来为这忠诚的‘五港同盟（Cinque Ports）’维持本身的秩序）！这些炮塔现在已经成了执法者的住地，其职责是打击走私者，而非雅各宾派！”（科贝特如是强调）。[29] 透纳重复表现的违规场景暗示了科贝特的信念：对国家概念及其成员资格所设的限制将难以为继。

综上所述，透纳为《英格兰和威尔士的如画美景》所绘的画作不仅
117 暗涉了这个政治国家之代表权所面临的现代挑战，而且，它也让我们注意到这些挑战与一个不太明显的威胁之间的联系，即对由风景观念构建而成的英国的威胁。我们可以把透纳在这本书中对传统旅行观点的修正理解成为另一种占有英国的模式之宣言——不只是将其视为风景加以私有或欣赏，更通过被主流文化视为僭越道德、美学甚至法律的活动，享受生活于其中的乐趣。透纳描绘的早已为人所占据的风景中，有一些文化观念是这本旅行风景书含蓄地加以排斥或约束的。或许不只存在一个“英国”。透纳的风景可以说再现了多种文化在相同空间中的共存，削弱了通过风景欣赏而形成的单一的审美国家 / 民族观点。对发展于 18 世纪和 19 世纪早期的英国风景画艺术的崇拜者而言，透纳笔下的下层人物确实可被视为破坏了其所在的风景。

这些僭越性人物的张扬存在是否意味着透纳是在为他们争取占
118 有和流动的权利呢？或与此相反，他与那些因他们的存在而深感受胁的人所见略同？不管他自己的身世以及他对绅士衣着及风度的刻意拒绝，透纳的艺术毕竟是跟他的赞助人、购买者及朋友的审美观紧密联系在一起的。我们也不能够确定，他的绘画是对英国乡村劳动阶级的特别准确或是同情的刻画。尽管他的观察非常细致，他的人物仍证实了——或许也反映了上层阶级的预期和恐惧。将这类画作所蕴含的代表 / 再现（representation）双关之意合而为一是很危险的。正如斯皮瓦克提醒我们的那样，摹像（portrait）与代理人（proxy）并不是一回事；描

绘并不一定就是为其发声。[30]我们不能想当然地认为，透纳描写这些农村劳动阶级主体即是认可他们希望在国家中占据一席之地的政治诉求。更何况风景画这一绘画类型本身——以面向外在于这片风景的观者为前提进行构思和布局——就已经限制了其描绘的主题。因此，即使他们拥有对于与土地或国家的关系的意识——他们个人或者集体的"地方感"（sense of place），也并不是轻易就能被人表现出来。[31]

然而，透纳的僭越性人物让风景这一绘画类型发挥至极致，准确地说，凸显观者和画作主体在政治存在上的分离，以及他们各自与土地和国家之关系的意识，这二者在风景理念中都是难以被表达的。透纳《英格兰与威尔士的如画美景》中的僭越性人物让它频频被引用，或许已经多得令人无法接受。正如保尔森所提醒的那样，1831 年，透纳把贺加斯的调色板交给了皇家艺术学会，以回应康斯太布尔将雷诺兹的调色板赠予学会。于是，一个讽刺性的城市风景画家与一个宏伟风格的捍卫者就这样在英国民族艺术的中心并肩站在了一起。[32]透纳的《英格兰和威尔士的如画美景》中的人物让人想起贺加斯笔下的人物就不是偶然的事了。在国家历史的这个关键时刻，透纳借助贺加斯，揭示了这种曾让他扬名立万的绘画类型所存在的讽刺性。但《英格兰和威尔士的如画美景》记录了风景画所面临的更严重的挑战，而非仅限于承认其包含的讽刺性。透纳的画作对风景作为国家财产这一排他性观念的可能性提出了质疑，让我们意识到，如画美风景所指涉的占有和流通观念——即身为地主和游客的观者所持有的观念——事实上与这两个术语在 19 世纪二三十年代时要求获得承认的新内涵相抵触。透纳的那些丑化的风景描述的是一片被人争夺的土地，它们同时也指出：风景是国家恰切的代表 / 再现——这一观念行将崩溃。 119

注 释

1. 见埃里克·谢恩斯,《透纳的英格兰和威尔士的如画景色》(*Turner's Picturesque Views in England and Wales*,纽约, 1979),尤其是第 18 页,以及关于下面这些绘画的评论:《牛津郡布伦海姆宫》、《北安普敦郡北安普敦》、《剑桥郡艾利大教堂》和《诺丁汉郡诺丁汉》。谢恩斯的书是评论《英格兰和威尔士的如画景色》的最好著作,它胜过了洛林森(W.G. Rowlinson)的《透纳的雕版绘画》(*Engraved Works of Turner*,伦敦, 1908),不仅是因为其事实依据,也是因为其评论,同时它还把所有的水彩绘画复制成为彩色绘画。

2. 见本人的《康斯太布尔:一个民族画家的产生》,《批评探索》(*Critical Inquiry*)第 15 期(1989 年冬),第 253—279 页。

3. 这些都是康斯太布尔的用语。见贝克特(R.B. Beckett)编辑的《康斯太布尔书信集》(*John Constable's Correspondence*,共 6 卷,伊普斯威奇, 1962—1968),第 2 卷第 70 页(1812 年 5 月 27 日)和第 2 卷第 32 页(1802 年 5 月 29 日)。

4. 最初预想的是 120 幅雕版印画,但该系列由于经济原因被停止,只有 96 幅绘画得到镌印出版。

5. "如画美"(picturesque)这个术语经常,但并非总是被用到像透纳的出版商委托他所作的风景画册上。但是,景色和如画理论之间并不像诸如作家吉尔平、尤维达尔·普赖斯和理查德·佩恩 — 奈特在 18 世纪最后 25 年中所讨论的那样,或者像包括华兹华斯在内的其他作家所抨击的那样,有着必然紧密的联系。由于认为这些书的购买者一定明白这一点,我使用这个术语是在广义上指被表现成为一幅画的土地,一处从一个单一、固定的视角所看到的,带有隐含边框、导向外部观者的景色。"如画美" 在这个意义上几乎等同于"风景"(landscape)。在这里我并不想要把 "如画美" 和 "崇高美"(sublime)区分开来,也不想暗示说康斯太布尔或透纳是该术语更为狭义(以及在现在看来是贬义的)意义上的如画画家。

从雷蒙·威廉斯的《乡村与城市》(伦敦,1973)开始,"风景意象是被争夺的政治地带" 这个假设在最近一些研究中已经获得富有成果的探讨。这点可见于西蒙·皮尤 1990 年编辑的论文集(《阅读风景》,曼彻斯特),其中还包括威廉斯、约翰·巴瑞尔、戴维·索尔金和安·伯明翰等人的论文。他们论述 18 世纪和 19 世纪初英国风景的政治意义的著作影响很大。见下面第 13 条。

6, 关于 18 世纪和 19 世纪初英国的旅游,请参见莫伊尔(Esther Moir)的《发现英国:英国游客,1540—1840》(*The Discovery of Britain: The English Tourists, 1540—1840*,伦敦,1964)和马尔科姆·安德鲁斯的《寻找如画美:英国的风景美学与旅游, 1760—1800》(奥尔德肖特,伦敦, 1989),尤其是伊恩·欧斯比(Ian Ousby)的《英国人的英国:品味,旅行和旅游业的兴起》(*The Englishman's England: Taste, Travel and the Rise of Tourism*,剑桥,1990)。

7. 在就这点进行分析时,我参考了法布里坎特(Carol Fabricant)关于 18 世纪中产阶级旅游的一些很有启发的观点，见《国内旅游文献和私有财产的公共消费》，载努斯鲍姆和布朗编，《新十八世纪》（*The New Eighteenth Century*，纽约，1987），第254—275页，以及迪安·麦坎内尔（Dean MacCannel）关于当代旅行和消费的富有争议的著作《游客：有闲阶级新论》（*The Tourist: A New Theory of the Leisure Class*，纽约，1976），第26页。

8. 丹尼斯·科斯格罗夫就风景观念概括地提出了这一点，因为它从17世纪开始已在西欧发展起来。参见其《社会形构与象征性风景》（新泽西托托瓦，1985），第26页。

9. 吉尔平，《英国一些地区的观察，主要与如画美有关；尤其是坎伯兰郡和威斯特莫兰郡山区和湖区，作于1772年》（*Observations, relative chiefly to picturesque beauty, made in the year 1772, on several parts of England; particularly the mountains and lakes of Cumberland and Westmoreland*），2卷本（伦敦，1786），第2卷第188页。转引自欧斯比的《英国人的英国》，第190页。下面引用到的华纳和华兹华斯的段落也出自这本书。

10. 华纳（Richard Warner），《英国北部郡区及苏格兰边境之旅》（*A Tour through the Northern Counties of England, and the Borders of Scotland*），2卷本（巴斯，1786），第2卷，第99页；华兹华斯，《英格兰北部湖区指南》（*A Guide through the District of the Lakes in the North of England*，伦敦，1810；第5版，1835；伦敦，1970年重印），第92页。

11. 关于17—19世纪英国政治理论中财产的核心概念，参见麦克弗森（C.B. Macpherson）的《占有式个人主义的政治原理：从霍布斯到洛克》（*The Political Theory of Possessive Individualism: Hobbes to Locke*，牛津，1962）。关于这段时期不断变化的民族和公民身份的讨论，参见霍布斯鲍姆（E.J. Hobsbawm）的《1780年以来的民族及民族主义》（*Nations and Nationalism since 1780*，剑桥，1990），尤其是第1章。拉斐尔·塞缪尔斯（Raphael Samuels）指出，风景在20世纪80年代的英国"已经成为了更为政治化的民族性观念的替代品"（见皮尤的《阅读风景》，第1章，它描述了塞缪尔斯的《爱国主义：英国民族身份的形式与消解》（*Patriotism: The Making and Unmaking of British National Identity*），3卷本，伦敦，1989，第1卷的引言部分）。关于民族的争议观点从政治话语到风景话语的一个类似的置换（displacement）——或者换一种说法，渗漏（leakage）——出现在更早时期，尤其是1815—1832年间。关于那些年间的爱国主义和民族话语高度政治化的特点，参见科雷（Linda Colley）的《谁的民族？ 1750—1830年间英国的阶级及民族意识》，载《古今》（*Past and Present*）第113期（1986年10月），第97—117页，以及坎宁安（Hugh Cunningham）的《爱国主义话语》，载塞缪尔斯编辑的《爱国主义》，第1卷，第57—89页。

12. 欧斯比指出，吉尔平、华纳和华兹华斯对公共或民族财产的呼吁如何暗指一个有限的公共概念。正如他所说的，在19世纪40年代，当华兹华斯强烈反对修建一条穿过该地区的铁路的提议，因为这会让下层阶级的游客轻而易举就能来到该地区时，他看起来非常民主的、关于纯粹的眼睛和心灵的说法之局限性就体现出来了。他认为，"廉价的火车一次就会在温德米尔湖边吐下成百上千的人"，"没完没了的摔跤比赛、马赛和划船赛"和"下层阶级的旅店主"所经营的旅店和啤酒店将毁掉乡村的景色。《肯德尔及温德米尔铁路》（1884），载 W.J.B. 欧文（W.J.B. Owen）和斯迈泽编，《华兹华斯散文集》（*The Prose Works of Wordsworth*），3 卷本（伦敦，1974），第 3 卷，第 345—346 页，转引自欧斯比的《英国人的英国》，第 192 页。

13. 关于英国风景画没有能够描述乡村里财产与劳动的穷人之间的真实关系这一点，参见约翰·巴瑞尔的《风景的阴暗面：英国绘画中的乡村穷人，1730—1840》（*The Dark Side of Landscape: The Rural Poor in English Painting, 1730—1840*，剑桥，1980）；安·伯明翰的《风景与意识形态》（加利福尼亚伯克利，1986）；休·普林斯（Hugh Prince）的《艺术与土地的变迁，1710—1815》，载丹尼斯·科斯格罗夫和斯蒂芬·丹尼尔主编的《风景的象征：关于再现的符号，设计及过去环境的使用》（*The Iconography of Landscape: Essays on the Symbolic of Representation, Design, and Use of Past Environments*，剑桥，1988），第 98—117 页。这些研究并不像我那样对英国风景画场景中围绕流动性这一概念的张力特别感兴趣。

14. 一位当代的中产阶级观察人对此做过令人信服的描述。参见米特福德（Mary Russell Mitford）的《纵火者：一个乡村故事》，载《我们的村庄》（*Our Village*, 1824—1835；新版本为 2 卷本；伦敦，1865），第 2 卷。关于农民抗议运动的批评研究包括皮科克（A.J. Peacock）的《面包或血：1816 年东英吉利农民骚动研究》（*Bread or Blood: A Study of the Agrarian Riots in East Anglia in 1816*，伦敦，1965）以及埃里克·J. 霍布斯鲍姆和乔治·鲁德（George Rude）的《斯温船长》（*Captain Swing*，纽约，1968）。

15.《英国人的英国》，第 91 页。

16. 透纳只做过一次新的旅行来为《英格兰和威尔士的如画美景》收集素材，尽管这此旅行非常重要。13 幅画作（根据谢恩斯的推断）采用了他 1830 年的中部地区素描本中的素材（见谢恩斯，《透纳的如画风景》，第 156 页）。它们包括《沃里克郡考文垂》和《伍斯特郡杜德利》。这两幅画，尤其是后者，很清晰地记录了英国风景中越来越多的工业痕迹。《牛津郡布伦海姆宫》暗示了选举改革，《北安普敦郡北安普敦》描述了一位改革候选人在 1830 年 12 月取得胜利之后举行庆祝活动的情况，此时透纳刚旅行回来不久。它们的素材也取自中部地区素描本。但是，正如我即将要论证的那样，并不是只有以他最新旅行为基础所创作的绘画才涉及到社会、地理风景中的当代事件或者记录变化。

17. 谢恩斯，《透纳的如画风景》，第 16 页。

18. 威廉·梅森（William Mason）写道："就这样，如画风景的视点在全部景色中总是低的。"（引自《托马斯·格雷作品集》，梅森著，第 3 版，2 卷本，伦敦，1807，第 2 卷，注解 267；转引自欧斯比，《英国人的英国》，第 16 页。）

19. 吉尔平偏爱把稍微升高的地面作为有利视点，参见他的《观察》，第 1 卷，第 156 页。

20. 戴维·希尔（David Hill）全面描述了这些不同的素描和绘画。参见其《沿着透纳的脚步：穿过英格兰北部的》（*In Turner's Footsteps: Through the Hills and Dales of Northern England*, 伦敦，1984），第 72—74 页。尽管希尔也曾参观过高力瀑布（the High Force）以确定透纳的最佳视点，但他似乎并未像我在 1982 年那样，觉察到《英格兰和威尔士的如画风景》一书中所绘的景色明显地不可能看到。

21. 关于当地主体和旅游者之间的紧张关系,以及18世纪旅游描述中所宣称的后者的文化相对前者而言所暗含的优越性,参见林奇(Deirdre Lynch)的《'初辟蹊径':塞缪尔·约翰逊、旅游业和现代机构基础知识)》("Beating the Tracks of the Alphabet": Samuel Johnson, Tourism, and the ABC's of Modern Authority),《英国文学史》(*ELH*)第57期,第2号(1990年夏),第357—405页。

22. 谢恩斯是个例外。他之所以称赞《英格兰和威尔士的如画风景》一书,正是因为其前景人物所展现的"对当代生活的意识"及"对人类的系统考察"(《透纳的如画风景》,第18页)。对于透纳与贺加斯、罗兰森和奇乐里在风格上的相似性,他认为这是因为透纳关注其人物可能附带的象征意义的一个结果——他"深切渴望为人类的虚荣、为19世纪早期大部分人类的原始、淳朴个性创造一种象征性隐喻"(第19页)。在后文就会看到,我将摒弃谢恩斯把透纳的人物的意义进行普遍化处理的趋势(尽管他承认这些画所包含的当代指示意义),因为在我看来,它最终会掩盖一个将损害风景观念的真正威胁,这一点已被更加尖锐的批评家指出。

23.《罗斯金全集》(*The Complete Works of John Ruskin*,馆藏版),E.T.库克和亚历山大·韦德伯恩主编(伦敦,1903—1912),第13卷第438页。罗斯金在1878年的《透纳绘画论》(*Notes on his drawings by Turner*)说从1825年起的透纳作品中,他发现了一个"新的性格阶段","一次奇异的、在很多方面都是很剧烈的蜕变",它们在其主题和人物的行为中表现得尤其明显。罗斯金从《英格兰和威尔士的如画风景》中挑出一些图画,还从《研究之书》(*Liber Studiorum*)中选出一些网丝铜版印刷画,以展示"对任何平淡、事实的东西的大胆描述"(这些东西与美丽和雄伟相对),"通过大力的铅笔勾画以及通常是原始、粗糙的颜色来呈现"。他所引用的图画全都是描写下层阶级的活动(《研究之书》中正在修篱笆、挖水沟和收割水田芥的人),特别是那些涉及到有悖中产阶级仪礼观念的习惯和风俗("棚屋内的家庭生活","贩马"[鲁斯马市]与"上岸水手的普遍关系")。透纳对这些场景中"粗俗性"的着迷令罗斯金非常困惑,他认为这"很无礼"。一方面,他认识到,"对于这一切……他怀有不小的认同感",并"在其中很不光彩地体会到了一种兽性的英国式享受";另一方面,他无法想象到一个同样具有风景美学思想的透纳竟然不会因之感到"痛苦"、"厌恶",也不"承认它就是丑陋和错误的"。罗斯金非常困惑地结束道:"他的这种做法我无法理解。"(第13卷,第438—439页)

24. 对透纳的人物的反对意见可以追溯到19世纪。1857年,罗斯金就提到,"对于他糟糕的人物绘画的不满早已屡见不鲜";他在1878年就透纳的"粗俗"所作的评论就意在解释"在透纳的人物绘画中,大众最感到痛苦的是什么"(《罗斯金全集》第13卷,第152、438页)。

罗林森(W.G. Rawlinson)开创性的研究《透纳的镌刻作品》(*The Engraved Works of Turner*,伦敦,1908)对《英格兰和威尔士》中的人物尤为苛刻。他把他们叫做"平庸、被歪曲的"人,认为他们"直到最后"才被添加上去(第1页;转引自谢恩斯的《透纳的如画风景》,第 18—19 页)。要想了解保尔森更加文雅的同类评论,请参见他的《文学风景:透纳与康斯太布尔》(*Literary Landscape: Turner and Constable*,纽黑文,1982),第 2 部分:《透纳的涂鸦:太阳及其色彩》,第 63—103 页。

25. 谢恩斯,《透纳的如画风景》,第 48 页。

26. 同上,第 37—38 页。关于布伦海姆如何被大力宣传成为一个旅游景点,能够吸引那么多自视甚高的人,参见法布里坎特的《国内旅游文献》,第 265—268 页和第 272 页。

27. 同时参考《诺丁汉郡诺丁汉》与《北安普敦郡北安普敦》以及谢恩斯的评论,《透纳的如画风景》第 38—39 页和第 41—42 页。在第一幅画中,洞开的闸门和远处的彩虹象征着劳动阶级可以进入到一片乐土之中,他们乘坐的驳船正在起航。城堡下方暗淡的火光,就像谢恩斯所说的那样,暗示的是 1831 年上议院挫败第二个《改革法案》之后,一群愤怒的民众放火焚烧了诺丁汉城堡。这幅画也许是在 1832 年的夏天或者秋天绘成,就在 6 月该法案通过之后;它在 1833 年出版。《北安普敦郡北安普敦》也许是为了该系列而作但却从未被镌刻出来。它展示了 1830 年 12 月为庆祝一个改革候选人的胜利而举行的喜庆游行。谢恩斯还认为,《艾利》和《斯通尼赫斯特》中有同情国会改革的暗示。

也许还有另外一个例子。当与《巨石阵》(*Stonehenge*)两相对照时,《从古萨卢姆堑壕看索尔兹伯里》不仅暗示了教堂保护其臣民的能力(在面向教堂的场景的前景中,一个牧羊人正在暴风雨中用自己的斗篷护住几个小孩),就像罗斯金所说的那样(在《巨石阵》中,牧羊人和他的羊刚被闪电击毙)。古萨卢姆也许是被引用最多的腐朽城镇的例子(这个古老的教会小镇尽管已经被遗弃,但仍然保留其国会代表),由于这一点,这幅画也许讽刺性地暗示了一个已经失去其会众但仍然努力保留其政治霸权的教堂与一个腐败的国会之间的结盟——真正的牧羊人能够更好地保护人民。

28. 这是乡村“出血运动”(blood sport)的一种。中产阶级和上层阶级的改革者认为这是缺乏文明教化和道德价值的一种象征,因此努力要把它废除。关于英国中产阶级努力控制或者打压农村集市上的活动,包括各种出血运动的历史,参见斯塔利布拉斯(Peter Stallybrass)和怀特(Allon White)的《僭越的策略与诗学》(*The Politics and Poetics of Transgression*。伦敦,1986),尤其是第 15—16 页与第 27—79 页,以及麦尔康森(R.W. Malcomson)的《英国社会中的群众娱乐,1700—1850》(*Popular Recreations in English Society, 1700—1850*,剑桥,1973)。要辨别透纳绘画中的集市的各个细节,请参见谢恩斯的《透纳的如画风景》第 36 页。

29.《乡间骑行》(*Rural Rides*,伦敦,1830;1983 年重印),第 194 页。这段话首先刊载在科贝特 1823 年被广泛传阅的《政治纪事报》(*Political Register*)上。透纳的绘画在 1829—1830 年间创作(其雕刻画在 1831 年出版)。谢恩斯说道:“19 世纪 20 年代,走私是英国的一大产业:1815 年后,12 万名受过严格训练的海员从海军部队退役,进入到因为高失业率而已经非常萧条的劳动力市场中。……整个村子的人以走私为生……根据他描绘他们的次数来判断,透纳对走私的方式相当熟悉。在他的其他福克斯顿的水彩画中,大部分都描写工作中的走私者”(第 34 页)。

30. 要了解她怎样区分"摹像"("即艺术或哲学中的'再现'")和"代理人"("即政治上的'代言'"),参见斯皮瓦克,《底层人有说话权吗?》,载《马克思主义与文化的阐释》(*Marxism and the Interpretation of Culture*),尼尔森和格罗斯伯格主编(伊利诺斯州乌尔班纳,1988),第275页。

31. 参见科斯格罗夫的《社会形构》,第26页。

32. 保尔森,《文学风景》(*Literary Landscape*),第21页。保尔森指出,"有着英国及欧洲大陆文学的伟大传统,英国风景画家在绘画风景时很难没有意识到这一绘画类型所隐含的反讽意义"(从贺拉斯让一位城市高利贷者开口赞美乡村生活之始,这一点就已经为人所意识到)。他评论道:"一个受贺加斯影响的画家……可能会通过把贺加斯的人物加到一个乡村的背景之上,或者通过描绘一处城市风景,来表现贺拉斯式的讽刺或时代现实"(第28页)。在诠释透纳的贺加斯式人物这一点上,保尔森的观点几乎完全正确,尤其考虑到透纳在同一时期捐出了贺加斯的调色板。我感谢保尔森吸引我注意他的评论。但这一举动的效果必定会因为透纳的绘画所指涉的各种特定历史条件而被放大。

五

"我们的荆编小屋"：托马斯·普林格尔非洲风景中的商业及家庭空间

戴维·邦恩

他们的妻子坐在牛背的草鞍上（肤色如炭），
这头（像欧罗巴的）公牛步伐缓慢：
它们的卖价
比旁边田中其他的牛都高。
他们的歌声甜美（或押韵或自成其调），
与笛声婉转，
时断时续，如温柔的牧羊人，
就像泰迪鲁斯那位缪斯。

——路易斯·德·科莫·伊斯（1572）

19世纪50年代，当冒险家理查德·伯顿到达桑洛巴尔岛海岸时，他眼前呈现的是一个充满异国情调的岛屿港口。市场上人来人往，充满香料气味的微风一阵阵扑面而来。他立刻想到，如果在山上添加"几座废弃的古堡"，东非就完全能够和"莱茵河畔最美的景色"相媲美。在这些轻快的话语中隐含着这样一个坚定的信念，即欧洲本土的美学传统在那些欧洲旅行者从未涉足过的国家中同样适用。在这一章中，我考察的是风景（被认为集美学秩序、传统秩序和意识形态秩序为一体，能够帮助处理政治矛盾）如何从英国本土被出口到帝国的边缘地区，尤其是人们对英国在南非的殖民财富——开普省殖民地在19世纪20年代所呈现的风景持怎样的态度。我所引用的例子都来自托马斯·普林格尔的诗歌。那时候他还是个年轻的记者，支持废奴，与柯勒律治很熟。他带领一群苏格兰人移民到了开普省东部边疆。我的论述对那些关注如何再现抵抗、矛盾和南非殖民政府的历史学家更具广泛的意义。 127

在潘伯恩—克拉尔

在过去的十年里，一个新的艺术史写作流派开始反思在性别、阶级及民族身份的建构过程中，风景画和风景诗到底起到了怎样的作用。本文集的作者在一定程度上是这个流派的代表。虽然最近有些作品已经尝试就安·伯明翰所说的“不同阶级的风景观……风景的文化意义由画面形象决定”[2]进行症候式阅读，但很少有人尝试跨越欧洲的藩篱，思考非宗主国传统研究中产生的重要理论转变。我认为，殖民地风景画反映的是帝国边缘地区各种对象征性权力的争夺，而同时，宗主国生产关系以及自我塑造方面的变化也影响了这些斗争。因此，考察殖民地的风景再现也许就能够有幸窥见欧洲风景画中适应能力最强、最有统治力，同时也是最具政治约束力的那部分传统。

人们预期殖民地的风景画和风景诗与欧洲的有所不同，这是情有可原的。显而易见的是，虽然在英国的一些风景画传统中，诸如劳动阶级或女性的意义可以被消除，但在殖民地，这些传统所面对的是一个不同的表现秩序，一套本地的竞争符号正在跃跃欲试。更加浅白地说，要表现英国的地形风貌依靠的是风景本身与眼睛所看到的景象之间的某种重要关系，但在殖民地边疆，因为所见之景总是和权力监控联系在一起，这种关系就被复杂化了。[3] 非洲风景被认为是自我与原始之间的一个临界区域，因此让事物能被人看到就变成了行政控制的一个必要的先决条件。另外，在整个19世纪，人们对殖民地风景的爱好不断变化（这与他们的政治需要不断变化有关），情况于是变得更为复杂。比如，到19世纪末，很多人对英国不断蔓延的贫民窟感到厌倦，他们开始跟随赖德·哈葛德笔下的艾伦·科特曼（Allan Quartermain），回到当时被移置到各殖民地的“大自然”的怀抱中：“这不是你熟悉的、在修整得当的森林里向你挥手、在玉米地里向你微笑的大自然，而是上帝刚刚结束创造世界时，还没有被苦苦挣扎、狂热的人性堕落所玷污的大自然。我将回到原来有野生动物出没的地方，回到从未有人了解的地方，回到我所喜爱的野蛮人身边，尽管他们之中也有人几乎像‘政治经济’一样无情。”[4]

在当时日益感到厌倦的城市观众眼中，殖民地的风景，尤其是南非
128 的风景，逐渐成为了浪漫主义题材的储藏。[5] 很明显，这种新评价与各大都市中心经验的退化、世界范围内资本主义向资本积累方向发展及其引发的乡村 / 城市对立关系在世界范围内的转移有关。[6] 最后，似乎不言自明的是，影响各殖民地的经济、政治和文化力量尽管越来越受制于全球资本主义的需求，但随着殖民地政权的产生，却能够相对独立地存在。正是由于这些有趣、复杂的原因，谈论那些被原封不动地出口到南非边疆的传统就成为了一个难题。

我主要关注的是风景和殖民资本主义发展之间的关系。在这之前，我们需要简单了解18世纪晚期游记文学中的政治。我打算以弗朗索瓦·勒瓦伦特的《走进非洲腹地之旅——经好望角》（1790）一书中的卷首插画作为例子。在18世纪记录南非旅行见闻的书中，该书也许是读者最多的一本，是当时英国的一部主要的畅销书（见图5.1）。[7]

勒瓦伦特的铜版画展示了很多探险文本插画所特有的戏剧化效果。画面上的植物具有画框的效果，就像舞台前台的拱门；画上的人物似乎是在揭开灌木帷幕，把看画人的视线引到风景中来，同时把读者带

图5.1　《大那马卡郊外的露营地》，复制自F. 勒瓦伦特的《走进非洲腹地》（伦敦，1790）。

入书本。[8]在这种时候，我们关注认知论，关注意识形态，同时关注画家如何把一个非本土人自然地放置到异国的风景中。在那些在大都市资本主义条件下能够对自我提出质询的文本或符号系统中，又有哪些能够适用于这些情况呢？请注意，本体论冲击在殖民地空间中是常有的事情。各种当地的意义也充斥在这个空间中，它们具有竞争性，是个陌生的符号体系。这个符号体系顾及阶级和性别差异的方式并不一样，它必须经常重写才能够被挪用到殖民形式中。

从勒瓦伦特的插图所采用的表现形式我们可以看到当时流行的如画美风景的影响。[9]这样的舞台效果有两个目的，一方面是风景成为了表演的地方，能够接受不同的异国事物的存在；另一方面，画面中的地形已经被置换，似乎作者已经根据欧洲的传统喜好对它进行了组织。如画风景的符号在这里的体现非常明显。由克劳德式布景形式框成的画面具有很高的视点和一种平面的逻辑，版画的雕刻者实际上是夸大了勒瓦伦特水彩原画中的仰角；空间很明显地被分成隆高的前景、带有醒目景物焦点的中景以及光线饱和的地平线，后者是视线最后停留的地方。但是，除了具有明显非洲特色的动植物之外，还有什么东西让我
129 们认为这是一幅殖民地的风景画呢？答案也许就在于考察它系统性的多元决定因素，即是说，分析它如何同时利用诸多的组织方法把本来就很困难而且矛盾的描述过程稳定地进行下来。

首先来看看该图画戏剧性的取景效果，看它是如何通过一系列认知经验转变，按照人们的熟悉程度把各种不同的物体组织起来。画面的外围有一棵经过欧化处理的树，它的后面是一棵具有异国情调的棕榈。一只长颈鹿（或其旧称——驼豹）被置于中景的正中心位置。观众总是把它和一种极大的不安全感联系在一起，但在收藏家眼里它却具有极高的价值。和其他非洲哺乳动物不一样，若按林奈式动植物分类法对长颈鹿进行分类非常困难。它被18世纪的收藏家们争相收藏，这一点可以在一本新近发现的冒险家戈登的活页评论中得到佐证，该评

论刊在勒瓦伦特的《走进非洲腹地》中。[10] 戈登上校是18世纪晚期开普省的驻地司令。他沉溺于收藏，是个优秀的博物学家，他为布封的《自然史》（*Histoire Naturelle*）提供了第一个长颈鹿解剖模型。他被勒瓦伦特轻描淡写地描述射杀长颈鹿所激怒，于是写了下面这些话：“射杀勒瓦伦特的长颈鹿的是巴兰德·瓦莱奇。他才渡过大河不久。中午时分，他的狗把长颈鹿牵制住，但勒瓦伦特错把瓦莱奇的马当成了长颈鹿，一路追踪，差点把它射死……勒瓦伦特从未见过一只活的长颈鹿，这只长颈鹿比我当时的那只要小。”[11]

因此，该雕刻画所展示的风景的组织形式既有风景画的结构形式，又受百科全书或人种分类的影响。然而，这其中还有第三个组织原则，它使异国风景中的人物存在变得非常自然。因为，如果仔细观察我们就会发现，勒瓦伦特很明显把自己想象为身处一处林地草原之中，正过着悠闲贵族式的狩猎生活。艺术史学家安·伯明翰和其他学者都曾经描述过这类活动在关于户外社交活动的作品中的再现。但在这幅作品中，这个因素却因其强烈的戏剧效果而被重点强调。画面上的人物手势和姿态都很公式化，他的脚尖向外，似乎是在面对一群隐藏的观众。[12] 插图中这种僵硬的姿态通常标志着一种互文性的借鉴方式。雕刻者在这里明显是借鉴了某本当时大家都熟悉的礼仪书中的例子，比如在一本18世纪初耶稣会剧院（Jesuit theatre）的手册上就有这样的姿势实例，它代表的是一种发布命令的标准姿势（见图5.2）。[13] 在某种意义上，对于勒瓦伦特画中的人物而言，他

图5.2 如何发出命令。复制自F. 朗杰的《舞台动作指南》（慕尼黑，1727）。

的大部分的注意力只能指向外部,这是不可避免的。这是因为在这个异国的风景里,这个主体并没有被包含在任何一种一眼就可以看出的
131 当地形式的资产阶级公共空间中,它必须更普遍地诉诸于远方的大都市读者及其更为熟悉的社交形象教科书。因此,画中人物的姿态也总是指向画面之外;这种剧场效果既把我们带入教科书,又把我们领进南非的腹地。

在人们通常的想象中,殖民地的风景画总是为探险家一个人提供戏剧性的、或者浪漫的文本,通常没有其他的人物存在同其竞争。[143] 这就引出了一个矛盾:如果居高临下的人物加上居高临下的视角显示了凌驾于异国土地上的权力,那么我们应该怎样理解这种权力的人文效果(human effect)? 勒瓦伦特通过使用中介物体解决了这个问题。在图 5.1 中,这个角色由猎狗来扮演,它们转喻性地延伸了欧洲探险家们在国内行使权力的能力。猎狗是一种非自觉的存在物。它们大胆地闯进这个异国的场景中,与它们的主人相互呼应,而画面中那个普洛斯彼罗式的人物的控制力似乎正在节节外移,[15] 他把长颈鹿定在原地,同时也统治着工人和牧民们的日常劳作。勒瓦伦特所呈现的掌控之手轻松自然,它的魔法力量笼罩住了他眼前的景象。

这幅画的另一个不安定的特色是其中心人物表现出非同寻常的轻松之态,身着典型服装,恪守政治寓意十足的仪礼。勒瓦伦特衣服时尚、简洁,他稳稳地直立着,就像一位舞者。他花纹精美的帽子(这一主题形象还重复体现在画中精心描绘的棕榈树以及波浪一般堆积的云朵
132 上面)和刻意轻松把持的猎枪都表明了他着意营造的灵活性,这与生根般不动的长颈鹿和下方固立的营地形成了鲜明的对比。这表明探险家选择了与杂乱的探险队及装备,即其物质基础,保持一定的距离。这戏剧性地展现了一个好学的自我形象,他不受妨碍,可以自由交流,所居住的空间虽然充满了异国情趣但却畅通无阻。重要的是,这个"自由"的浪漫空间同样与民族竞争存在着松散的联系。当勒瓦伦特希望给他

的读者在想象中构造出一种解放的感觉和冒险的可能性时，他使用的是帕拉第奥式的景观园林建设语言：“我们的金融家住的都是豪华的房屋！英国的花园已经用公民的财产改容换貌了二十次！但为什么在我们看到了潘伯恩—克拉尔翠绿、自然的树荫小屋之后，你们的溪流、你们的小瀑布、你们美丽的弯曲小路、你们的断桥、你们的废墟、你们的大理石，还有你们精美的发明都让我们兴味索然，不忍卒看？”[16]

这个批评舍弃了熟悉的英式花园，把目光投向了在灌木丛中开辟出来的浪漫主义式的绿荫小屋。通过这一否定性的对比，经过精心雕琢的英国风景之所以似乎让人“不忍卒看”，不仅仅是因为它过度重视人工的雕刻，也因为它没有提供开阔的远景。值得注意的是，在这里引用景观园林造园法就是要加强对法国在南非的存在的支持。这其中还暗示了法国的政治风格与“令人厌倦”的英式花园所指涉的民族强迫症之间的对比。事实上，在关于这一争论的蚀刻插画（见图5.3）中，探险家被放置在两种不同类型的房屋之间，一边是两个当地的科伊科伊小屋，另一边是白人探险家在灌木丛中挖出的两个“洞穴”。[17] 在英国第一次占领开普省之前仅五年，这个巧妙的宣传画表明了法国探险家是通过模仿当地房屋样式取得其在非洲的权力的。勒瓦伦特在“潘伯恩—克拉尔”（大意是“南瓜农场”）匆忙搭建的住所因此成为了一种符号，代表他的权力以及他在异国环境中创造性、仁慈、得体的反应能力。这种自负贯穿了所有的殖民地风景画及诗歌。

在勒瓦伦特的《走进非洲腹地》中，关于流动的隐喻同样被赋予了色情意味。他的很多经历都被解读为一种色情游戏。其中之一是他与一个名叫拿琳娜（Narina）的贡那瓜妇女之间短暂的感情，它成为欧洲 133
广为流传的南非故事之一。[18] 在随后的50年时间里，几乎每一部关于南非的游记都会提到它。尽管勒瓦伦特确实与一个叫拿琳娜的妇女有过关系，但他们的关系绝对是不平等的。他充分地利用了自己作为有名的鸟类学家和植物学家的能力，把她的名字加入自己的收藏词汇里，似乎她就是一个动物标本一样。“我发现她的名字非常拗口，很刺耳，而且在我看来毫无意义，于是就给她起了一个新的名字，把她叫做拿琳

图5.3 《潘博恩—克拉尔露营地》。复制自弗朗索瓦·勒瓦伦特的《走进非洲腹地》（伦敦，1790）。

娜。在南非霍屯督人的语言中，它代表的是一种花。我恳求她保留这个美丽的名字，它无论在哪方面都很适合她。她答应我在有生之年一

定会这样做，以纪念我曾经到访过她的国家，同时也以此证明我对她的
134 爱，对于这份激情她已经不再感到陌生。”[19] 拿琳娜在勒瓦伦特的记忆之中就是一个标本，一个女性的身体。我们看到的不仅只是殖民地的风景给男性探险家带来了特别的偷窥机会（其叙述中的窥视冲动与边疆文本中常见的对事物进行监视的需求完美地结合在一起），而且他的欲望情感被铭刻在这个“美丽的名字”中，此后的几十年，它一直出现在南非的游记之中。

在勒瓦伦特的《走进非洲腹地》所描述的风景中，主体被具体呈现为流动的、具有色情意味的存在。我们将会看到，在殖民地的环境中无
135 障碍地穿行这个隐喻可以具有不同的政治效果，它是当时很多探险家、收藏家及管理者所青睐的传统表现形式。在 20 或 30 年之后，人们普遍用它来表达对清除重商主义限制、建立自由贸易的呼声的支持。为更进一步观察色情因素、经济关系和风景之间这种奇怪的联系，我们将以托马斯·普林格尔的作品为例，考察人们如何表现南非东部边疆的空间。

过渡风景

很多历史学家都尝试把普林格尔的作品放置到南非本地的风景传统中，但只有库切把表征政治学（politics of representation）和如画美传统的引进联系起来。跟很多历史学家一样，我更愿意把普林格尔看成是在南非确立自由主义思想、推动英语成为殖民统治语言工具的一个主要人物。因为普林格尔是南非的第一批记者之一，他支持印刷文化、言论自由、废奴和改革。我们将从他开始论述，以揭示自由主义思想如何开始切断自己与恐怖的南非种族隔离政策的历史渊源，了解南非家长制的种族主义文学历史如何经常把他描写成为“南非诗歌之父”[20]

利用英国政府制定的旨在缓解失业、转移工人骚动的移民计划，

图5.4 乔治·克鲁克香克，《移民到好望角计划》。

普林格尔同一群苏格兰殖民者一起，在1820年移民来到了动乱的南非东部边疆。移民计划在英国引起了极度的争议，乔治·克鲁克香克在1819年创作的漫画辛辣、形象地表现了这一情况（见图5.4）。尽管如此，普林格尔还是成功地出发了。克鲁克香克对卡斯尔雷勋爵清除伦敦穷人的计划的巧妙戏仿也是对拜物教的一个最有意思、最贴切的描述。在图5.4中，殖民地风景中的生产能力并未表现出劳动和社会功能之间的关系，相反，如马克思所言，它展现了“物的关系这么一种异想天开的形式”。[21] 在这幅景象中，猪不再是猪，而是活动的猪肉；根据画中卡斯尔雷的人物形象所言，“人不需要工作但食物会自动跑进嘴里，只需咀嚼即可”。这样的景象也是贵族控制劳工阶层代表的注解。人们迷恋殖民地的风景仅仅是因为它的实用价值，它给城市里贫困的无产者们展示了这样一幅乌托邦的景象：他能够迁移到一个新的经济体系中，在

136 那里商品自动现身，无需劳作。在国内，不满的工人正在威胁着统治阶级对过剩产品的控制权，而这种控制权之所以能够延续完全得益于一些野蛮的立法手段，比如《黑人法案》，以及军事干预手段，比如彼得卢大屠杀。而对于国外，他们得到这样的一种假象：他们可以不分阶级地享用到当地丰富的物产。[22]

克鲁克香克对英国殖民政策与国内大屠杀之间的联系的大胆戏仿在雪莱和拜伦那里得到了回应。雪莱在1819年的《无政府主义的面具》一诗中对卡斯尔雷进行了抨击，而拜伦则在备受争议的《唐璜》的题词中对那个外事秘书进行了毁灭性的描述：

> 那个白面、无情、若无其事的恶棍！
> 他那滑溜的双手沾满了爱尔兰的血，
> 但这只是牛刀小试；他又接受任命
> 到邻国去填饱他那嗜血的胃口。
> 这是暴政必需的下贱工具，
> 137 除了基本的才能外，徒剩躯干：
> 这才能正好够他把别人打好的镣铐加长一节，
> 或者递送别人配好的毒药。[23]

尽管有这些令人畏惧的警告，普林格尔和他庞大的家庭成员还是乘船来到了东开普省地区，准备在那里的巴菲昂河边建立一个乡村社区。他花了两年的时间帮助其他移民家庭在贫瘠的土地上安顿下来，之后同妻子一起回到开普敦，并于1823年在那里和人合伙编辑了《南非商业广告》（*South African Commercial Advertiser*）。这份报纸之后遭英国总督禁止发行，这一行为虽然确实让诗人陷入破产之境，但也奠定了他在自由主义史上的杰出地位。

我们现在把目光转向普林格尔所创作的阿尔班尼边疆诗，看看作为一种美学和物质实践的风景，是如何将移民主体移植入当地风景，并构建当地的资产阶级公共空间。[24] 英国风景诗歌和绘画都有鲜明的自觉性，对它们而言，风景是当下作用的结果，虽然这种作用也可能会唤醒过去的回忆。与这种自觉性不同，殖民主体们必须协和两个世界之间：一边是刚刚失去的宗主国家园，另一边则是当前未经编码的“他乡”（Otherness）。他们衡量新景色所用的都是他们熟悉的旧标准，因此其结果总是“always found lacking”，不尽人意：

> 没有两岸长满青柳的潺潺溪流；
> 没有水草茂密的水塘、没有汩汩流动的泉水，
> 没有树木、云彩及迷蒙的山峰，
> 能安抚疼痛的眼睛。[25]

库切在一篇关于南非如画风景的重要评论文章中指出，南非一些地方缺乏具有反射性的地表水域，这造成“艺术家表现技能的缺陷”，其结果是画家或诗人在创作时的表现就好像地球已经“死了、睡着了或全无生机一样”。[26] 这正是困扰普林格尔的问题。但他也同时抱怨一些绘画所展示的景色无从纵目浏览，缺乏渐变的多样性。这似乎暗示说很有必要创造出一种符合新标准、色调和对比度没有那么强烈的新范式风景。由此，作为殖民地的移民诗人，他认为有必要建构一种“过渡物”，一种能够在大都市传统和殖民地风土之间实现相互交流的风景。[27] 这样的计划在普林格尔有名的诗歌《黄昏漫步》（*Evening Rambles*）中体现得非常明显。这是一首地貌诗，在诗中，作者尝试把殖民主体放置到一个经过调整的、受控制的风景之中。我将主要以这首诗作为例子，在必要的时候对它进行反复讨论，因为正是在这种尝试让英国的如画风景理论适应当地情况的过程中，一系列围绕着性别问题和劳动问题的相互关联的矛盾才会凸显出来。 138

这篇诗歌是以特定的时间和地点为结构框架。时间是黄昏时分,一天之中,此刻情感最为脆弱,承受着双面夹击,非洲严酷的白天留下的阴影还没有散去,夜晚的危险已在逼近:

闷热的夏日中午已经过去,
温和的傍晚终于来临。
微风习习,
金合欢迎风摇曳,
簇拥在金色的溪谷上。
山风低吟,带着淡淡的芬芳,
恰似苏格兰山谷中,
一簇簇的报春花,
在云雀欢歌的温和春日,
悄悄探出了头。(第1—10行)

这个特别的黄昏天气"温和",所吹的风也只是"微风习习"。由于消除或模糊了视觉对比,殖民主体更容易看到过去和现在两个世界之间的交流。记忆在半明半暗的光线中滋生,贫瘠的"祖尔维德"(Zuurveld,荷兰语,字面义即是"贫瘠的牧场")变成了"阿尔班尼",它是普林格尔笔下的一种苏格兰山谷。记忆把多刺的金合欢树那尖锐的黄花替换成了苏格兰春天里的黄色报春花。

在描述特定地方风光的诗歌中,一种风景经常被转喻性地置换成另一种。传统的自然诗歌,比如华兹华斯的《紫杉》,可以让已经成为历史的过去在特定的象征物或主题中重新出现。而我们在这里所面对的既是根源的问题,又是再现的问题。诗人需要这两张认知地图的两相参照,以帮助自己组织殖民地的景色。第一张有时是由记忆唤起,有时候则内现在中午的睡梦中。梦是甜蜜的幻觉,就像普林格尔在其他诗中所写的那样：“羚羊徘徊，荆棘丛生的黄色沙漠/芬芳的幽谷。”[28]而第二张则是一种经协商后达成的妥协，一种通过特殊的意识形态遏制方式呈现的过渡风景。在这个新的语境中，诗人同样可以“漫步”、徘徊、闲逛。但在殖民地里，这只是诗人的一种大胆的设想，因为它体现的是一种方向不明确的兴趣爱好，一种贵族式的休闲方式，与边疆地区严酷的生活和劳动格格不入。漫步是在一个环境中悠游自在的终极体现，而能够在风景中自由通行，可以随心所欲地走动，自然得如同流动的微风或者河水，这些也掩盖了殖民存在的人造性。 139

因此，《黄昏漫步》开头部分所呈现的是一种可以帮助殖民者自身在新的环境里安置自己的如画美风景。正如J.M.库切和其他一些作家指出的那样，在这个艰巨的任务中，起关键作用的是可以游目骋观的眼睛隐喻。它反过来让我们想起了18世纪的诗人，比如汤姆森，所使用的绘画式创作技法。约翰·巴瑞尔认为，汤姆森的办法首先是用浮掠式的速记手法表现风景的特点，就好像眼睛“之所以能够如此快速掠过风景，唯一的原因就是它能够很高效地把它所看到的物体全都按照一个预设的结构组织起来，而在眼睛往地平线移动的过程中，这些物体唯一的作用就是充当其坐标物。”[29]

很明显，普林格尔诗歌的第二节使用的就是这个技巧。在第二节中，看风景的人把注意力放在了脚下一个山谷的景色上：

那里的马齿苋树郁郁葱葱，
带着淡绿色的叶子和淡紫色的花；
龙舌兰挺着深红色的花冠，
就像身着节日盛装的高贵女王；
珊瑚色的豆荚树开着鲜艳的花朵，
一簇簇摇摆在灌木丛上。（第25—30行）

在这里,诗人的眼睛极快地掠过一大片的植物,并选出了让人眼前一亮的颜色。然而,普林格尔与汤姆森的区别在于他既关心对植物进行百科全书式的命名,也关注看,因此他首先辨认植物类别,接下来再描述它们的样子。换句话说,他把游骋的眼睛这个隐喻与我们在启蒙时期旅游见闻中常见的并列组织方式结合在一起。普林格尔特意在英语文本中引用一些荷兰语的植物俗名,比如“spekboom”(马齿苋树),该词的字面意义是“猪肉树”(pork tree),于是,这些异域事物便同时从属于语言的和认知的权威。换句话说,这个殖民个体可以游动在一个密集化和深化的环境中,因此,在这一系列描述的末尾,我们看到的是一个强烈的综合性幻想意象:“深绿色的青葱草木融合 / 在缓缓流动的光线里。”(第 33—34 行)。由于主体能够把自己安置在一个熟悉的环境中,我们可以体验到一丝华兹华斯式的自我与风景之间的共鸣。我们可以说,想象力在这里得到了回报,因为它成功地在一片陌生的土地上找到了一种新的语言,或者一种新的简明的意象,它们可以包含旧的语言或意象。

边疆的室内生活

我已经指出,殖民绘画和殖民诗歌努力把情景戏剧化,以便让自我
140 在其中的行为没有明显的自相矛盾。这样的归化过程可以通过经阿尔都塞、马舍雷和布尔迪厄的论述之后,大家所熟悉的“症候式意识形态行为”这个概念加以解释。我们需要认真考察的是殖民地风景如何受制于多元化的决定体系,而这种多元决定性与殖民地国家中意识形态统一的形成之间又有怎样的联系。

风景画即使在很写实的情况下也需要有一个主体。不论是在康斯太布尔“六英尺高”的油画中抽象化的劳作者身上,还是在庚斯博罗与各种乡村类型相当虚假的邂逅中,或者是在对精确阐述或聚焦(表现为

各种叙事文本中出现的详细描述）的掌控中，风景的再现总是意味着要对人物和背景进行一定程度的具体化。汤姆·米切尔那奇特的风景画“九原则”（nine theses）适用这里，尤其是他持有的观点：风景画是“人类社会与自然事物进行交流的媒介”或“受过文化干预的自然景色”。[30]也许，殖民地的风景画之所以如此迷人是因为在这些画中，大自然的再现与日渐成形的移民公共空间之间的相互依赖关系被更为清晰地展现了出来。

风景画标志着一种自称是个人幻想的公共态度的出现。一些风景画家和风景诗人声称自己是以一种无偏无私的态度来表现自然；这种观点的核心隐含着18、19世纪时人们关于公共生活态度的论调，即具有形体和脱离形体。在最近一篇令人信服的关于哈贝马斯的评论文章中，迈克尔·华纳指出，“人们曾宣称资产阶级公共空间与身体意象没有任何关系”：

> 人们不把公共话题私人化，因此，理论上任何个人都可以就这些话题发表自己的意见，供大众辩论，接受大家的客观考验，而不用冒什么风险。但资产阶级公共空间仍旧要依赖某些人的身体特征。白皮肤和男性特征是进入公共场所的条件，虽然两者在当时都不被承认是具有肯定意义的身体形式。[31]

借助风景画传统，诗人和画家就可以对某种特定类型的公共话题进行归化处理，而不被看成是在一个意见各异的群体、一个国家或阶级中对它进行表现。在普林格尔的诗中，个人的幻想确实依赖于一个共享价值的空间，即一个可以推想为遍布殖民地的资产阶级家庭空间。但因为这种共同特征当时在殖民地还不存在，诗人于是转向其他归化形式。此时给他带来安慰的是诗中成双成对的动物形象，或者甚至只是一些关于动物的领地行为的描述，而不是人物和背景这种表现方法通常所暗示的思想统一。

《黄昏漫步》展现了一个男性殖民个体可以在国外土地上行走的景象。它列举出了当地的事物，给它们命名，把它们视觉化，这些都增加
141 了主体的高度（“让我……穿过这些迷宫”），直到他成为风景中一个鲜活的存在物。因此，个体所处的情景似乎并不真实存在，而是诗歌为他打造出来的。诗的第四节可喜地增加了一些意象，赞美动物和自然环境之间的和谐：蜜蜂在开满花的树上嗡嗡飞舞，白鸽的求偶歌声回响在它们生活的空间里，一只雉鸡和它天作之合的伴偶如影随形地同行着。要在殖民地的风景中自由地穿行，就要通过一种异国的组织过程对它进行同化，同时在其中设置一个象征自由通行或畅通交流的隐喻，这对前资本主义经济从重商主义到自由贸易及雇佣劳动的发展变化极其重要。实际上，自从18世纪初以来，流动及流动循环的比喻总是同新兴的资本主义经济秩序联系在一起。在笛福的《罗克珊娜》中，罗伯特·克雷顿爵士对女主角解释说：“一笔财产只是一个水塘，而一门行业则是一处活泉。前者一旦被抵押就很少能够解脱，会给人带来无尽的麻烦。因此商人们总是让自己的财产不停地流动。”[32]之后，该隐喻就进入了谈论非洲的官方话语中，直至帝国主义时期。比如1888年，某位自称是“一个非洲探险家”的人给《时代》（*Times*）杂志写信，投诉说：“保护主义势力通过差异性征税及烦人的限制性措施窒息了，或者说是束缚了我们的贸易。”[33]

尽管有了自由流通的隐喻，将殖民者及背景安置于新的风景中却仍难免冲突之扰。比如，《黄昏漫步》中的浪漫主义现象学虽然增强了该诗作为景观诗（prospect poem）的事实，但也突出了诗人与其他人的隔绝。普林格尔在到达他所熟悉的人迹稀少、位于山谷之上的制高点时这样写道：“我熟悉的地方又接纳了我。”然而，这首诗之所以有别于其他的诗，比如勒瓦伦特的景观诗或者重商主义的描述，原因在于它必须超越个体存在、流动和流通的重商主义隐喻，以便完成另一个意识形

态任务。承载着重商主义生产模式之下的移民殖民思想，该诗也在努力地建构一种在这片荒野中也可安居乐业的感觉。换句话说，我们曾经读到的东西现在又可以被重新解读。诗中一再描述成双成对的动物，且它们的配偶对称关系与周遭环境浑然天成，这就营造了一种“天成家庭”的氛围，预示了诗作之后叙及的移民家庭也将入乡随俗。这移民诗歌同众多浪漫主义风土诗歌的区别也就在于此：在后一类诗歌中，持续出现的地方精神会让诗人陷入冥想的短暂逗留之中；但在《黄昏漫步》以及类似的作品中，每一个沉思的休憩时刻都隐藏着移民、永久定居以及兴家立业的可能性。[34] 142

假若如我前述，移民风景画可以起到一种过渡性象征空间的作用，让我们可以建立一种没有矛盾的殖民存在，那么我们之前已经注意到的对各种对立的和谐化或者柔化处理办法就会发挥另一种作用，促使家庭意识形态素（ideologeme）的形成。如画风景传统似乎非常适合这种中介功能，因为根据普赖斯的定义，“如画性……似乎是优美与崇高美间的一种状态”。[35] 各种绘画细节，比如克劳德式的构图细节，经常被浪漫主义诗歌使用以达到一种柔化的效果。华兹华斯的《废弃的茅舍》（*Ruined Cottage*）就是一个典型，诗中人物在梦中从一片阴凉的小树林向外观望，看到了一处由橡树树枝分割而成的景色，“在垂悬枝条的掩映下，风景宁静 / 静谧而悠远”。[36] 因此，普林格尔在诗中采用如画风景的艺术布局这种做法是不足为奇的。但是，对于一些在其他情况下可能被视为崇高之美的风景元素，如高山、绝壁和激流，该诗的态度却又是敌对的，这又该怎样理解呢？比如，在诗的中间部分，普林格尔把我们的注意力引到了一处由水流的强力冲刷而成的凹凸不平的沟壑上，并赋予它下面的寓意：

水流涨满时的磅礴冲力，
如暴君的愤怒，已经过去，

> 其所到之处造成的破坏，
> 是其强大力量的痕迹。（第 73—76 行）

这个融合了性侵犯、暴政和经济浪费等变形的隐喻，旨在暗示一个已经归于静默的大自然。这个变化唯一的解释就是诗中的这个环境正在准备接纳移民家庭。这个家庭被想象成为一个温和的父权统治中心，远离了那些与实际的殖民过程形影相随的暴力。由于诗中所建构的过渡风景是非历史的，因此不论以任何形式提及时间，甚至是地质时间（即侵蚀及沉淀的时间），本质上都具有威胁性，因为它会让人想起在此之前为这次国外侵略行为而采取的各种暴力。换言之，我们以别样方式体验 / 感受着诗中的时间。移民风景画无法像浪漫主义那样可以随意地沉浸在过去和远久的历史之中，因为过去是属于他者的领地，而历史则是关于驱逐的历史。

如果把风景的作用之一理解为一种意识形态的控制，我们就无法再现移民画家或诗人怎样面对一片未被书写的荒野。毕竟风景只是以
143 一种互文性的方式存在，它是作为一种传统中的特殊艺术形式而存在的。所以，在殖民环境中，新的景色、新的动植物种类以及新的人种的本体论问题也不会导致新的体裁的形成，持续出现的只有爱德华·萨义德所说的“文本态度”。[37] 实际上，我更愿意指出，我们经常在殖民风景中看到的是一种风景范式对另一种风景标准的过度依赖（anaclisis），即“倚靠”。弗洛伊德用这个词对欲望如何依附于本能进行了描述，[38] 因为它们具有相同的发生点。用这个方法描述人们为何总是经常无意识地使用各种标准似乎非常合适，因为这些标准总是相互依赖，它们发生作用的点也都一样。

在普林格尔记录他的大队人马初到南非之时的日记里，有一个有趣的实例显示了两种标准相互依存的关系。在作了别具牧歌情调的描述之后，作者这样写道：

> 与其他时间一样，这个时候的乡村风景及生产活动最能让我们想起希伯来《圣经》中的意象。炎热、恐怖的沙漠，崎岖、多石的高山，干涸的河床，“寂静小河边绿油油的牧场”……“在百合花丛中觅食的牡鹿和小鹿”，“岩石间的兔子”，“荒野中的鸵鸟”，以及“一块巨石投到贫瘠土地上的影子”。这些东西和其他很多东西，连同伴随着它们的那些描述（令人吃惊但却十分贴切），屡屡提醒我们它们的美丽与天资，这是一种我们从未体验过的感觉。[39]

因此，《圣经》互文文本为作者提供了一种如何在一个“令人吃惊但却十分贴切的”、早就为广大读者所熟悉的描述语境中接纳异国风景的办法。它还具有另外一个思想优势：它从《圣经》的角度暗示了在南非继续进行传教活动的恰适性，而这种观点反过来又成为了发展中的殖民政权所采用的修辞策略的一部分。[40]

我所说的普林格尔风景诗及描述中的“家庭空间”是作者通过几种修辞技巧的调度所取得的一种艺术效果。这种方法最显著的例子也许就体现在那些经常出现于百科全书式的游记中的诸多动物身上。它们在诗中被当成是家庭和谐的范例。比如，普林格尔会突然出人意料地岔开叙述，转而去描写一种被他叫做“交嘴鸟”（the loxia）的鸟类。这是非洲的一种纺织鸟，经常把自己的幼仔倒着关在

> 摇篮般的窝中，窝口朝下，
> 可以躲开飞行或爬行的天敌，
> 包括黄鼠狼、老鹰和缠绕的蛇。 144
> 微风吹起，鸟巢轻盈摇摆，
> 就像果实累累的石榴树上，
> 我们钟爱的红石榴。（第 87—92 行）

这一小段精致的文字是诗中一股思想冲力的顶点，但它同时也只是游记中常见的那种细节描写。非洲纺织鸟悬吊着的纺织巢在很多英国旅行者的眼里极其神奇。约翰·巴娄是18世纪90年代开普省殖民地第一个管理机关的工作人员，负责勘测从荷兰人手中赢得的土地。在他那里，非洲纺织鸟的鸟巢引发了大段论述，涉及理性、环境制约以及林奈式分类目录的局限性。他说："北欧的同种鸟类对猴子、蛇和其他危险动物没有任何恐惧，因此它们的巢是开放式的。"[41] 纺织巢很好地体现了这种鸟类对于环境的适应。这种适应非常完美，巴娄因此推测也许某些动物具有某种灵性，这种灵性"不是某种自然的盲目冲动，而是一种理性之光。"[42] 相反，对普林格尔而言，这个在洪水及危险之上轻轻摇摆的封闭性保护摇篮则暗示着一个隐藏在树荫之中的"自然的"家，它预示着已经适应了南非的白人移民一家。反讽的是，这种表露无遗的对栖居地的渴望乃是许多18世纪地貌诗中的一个普遍幻想。比如，在考珀的《使命》（*Task*）中，目光敏锐的漫步者以一种刻意的嫉妒打量着一个农家小屋：[43]

> 它坐落在绿色的山顶上，
> 在一圈枝条繁茂的榆树中间，
> 树叶下隐藏着茅草屋顶，
> 远眺着脚下的山谷，
> 山谷里的黑色杂草叶子茂盛，
> 我把低顶的它叫做"农人的窝"，
> 尽管它很隐蔽……
> 我一直希望自己也有这样一个安静、隐蔽的窝。[44]

然而，在知道小屋的主人必须吃力地往山上挑水时，《使命》的叙述者的热情消退了，而普林格尔对“自然的”居住环境的热情却始终贯穿在他的诗歌及日记中。在移民们到来之前，这样的房屋并不存在，因此农家小屋的形状实际上是被纺织鸟的鸟巢符号所取代。

《黄昏漫步》是首漫游诗，也是一首景观诗。通过一系列的意识形态转换，它构建了一个显然愿意接纳殖民存在的风景。这种存在也被描述成为一个具有家长形象的男性在大自然中自由漫步、建造自己的 145
家，因为漫步者最终回到的地方被叫做“我们的荆编小屋”（our wattled cot）。诗中第一次插入了集体代词，这凸显了之前所发生之事的性别本质，同时也强调了在殖民地边疆，女性是一个意识形态的场所和位点，而不是一种需要风景来衬托的存在。关于普林格尔的妻子画像，兰德希尔为《贝专纳男孩》（“The Bechuana Boy”）所作版画（见图5.5）是我能够找到的唯一一张有重要意义的肖像画。在这张图中，她正从帐

图5.5 《贝专纳男孩》，复制自托马斯·普林格尔的《非洲札记》（伦敦，1834）。

篷的折叠处往外打量，几乎成为了该帐篷延伸出来的一部分，被垂悬的帐篷和她身上的斗篷及帽子给遮挡住了。她之所以在风景中出现是因为该叙述需要有一个母亲的存在（诗歌描写了一个即将被普林格尔一家收养的茨瓦纳孤儿）。而画面中的男性虽然神态各异，但却都具有如画美所特有的那种宁静神态。他们吸着烟斗，身边搁着猎枪，正围坐在篝火旁聆听那个男孩的伤心故事。画面中所呼唤的是作为母亲角色存在的女性。

普林格尔的妻子在该空间中的位置是帐篷的出入口处，因为与她紧密联系在一起的是家庭内部空间与公共空间之间一种清晰的性别化差异。英国移民（与原来的荷兰定居者不同）把这种差异带到了南非。
146 南非与“边疆”再现中隐含的国际秩序之间的联系令人怀疑，我们不想重提这种联系，但也许可以肯定的是，1820 年的那批女性移民与她们的美洲、欧洲姐妹一样都受到了日益尖锐的劳动性别分工的影响。正如斯蒂芬妮·孔茨所说的那样，很多变化到了 19 世纪 30 年代终于引发了欧洲和美洲的“居家生活热”（Cult of Domesticity），而这些变化同样要依赖一种更为固定的两性关系：“要求女性操持家务的做法，在一个否认对等级制度的需要的社会里［例如在美利坚合众国］，只有通过强调女性角色的自然性或生物性根源这一思想，才能找到理由。”[45] 因此，我们需要认真研究的是风景在再现家庭内部空间与男性公共空间之间的性别化差异时都扮演了什么角色。普林格尔的妻子占据了帐篷的出入口处，而其他女性则拒绝被动地接受这样的安排。比如，艾米莉·勃朗特的《呼啸山庄》把家庭空间标示为幽闭恐怖症及抑制之地，其中的门、窗、门槛、门楣，甚至是从破烂的窗格中漏进来的风都被赋予象征意义，因为它们标示着一个特定的时刻，女性就是在这一时刻冲出房子，开始重新夺回在风景中表现自己的权利。

普林格尔可以轻松地以性别化的劳动分工结束他的诗歌，对此我总是很诧异。荆条和灰泥搭建的殖民之家标志安家的终结，男性漫游的开始，自我回归其目标。这首风景之歌于是渐趋舒缓柔和，要理解这一章节的主题，一个彰明较著的方法就是比较《黄昏漫步》和华兹华斯的《奇异的激情》(Strange Fits of Passion)。这首英国最著名的诗歌讲述了一名男性流浪者返回乡村小屋的所思所想。华兹华斯的风景基于强烈的性欲宣泄，以及对那轮在恋人守候的小屋上空若隐若现的月亮予以的想象性投射。当月亮由于视角的关系落到小屋屋顶之下时，诗中的主人公非常害怕，他想像着露西死了的情景：

> 恋人啊，她心中到底是怎样的想法，
> 深情又善变！
> “哦，天啊！”我对自己惊呼，
> “如果露西死了，我该怎么办？”[46]

芭芭拉·约翰逊试图对这个诡异的时刻进行解释，她认为作者是在尝试拟人化的描写，因为月亮“应该可以看出是……露西的一个关联物”。[47]这样的解读并不能赋予华兹华斯的风景以任何政治意义。在我看来，《奇异的激情》把男性主体安置在一个由月亮(情感宣泄对象)、倾泻而下的月光和小屋组成的风景体系中。与诗中的女性有联系的不是月亮，而是那个小屋，它是一处稳定的、与家有关的地点，是男主人公 147
的旅途目的地。露西就是这个住所。月亮、月光下的风景以及小屋这三种元素之间的关系很稳定，它们此时是维系男性主体之行动的后盾。看到月亮消失引起的惊吓是永恒与短暂之间的一个对立时刻，一次家庭的、自由的欲望倾注。在华兹华斯的诗中，穿越乡村的旅行总是跟被压抑而又得到突然释放的性欲和幻想能力结合在一起，而在普林格尔的诗中，诗人全部工作的焦点是家庭生活和资产阶级家庭，其目的是要创造出一种没有类似紧张感的风景。

殖民地乡村风情

殖民地风景，不论是绘画，还是诗歌中的如画美主题，都受到一系列有别于宗主国所经历过的经济条件的影响。尽管如此，它还是标示着欧洲艺术秩序在世界边缘地区的扩散，而在这一时期，资本主义正在开始变革自己的自我复制能力。现在让我们转到这种舶来的如画美艺术传统的另一个层面，它比其他层面更依赖于阶级的变化，那就是在乡村建筑中融入指涉物。

在谈论自己的“荆编小屋”的时候（第 148 行），普林格尔使用的是 18 世纪末 19 世纪初常见的隐归乡村的比喻。不同的是，他的这种艺术手法有真实的指涉对象。普林格尔的《南非生活札记》有几个部分曾在《一便士杂志》（*Penny Magazine*）上连载。在一篇题为《南非移民小屋》的描述性文章中，他解释说在为自己的第一个南非居住地选址的时候，他首先考虑的是美的问题，其次才是该地区的农业生产潜力。他并不是唯一做出此种选择的人。1820 年移居阿尔班尼的那批人都选择了看得见风景的地方安居。[48] 一位苛刻的批评家于是作了如下评论：“感性之人都会选择风景优美的地点，因为那里更容易看到自然美景，但他们有时候却忘记去了解附近是否有水。”[49] 在写到住处的时候，这些移民日记都坚称，特定形式的房屋结构与政治特权之间具有紧密的联系。换句话说，诗中多次提及简陋的移民小屋，为我们提供了阿尔班尼的阶级意识开始萌芽的意外证据。

在某种意义上，殖民地边疆每个人在建房的时候，都因袭了荆条加灰泥这一乡村建筑传统。[50] 然而，该传统内的阶级符号并没有消失。普
148 林格尔自己决定采取“土著人建造陋屋的做法”，建造一个“形状就像蜂巢或棒棒糖”[51] 的荆编住所。（值得注意的是，在他的《非洲札记》的扉页上，这所小屋风景独好，而且没有一个白人的影子：在小屋正前方，芦荟丛旁，一群浪漫主义式的匪徒各有其姿，构成一组群像。各得其宜。

图5.6 《移民小屋》，复制自托马斯·普林格尔的《非洲札记》（伦敦，1834）。

见图5.6。）荆条灰泥的办法非常实用。而且，通过融合当地的建筑风格，它还可以使侵入者——白人的存在变得非常自然。但这种对当地方法和土著形式的依赖，其本质由于过于细微很容易被忽视。需要强调的 149

是，在殖民地的定居行为首先发生在重商主义的社会体制中。在非洲，这种生产模式要依靠那些处在当地生产体系空隙之间的商人们。尽管1820年的那些移民可以（也已经）请求英国军队惩罚他们的敌人，但他们在边疆的大部分交易活动都是小心翼翼，迂回潜入，依赖和寄生性的，而他们在当地的建筑都留有这种心理的痕迹。

一旦建造完毕，普林格尔的小屋仍然具有一种象征的力量，它源自都市化了的乡村传统所彰显出的阶级符号学。比如汉弗莱·雷普顿在为布雷斯城堡所写的红皮书中提醒我们，建造在广阔庄园上的小屋都跟贵族统治联系在一起。他说，一个小屋看起来要像"一个负责照管附近树林的劳作者的住所，但它的简陋应该是一种艺术效果，而不是一种随意的效果。它看起来须是庄园和城堡主人的所有物，但又不显得要刻意模仿它们中的任何一个"。[52] 因此，从外面看，普林格尔的小屋颇具当地风情，是与风景相得益彰的一部分；从里面看，人住在里面，总是会想起那些有闲阶级的建筑："小屋及其朴陋的家俱具有某种乡村风味的消夏别墅或石窟的味道。"[53] 很多移民家庭的一家之长都暗怀着这种人往高处走的理想。

小屋这种建筑形式是乡村传统的一个主要标记。与它相联系的、并在庚斯博罗和康斯太布尔的画中得到体现的阶级符号在殖民地继续发挥作用，这也许并不令人惊奇。但这种象征性的前文本（pre-texts）是如何被人们以新的政治方式加以应用，却是一个特别引人关注的现象。旅行者乔治·汤普森似乎对阿尔班尼的小屋很感兴趣。他的《南非旅行冒险记》一书让很多读者，包括满怀崇拜之情的柯勒律治，接触到了普林格尔的诗。他这样说道："这一章前面的小插画可以让读者对阿尔班尼的风光及其别致的小屋有更好的了解。现在有些地方的特权阶级移民就是以后者来点缀前者。"（着重号为我所加。见图5.7）。[54] 在这个描述的背后是适应能力很强的英国自耕农的普遍形象。但汤普森似乎忘记了，到1822年，很多工匠都已经不打算在土地上艰难谋生，

图5.7 《阿尔班尼移民小屋》，复制自乔治·汤普森的《南非旅行探险记》（伦敦，1827）。

而是搬进了城镇。[55]

对汤普森而言，阿尔班尼的小屋是隐归乡村和阶级身份的象征，同时也是思想传播的地点。英国的生活品味及文明的标准就是从这些点辐射到荒凉的南非各地。和荷兰的殖民作家不同，18 世纪和 19 世纪初的英国作家的普遍做法让人觉得公共意见似乎都是由一群特别优 150 异、受过启蒙的人发起，然后才向外传播。公共意见就像一位乔治时代的评论家所说的那样，是“某个社区中信息最灵通、思路最敏捷、道德最端正的人对某一特定事物所抱有的感情，它逐步传播到文明国家中几乎所有的人，并为他们所接受，不论其教育程度如何、持怎样的情感态度”。[56] 然而在边疆地区，这样的阶层并不存在。不同阶级的人在伊丽莎白港下船之后全都混杂在一起，他们当中有“席地而坐……手中拿着书的绅士”；也有“来自泰晤士河和英国各个海港的渔民和水手，他们无一例外全都大大咧咧，饱经风霜，因为他们所从事的工作既危险又不稳定”；还有“贫穷的农业劳动者”。[57] 在这种阶级分布极其混乱的情况下，要做到思想统一非常困难。普林格尔早就预见了这一点，因此他在诸如《移民小屋》这样的诗中下了很大功夫去描写附近一个具有文明思想，也许就是早期公共空间之组成部分的社区。有人指责普林格尔照搬了维吉尔式的隐归比喻，罔顾后者所言的归隐诗人“随时可接触到书籍和智者”这一前提，因此与“疯狂的卢梭”为伍。面对这一批评，普林格尔逐一列出了好几个有修养的人，他与他们的距离不过骑马一天的
151 路程。他认为，有了这些文雅的朋友，建立一个具有辉格党主义情感的模范社区并非绝无可能的事。在这样一个阶级与性别和谐发展的氛围中，人们便可以悠然地漫步于南非原始的风景之中：

> 从温特堡走到格拉的原始山洞，
> 谈论罗杰斯、坎贝尔、柯勒律治及司各特，
> 还有福克斯和麦金托什、布鲁厄姆、坎宁和格雷；
> 一路话题轻松，笑声不断——
> 成群的野象停止了走动，
> 站在树木葱茏的山上好奇地看着我们。[58]

找到拥有相同文学旨趣的朋友是建立一个和谐的公共思想团体的第一步，而这正是新兴的殖民管理机构所仰赖的基础。

如前所述，移民的住所和南非资产阶级公共空间的兴起具有象征性的联系。哈贝马斯把资产阶级公共空间和公共议事形式联系起来，“这种公共议事形式受制度保护，其主旨是对政治权力的运用进行批判性的议论”。[59] 这其中最具重要意义的也许是，这些小屋是以囿于其中的女性形象所代表的、安定的家庭生活的最终标记。请看一看寡居的

坎贝尔夫人的事例。根据汤普森的描述，她居住在一个“布置整洁的小屋里。虽然它只是用荆条和灰泥建成，但看起来非常舒心、漂亮。环绕四周的是繁茂的树木和一丛丛的常绿植物，大自然之手把它们安排得如此之好，简直可以比得上最具品味的艺术创作”。[60] 我们甚至可以说，男性化十足的殖民地中，寡居的坎贝尔夫人作为一个具有性别价值的商品是通过其住处来展现的。她与家庭空间存在着提喻式的关系，其性能力被转换为自然“恣意生长”的形态——靠近这幢房子的自然物也成了这片如画美景的组成部分。小屋的传统就这样确保了男女有别的象征性空间，由男性白人控制着进入公共领域以及同女性交流的权力。

在暗涌着变化无常之流的阿尔班尼地区，负载着种种意识形态行囊的田园生活传统被用于区分和稳定阶级的及性别的差异。但除了具有掩盖矛盾的潜能之外，它们还可以被用来为尚未加入象征系统的东西增添价值。比如，汤普森对桑恩山农场（Thornhill）的描述就提到该地的总体情况，“草地和低矮的树林由大自然之手设计，远远胜过英国很多贵族庭园”。（见图 5.8）[61] 这种看法表明，汤普森关注的是在边疆地区阶级流动的新的可能性。大自然本身似乎是在用杂木林和草地来标注风景，它们象征着那些贵族土地主们改善风景的双手。这种阶级 152
话语的逐步入侵也是澳大利亚英国殖民风景的特征。保罗·卡特说：“如画的风景，尤其是树木，包含了这些新来者自身最高的愿望。”[62]

即使是在汤普森的公园林地风景中，隐居乡村的理想也没有被遗忘，只是被置换掉了。在把读者引到他的桑恩山绘画时，他告诉我们这个农场真正的奇迹是属于主人之婿的山顶小屋，声称它占据着“一处绝佳的风景，我认为其景色的丰富性及浪漫性在非洲几乎无与伦比”。[63] 移植到南非的乡村传统所包含的很多矛盾在这个描述中被清晰地列举出来。庄园四周的如画美景物似乎已被自然之手“乡绅化”，但小屋作为一处乡村隐居及体现辉格党价值的地点，却以一种经过置换的形式在大房子的旁边保留了下来。象征性的权力也以父子相传的方式从手握土地所有权的父亲手中传到了儿子那里。我们又一次(实际上在本章所采用的图画中已是第三次)在这幅蚀刻画中看到一所房子,视野开阔,可以看到很多乡村的人和物,其排列顺序极其自然,就像是偶然被我们看到一样。与英国的情形一样,殖民地的如画风景也同样依赖于对劳动力的控制,其方式尽管复杂但从历史的角度仍可以详细说明。

图5.8 《法兰西斯港附近的桑恩山》,复制自乔治·汤普森的《南非旅行探险记》(伦敦,1827年)。

奴隶之地

流行的如画美是18世纪末在核心区和边缘地带之间流动的表现形式的一部分。让我们来看看它和英国各个殖民地不断变化的经济形势之间的关系。毫不奇怪的是，这些变化在其最高消耗点，即在资本与劳动力榨取的矛盾之中，体现得最为明显。

英国政府开展1820年殖民地安置计划的原因是什么？这个问题的答案很多，而且相互矛盾，其中大部分的答案都精彩地凸显在克鲁克香克的漫画中。英国第一次从荷兰政府手中夺得开普省的控制权是在1795年，之后根据《亚眠条约》把它割让给巴达维亚共和国，又于1806年通过武力把它夺回（它即将成为非洲殖民历史中历时最长的占领之一）。简而言之，阿尔班尼的安置计划受三个因素的影响。其一，英国在拿破仑战争之后经济的急剧衰退导致失业面扩大，引发工人骚动。这一点，加上改革引发的焦虑，预兆了1819年的彼得卢大屠杀。因此，很
153 多人认为殖民安置计划可以疏导工人的不满情绪。其二，东开普省的计划安置地区是冲突严重的地方，那里的边疆农民和英国军队被卷入了与科萨人（Xhosas）的斗争之中，后者虽然训练有素但武器装备薄弱，因此成千上万地被杀死。当时的移民不知道他们被安置在阿尔班尼的作用就是要建立一个缓冲地带，以对抗那些无家可归的科萨人。其三，通过直接资助、自由通行和赠送土地的办法鼓励移民安置，目的就是要缓解殖民地劳动力的严重短缺。人们希望白人劳动阶级移民可以提供额外的劳动力，而更高阶级的移民则可以协助撑起一种文化并对它进行英式改造，因为在这之前它一直主要是荷兰式的。

因此，引进移民其实是在新殖民地确立英国霸权的一种尝试，也是解决制度矛盾的一种努力。这种制度以剥削不断流动的当地劳动力为
154 基础。人们有意无意地希望，白人的涌入可以刺激社会关系发生变化，以便更加简易地对劳动力进行利用。要这样做首先必须解决旧的封建父权政治与新兴的商人阶级所采取的不干涉主义思想之间的冲突；前者自从荷兰东印度公司到达开普省之后就一直都在控制着当地的农业。[64]

19世纪20年代的殖民地经济正处于相当紧张的时期。尽管可以依赖当地的贸易制度，同时还有该地区的居民提供原材料、牲畜尤其是劳动力，移民的地位还是极其不稳定。[65] 劳动力就是一个很大的问题。
155 当时没有哪种经济仅通过契约式的、强制性的劳动制度或者劳役偿债

制度（比如布尔农场执行的那种）就能够得到发展。那些依靠科伊桑人的经济体尤其如此，因为科伊桑人可能会迁走，同正遭受侵害的科萨部落结成联盟。工人们必须可以相对自由地把他们的劳动力当成商品出售，同时政府也需要在设定各种思想约束及依赖条件时鼓励他们这样做。在这个关键的转折期，必须有一系列的司法变革：

> 1822年任命的所谓的东方调查委员会体现了这种新思维，目的就是要根除前荷兰殖民地遗留下来的重商主义碎屑。委员会成员提出了一系列广泛的建议，旨在打破开普省荷兰寡头政治的封建控制，解放生产、贸易和土地占有权，建立一个理性、公正，可以管理一个自由市场经济的政府机构。他们强烈谴责所有的强制性劳动行为，认为它们使那些南非白人雇主变得慵懒，没有上进心，同时打击科伊科伊劳动阶级的积极性。[66]

英国的反奴隶制言论被用来证明，以更复杂的方式控制农场劳动力的尝试是合理的。因此，在这时期的开普省殖民地中（我认为也包括在其他移民经济体比如澳大利亚和新西兰中），“劳动”和“自由”这两个观念本身在很多程度上是由多种因素决定的。[67]这种多因素决定性清晰地体现在殖民地风景传统对乡村的人与物的处理方法上。

现在让我们最后一次回到普林格尔的《黄昏漫步》，把它作为殖民地风景诗的范例。我们已经看到，通过熟练地运用英国本土的风景传统，殖民者在当地的存在变得自然而然）。然而，要想实现真正意义上的安家立业和深根固柢，只有通过暴力铲除与之相对立的当地固有意义。因此，在殖民地风景中，相互竞争的人类就成了焦点；对于诸如普林格尔诗中出现的那类典型乡村劳动者的处理方式披露了更为复杂的意图，即要在控制劳动过程一事上达成思想共识。

当普林格尔登上了一处浪漫主义式的悬崖，站在至高点俯瞰格伦—林登山谷之时，他就想起了之前人类从这个地方向外迁移的情形。他还提醒我们，他冥思的地点上方就是“布须曼人的岩洞 /（他们曾经的堡垒，现在的坟墓）”（第 55—56 行）。在类似这样的如画风景中，人类的身影只是通过一种受控制并经过加密的方式才能够存在，但“布须曼人”（Bushman，一种描述开普省科伊桑采猎群落的普遍的种族主义称谓）表明了问题的复杂性，因为他们让人想起种族灭绝行为，其受害对象是一个曾经跟荷兰自由民和游牧民争夺狩猎场的民族。[68] 这样描述的意义就是要控制其作为政治象征的价值。尽管普林格尔本人曾经
156 下令对自己庄园上残存的科伊桑群落采取武力征伐，[69] 但布须曼人在这里的存在仅仅只是作者当时感受到的一个过去时代的鬼影，而不是当下历史的一部分，它让人想起了赋予华兹华斯风景以生气的许多鬼魅身影，或者是点缀在贵族风景园林里的隐士雕像。[70]

为什么这不是一种华兹华斯式的风景，毕竟在后者中关于过去存在的感觉总是时不时地在人的意识中涌现？对于这个很难回答的问题，最佳的答案也许就隐藏在杰弗里·哈德曼关于浪漫主义抒情诗之“纪念性根源”的描述之中：“而且，在 18 世纪，悼念诗和自然诗融为一体。关于地方的诗歌（描写某个特定地方的诗歌）融合了关于死亡的冥想，风景因此悄悄以惊人的方式变得富有戏剧性……不仅是墓地成为了自然情感流露的主要地点，而且自然本身就是一个大的墓地，其身上深深地刻着过去生命的痕迹。”[71]

浪漫主义自然诗立足于地方与铭文（以碑文为最佳代表）的结合。尽管对于华兹华斯来说，历史可能以“死之象征”的形式出现，因为他发现“死尸就在诗人自己身上，他意识到自己内在的腐烂”，[72] 但移民意识却不可能以同样的方式处理风景。对于华兹华斯，死亡可以被内化，但在“布须曼人的坟墓”面前，普林格尔必须把死亡引开。同样，因为地志诗（locodescriptive poetry）处于叙事诗和铭文的平衡点，它经常描写诗人重游一个原先标记过的地方——比如一个刻着“诗行”的熟悉

座位。殖民地风景更无法接受这个隐喻，因为不管出于怎样的目的，它们总是与之前的铭记产生冲突。

普林格尔所描述的“布须曼人”，或毋宁说是其神秘、带有回声的岩洞，让人想起另外两个因素：它是个住所，可以与诗末的小屋相媲美，同时也是个符号，就像这首诗歌前面写过的凹凸不平的峡谷，代表着某种已逝的破坏力。通过拒绝承认布须曼人就生存在同一个时代，并透过一层怀旧的面纱对他们进行描述，诗人把这个问题的根源向后推移到荷兰人统治的时代，同时把一种竞争的意识从当下戏剧性的情景中抹除掉。最具反讽意味的是，即使我们从普林格尔的日记中了解到，在他的农场上确实有岩洞存在，而且洞内有布须曼人的绘画，诗人却仍是采取另外一种遏制手法，把布须曼人置于诸多象征系统之外，把他们与当前居于此地的“冷酷且面似萨提的狒狒”联系在一起。

好几个作家都努力为风景画中不断出现的“栖息地”，诸如简陋的村舍和岩洞，寻找一些类化的心理原因。例如，杰伊·阿普尔顿认为，岩洞或裂缝之类的孔穴“可以让生物钻进地球的组织之内，因此显然是很有说服力的庇护所象征”。[73] 这个说法是阿普尔顿当前甚为著名的“前 157
景—庇护所”（prospect-refuge）[74] 风景理论的一部分。该理论认为，“因为能够看到风景而又不被别人看到是人类在满足自己诸多……（生物性）需求中起媒介作用的一步，如果一个环境能够保证这个目标的实现，它就能立刻带来美的满足”。[75] 我希望自己关于普林格尔的岩洞的讨论能够揭示这种理解方式的内在风险）。把风景因素纳入往昔原型这样的含糊分析理论，很容易就会忽略这种传统主题的政治功能。岩洞和庇护所表明的是人对财产和审美的态度，这不论是在柯勒律治还是南非的殖民地风景诗中都非常明显。勒瓦伦特在沿南非西海岸旅行时曾经在一处叫做“Heerenlogement”（意即绅士之家）的岩洞做过停留。他在洞壁上用白色的字体绘上了自己的名字，保留至今。之后的探险家们纷纷效仿这种做法。类似地，普林格尔描述“布须曼人”岩洞的话语启发了之后来到南非的艺术家和游客。1849 年来到东开普省的专业探险画家托马斯·贝恩斯就描绘了自己在同一地点描摹科伊桑人岩画的情形。我们可以清楚地看到岩洞左上角上的名字“T. Pringle”（见图 5.9）。出于本能需要而想去占据风景画中所描述的各种黑暗角落的并不是“作为掠食者的人”。从高处、从一个岩洞内，或者在几棵大树之间所看到的景色，毫无疑问仍是属于一个认为有必要描写自己的象征存在地（不论其原先居民是谁）的历史主体。

一旦殖民地风景被改造为旖旎风光之时，那些依循旧时牧歌传统而进行编码的典型劳动者便能重新入驻其中。“布须曼人”是诗中三种寓意肖像中的第一种。接下来在这样排列整齐的代表人物类型中出现的还有“皮肤黝黑的牧羊人”，作者刻意把他同牧歌中典型的苏格兰牧羊人做了比较：“他不拿牧羊棍只带枪 / 不穿格子衣只披斗篷”（第 103—104 行，见图 5.10）。在这里，殖民地风景一方面是可靠的乡村隐居地，另一方面则是一处隐藏着物质危险、需要真正劳作的地方，两者之间具有一种危险的暧昧关系。普林格尔确实在这里指涉了科伊科伊牧羊人，他很可能会把他叫做霍屯督人。[76] 很明显，这样的描写目的只有一个，那就是要唤起一种反奴隶制的情感：

> 他没有牧笛，没有欢乐的歌声，
> 也没有书本、故事或乡间小调
> 供他愉快地打发百无聊赖的日子。
> 他神情呆滞，心灰意冷，
> 158 感觉不到一星希望。（第 106—110 行）

通过间接否定，一系列负面的特征把这个牧羊人与其在传统田园诗中的形象区分开来，从而引发了人们的同情。不足为奇的是，这种描写的作用还有：抽去了他的生命力，他作为一个竞争性的存在被逐出了

图5.9 托马斯·贝恩斯，《布须曼人崖壁，巴维安斯河》。

现象领域——在这一领域里，殖民的自我和殖民的眼睛纵情漫游。[77] 此外，这里也容不下任何竞争性的音乐、口头传统或表现形式，诗人只有这样戏剧性地省略其他思想并以此为代价才能够把他的“沉思语气”保持到诗的末尾。[78] 科伊科伊音乐和诗歌这一类鲜活的传统就这样被完全抹掉了，尽管它们曾经被16世纪时的科莫伊斯（Comoes）写入他的史诗《葡国魂》（*The Lusiads*）中。

公正地说，普林格尔是个热心的废奴主义者，很关注如何激发人们同情那些被剥削的劳动者。然而，在他大部分的诗歌中还隐藏着一种对经济发展的重要性的关注。《黄昏漫步》把辉格党式的自由及视线的自由移动同一种让人想起艾迪生的风景观联系在一起，试图以此来控制一系列的矛盾。如前所述，殖民地景观诗限定流通和流动的做法通

159 常是对自由思想的一种支持方式。在该世纪稍晚时候，它将起到鼓励不干涉政策和自由贸易思想的作用，因为前资本主义经济制度只有在工人得到自由之后才能前进。只有这样，剩余的劳动力才能在劳动过程中被剥削。[79] 然而，重商主义思想中的一次改变并不能完全解释人们对人口自由流动持有的矛盾态度，或各殖民地所经历的劳动力严重短
160 缺。由于有类似《卡列登法》(Caledon Code)这样的法案，普林格尔及同伴本来是无法拥有奴隶的，同时，契约劳动力“在很大程度上仅限于

图5.10　《霍屯督的老牧羊人》，复制自乔治·汤普森的《南非旅行探险记》(伦敦，1827)。

布尔雇主"。[80] 移民们的问题最终归结为如何获得稳定的劳动力,同时又不会显得是在奴役他人。普林格尔及同伴通过一些政治手腕找到了解决的办法。由于附近农场的布尔地主猝然离世,一批与其签订契约的科伊桑工人被释放到了市场上。普林格尔自夸说:"通过这种方式,我们大大地增加了人手,同时也得到了保护这些被压迫、受歧视的人并给他们带去实惠的满足感。"[81] 这群苏格兰人实际上沿袭了一种古老的、家长式的租借式劳动方式,而这种新的关系又不违背其拥护废奴主义思想的做法。

定居阿尔班尼的移民并不能够自己解决劳动力的问题。事实上,把他们带到开普省的投机性安置计划矛盾重重,其中之一就是获赠的土地不能超过一百英亩,其目的在于防止他们脱离农业生产转向畜牧养殖。[82] 然而,尽管有法令限制活动,移民们还是成群地离开他们的领地,而留下来的人则绝望地盯着那些科伊桑契约劳动力或边境外尚未启用的科萨后备劳动力。总之,各殖民地利用流行的乡村风景传统作为思想后盾来支持自由安置、自由劳动的观念,它同时也掩盖了很多把移民及其劳动力束缚在一小块土地上的法律。人们渴望有某种形式的妥协,想象有一支既享有一定的自由,又受一些非胁迫性的力量保证其服务的劳动力,而这种幻想只有通过真正改变资本主义的各种关系才能实现。改变始于 1828 年《第 49 号条例》和《第 50 号条例》的实行,前者允许从边疆之外有限度地引进非洲劳动力,后者则给了科伊科伊人自由拥有土地和无需携带通行证的权利。[83] 而更关键的是向绵羊养殖的转变,这点很具反讽意义,因为在上个世纪正是这种做法使得那么多的苏格兰农民被迫迁离他们的高地农场。

在这些关键的变化发生前,殖民地风景画通常表现对劳动者的控制,把它当成家长式管制的一种延伸(见图 5.11)。塞缪尔·丹尼尔以慵懒的笔调对一个荷兰农庄进行了精彩的描述,其中的房子占据了高地上掌控大局的位置。画面有劳动用具、马车和反射阳光的水面,是一幅

图5.11 塞缪尔·丹尼尔,《布尔宅邸》(1805)。

令人愉悦的乡村景色。但劳动者在其中的样子非常模糊。他们更像是格雷的挽歌及乡村画传统中暮归的牧人。但他们是一家人,而且使用的是当地交通方式——骑牛。在这样的风景画中,当地劳动者占据的是边缘的位置,他们一方面处在家长式的监视之下,另一方面又展示了
161 移民田园生活的自由。换句话说,丹尼尔的风景画描述的是义务雇佣劳工向自由雇佣劳工转变过程中的又一个片断。这是对边疆地区固有的、深刻的结构性矛盾的一次无意识的思考。

这样解释殖民地乡村风景画传统与英国风景画传统之间的差别还存在着最后一个困惑。普林格尔在其类型学中提及的最后一类牧人是"可怜、野蛮的贝专纳人"及一个"赤身裸体、无家可归的流亡者……并不以当奴隶为耻"(第119行,第121—122行)的人。这个形象的根源很复杂。很明显,普林格尔指的是从非洲北部的蒂法奎战争(the

Difaqane wars）逃离出来的难民，他们的人数越来越多，开始逐渐侵入开普省殖民地。殖民地政府官员把这个剧烈的历史动乱当成劳动力的潜在来源，而他们实际也鼓励难民向阿尔班尼进发。[84] 不论我们是否承认传统上对于这一时期的认识，即高度武装的祖鲁帝国通过一系列可怕的袭击（祖鲁语为“姆菲卡尼”，the mfecane）突进到非洲内陆，引发了遭祖鲁领袖沙卡驱逐的各个民族之间持续的内战；或者是否同意科 162
宾的更为激进的新论点，即认为这次动乱的推动力是始于非洲东部边境本身的劫掠奴隶行动与德拉果阿湾白人西向劫掠奴隶行动两相结合的结果；不论是出于这两个原因中的哪一个，大量的难民 19 世纪 20 年代初就已经开始进入开普省殖民地。原先，所有与非洲人（当时被称为“caffres”）的贸易和来往都被严格禁止。但在 1828 年（在《第 49 号条例》颁布之后），这些限制法例都被取消了。[85] 普林格尔称那个牧人“并不因当奴隶而卑贱”因此意义重大，因为该诗歌设立了一套价值标准，根据这一标准，“通过服侍殖民者而谋生”的茨瓦纳劳动者被赋予更高的相对价值。[86] 换句话说，这些乡村劳动者的价值乍看之下似乎由乡村传统所包含的意义决定，但它其实也受经济区隔的影响，这即是说，那些自主地与英国殖民者订立契约关系的劳动者，以及未受荷兰封建劳动关系影响的重要劳动力被赋予了更高的价值。正是在这一抽象意义上，舶来的风景画传统就既展现了它对各种绘画传统的情感依附，又体现了一种有史可查的对待土著生产的态度。

禁止与非洲人进行交易的法令有一个明显的目的，即保护殖民者们不受科萨部落的掠夺。经过多年血腥的冲突，科萨人被迫离开他们的土地，搬到了费什河（the Fish River）东边的一个地方。然而，经济逻辑又一次暗藏在某种表面上似乎很简单的保护主义之下。也有人认为，非洲人代表的是一种已被中断的、与英国本土相对的乡村生产模式，而今他们打算通过占用移民的牲畜去努力重建这一生产模式。研究种族问题的艺术史学家可以从这个例子得到一个经验教训。当考察殖民地风景画如何表现非洲人时,我们不应该把自己限定在辨别刻板形象或种族主义描写身上。霍米·巴巴认为,要取得进步,“我们应该把介入点从区分正面意象和反面意象转移到理解主体化过程……它通过刻板化的话语而可能发生”。[87] 在许多文章中,殖民话语理论家们一致认为有必要对那些种族、性别及阶级不对称的话语进行分析,而不只是描述它们在各种孤立的情形中的作用。比如,不同生产关系之间的对立就与当时殖民地风景诗和风景画中的种族问题有明确的联系。在涉及到驱逐科萨人的问题及相竞争的自给自足经济体之时,类似《黄昏漫步》这样的殖民诗歌总会有激烈的反应。就连当时最开明的评论家普林格尔
163 也认为非洲人大多难以监管,因此把他们同风景中那些黑暗的地方及有限的视野联系在一起:

> 看哪!他蹲在沟谷的黑暗角落里,
> 看着农场主的牛羊在远处低声欢叫;
> 他焦急地看着,直到晚星升空
> 带来暗淡黄昏,这样他就可以悄悄溜走,
> 就像豹子逼近猎物。

黑暗、种族和可视性之间的相互作用是殖民地绘画中一个持续的张力,它与当时英国风景画的创作习惯,即把农村劳动者放到画面阴暗部分的做法也许也存在着一种依附性的关系。[89] 但非洲人与风景中那些黑暗、粗糙或野性的元素之间的转喻性联系其实既超越了绘画习惯,也超越了殖民地话语研究中经常被提到的摩尼教式表现原理。[90] 即使是在归化了的移民风景画中,我们还是能够看到福柯所说的权力“不再体现在个体身上,而是体现于对身体、表面、光线和注视目光的统一分配上”[91] 值得注意的是,在艾翁斯的《移民露营地》中,黑人佣人们被安置在一片灌木丛中,背景为芦荟,这反映了另外一种隔离,那就是劳动

的性别分工（见图 5.12）。这幅画中的空间实际上是根据种族和性别的差异被分成了四个部分，白人男性的活动在其中得到了最多的关注，而男性和女性的空间根据各种各具象征意义的活动，比如饮酒、泡茶、放哨和做饭等被仔细地加以划分。女性被排除在生产性的劳动之外，而黑人佣人除了与画中男人的孤独及其注视着的暗淡小火所存在的换喻关系外，与其他一切交流形式都没有任何关系。从这幅画我们可以看到，要了解移民的种族主义，就必须考察它与阶级在殖民地边疆刚开始形成之时的关系，这反过来意味着我们要研究生产关系、再生产关系和消费关系，以及在殖民地家庭内部，家庭生活和劳动之间的关系。

在开普省待了多年之后，由于与殖民地政府之间的摩擦，普林格尔穷困潦倒地回到了伦敦。陪伴他的只有他的妻子和他们收养的“贝专

图5.12　F. T. 艾翁斯，《在大费什河边露营的19世纪20年代移民》。

纳”男孩，后者不久之后死于肺病。自始至终，普林格尔在《非洲札记》
中对风景的一些惯常表现形式，比如如画风景、风景诗、远足以及描写
乡村生活，都熟练地加以应用，这为南非自由主义和不干涉主义思想的
发展作了铺垫。更中肯地说，对于两性关系所作的家长式建构以及对
164 于劳动者意象的处理一直贯穿在他作品的始终。在阿尔班尼开启了故
事的第一章，第二章则被放到了纳塔尔省。在那里，殖民政府与英国移
民一起合作发展了一个管理、监控和压迫祖鲁劳动者的高效制度，这在
很多历史学家看来是南非实行种族隔绝的劳动关系及现代种族资本主
义开始的标志。纳塔尔省是东开普省的一个翻版，因为在那里崛起的
殖民政府同样依靠自由主义和自由贸易的思想。在这个地区发展起来
的绘画传统跟 19 世纪 20 年代的如画风景有很大的差别。但为了政治
效果，它也同样依赖于对英国本土风景画传统的熟练应用。这些经过
传播的传统方法和它们在殖民意识形成过程中的作用都很复杂。在考
165 察了这种复杂性之后，我们现在的任务就是要追踪它们是如何被移植
到画布上，悬挂在远至悉尼、毛里茨、巴达维亚（雅加达）、新德里和库拉
166 索的殖民者家里，[92] 或者追踪那些风景画最终被带到了哪些地方。

注　释

1. 理查德·伯顿（Richard Burton），《桑给巴尔及我在东非的那两个月》，载自《布莱克伍兹·爱丁堡杂志》（*Blackwoods Edinburgh Magazine*）第 83 卷（1858），第 282 页。

2. 安·伯明翰，《风景与意识形态：英国乡村传统，1740—1860》（加州伯克利，1986），第 3 页。

3. 这个论题最有影响的构想是霍米·巴巴的观点：“如果要把殖民主体看成生产性的（既规训又讨人喜欢）的权力的结果，我们必须认为殖民权力的监控行为是和具有监视冲动的政权相关而发挥作用的。”《另一个问题》，载《屏幕》（*Screen*）第 24 卷，1983 年第 6 号，第 28 页。

4. H. 赖德·哈葛德（H. Rider Haggard），《艾伦·科特曼》（*Allen Quatermain*，纽约，1951），第421页。

5. 传教士们关于南非的记录大批泛滥，它们与世纪中期之后的各种仿写的冒险故事大量充斥着市场。诸如哈葛德和康拉德这样的作家很清楚需要迎合公众对一些肤浅的冒险故事的喜爱，他们俩都在各自的非洲经历上大做文章。这主要是资本主义制度下的商品和不断变化的市场的问题。到世纪末的时候，哈葛德抱怨说“捕蝶传奇”已经不再抢手：“现在的旅行不再昂贵，掌握捕蝶网的人成百上千，每个人都有所收获，在老的标签下售卖。”《我生命中的时光》（*The Days of My Life*，纽约，1926），第2卷，第95页。

6. 雷蒙·威廉斯，《乡村与城市》（伦敦，1973），第284页。

7. 这里参考的是1790年的罗宾逊版，它的翻译被普遍认为比同年的威廉·雷恩版更为可靠。弗朗索瓦·勒瓦伦特，《走进非洲腹地——经好望角》（*Travels into the interior parts of Africa, by the way of the Cape of Good Hope*，伦敦，1790），2卷本，匿名译者。

8. 卡罗尔·法布里坎特有一个很有趣的说法，即认为18世纪的花园“被分成为离散的画面或容易被肉眼捕获的戏剧”。（《束起并装饰大自然松散的头发：奥古斯都时代风景设计的观念》，《十八世纪文化研究》，1979年第8期，第114页）。尽管勒瓦伦特对风景园林传统持敌对态度，他对自然中的戏剧性的感受明显受到以人造景色来理解风景这一欧洲思维习惯的影响。

9. 这是安·伯明翰的说法，《风景与意识形态》，第83—85页。鉴于她特别提到吉尔平旅行指南书的影响，在此我意在表明一种走向商品化、轻易复制景色的风景传统。在勒瓦伦特的例子中，雕刻家严重依赖的空间组织传统，其根源是克劳德式风景画的简略版。

10. 帕特里克·库里南，《罗伯特·雅各布·戈登，1743—1795：其人及其在开普省的旅行》（*Robert Jacob Gordon, 1743—1795: The Man and His Travels at the Cape*，开普敦，1992），第104页。这次的论述我主要依靠帕特里克·库里南一丝不苟的研究、实地调查及侦查技术。要了解关于南非精彩的启蒙旅行的记录，请参看他的《罗伯特·雅各布·戈登》，该书对勒瓦伦特和戈登之间的争吵进行了更为全面的解释（第104—105页）。

11. 同上，第104页。后来不喜欢勒瓦伦特的英国探险家也试图推翻他曾经射杀过长颈鹿的说法。这个问题部分是因其插图者而起，后者所依赖的布封《自然史》中对长颈鹿身体结构的记录本身就不准确。这时期很多图画被大量剽窃，但这次争执具有重要意义，因为它集中体现了启蒙思想的信条，即知识可以从实地经验客观地传到百科全书中。要了解针对这个话题更为详细的讨论，请参考尤尔根斯·米斯特（Jurgens Meester）的《勒瓦伦特的哺乳动物绘画》，收录于《南非旅行家弗朗索瓦·勒瓦伦特》（*Francois Le Vaillant, Traveller in South Africa*），两卷本，J.C. 昆顿和A. M. 列文·罗宾逊主编（开普敦，1973），第2卷，第1—26页；弗农·福布斯（Vernon S. Forbes）的《勒瓦伦特的南非之旅，1781—1784》，原载同上，第1卷，第31—110页；库里南的《罗伯特·雅各布·戈登》及《罗伯特·雅各布·戈登与丹尼斯·狄德罗：海牙，1774》，后者收录于《南非图书馆季报》（*Quarterly Bulletin of South African Library*）第43卷，第4号（1988年6月），第

146—151 页。福柯的《词与物》(*Order of Things*) 也对动植物分类法和认识论之间的关系做了决定性的说明。

12, 见伯明翰,《风景与意识形态》,第 14—33 页。

13. 我要感谢约瑟夫·罗奇 (Joseph Roach) 提醒我关注这种联系。这是比一开始想来更无私的举动,因为他在其精彩著作的封面使用了这幅插图。罗奇关于展现普遍情感的新古典主义舞台形象的评论,对理解启蒙游记中的姿势的编码特别有帮助。请特别参考罗奇的《演员的激情:表演科学研究》(*The Player's Passion: Studies in the Science of Acting*,特拉华州纽瓦克, 1985),第 66—92 页。

14. 玛丽·路易丝·普拉特,《国家脸上的伤痕;或者,巴罗先生在布须曼人的土地上的见闻》,载《"种族",写作与差异》(*"Race," Writing, and Difference*),小亨利·路易斯·盖茨主编(芝加哥, 1986),第 146 页。

15. 普洛斯彼罗 (Prospero) 是莎士比亚剧作《暴风雨》中的人物,他的性格兼备了矛盾性和复杂性,与莎翁的思想变化和社会变迁相一致。——译注

16. 勒瓦伦特,《走进非洲腹地》,第 1 卷,第 165 页。

17. "科伊科伊人" 这个词指的是一些自我认同的群体,他们被荷兰和英国殖民者贬义地叫做 "霍屯督人" (Hottentot)。

18. 斯蒂芬·格雷 (Stephen Gray) 总结了当时人们对勒瓦伦特的反应,非常有用。《南非文学导论》(*Southern African Literature: An Introduction*,开普敦, 1979),第 49—50 页。

19. 勒瓦伦特,《走进非洲腹地》,第 1 卷,第 363 页。

20. 令人费解的是,当代的文学史还在延续这个神话。在诸多的例子中,一个典型的错误描述就出现在戴维·阿迪(David Adey) 和里德利·比顿(Ridley Beeton) 等主编的《南非英语文学手册》(*Companion to South African English Literature*,约翰内斯堡, 1986),第 162 页。

21. 卡尔·马克思,《资本论》,第 1 卷,塞缪尔·摩尔和爱德华·阿弗林译,(伦敦, 1887;纽约, 1967 年重印),第 165 页。

22. 我大部分关于风景与辉格党法律之间关系的论述受益于与简·泰勒的对话。

23. 拜伦,《唐璜》的 "题词",《诗歌作品全集》(*The Complete Poetical Works*),杰罗姆·迈克甘 (Jerome McGann) 主编(牛津, 1986),第 89—96 行。(译文引用的是宋柯的翻译。——译注)

24. 介于国家和社会之间的 "公共空间" 概念当然是由哈贝马斯首先提出。在这一章的后面部分可以清楚地看到,我也同样依赖迈克尔·华纳 (Michael Warner) 对哈贝马斯的一些定义的批评。这些定义被哈贝马斯应用于他的《公共广场的结构转变:资本主义社会范畴研究》(*The Structural Transformation of the Public Square: An Inquiry into a Category of Bourgeois Society*,剑桥, 1989) 一书中,该书由托马斯·博格及弗雷德里克·劳伦斯翻译。参见华纳的《大众公众与大众主体》("The Mass Public and the Mass Subject",未发表的论文)。

25. 托马斯·普林格尔，《南非诗选》（*Poems Illustrative of South Africa*, 1834年；开普敦，1970年重印），第11页。

26. J.M. 库切，《白人书写》（*White Writing*，约翰内斯堡，1989），第44页。

27. 我们或许可以从两个层面思考这类风景画的“过渡性”。第一，正如我所说的那样，移民似乎有必要创造出一种起媒介作用的、无声的风景来帮助桥接当前所处之地与故国之间的差距；二，这类形式的作用方式类似于温尼科特（Winnecot）在解释儿童早期如何使用“不会受到挑战的中立经验［区域］”尝试进行真实性检验时，所描述的“过渡物”。引自勒普朗什（J. Leplanche）和彭塔利斯（J.B. Pontalis）的《心理分析语言》（*The Language of Psycho-Analysis*），唐纳德·尼科尔森—史密斯译（纽约，1973），第465页。关于对这一过程更简洁明了的解释，请参见同书第464—465页。

28. 普林格尔，《南非诗选》，第57页。

29. 约翰·巴瑞尔，《风景观念与地方感，1730—1840》（*The Idea of Landscape and the Sense of Place*, 1730—1840，剑桥，1972），第22页。

30. 参见 W.J.T. 米切尔的“关于风景的命题”，见本辑中他的文章《帝国的风景》的开头部分。

31. 华纳，《大众公众与大众主体》，第7页。

32. 丹尼尔·笛福，《罗克珊娜》（哈芒斯沃斯，1982），第211页。感谢简·泰勒提醒我参考这一点。

33. 某个非洲探险家，《大英帝国的非洲政策》，《时代》(*Times*)，1888年8月22日，第8页。

34. 较早一部吸引人们注意这种在殖民描写中明显存在的移民动力的作品，是韦恩·富兰克林（Wayne Franklin）的《发现者，探险者，定居者：美国早期的勤勉作家》（*Discoverers, Explorers, Settlers: The Diligent Writers of Early America*，芝加哥，1979）。

35. 引自约翰·狄克逊·亨特、皮特·威利斯主编的《地方的天才》（*The Genius of the Place*，伦敦，1975），第354页。

36. 华兹华斯，《废弃的茅舍》（The Ruined Cottage），《华兹华斯诗歌作品集》（*The Poetical Works of William Wordsworth*，牛津，1944），第16—17行。

37. 爱德华·萨义德，《东方主义》，（纽约，1979），第93页。

38. 比如，乳房与人的饥饿本能有关，以此为基础有产生把乳房视为性感带的欲望。弗洛伊德，《性欲论：有关性欲原理的三篇论文及其他》（*On Sexuality*：*Three Essays on the Theory of Sexuality and Other Works*，哈芒斯沃斯，1977），Pelican版弗洛伊德丛书第7卷，詹姆斯·斯特拉奇译，第98页。

39. 托马斯·普林格尔，《南非生活札记》（*Narrative of a Residence in South Africa*，伦敦，1835年；开普敦，1966年重印），第38页。

40. 基恩·科马洛夫（Jean Comaroff）和约翰·科马洛夫，《南非的意识殖民化》，载《经济与社会》（*Economy and Society*）第18卷，第3号（1989年8月），第289页。

41. 约翰·巴娄(John Barrow),《1797、1798 年南非腹地旅行记》(*An Account of Travels into the Interior of Southern Africa in the Years 1797 and 1798*,伦敦,1801),2 卷本,第 1 卷,第 323 页。

42. 同上,第 322 页。

43. 简·泰勒首先提醒我注意这个特别的例子,同时我感谢她和我一起讨论考珀作品中流动的形象。

44. 威廉·考珀(William Cowper),《诗歌作品集》(*Poetical Works*,伦敦,1874),第 224 页。

45. 斯蒂芬妮·孔茨(Stephanie Coontz),《私人生活的社会根源》(*The Social Origins of Private Life*,伦敦,1988),第 224 页。

46. 华兹华斯,《奇异的激情》(Strange Fits of Passion),《华兹华斯诗歌作品集》,第 25—28 行。

47. 芭芭拉·约翰逊,《不同的世界》(*A World of Difference*,巴尔的摩,1987),第 96 页。

48. 参见盖伊·巴特勒(Guy Butler)主编的《19 世纪 20 年代的移民:配图评论》(*The 1820 Settlers: An Illustrated Commentary*,开普敦,1974),第 123 页。

49. 亨利·达格摩尔(Henry Dugmore),《一个阿尔班尼移民的回忆》(*The Reminiscences of an Albany Settler*,格雷厄姆斯敦,1871)。罗纳德·卢科克(Ronald Lewcock)在他关于移民建筑的珍贵论述中强调了这一段,《19 世纪初的南非建筑》(*Early Nineteenth Century Architecture in South Africa*,开普敦,1963),第 147 页。

50. 巴特勒,《19 世纪 20 年代的移民:配图评论》,第 128 页;卢科克,《19 世纪初的南非建筑》,第 142 页。

51. 普林格尔,《一个南非移民的小屋》,载《实用知识传播协会一便士杂志》(*Penny Magazine of the Society for the Diffusion of Useful Knowledge*)第 2 卷(1833 年 7 月 27 日),第 282 页。

52. 引自亨特和威利斯,《地方的天才》,第 363 页。

53. 普林格尔,《一个南非移民的小屋》,第 283 页。

54. 乔治·汤普森,《南非旅行冒险记》(伦敦,1827 年;开普敦,1967 年重印),第 333 页。

55. 参见巴特勒,《19 世纪 20 年代的移民》,第 146 页。

56. 麦金农(Mackinnon)语,引自菲利普·科里甘(Philip Corrigan)主编的《资本主义,国家形成及马克思主义理论》(*Capitalism, State Formation, and Marxist Theory*,伦敦,1980),第 46 页。

57. 普林格尔,《南非生活札记》,(伦敦,1835 年;开普敦,1966 年重印),第 12 页。

58. 普林格尔,《南非诗选》,第 41 页。

59. 哈贝马斯,《公共空间》,收录于《哈贝马斯论社会和政治》(*Jurgen Haermas on Society and Politics*),斯蒂文·塞德曼主编(波士顿,1989),第 232 页。

60. 汤普森,《南非旅行冒险记》,第 18 页。

61. 同上，第 20 页。

62. 保罗·卡特（Paul Carter），《通往伯坦尼海湾的路》（*The Road to Botany Bay*，伦敦，1987），第 253 页。

63. 汤普森，《南非旅行冒险记》，第 20 页。

64. 斯坦利·特拉皮多（Stanley Trapido），《自由主义的兴起及“霍屯督民族主义”的形成，1851—1834》（“The Emergence of Liberalism and the Making of ‘Hottentot Nationalism’，1815—1834”，研讨会论文，伦敦大学英联邦研究学院，1990 年 2 月 23 日），第 36 页。

65. 苏珊·牛顿—金（Susan Newton-King），《开普省殖民地的劳动力市场，1807—1828》，收录于苏拉·马克斯（Shula Marks）和安东尼·艾特摩尔（Anthony Atmore）主编的《前工业化时代南非的经济和社会》（*Economy and Society in Pre-Industrial South Africa*，纽约，1980），第 175 页。

66. J.B. 佩雷斯（J.B. Peires），《马迪文通向马博洛姆夫之路：姆菲卡尼的一剂缓解药？》（“Matiwane’s Road to Mbholompho: A Reprieve for the Mfecane?”，会议论文，威特沃特斯兰德大学，1991），第 27—28 页。

67. 亨利·雷诺兹（Henry Reynolds），《边疆的另一面》（*The Other Side of the Frontier*，哈芒斯沃斯，1982），第 40 页。

68. 马丁·勒卡斯克（Martin Legassick），《南非史学中的边疆传统》，收录于马克斯和艾特摩尔主编的《前工业化时代的南非经济和社会》（纽约，1980），第 262 页。

69. 简·迈林（Jane Meiring），《托马斯·普林格尔：生平及时代》（*Thomas Pringle: His Life and Times*，开普敦，1968），第 115 页。

70. 正如牛顿—金和其他评论者所指出的那样，诸如“霍屯督人”和“布须曼人”这样的词不准确，同时也带有种族主义意味，因为它们企图在实际上只是一个定义松散的科伊桑社会中制造部落分歧。但这些名称在那个时期确实有其重要的法律作用，它们也同时表明了殖民者如何看待采猎群体和牧人作为劳动力的相对价值。牛顿—金，《开普省殖民地的劳动力市场》，第 200—201 页。

71. 杰弗里·哈特曼（Geoffrey H. Hartman），《平凡的华兹华斯》（*The Unremarkable Wordsworth*，伦敦，1975），第 103 页。

72. 同上，第 42 页。

73. 杰伊·阿普尔顿，《风景的体验》（*The Experience of Landscape*，伦敦，1975），第 103 页。

74. prospect-refuge，俞孔坚译为“瞭望—庇护”。——译注

75. 杰伊·阿普尔顿，《风景的体验》，第 73 页。

76. 玛丽·路易丝·普拉特就巴娄的《游记》中类似形式的减少进行了评论，认为该书“尽一切可能把所有人类存在最小化”。《国家脸上的伤痕》，第 123 页。同时参见克利夫顿·克赖斯（Clifton C. Crais），《“空旷的土地：英国在南非东开普省扩张的神话”》，载《社会历史学刊》（*Journal of Social History*）第 25 卷，第 2 期（1991），第 155—275 页。

77. 这个过程让人想起波德莱尔在《天鹅》(Le Cygne)中处理(男性)主体地位的方式条件。再次我考虑的是斯皮瓦克在《帝国主义与性别差异》中就"为了说和写而清除主体地位"所做的精彩描述,载《牛津文学评论》(*Oxford Literary Review*)第 8 卷,第 1 期(1986),第 229 页。

78. 这点也涉及到最近关于姆菲卡尼(mfecane)的根源的极其复杂的讨论。科宾最近提出,《第 49 号条例》和《第 50 号条例》具有替英国劫掠奴隶的铁定事实辩护的作用。而他的反对者则指出,是英国人导致了边疆的劳动力短缺。比如佩雷斯认为,英国政府热衷于鼓励自由劳动但却深刻地认识到如果太多的科萨人被允许进入东开普省就会造成安全隐患。参见 1991 年威特沃特斯兰德大学会议的两篇论文:于连·科宾(Julian Cobbing)的《南非暴力根源再思考,约 1790—1840》,第 19—22 页,以及佩雷斯的《马迪文通向马博洛姆夫之路》,第 26—35 页。与西北大学和芝加哥大学的基思·布雷肯里奇(Keith Breckenridge),凯瑟琳·伯恩斯(Catherine Burns)和马克·奥斯兰德(Mark Auslander)的交流加深了我对这些问题的理解。

79. 马克思,《资本论》,第 168 页。

80. 特拉皮多,《自由主义的兴起》,第 6 页。

81. 普林格尔,《南非生活札记》,第 109 页。

82. 林恩·布莱尔(Lynne Bryer)和基思·亨特(Keith Hunt),《19 世纪 20 年代的移民》(*The 1820 Settlers*,开普敦,1987),第 49 页。

83. 科宾先是在一篇没有发表的会议论文《反姆菲卡尼案》("The Case against the Mfecane",开普敦大学,1983)中提出这个问题,之后又在《作为托辞的姆菲卡尼》("The Mfecane as Alibi: Thoughts on Dithakong and Mbolompo")中发展了这个观点,《非洲历史学刊》第 2 卷(1988),第 487—519 页。1991 年 9 月,威特沃特斯兰德大学就"姆菲卡尼的后果:走向新规范"这个主题举办了一个重要的会议。这次会议的论文对我们了解这个时期有极大的帮助,其中包括佩雷斯的《马迪文通向马博洛姆夫之路》、卡洛琳·汉密尔顿(Carolyn Hamilton)的《夏卡的特征:夏卡作为姆菲卡尼动力的重新思考》("The Character of Chaka': A Reconstruction of the Making of Shaka as Mfecane 'Moter"")、伊丽莎白·A. 埃尔德里奇(Elizabeth A. Eldredge)的《南非冲突的根源,约 1800—1830》以及科宾的《南非暴力根源再思考》。

84. 牛顿—金,《开普省殖民地的劳动力市场》,第 193 页。

85. 在特设的贸易集市上可以进行一些有限的交易,但这种政策的松动一度遭到萨穆塞特总督(Governor Lord Charles Somerset)的强烈反对。罗杰·比尔登·贝克(Roger Bearden Beck),《开普省边疆贸易的法制化及其发展,1817—1830》("The Legalization and Development of Trade on the Cape Frontier, 1817—1830",印第安纳大学博士论文,1987),第 113—114 页。

86. 普林格尔把这些人叫做贝专纳人,也就是说茨瓦纳语的人。通过这个形象,他心里想到也许是在 19 世纪初茨瓦纳群落中感受到的传教士的重要影响。关于这一过程非常有启发性的描述，请参阅基恩·科马洛夫和约翰·科马洛夫的《论启示与革命》（*Of Revelation and Revolution*，芝加哥，1991）。

87. 巴巴，《其他问题》。，第18页。

88. 普林格尔，《南非诗选》中的《野牛》（“The Caffer”），第96页。

89. 约翰·巴瑞尔，《风景的阴暗面：英国绘画中的乡村穷人，1730—1840》（剑桥，1980），第22页。

90. 阿卜杜勒·R·贾恩穆罕默德（Abdul R. JanMohamed），《穆尼西式寓言的简洁：殖民主义文学中种族差异的作用》，载盖茨主编《种族、写作与差异》，第61页。

91. 福柯，《规训与惩罚》（*Discipline and Punish*），艾伦·谢里丹译，（纽约，1977），第202页。

92. 最近，我有幸经人介绍拜读了马丁·霍尔（Martin Hall）关于荷兰殖民安置地历史考古研究的论文。例如，见他的《荷兰南美及南非城镇风景的高峰与低谷：物质文化的辩证法》，载《社会动力学》（*Social Dynamics*）第17卷，第2期（1991），第41—75页。

六

领土摄影

乔尔·斯奈德

19世纪50年代到70年代期间,各种各样的摄影风景画实践层出不穷,随之出现的还有一套详尽的摄影理论。摄影术发明的公布时间是在1839年,而评论界的最初反应也始于同一年并一直延续到19世纪50年代,其显著特点就是对下面这两个问题非常困惑:什么是摄影?照片与绘画传统之间的关系是什么?到19世纪50年代中期,人们开始认为照片与通过所有其他方式制作出来的图画都有实质性的差异,原因几乎都是因为他们非常迷恋照片生产中特殊的"机械性"特征。这种感知差异带来的结果就是,它在摄影方法的塑造过程中发挥了积极的作用,而这又反过来确证了摄影的独特性。认为照片与其他图画类型不同的理论不断发展,它引导了摄影活动中的技术变革。最终,50年代晚期印出的照片不再被人们误认为是通过其他媒介制作出来的图画。摄影技术的变革使印制出来的照片具有机器制造的特点,因为它们制作精美,表现细节丰富,被认为能够精确、忠实地再现各种物体或场景。

照片的表现方式究其本质是机械性和技术性的,正是这一特性才让人们坚定了如下信念:手工创作的图像蕴含着终极的精神或想象活力。初看之下,评论家和画家之所以要把成熟的绘画活动同摄影家的日常拍摄活动区分开来,其动机似乎是因为他们感觉到自己的直接经济利益受到了威胁。但是,摄影家并不会在传统媒介上与艺术家或插 175
画家展开竞争。当时艺术界中的人对于专业摄影的反应更有可能只是一种反射反应,其针对的是整个的工业化和城市中产阶级的发展以及随之而来并不断壮大的大众文化。

更发人深思的问题是:当时的摄影家为什么会那么乐意接受人们把摄影特点确定为机械性?为什么他们努力让印制出来的照片越来越不像手绘图像,而更像是制作精良的机械产品?问题的答案也许是,专业摄影家的服务群体主要是中产阶级,这一阶级总是把自己与科技的进步联系在一起。摄影家欣然接受了摄影的这一独特性,因为这样摄影必然会与手绘图像文化分道扬镳,这为他们确立了一个不同的活动场所,一个其他领域的图画制作家无法服务的领域,更好的表达就是,市场。他们的领域是未曾被人想象过的,紧贴大地,实打实的存在。在十多年的时间里(大概开始于 1842 年),肖像摄影从模仿小型画像发展成为一种可以记录被拍者全部外形的"逼真展示"(likeness)。根据这种观点,肖像摄影就只能表现那些表面的、外部的东西,无法呈现被拍者的性格。在旅游、建筑和风景题材的摄影作品日渐发展时,观众也形成了类似的信念以及期待。这类照片也被认为只是外形的逼真展示,是对早已存在的景象的被动记录。

如果事实真是这样,那么下面的这个情况就非常具有反讽意味:对于摄影式风景画这样在近年的摄影历史中发挥重要作用的艺术门类,一直以来,人们几乎全都以美学的话语研究它,而这些话语原来一直被认为不适用于摄影。[1] 这里有个令人特别困惑的地方:很少有评论关注 1860—1880 年间风景摄影所承担的种种作用,而很多现在还发挥着显著作用的风光摄影方法就是在这段时间里被发明并得到改善的。

我这篇文章的目的就是要考查是什么因素激发了 19 世纪六七十年代美国西部的两种风景实践的出现,以期对这些摄影风景为什么以这样的面目出现有一定的理解。我的论述是基于以下这一确定无疑的前提:我将考察的这两种摄影实践非常成功地满足了其所服务的目标受众的需求或爱好。但我不认为它们的图画性质(假设它们具有这种
176 性质)可以被以某种直接、简单的方式简化成为是对某些特定读者的爱好的满足——包括委托他们进行创作的赞助人。[2] 更为重要的是,我想强调的是 1860—1880 年间的各种摄影风景方法的独特性。“独特性”(specificity)在这里的意思是指一种分离性及不可简化性。以这种方式理解我要讨论的这些图画,需要我们分清它们的作用,同时关注这些作用发生的原因。

从 19 世纪 40 年代初一直到 50 年代初,由于所使用的都是纸质负片系统,第一代风景摄影家几乎要完全依靠风景画的图像传统。这些传统在当时也同样为其他印制媒介(包括平版印刷、雕刻和蚀刻)的图画创作者,以及油画创作者所采用。而在早期的英国及法国摄影家的作品中,回归因循的、合乎习俗的、习惯性的题材选择传统及表现方法的趋势尤其明显。这些摄影家中的大多数人要么接受过艺术教育,要
177 么非常熟悉一种相对博大精深的图像文化(见图 6.1 和图 6.2)。

早期风景摄影家的作品在很大程度上都是个人性质的作品,或者是专门针对极少数专注于此的业余爱好者和受过教育的专业人士,致力于以人们熟悉的方式构建风景。这些摄影图画没有什么市场,也无法为广大的观众所注意,因为当时还未出现大批量印制照片的技术,也没有任何经济实惠的油墨印刷方式印制照片供书本使用。

在 19 世纪 50 年代中晚期,通过合并一些本地化的摄影公司,风景照片开始有了自己的规模和目标明确的市场,其形式就是摄影与出版社结合,专门生产旅游、建筑和风景印刷照片以及立体摄影风景照片,把它们销售给游客。这些照片的拍摄地点一开始都在或靠近一些具有地质学或地理学重要意义的地方。一次的销售量为一张或者是按相册形式摆放好的一组。这些摄影出版社首次在欧洲出现是在 19 世纪 50

图6.1 豪利特(R. Howlett),《鼹鼠河谷》。

年代,而在美国西部则是要到60年代初。在美国,它们扩展了自己的业务,互相销售对方的产品,并把它们放到书店和文具店里销售。这样,到70年代初,到丹佛的游客同样可以买到沃特金斯在约塞米蒂国家公园印制的照片、萨瓦奇在犹他州制作的风景画以及罗素拍摄的展示美洲铁路沿线土地风貌的照片等等。到了60年代中期,纽约州的两家摄影供应社(即向摄影家销售摄影器材和设备的公司)得到许可开始把风景画和立体摄影风景照片出售给当地的摄影出版社,并通过邮件将其卖给全国相当规模的读者。就这样,在不到10年的时间里,摄影家们就设法为自己的风景作品拼凑出了一个销售网络,开始慢慢根据自己或者竞争对手最受欢迎的照片来引导生产活动。

图6.2　德拉莫特（P.H. Delamotte），《黄昏》。

我现在是在有目的地用商业的术语来勾画这个问题。我关注的焦点是生产者和消费者之间的关系，因为它非但没有隐藏，反而暴露了这段时期引领摄影生产的一些推动因素。我也可以使用一套更学术性的语言通过修辞分析的方式（即通过分析艺术家、作品和读者之间的关系）进行论述，但我更愿意控制自己不使用这种方式（至少在目前是这样），而要以更为平常的方式集中探讨为什么这些摄影被创作出来以及它们是如何成为那种样子的。我认为它们的创作是为了满足不断成长 179
的中产阶级的需要，但这样说并不能够解释为什么它们以现在的样子出现。

我首先注意到，第一代摄影家都来自特权阶级，普遍对风景描述的辞藻比较熟悉。他们无法也不愿意抛弃自己所继承的自然主义的描写方式，它强调的是暗示、自然形态的随意变化以及对如画风景及其所包含的一切的普遍关注。如画风景所包含的内容之一就是相信画作暗含其作者、表达他或她的情感、体现一些场景体验的重要因素，至少对一幅具有美学价值的画作是如此。我在这里提到这点，是因为这种自然主义观点最终影响了第一代风景摄影家的创作实践。19 世纪 50 年代的美术及摄影作家伊丽莎白·伊斯特雷克夫人认为，一幅画只有在它真实地表达她所说的"我们对自然的体验"时才具有美学价值。[3] 根据伊斯特雷克夫人的观点，我们就可以认为，摄影由于是没有人性的机械的产品，因此不能够真实呈现我们的世界体验。如果这个观点能够成立，那些化用了如画风景语汇的摄影作品就会像伊斯特雷克所坚信的那样，都不可避免地无法暗示我们的体验，并最终不具备真正的美学价值。这意味着人们就无法声称摄影是具有艺术潜力的媒介。

虽然她代表的是艺术家和艺术评论家，但伊斯特雷克夫人其实也说出了更大范围的读者们正在成形的一些观点。19 世纪 50 年代中期是摄影的定义及活动的一个转折点。在这之前，控制摄影协会的都是一些贵族、绅士、受过教育的成功商人、艺术家以及被当成艺术家进行训练的摄影家(成立于1853年的皇家摄影协会的第一任主席是查尔斯·伊斯特雷克爵士,他同时也是皇家艺术学会的主席,伊斯特雷克夫人的丈夫)。这些人都有意识地回避那些商业摄影家。但来自教育程度较低的阶层的摄影家日渐增多,他们不仅在技术上,同时也通过他们自己及读者们对于照片所寄予的希望、期待的价值来对摄影进行了改革。他们所引发的操作变革有一个明显的特色,那就是他们更喜欢表达清晰、分辨率高的画面,在其中我们再也看不到如画风景发烧者所钟爱的暗示性和相对较少的最后精加工手法的应用,取而代之的是通过全部表现平面达成的完全精准的刻画。此外,摄影印刷品所特有的外
180 形及感觉都全部发生了变化。在此之前它们都被做成无光泽面,被调成各种与其他印刷媒介相符的色调,但到了19世纪50年代晚期,它们开始带上了有光泽的色彩,颜色被限定为一种清晰的深褐色。照片印刷开始于50年代中,但直到几年后才开始有所建树。它具有色泽鲜亮、像玻璃一样的平面,就像在生产线上被机器加工过一样。换句话说,理想的照片印刷看起来应该像批量生产的产品,就像是一个通过技术控制或工业化控制的机械装置生产出来的、完全可以复制的产品一样。

19世纪50年代中晚期,摄影在概念上开始与其他描述性艺术分离开来,这种分离所凸显的并非不同媒介之间的差异,而是认识论的差异。人们认为印刷和平面艺术所展现的是想象、认知和理想的世界,而摄影则依据拍摄者的兴趣,被安排或升格到事实、物质和形态真实的领域之中。波德莱尔在《1859年的沙龙》(*Salon of 1859*)中发泄了他对摄影的不满,认为摄影"工业"(他自己的叫法)"把法国人思想中仅存的一点神圣东西都毁掉了"。波德莱尔对摄影的批评实际上是在批评大众文化商品的出现以及新时代的人们对于他所说的"文化的纯物质性的发展"的喜好,而且这种喜好越来越蔚然成风。他接着说:"摄影在某些功能上对艺术起补充作用,由于大众(它的天然盟友)的愚蠢性质,它将很快取代艺术,或者把它全部腐蚀。"相反,四年之后,美国散文

作家奥利弗·霍尔姆斯则认为:“某些画家如格罗斯男爵和贺拉斯·凡内特为了取悦他们的帝国主人,对他们想象中的样子进行了奇异的描述,这无可厚非。但诚实的阳光(即摄影机械)是大自然最严格的画家,但也是最好的,因为它总是真实的”。[4]

这些关于摄影作为一种艺术品生产媒介之价值的意见分歧具有一个突出的效果。尽管论述的基础相反,波德莱尔这个花花公子和霍尔姆斯这位美国的发明家还是在一个主要问题上持有相同的看法:照片在某些方面是透明、真实的(至少就可见之物的质料及表面这些方面而言是如此),因此它们的图画特征被认为是来自于曝光时呈现在相机面前的世界的各种实存事实,而不是来自于各种插画传统或者摄影家不受束缚的想象力。到了19世纪60年代中期的时候,摄影进入到大众文化之中,成了一种具有实用性特点的媒体。由于其依托于自然及自然过程的偶然性特点,它主要被应用在纪实性的呈现当中。

由于摄影慢慢远离了高雅艺术,摄影表现的目标便逐渐脱离了暗 181
示的美学方法,转向清晰表达、精细完成以及细节的精确展现。新一代的摄影家在开展风景摄影的时候都很清楚其他媒体中的风景是什么样子(毕竟他们通过带插图的日记、旅行书籍,以及宾馆和公共建筑中时常展示的那些画作对风景画都有一些基本的认识),但他们自认这些形式对他们没有任何牢固的约束。由于无需担负创作艺术作品,或创作可以与艺术作品相比较的照片的责任,他们可以(据他们所言)自由地记录他们所看到的东西,完全不受传统的制约。这样,摄影的偶然性神话使得他们可以创作出一些被认为不受任何传统束缚的照片,虽然根据绘画的标准它们也许还有所欠缺,但总是诚实、真实,更重要的是,不带个人偏见。因此,摄影家的活动也被认为与所有其他图画创作者的活动没有关联,它的标准就是准确和“逼真”地表达自然;当看画的人受到感动,开始用美学的话语评论一张照片的时候,这也被认为是产生于照片场景的物理特征以及摄影者的技术创造能力(即对摄影过程的化学及物理原理的完美应用能力)。

从实用的角度看,摄影家受到了双重的约束:他们一方面要想办法创造出看起来已经摆脱那些普遍公认的风景表现主题及范式的风景照片,另一方面要突出读者普遍认为能够标志摄影特点的那些特质,包括其奇特性、真实性和物质性。到19世纪60年代初时,每个潜在的风景摄影家都要面对一个非常艰难的修辞问题:怎样拍出一张既具有完整的照片性质,同时又美丽、惊人或很具吸引力的照片,而这张照片还能够令人信服地被视为一种非传统的、符合科学法则和摄影技巧的产品?

美国旧金山的摄影家卡尔顿·沃特金斯为这个问题提供了一个答案,他把一种非同寻常、独步当时的技术巧思同一些表达范式结合起来,这些范式虽然来自于风景表现中那些如画美、崇高的表达模式,但又不跟它们同等延伸。这个结合到60年代中期逐渐成为了他的作品标志。沃特金斯拍出一些完美的巨幅负片,其尺寸为20×24英寸。通过这些负片他印制出了很多反映约塞米蒂国家公园、太平洋海岸以及犹他州和内华达州境内人烟稀少区的照片。这些照片完成度高,表现
182 细节丰富。他第一次取得巨大成功是1861年的约塞米蒂风景照片,它们为他赢得了国际声誉,并成为了美国西部商业风景摄影家的标准,直到世纪之交还非常有名。美国西部几乎每一位重要的摄影家都模仿他所使用的方法,一直到安塞尔·亚当斯为止,也包括亚当斯自己。

要清楚论述这段美国风景摄影形成时期的图画问题非常困难,因为它们一开始都是以一种奇怪而扭曲的方式(甚至可以说是不连贯的方式)被提出来的。我们今天可以用艺术史分析的古老而又对立的话语(即用关于起源和影响的词汇)来评论沃特金斯自19世纪60年代以来所拍摄的照片,但在当时不论是沃特金斯还是他的读者都没有准备好以这种方式对它们进行思考。霍尔姆斯在1863年对沃特金斯的约塞米蒂国家公园照片(见图6.3)进行了评论:“他并没有表现约塞米蒂

图6.3　卡尔顿·沃特金斯，《约塞米蒂国家公园华盛顿柱状山峰，2052英尺》（约1861）。

国家公园的三个圆锥形山峰高耸入云的样子，而是表现了它们在下方平静的水面上的倒影。它们连同其他的景物在前景之中非常清晰、柔和、生动，而在远景中则特别精致，刚好可辨，其在照片中就像是正在欣赏自己在水面上的样子。这种摄影艺术完全可以和欧洲最好的摄影家相匹敌。”[5] 摄影家在这里所取得的成功体现在两个方面：在技术层面，它是机械性或技术性的；但霍尔姆斯也同时强调这里的完美标准意味着要涉及到我们（也许他是说所有人）如果站在照相机附近所应该能够看到东西。因此，他的言下之意是这幅照片是一个被相机记录下来的景象，任何人来到该地点都能够看到这个景象。

这里所提出的设想是照片和视野之间存在一种特殊的关系，但视野独立于任何特定的观看者。它是分散性，超越了个人的主体性，也因此超越了个人的利益。这些照片应该被理解成为一种没有利益偏见的报告。因此，摄影家的成就并不包含艺术家之眼的敏感性，或对艺术家之想象力的应用，或聪明地选择适当的描述传统，它更强调记录场景——一个被视为大自然之自然意象的场景——的技术能力。沃特金斯对特纳亚湖镜子般的水面的着迷是他的标志性摄影技巧之一。他认为自己的工作就是要把物质世界中一次短暂的映像定格或记录下来，而不是要建构一个理想化的风景。根据霍尔姆斯的论述，他的照片的评价标准是它与特纳亚湖镜子似的水面之间存在的相似性。这种相似性是大自然为自己准备的，因为它是一面自然的镜子中的映像。不论
183 是沃特金斯还是他的读者都没有意识到，他组织照片的方式，他注重柔和、生动的前景与精致、可辨的背景之间的结合，这些其实都是改编自现存其他媒介的风景表现形式。

具有反讽意义的是，由于在构建和发展与绘画本质相仿的摄影表现形式之时，摄影只发挥了技术以及非艺术方面的作用，因此美国西部的画家，比如比尔斯泰特、基思和莫兰就可以通过沃特金斯的照片，为自己在图画中建构美国西部风景的方法寻找一种科学的解释。这样，

描绘风景及看风景的方法（对于具有沃特金斯一样的爱好的摄影家而言）就变成一种观看大自然的方法，它反过来引导摄影家们拍出一些大自然的照片，它们诚实、符合科学，被认为远离虚假、个人利益和主观反应。

这种摄影观给沃特金斯的摄影事业赋予了巨大的力量，因为有了它，摄影家便能够拍出这样的一些照片：它们看起来不仅不必表现他对世界的反应，也摆脱了各种束缚其他媒介图像创作者的抑制力量。我认为，19 世纪 60 年代新兴的摄影语言抑制了，或者说是压倒了读者，使他们完全不能够把沃特金斯的摄影风景当成风景照片来理解。这些照片并没有能够摆脱风景的传统理论，它们采纳了这些理论并对其进行重新建构。这一点非常地明显。要看到这一点，我们不仅可以通过对比沃特金斯拍摄的这类照片与基思和比尔斯泰特创作的素描、图片和油画，也可以通过考察这一时期的批评文献。这些文献对摄影家一直都是褒奖有加，认为他们拍出的照片忠实地再现了大自然，同时又非常巧合地与其他媒介具有同样的组织及图画特征。换句话说，这类批评对摄影家的褒奖并不是因为他们使用了风景的传统，而是因为他们非常巧合地通过技术或机械的方式证实了这些传统。

1861 年当沃特金斯拍摄第一批约塞米蒂风景照的时候，美国东部和欧洲的旅行者们就已经描写了它的“如画风景的观赏乐趣”及其集园林式的优雅与令人叹为观止的大气于一体的美。沃特金斯满足了人们的这种期待。他以他们熟悉的方式表现河谷，既强调它的可接近性又凸显了它的大气（见图 6.4）。第一批约塞米蒂系列照片所取得的巨大成功使沃特金斯更有信心把这种拍摄方法运用于拍摄美国西部的其他地方。他所拍摄的从加利福尼亚到俄勒冈的太平洋海岸风景经常把
那里表现为一处未曾受到破坏，也无法被破坏的伊甸园，同时还是一处 185
既可以参观，也可以居住的地方。换句话说，沃特金斯把太平洋海岸处理成为一处潜在的地产，一处东部投资与发展的地点。

图6.4　卡尔顿·沃特金斯，《约塞米蒂国家公园哨兵岩（河谷风光），3270英尺》（1861）。

除了出版自己表现西部壮观大自然的风景照外，沃特金斯同时还接受了加利福尼亚州地质勘测局委派的工作。该机构的主要领域是矿产和林业。此外，他还在60年代末时为太平洋铁路公司工作。如果摄影这种表现工具本身就是工业与技术进步的标志的话，他受委托拍摄的照片内容也同样具有这种特点。沃特金斯关于采矿和铁路的照片，尤其是后者，都在努力表现土地与各种新的进步标志之间在视觉上的一种和谐关系，而土地本身的工业化也体现了这种进步。这些采矿的照片通常都强调一种整齐感，在我们现在认为是对环境施暴的场景中；或者集中体现自然物和人造物之间的结合，这种结合的耐人寻味之处在于自然的变化多端及野性同各种工业形式有规律的几何形状之间形成的剧烈反差。当眼前的景象缺乏创作如画风景那令人心动的景色所必需的素材时，沃特金斯通常会设法美化、克服那些丑陋或不自然的元素。他所使用的办法就是把一些人为的构图放置在一处被破坏的自然环境中，减少高光及阴影，使中景色调流畅、持续、层次丰富，成为该图画的主题。如果这种描述过于现代主义，那么我们至少可以这样说：这样的色调变化成为了我们欣赏照片时主要的愉悦来源。比如他关于马拉科夫·迪金斯这个地方的照片，其色调变化非常流畅、没有接痕，而且各种细节的分辨率都很到位，这样做的目的就是要使人眼睛愉悦，而这是该场景本身所没有的效果（见图6.5）。有些最近关于这类照片的评论认为，沃特金斯对于调色的热衷正是他作品的核心所在。在流畅地处理中间色调的过程中，他总是不考虑他的拍摄对象都有什么特点，因此我不大确定，为了欣赏他这种美学倾向，我们是否需要把他看成一个早期摄影界的现代主义者。

和俄勒冈州合恩角的风景一样，沃特金斯的铁路照片同样非常成功地把风景与以新铁路为代表的工业进步融为一体（见图6.6）。照片上的景色壮观、雄浑、静谧。整齐的铁轨把人的视线引向背景，它们在那里了无痕迹地融入大地之中。该照片显示了一种平稳，一种在铁轨

图6.5 沃特金斯,《内华达州布鲁姆菲尔德北部的马拉科夫·迪金斯》(1871)。

人为控制的整齐与大地的广阔之间形成的平衡。在这里,沃特金斯找到了一个有效的办法来消除他所说的“自然野性”与工业技术棱角分
187 明的线性形式之间的差异。铁轨并没有破坏大地的外表,它还保持原来的状态,不带任何伤痕。这里的主要问题似乎就是通过强调画面的和谐和统一而把景色展示成为原来的样子。但它却掩盖了更为宏大的任务,那就是调和大自然和工业之间的关系。

我并不打算暗示沃特金斯是个矿产开发或铁路建设的自觉宣传者。我只想说由于摄影表现形式的特点不断深化,接受度持续提高,因此他能够把自己想象成为一个实业家,其工作就是以不带任何个人感情色彩的方式记录各种先前存在的场景。沃特金斯的照片具有纪念性的意义,但它们又不是为了将拍摄对象变为纪念物。他拥护发展,而且,

就像那个时代的很多美国商人一样，推崇进步的理念，即拥有土地和它的资源，并进行工业化的开发。他的照片巧妙地回避了这样的问题：那些正在开发，并被他以摄影的形式予以评判的土地是谁的？他似乎从未考虑过加利福尼亚州、俄勒冈州、犹他州和内华达州的原住民是谁， 188
他们都生活在狭窄的保留地中，被驱逐出在不到40年之前还属于自己的土地。

沃特金斯的照片让他的读者更加坚信美国西部伊甸园的存在。但他展示这个伊甸园的方式使得读者们都把它看成是一个潜在的开采与开发的地点。这个再现计划于是展示了一种双重救赎的可能性——回归未受破坏的纯真，以及从破坏纯真中获利的机会。而且，它还向人们保证，这个未受破坏的西部能够承受住源源不断的大批量移民及工业

图6.6 沃特金斯，《俄勒冈州塞里罗附近的合恩角》（1867）。

开发。

由于本质上具有诱人的特点,同时又满足了读者的需要(这些读者经常接触到一些把边疆地区浪漫化的故事及照片,它们鼓吹在边疆之外的财富与自给自足的神话),沃特金斯的照片在国际博览会上赢得了
189 声誉,同时也得到了画家和东部摄影家的赞扬。但跟他正好是同一时期的另一位摄影家蒂莫西·H. 奥沙利文所拍摄的美国西部部分地区,则可以用“反诱人”来概括。

1867—1879 年间是美国西部探险的一个转折期。这次转折是从对美国内陆大部分未知的(当然这种未知只是对非土著的美国人而言)、未列入资源目录的地方进行军事勘测及管理转向由快速增长的科学家及工程师阶级组织的民间勘测。奥沙利文在当时两个主要的西部考察队中担当摄影师,一个是克拉伦斯·金的北纬 40°地质考察队(1867—1870,1872),另一个是乔治·M. 惠勒带领的 100°经线以西地理地质考察队(1871,1873—1874)。

1858 年年底,18 岁的奥沙利文来到马修·布雷迪的纽约摄影室,开始成为那里的学徒摄影师。1860 年,他转到了布雷迪的华盛顿特区摄影室。1861 年 4 月,当内战开始的时候,他开始在战场上拍摄一些关于战场以及与战争有关的照片。1863 年,他离开布雷迪转投到亚历山大·加德纳的门下,后者当时是波托马克河部队的平民摄影师。到 1865 年的时候,奥沙利文已经拍摄了大部分的战场,被认为是当时全国最好的战地摄影师之一。

在战争结束后的一年时间里,时年 25 岁,刚刚从耶鲁大学谢菲尔德学院毕业的地质学家金对国会提出,必须将美国未被开发的内陆科学而系统地绘制成地图,并记入资源目录之中,而且对西部的考察不能再委派给缺乏科学训练的军队来领导。金是完全由美国学校培养的第一代科学家,他坚信西点军校所能够提供的那种教育不可能让军队有效地执行真正意义的科学考察活动。在 1866 年之前,所有由联邦政府

组织的西部考察活动都是由军队执行的，其主要的目的就是在地图上标示当时所谓的“敌对地区”，为进入这些地区的白人定居者和勘探者设立保护性的堡垒及供应基地。

金认为，美国是时候该赞助一些可比肩于德国、法国和英国的最好的地质和地理研究工作，以显示本土的科学“天赋”。在之后的1866年，他成功地说服国会让他负责在北纬40°地区进行地质考察活动。他称 190
自己游说成功的部分原因在于，他将一种竞争性的民族主义冒险宣传同自己所接受的异国科学教育结合了起来，他就是利用这个来说服国会的提问者的。金展示自己具有科学的公正态度，声称驱使其行动的首要动力是渴望了解美国所拥有的丰富资源，其次是渴望把自己所掌握的知识交到任何能够让它们派上用场的人手中，包括科学家、土地管理专家以及矿产开采公司的工程师们。1867年夏天考察工作开始时，金把奥沙利文带到了西部，任命他为自己的考察摄影师。

从1867年春天一直到1874年考察季结束，奥沙利文几乎从未间断工作，拍下了大量的照片。拍摄的地点主要是在内华达州、亚利桑那州、犹他州和新墨西哥州的大盆地地区。跟同时期其他的西部摄影师相比，他的作品非常独特。它们不断地否定沃特金斯照片一再表现的景象，即人类舒适地安居以及与大自然建立和谐关系的可能性。它们所展示的是一处荒凉、贫瘠的土地，一种没有生气、使人感到麻痹的风景。

与沃特金斯及追随他的那些商人摄影家不同，奥沙利文不关心照片的销量，也无意满足大量读者的期待。一些摄影历史学家曾经指出，他的主要任务就是以美图相诱，以便让国会的人感到满意，驱动他们投票继续资助他所服务的两个考察队。但这种观点是错误的，因为不论是金还是惠勒，他们的考察工作从一开始就都得到了资助。此外，国会的图书管理员几年来一直要求金和惠勒给他提供照片，但两者都只是偶尔满足他的需要。

由于那些令人不愉快的特点，奥沙利文的照片很难被归置到某个历史的语境范围之内。自从20世纪30年代晚期以来，摄影历史学家们一直把它们看成是现代主义摄影的先驱并把它们从其创作的环境中剥离出来，认为它们的画面之所以紧凑、复杂都是因为奥沙利文具有超前的现代“摄影视野”。罗莎琳德·克劳斯对这种说法进行了回应。她反驳道，奥沙利文的作品本质上是科学的，他创作的是科学的“景观”（views）而不是风景（landscapes）——似乎这样的区分能够让人一目了然。[6] 克劳斯主要的兴趣是要表明，把奥沙利文的照片归类到某个当代博物馆语境中是不合逻辑的，而把它们与他同时代的画家的作品相
191 比较也是不合理的。她声称，一个考察队摄影师的“话语空间”与一个巴黎画家的“话语空间”是不一样的。如果这个说法的意思是指奥沙利文构思照片的方式跟库尔贝或莫奈构思画作的方式不一样，那她当然是对的。[7] 但该观点的意义不仅止于此，因为克劳斯坚持认为，奥沙利文的照片所具备的科学本质多少阻止了人们去研究它们的画面特征。

与克劳斯的观点类似的看法存在着这样的问题：它们假定了需要证明的前提。它们假设奥沙利文是作为科学家到西部去的，或者他的工作在本质上是科学的。但他的两个领导都坚定地认为，摄影并不能够创造出对以测量和量化为目的的工作有用的图片，因此他们都需要一支地形测量绘图员队伍，奥沙利文并不能够提供科学意义上的精准照片。[8]

然而，如果把克劳斯的观点轻易打发掉，其后果也是不容乐观的，因为这样我们就无法解释奥沙利文在西部都做了什么。如果他不是在创作纯纪实或者是科学的照片，或者他的作用不是其所在考察队的宣传员，那他所做的又是什么样的事情？这个问题的简单答案是他正在为测绘队的中期及终期报告准备插图。其更为复杂的答案是他正在为自己唯一的读者——他的两个领导拍摄照片；他们都给了他指导或建议；而在这两个领导中，金对他的影响最大。奥沙利文的工作就是为他

所看到的地方拍摄一些“一般来说是纯描述性的”照片。这些作品的作用,用金的话讲,就是“让人对这些地方有个感觉”,但它们不会被视为可支撑各报告作者之发现的证据。

金和惠勒的测量队都使用照片作为夹带在他们中期及终期报告中的平版画的基础。两个测量队还将原始照片的影印版制作成合订本和立体影像集,送给特意挑选出来的政府部门、大学和外国政府。除了那些被送到国会和军队的照片之外,奥沙利文的作品很少能够流传到非专业读者手中。

考察队的终期报告在 1879 年完成。在其出版之后,人们就再也看不到奥沙利文的名字和照片了,直到 1939 年。这一年,安塞尔·亚当斯发现了他的一些照片并把它们送到了时任纽约市现代艺术博物馆摄影部代主任的博蒙特·纽霍尔的手中。亚当斯是个摄影大师,他认为这些

图6.7 蒂莫西·奥沙利文,《内华达州卡森城附近的沙丘》(1867)。

照片“即使以当时的标准衡量，其技术还是非常欠缺，但它们却是超现实主义的，能够打乱人心”。[9] 纽霍尔认为这些照片是现代主义摄影风
192 景的原型，并在他的历史著作中出版了几张。它们就这样进入了现代主义摄影史，并自此在里面保留了下来。

纽霍尔之所以要普及奥沙利文的部分照片，原因其实很简单。多亏了纽霍尔，《卡森城附近的沙丘，1867》成为了奥沙利文最有名的两张图片之一（见图 6.7）这张照片是奥沙利文第一次西进，初到大盆地时拍摄的第一批照片中的一张。马车是奥沙利文的移动暗室，它被展示在一片无边无际的沙漠的中心。通往前景的那些脚印是奥沙利文的脚印，是他在设好相机后，拿着在马车里激活感光的底片跑离马车时留下的。很容易就可以知道一个现代主义者为什么会觉得这张照片很有吸引力——看起来它所集中体现的是摄影的条件以及摄影师的技巧。沙
193 地上的脚印甚至也有可能是暗指光线在曝光底片时留下的那些印迹。这张照片既把摄影师英雄化，也英雄化了他的工作——单身一人在无边无际的大盆地孤零零地独自工作。但它也显示了一些其他东西。它显示了这个地方的样子以及人类无法在这里生存的事实，显示了它的荒凉。这片土地在生长方面对其他事物的支持很少；马车车轮在它上面留下的痕迹也是转瞬即逝。

但是，了解这张照片的误导性很重要。它的拍摄地点是在一个广阔、平坦的红土高原的中心地带，这些地方偶尔有这样的沙丘点缀在平地之中。在考察队一名队员的帮助下，奥沙利文很吃力地把马车拖到沙丘上，然后把自己的相机挪近以便利用照片的边线切掉这些平地的贫瘠和单调。作为零星的科学信息（它被看成是该地区的一个“代表性的样本”），照片对无边无际的沙漠的暗示是完全不准确的。

奥沙利文的照片通常都有人的存在，但他剥夺了这些人物形象在
194 如画风景中的作用——他们并没有在看画者与画面所描述的场景之间起到调解的作用；也不是被置于前景或中景的引路人，帮助看画者建构

图6.8　蒂莫西·奥沙利文，《内华达州汽船温泉的裂口》（1867）。

一种假想的土地经验。在多数情况下，他们暗示了探险者与探险对象之间一种危险、可怕的关系。在其中的一张照片中，一股硫磺雾气从一个观测者的身上飘过，几乎把他吞没，只剩下鬼魅一样的身体轮廓（见图 6.8）。这张照片表明，除了最基本的情况之外，要在这个地方维持人的状态都是不可能的，因为它不仅不允许人类居住其中，而且还主动消灭人的存在。

一个怪异的、与身体脱离的人头似乎就坐在一处锥形的火山熔渣山顶上，它同样非常怪异，毫无吸引力可言（见图 6.9）。这张照片的“科学”意义非常明显；锥形火山口是空的，奥沙利文让一个助手站到其中成功地把这一点展示了出来。但不管其意图如何，将人类的头和空洞的山顶结合在一起，其效果还是令人感到不寒而栗、极不舒服、离奇怪

图6.9　蒂莫西·奥沙利文，《犹他州布罗沃河谷的圆锥温泉口》(1869)。

诞。这个人物的部分身体已经消失在泥土之中，似乎已经被大自然囫囵吞下，不能动弹。

奥沙利文多次把人物放到遥远的中景或远景中，这里通常是开阔
195 的景象或地质形态，人物在它们面前非常渺小，个性特征全部都湮然无存了（见图 6.10，图 6.11）。人物在这些照片所描述的旷野中的作用不是作为传递其大小关系这一信息的标尺，而是要强调人与广袤、荒芜的风景之间的不愉快关系。他们就像是 18 世纪的巴别塔图画中点缀在塔身上的那些渺小、模糊的人影。

和沃特金斯的照片相比，奥沙利文对西部的展示是一道敬畏的目光，它投向一处从未有人标注，也没有人测量过的荒芜风景，人在这个地方还不能成为万物的尺度（他还需要在将来做巨大的努力）。他所展

示的这一内陆地区无边无际，与世隔绝；有耀眼的光线也有深不可测、无法穿透的阴影。它使人震惊，通常无法接近，有时又非常阴森恐怖。这些照片似乎让我们窥见了被改造（或者说是被非自然化）之前的大自然，它就像是一个类似于“怪物”展览的东西，所展示都是一些反常但同时又完全自然的形体（被称为地质畸形和地质怪物）。奥沙利文的照 196
片与沃特金斯的风景摄影之间的反差就像是马修·布雷迪所拍摄的巴努姆（Barnum）地区各种怪异人物的6英寸照片与当时技艺高超的名人肖像之间的反差一样。与布雷迪所拍的长着三只脚的男人或者留胡子的女人的照片一样，奥沙利文的照片引人入胜同时又神秘莫测。它们把大自然陌生化，拒绝使用如画风景中那些容易理解、让人放心的词汇来表达大盆地地区的土地，因此与当时流行的自然观及自然性概念

图6.10　蒂莫西·奥沙利文，《亚利桑那州科罗拉多河黑色大峡谷（1871）。

图6.11 蒂莫西·奥沙利文,《犹他州奥格登市》(1874)。

格格不入。

在奥沙利文的照片中,反如画美的特征体现在它们大部分的细节表现上。它们通常具有壮观、令人叹为观止的特点,无疑可以通过一些有关崇高之美的话语对其进行形式分析。但我不想在这里做这样的分
197 析,我只想说明,虽然坚决拒绝向同一时期的风景摄影行业原则低头,或拒绝为同一时期表现这些地方的很多西部摄影家在作品中体现的价值观念提供例证,但这些照片实际上是为考察队的领导的利益服务的。

沃特金斯和杰克逊(William Henry Jackson,美国另一位著名的如画美和崇高美风景摄影师)的照片被认为是要满足他们读者的期待,重新确认、证实人们对美国风景的信念,把它展示为一处可以居住、同化和开发的场景。大地被描述成为上帝的家园,同时(非常巧合地)也是

铁路、地产和矿产利益的家园。它提供最有利的时机，也提供二次机会。因此，杰克逊最有名、最受欢迎的一张照片是《科罗拉多落基山脉的圣十字山》不是没有理由的。它凌越于附近其他山峰之上，看起来就像是一个终年为冰雪所覆盖的巨型十字架，十分引人注目。

奥沙利文的摄影却完全拒斥这类大地景象，这是为什么呢？它们是为美国内陆的第一轮现代考察（也是第一轮由为政府工作的平民管理和领导的考察）而拍摄的。与那些著名的西部摄影家的商业产品不同，它们不是以人们所期待、盼望、熟悉或者承认的方式来展示这个地方，而是把它表现成为一个未知的领地，一个与我们的世界完全不同的地方，非常地陌生、荒凉、恐怖。

在描述自己于 1866 年第一次进入大盆地地区时，金这样写道：

> 荒凉、刺眼的沙漠在我们的面前展开。沙漠上有连绵的小山头胡乱地挤在一起，东一组，西一组，让人想到了死亡。峡谷把这些光秃秃的山头切断，几撮泥土零零星星地附着在它们的石头残骸上，就像是它们身上萎缩的肌肉。它们是那些曾经非常高贵，而现在毫无生气的山脉的瘦弱躯体。它们铺开在地面上，就像沉入了漫长的睡眠。一些恐怖的颜色把它们与脚下灰蒙蒙的平地区分开来，平地埋住了它们的脚。在南边很远的地方，一排旋风风柱正在沙漠上缓缓移动，就像鬼魂一般影影绰绰。一道白光从天而降，驱散了最后的一丝阴影。头上是明亮、严酷、无情的天空。[10]

金笔下的盆地就像是一处荒无人烟的战场，一个充满破坏和死亡的地方。两年后，他和奥沙利文骑行了三天去考察位于爱达荷地区蛇河上的大瀑布，即所谓的肖肖尼瀑布（Shoshone Falls）。他这样把约塞米蒂和大瀑布进行了比较：

> 约塞米蒂是上帝的恩赐,是大自然的一个装饰。它就像投射到坚硬崖壁上的一束光。我们深入河谷,对它满怀期待,又似乎也已有所了解。然而,没有浓密的松树,或是塞拉斯高原上连绵不绝
> 198 的精致、柔和的远峰,告诉你肖肖尼瀑布就在附近。你骑行在一处荒地上,眼前是一片荒凉得毫无生气的土地。突然,你来到了一处杂乱无章的悬崖边上。大地在这里似乎裂开了一道口子,其深渊的两边全是黑乎乎的崖壁。在深深的河谷底部,一条大河冲出层层黑色的迷宫,带着白色的泡沫在一处熔岩崖顶腾空而出。你掉头离开悬崖,就像是在看了一眼陌生的地狱之后把目光收了回来。在你离开了一英里之后,大地又似乎重新合上。峡谷消失得无影无踪,沙漠的寂静又充斥了整个空间。[11]

这种对比很能说明问题。约塞米蒂是上帝的恩赐,人们期待看到它,对它有一定的了解,而肖肖尼则是不被期待的可怕而陌生的景象。约塞米蒂的描述中有浓密的松树和精致、柔和的远山,这些词都直接来自如画风景手册,而肖肖尼则只有未知世界中令人恐怖的混乱。

金致力于专业精神,热衷于培养人们对科学研究和管理土地的新态度,这种热情很好地解释了他为何要以未知、恐怖这类词汇来形容美国西部内陆地区。沃特金斯和杰克逊的照片与奥沙利文的照片之间的差异就在于,一个是为人们所熟悉、已知、已被理解的事物,另一个则是陌生、未知、不可理解的事物。

奥沙利文的照片所做的就是把大盆地划分出来,认为它是不能以不断变化的风景摄影行为的术语来表现的,它还是个不为人知的地方。据此,它们开始勾勒出一块潜在的科学研究领域。它们强调了在遥远的西部和奇异、偏僻的盆地上,已经得到开发的土地和正在开发的土地之间的差异。

在金的眼中,这块土地是地球上最后一处上帝曾经站立过的地方,

它是各类专家适材适所的领地,包括科学家和工程师,也许甚至还有神学家,他们都具有获取特殊知识的特殊技术。它是金和他所代表的朝气蓬勃、求知若渴、积极好学、富有进取心的科学专业阶层的活动领域,至少在被考察、标注、登记入册之前是这样的。如果我的这个判断正确的话,那么奥沙利文的照片与其说是勾勒出了潜在的美国各州的领土,不如说是确定了一种非常不同的领土。我们现在把它叫做一个领域,一个学科,它只能由新生的精英来考察,不包括旧时的军队管理者。这个研究领域也许非常不友好,但金认为,军队只能占领它却永远无法去认识、了解和管理它。这是新的专业人士的工作。奥沙利文的照片为这片土地中尚未为人所认知的特征提供了可视的影像证据,同时也暗示需要通过认识它来取得对它的控制权。他们的工作就是要探索这片
领地,用科学的办法对它进行研究,这样才能了解它所要告诉我们的它 199
的过去以及它在未来的作用。

如果用沃特金斯的方式来展现大盆地,可能意味着对这片土地有个先在的了解,但在我看来,奥沙利文的作用就是提供某一个无法用熟悉的方式去理解的地区的照片。他的照片就这样把读者带进了一个新的领地——它不是一个地理的空间,而是现代科学及其随从专业人员的领地。这些照片是领土的照片,但它们勾画出来的领土是无法通过那些有地或即将有地的阶层所通用的各类表现话语来阐释的。他的照片就是通过拒绝用最容易用的方式来描绘土地,通过关闭习惯的想象路径来发挥作用的。

因此,奥沙利文的照片不能被理解为科学的文件材料,而应该被看成是某种类似于图片化的"禁止通行"标志的东西。它们标志着一个时代的开始。在这个时代里,专业的技能是通向知识(一度被认为是人类共同遗产的一部分)的唯一途径,而我们现在还生活在这样的时代中。 200

注　释

1. 照片本质上就是一种记录的观念意味着，美学评价只能模糊地应用于照片上。当我们说一张照片很美的时候，我们其实是想说它真实地记录了一个美丽的场景。这种美是被记录下来，而不是被创造出来的。通过认同摄影具有自己独特的美，并尝试证明凭借图画的而不是场景的内在特征，美学评价的术语也可以被应用到摄影身上，现代主义摄影史家已经形成了自己的历史学说。

2. 简单地说，一张照片——比如为了出售一处地产而制作的照片——不会被说成是美丽的，因为它作为房产经纪人的辅助工具在有效地发挥作用。如果认为这种有效性是照片美的结果，这也许更符合一般人的理解。我们怎样解释它的美和我们怎样解释它的有效性是不一样的。

3. 伊丽莎白·伊斯特雷克夫人，《摄影》，载《摄影经典读本》（*Classic Readings on Photography,* 纽黑文，1980），艾伦·特拉奇登伯格（Alan Trachtenberg）主编。伊斯特雷克并没有说“我们”都包括了谁，但她的文章的语气清楚地表明它延伸包含那些受过教育的、能够欣赏美术的绅士和妇女。

4. 夏尔·波德莱尔，《现代公众与摄影》，载《巴黎的艺术，1845—1862》（*Art in Paris, 1845—1862*, 伦敦，1967）；霍尔姆斯，《阳光的杰作》（“Doings of the Sunbeam”），《大西洋月刊》（*Atlantic Monthly*），1963 年 4 月。

5. 霍尔姆斯，《阳光的杰作》。

6. 罗萨琳德·克劳斯，《摄影的话语空间》（“Photography’s Discursive Spaces”），载《先锋及其他神话的独创性》（*The Originality of the Avant Garde and Other Myths*，马萨诸塞州剑桥，1983）。

7. 如果我们能恰当地把奥沙利文想象成为一个艺术家，我毫不怀疑理由跟我们举出莫奈之类画家的理由完全不同。但这对我来说不是主要要探讨的问题。

8. 这一点很重要，但却超出了本章的论述范围。到 1867 年的时候，关于摄影的技术和世俗根源的大众理论已经非常完备，但那些想从照片中寻找一些可量化信息的专家们则意识到，照片并不能够提供他们所需要的那类信息。因此，专家与大众之间对于摄影的看法产生了分歧。普通人认为摄影本质上是真实、科学的，而专家们在工作中使用手工绘画，因为照片并不能够提供他们所需要的事实。

9. 安塞尔·亚当斯致博蒙特·纽霍尔的未经发表的信（现存于纽霍尔的档案之中）。

10. 克拉伦斯·金，《山脉》（“The Range”），载《大西洋月刊》第 28 卷，第 159 期（1871 年 5 月）。

11. 克拉伦斯·金，《肖肖尼瀑布》（“The Falls of the Shoshone”），载《陆地月刊》（Overland Monthly）第 5 卷，第 4 号（1870 年 10 月）。

七

风景效果

查尔斯·哈里森

导 论

如果我们把风景当成一种绘画类型,那么把“风景”和“权力”联系起来有什么意义呢?我们能否讨论一种或几种风景画(完全不同于其他的表现模式和其他类型的绘画)所特有的权力?答案也许是否定的,至少对于现代时期的绘画是如此,而现代时期的绘画正是这一章主要关注的内容。

风景或许在,或曾经在区分绘画的权力(the power of picturing)和权力的绘画(the picturing of power)的过程中发挥过重要的作用。这种差异现在已经成为现代主义批评的一个标志性的关注点(现代主义批评本身已经成为了权力运行的一种方式,尤其是就其情绪主义的形式而言)。[2] 我认为,研究风景的这种重要作用就是要研究效果(effect)这个概念。

在进行这个研究的过程中,我提出了三种方法论观点。首先是,对于绘画的权力之兴趣不会从描述某些也许可看作对画作生产起决定作用的权力关系而得到满足,也不会从描述同样或其他一些可能被认为由画作的图像内容描画或反映的权力关系得到满足。我已经说过,如果我们要谈论某种绘画所特有的权力形式，不管是出于什么目的，我们都必须要做好谈论绘画效果的准备。

然而，如果一种效果无法对部分观者产生实际或潜在的影响，那么它就只是一种唯心主义(idealism)。因此，我的第二个方法论观点就是，当绘画发展成为供人观赏的事物时，任何人若要谈论某一幅画的效果，都必须预设一个能够经历相关体验的可信的观者(believable
203 spectator)。

第三个方法论观点(或注意事项)的必要性由第二个观点所增加的讨论条件暗示。我认为，艺术行为——尤其是现代艺术行为——允许在一定程度不遵循视觉的有关条条框框。把绘画当成供人观看的事物进行研究，在很多(也许是所有的)重要的实例中，都会遗留下许多有待解决的问题。在这种情况下，典型的看画人应该产生的那些体验将被证明是不恰当的、甚至可能是误导性的阐释基础。这也是要表明，绘画并不只是一种“视觉艺术”，而效果也不仅仅只是视觉的效果；任何阐释如果看不出一幅画对视觉隐瞒了些什么东西(这具有重要意义)，那么它都是一种不恰当的阐释。尽管阐释都会涉及到对于看画人的预想，但是我们还是必须承认有这种情况发生：我们所讨论的观者或许正是画作本身不认可的观者)。预设典型的看画人这个角色并不是没有风险的。我们也不能够认为，任何人都可以在社会学自我形象的理论基础上可靠地预计到这种风险。绘画应该做些什么这个问题也许和它们所做的这些是面向谁、为了谁这个问题是分不开的。但如果认为第二个问题必须从明确的支持者这个方面来回答，而第一个问题必须从已被某种社会学理论发现并命名的功能的角度来回答，那都是不正确的。

用“艺术与语言”小组的话讲：“在《作为艺术的绘画》中，理查德·沃尔海姆剖析了一个老生常谈的理论，那就是画家不仅通过眼睛绘画，也是为了眼睛而绘画。……我想不出有什么令人感兴趣的画不是在以某种方式质疑这个理论的真实性，或给那些经常老生常谈的人提一些无比难听的评论。”[3] 把(某些)绘画看成是一些既非主要通过眼睛,也不是主要为了眼睛而绘制的东西,这并不仅仅是在质疑绘画效果的本质及重点。它也质疑了视觉的权力和优先性这一假设;而风景画的发展一直以来都倾向于支持这一假设。风景画总是对意识形态进行归化,这点也许是正确的(或是一个老生常谈)。但是风景作为一个现代类型而产生的有趣问题是:绘画将如何能成为“风景画”,而依然有助于在辩证过程中追寻最冰冷客观的批评定论。

效果与有效性(一)

把风景看成一种现代的表现类型立即就会引来一个显而易见的难题,值得我们解释清楚。一方面,风景的出现可能与绘画的某种有效性 204
(effectiveness)的明显丢失有关——这种有效性与人物形象的刻画以及某种形式的社会等级等事物的表现相伴出现,也(因此)与把绘画当成追求非认识论目标(即那些跟风景“作为一种艺术”的定性评估没有关系的目标)之事有关。另一方面,风景画这种表现类型的发展在绘画整体的现代主义定性发展上起到了决定性的作用。可以肯定的是,19世纪末20世纪初,关于绘画效果的讨论通常要特别顾及风景这种表现类型的发展。如果没有唯心主义,也就是说,如果没有将效果这一问题和有效性从所有要把观者量化的企图分离开来(对这些观者来说,效果就是效果)——那些企图一定不可避免地会论及社会生活形式以及它们的偶发性,那么,风景画在现代主义绘画发展过程中的推动力量和中心地位怎么能得以概念化并被加以诠释?

现代主义批评的规范协议为这个明显的难题提供了一种解决办法。有效性被确定为一种属性,主要与绘画的表现*内容*(简单地说就是绘画中的意象)而不是其表现*方式*(简单地说就是其外表)有关,通过对有效性进行持续批评,我们可以确定艺术中的现代性质的东西。通过这种策略，绘画（painting）的认识论或美学目标就可以同图画（pictures）的非认识论或非美学意义的中心作用区分开来。但这个伪解决办法还是留下两个问题需要进一步处理。第一就是现代主义让艺术的自我批评自主发展这种倾向所产生的后果。只要艺术的变化可以与任何形式的人类能动性联系起来，它就会被归因于一种与图画意象相对，未定性和超验性的严谨（fastidiousness），而不是溯源至，比如说，那些在讨论美学效果时有清晰表达力的人的反民粹主义品味。第二个问题来自于把风景确定为一种媒介，以它为参照，传统的图像表现形式曾经受到批评界的轻视和贬低。如果风景就这样被确定为绘画实现某种现代主义“纯净”的工具，那我们应该怎样解释在20世纪，当现代主义已经成为主要的批评阵营时，风景明显地失去了它的地位？

我们也许可以通过考察效果与有效性之间的关系来解决这些问题。这样的考察既可以帮助我们解释风景作为一种独特的现代表现类
205 型在19世纪的发展，也可以帮助我们对这种发展所服务的各种艺术趣味进行描述。有了它，我们也可以把这种类型在20世纪的衰落同这些趣味所受到的特定历史形式的挑战联系在一起。

设想一下。风景作为主要艺术的一种工具在历史上的出现，使得主张绘画效果的独立性的意见与主张视觉的客观性的观点之间实现了某种融合；这已成为艺术社会史传统理论的一部分。人们认为，这些观点的巧合标志着一个获得权力的时刻——那个有文化的经验主义绅士，即沃尔海姆所说的“非常敏感、见多识广的看画人”[4]掌握了文化权力。我们可以这样认为，他所说的看画人就是这样的一批赞助人，他们的兴趣爱好在现代主义理论和批评漫长的统治时期一直都得到体现。

我们还可以进一步提出这样的观点：现代主义批评，不论是以后现代主义的名义还是打着其他什么旗号，如果不是努力要推翻作为原始艺术传统的主宰者的视觉人（person of vision），那就什么都不是。风景作为一种表现类型的结果就是它的现代诉求越来越成为问题。我们已

经前行把绘画当作风景进行体验与“非功利的”(disinterested)土地视景(绘画被认为就是建立在这样的视景之上的),如果我们能够揭示这两者之间的巨大差异,会有怎样的结果呢?或者,如果我们可以证明,在现代主义黑暗的内心深处隐藏着一个带有感情色彩的功利的能动体,又会有怎样的结果呢?[5] 如果风景是一种类型,且与视觉的文化优势性(而非认知优势性)这一论据最有力地联系在一起的话,那么,要在什么更好的基础之上来挑战这一论据?除了证明这一声称(即它所依据的非功利性这一点)是不恰当的或骗人的,还有什么更好的方式来挑战这一论据?然而,挑战本身就意味着对图画效果的一种批判性抵抗,以及对这些效果之假定基础的深刻的怀疑主义(这些假定的基础就存在于风景可辨识的外观之中)。

研究效果与有效性不断变化的命运似乎不仅能够帮助我们解释风景作为一种表现类型的发展,它还可以帮助我们更好地了解某些现代绘画中反复出现的问题和可能性的病因,即使新的土地绘画(pictures of land)现在已不再属于这些问题和可能性一般会激发的那些艺术形式。

效果与有效性(二)

效果理念的不断变化可以帮助我们追溯风景画在现代主义控制之下的发展历史。我从这个历史中选出三个时期,作为一系列相关问题 206
的典型。第一个时期是在 19 世纪 70 年代,在这一时期,“……的效果”(effet de...)这个名称经常出现在卡米尔·毕沙罗和克劳德·莫奈的绘画标题中,比如“雪之效果”(见图 7.1)、“雾之效果”和“阳光的效果”等等。对这些画家来说,一幅成功的绘画就是一种和谐的组合,能够把自然世界对他们自身情感产生的特定效果在看画人身上引发或再现出来。因此,通过“效果”这个词,他们表明了自己既要抓住一种自然主

图7.1　莫奈,《雪之效果(韦特伊)》(1878—1879)。画布油画(该画以这个标题出现在1879年的第四次印象派集体画展上)。

义的氛围,又要努力使画作具有技术的协调性(在抓氛围时具有协调性,或在达到协调性的过程中抓住氛围)的目的。“效果”在这里的准确
207 意义就是我们不清楚它会产生怎样的作用。换句话说,我们不知道是要优先考虑(与世界的)共鸣还是(绘画的)和谐。是什么保证了绘画独特的权力形式?是绘画表现世界的自然主义效果的能力,还是其起关键作用的“效果”(即绘画对正在回应的观众的影响,不论出于什么自然主义的原因)?[6]

在绘画的标题中加上“效果”的标签在19世纪70年代的法国绘画中早有先例。摹写环境的自然主义和人为的调谐技术之间所存在的辩证关系也并非前所未见,我将在后文论述它在此前的主要风景画

中的作用。19 世纪 70 年代新出现的是自我意识层次上的概念加权（conceptual weighting），即在实践中偏重于这种对优先权的提问。观察到下面这一点，我们便会对这种描绘实践的性质有所了解，即这里所说的“效果”就未曾达到“暴风雨的效果”（*effect d'orage* 或 *effect de tempête*）的级别。相反，这里涉及到的情感效果相对克制，并无大起大落。就其本身而论，它们在文化意图和当前正讨论的技术问题上都具有重要的意义。也就是说，我们所讨论的这些效果既表明了某类资产阶级观众的性情特征，又暗示了画家自认为可以吸引观众注意力的一些适当技巧。

第二个时期大概是在九十年之后，其出现的时间至晚是在 1960 年。《现代主义绘画》的作者克莱门特·格林伯格在这一年写了一段现在很出名的话。在他看来，对于绘画效果的相对自主性，人们不再持很深的怀疑态度。他认为，现代主义的决定性动力在于“自我批评的任务变成了要找出任何被认为是借鉴了其他艺术媒介或被其他艺术媒介借鉴的效果，并把它们从每种艺术的全部效果中清除出来”。[7] 换句话说，其任务就是要揭示哪些效果是绘画真正、独特的效果，罔顾自然主义的诉求。鉴于迄今为止的论述，我们须注意的一点是：讨论的任务已经确定，但是却没有回答一个很可能被视为是关键性的问题，即，作用在谁身上的效果？

在这种批评的控制之下，风景的进展似乎并不顺利。我们得知“平面（flatness）性，即二维特征，是绘画的唯一特征，这是其他艺术所没有的，因此，除了平面性以外，现代主义绘画并没有让自己去适应任何特征”。[8] 即便这样的定位并没有导致绘画放弃表现“可识别物体”，它最终还是使绘画放弃“表现可识别的三维物体能够栖身的那种空间”。[9] 然而，风景的空间如果不是这样的一个空间，那它应该是什么？格林伯格在 20 年前发表的另外一篇重要文章中提出，20 世纪中期典型的现代 208
主义绘画是抽象绘画。[10] 这似乎表明，风景要么又一次被贬低为次要的表现类型，要么甚至跌入了粗劣作品的臭水沟中。

但现代主义批评家却给予了 19 世纪后期的法国风景一个重要的发展性角色，尤其是塞尚的作品。格林伯格 20 世纪 40 年代后期和 50 年代的文章中都散落着这样的一些段落，它们凸显了从风景画到抽象画这个假定的转折时期。“法国绘画从库尔贝发展到塞尚存在着一个悖论：在努力地以更高的逼真性转述视觉体验的过程中，这种努力如何把它带到了抽象化的边缘？”[11]

下面是关于塞尚作品的特别评论：

> 在图画真实的颜色平面和它所掩盖的“内容”之间建立了一种共鸣，它具有无限的话语，塞尚式“革命”的本质就隐藏在其中……
>
> ……塞尚说他是这条路上的原始人。通过走这条路，他希望把西方传统的三维性承诺从印象主义的迷雾和高更式的装饰中解救出来。在他死后五到六年的时间里，这条路直接通达一种绘画（即分析性立体主义），它跟西方世界自中世纪以来所看到过的任何绘画形式一样平。[12]

第三个时期是这样的，某些重要的批评意见认为，现代主义的自我批评实际上导致的是——至少像格林伯格所展示的那样——破坏性地削弱了绘画向 / 为广大受众表现世界的权力，将其削弱成一种一种对艺术自主性的关注（以罔顾其接受环境为代价）；其实也是放弃有效性的要求，或掩盖了现代绘画代表少数人这一真实有效性（这是一种更为糟糕的情况）。这一感受以关于关联性、实在论以及目的性之必要性这些非常朴素的言论表达了出来。而更理性的表达，是像 T.J. 克拉克 1980 年提出的关于马奈《奥林匹亚》（*Olympia*）的最初接受情况的问题。该问题是这样的:“这是一个开放性问题:我们在这里所研究的东西到底是一种对既成规范的颠覆性拒绝,还是一种简单无效性?同时,考虑到《奥林匹亚》在先锋艺术史上的经典性地位(它当之无愧),这也是一个很重要的问题。”

我认为克拉克在这里针对现代主义批评工具所提出的问题是,效果的自主化是否等同于某种托辞的建构。也就是说,我们在格林伯格的理论中所感受到对平面的追求是否可以正确地理解为是对某种批判 209
性美德的追求,或者,我们以美的名义衷心赞美的东西在面对世界时,实际上就是某种有意为之的无效性。

当论述到莫奈在阿让特伊的生活时,克拉克显然认为,画家对于风景的“坚持”,恰恰就表现在一种排斥模式中。在这种模式中,绘画效果所具有的诱惑性力量掩盖了其缺乏对真实的把握。在这个意义上,我们也可以说这是一次对现代世界中的“有效性”之可能性的放弃。

> 如果画家的杰作很成功,颜料的作用将把工厂和周末度假别墅淹没,几乎不带一丝波纹。平面将代替物质;颜料将完成风景的协调性,不管一处特定的风景会给它带来什么障碍;没有什么东西不能够被处理为图画的某个部分——一幅图画脆弱的整体的一部分——只要画家把自己限定在外表上,同时不去考虑那些关于意义或作用的问题。[14]

如果要找出这三个“时期”在时间上的相互关系,应该说第三个时期是紧跟着第二个时期。实际上,这二者几乎是同时发生的。[15] 这即是说,一方面“效果”的意义是衡量装饰性逼真度的标准,取决于技术专业化,而另一方面“效果(有效性)”的意义则是标示能动作用的,由部分内植的形式决定(比如意识形态的能动性);这二者互为对立面,由此界定了历史这枚硬币的意义。[16] 在晚期现代主义文化的条件下,任何假定某种效果意义的强烈主张总是会引发出一个相反的主张来假定另一种效果的意义。

迈克尔·弗里德和克拉克之间的对话是一个非常有名的外延例子，它缘起于克拉克的文章《克莱门特·格林伯格的艺术理论》。[17]弗里德认为，安东尼·卡罗某个特定雕塑之所以“令人信服”，依靠的就是“在它身上发生作用的所有相关关系都是正确的”。[18]他的这种看法引出了克拉克下面的反驳：“我不再看好卡罗的……作品的原因之一是因为随着时间的推移，我更加清楚地意识到它是为怎样的兴趣和论据立场服务的。”[19]这个例子给了我们一个机会回顾到目前为止所做的论述。弗里德认为卡罗的雕塑的效果完全都是认识论或美学的效果。在提到该雕塑的各种关系都正确之时，他假定这些关系都是该作品各种成分之间的关系。克拉克则驳斥道，卡罗作品真正服务的是一些人的非认识论的兴趣，对于他们来说它才是“有效的”。对于克拉克来说，他们所讨论的各种关系是那些能够决定该雕塑与世界其他特征之间的联系的关系。

然而，在过去的三十年里，只要风景画艺术被牵涉在这样两种声音
210 的对话或对立之间，它总是被暗示为一个艺术史性质的阐释与再阐释的主题，而不是一种对当前艺术行为的关注。而关系到绘画艺术，当代那些通常成为争端的“效果”则一方面是抽象艺术所谓的自主的影响，另一方面是流行艺术及其前身和后世的具有置换及讽刺作用的影响。在具有关键意义的程度上，现代关于风景画的“有效性”的争论几乎全都成为了18和19世纪的风景画应该怎样和不应该怎样阐释的争论。很多的观点发展得比较快但也是争议颇多。比如，巴瑞尔认为，可以从18世纪和19世纪初的英国绘画中读到“风景的阴暗面”（他的用意是要指出隐藏在田园风景之后，乡村贫穷的历史面孔）；[20]弗里德认为，库尔贝的风景画同时体现了自动主义[21]和现实主义的思想；[22]保罗·塔克认为在莫奈19世纪90年代的系列绘画中，民族主义的主题具有某种

推定性的作用。[23]尽管他们的论述方法各不相同，但每个人都努力地在标准的现代主义美学理论的控制之中重新挖掘对19世纪风景画的可能有效性的理解。相比之下，20世纪的风景画，除了那些关注传统价值（即地方价值）的回归作品之外，都已经被普遍认为过于边缘化，不值得他们去探讨。

这种情况可能会改变。现代主义经典准则的一些次要部分受到大规模的拆解是现代主义自身转变的一个原因，也是其引发的一个后果。本文的论点就是，通过研究作为一种现代表现类型的风景，找到"效果"和"有效性"之间的辩证关系，这不仅对找到现代主义的病根非常重要，也关系到后现代主义观念的形成。接下来的论述目的是要粗略地勾画出这样一种研究可能要面对的一些初步问题。[24]我得特别指出，如果不从以下两个主要方面进行考虑，不论是绘画效果问题还是它们潜在的有效性问题都不能够得到很好的解决。第一，必须去考察那些和风景有特别联系的技术发展的形式，尤其是那种明显加强绘画平面与表现深度之间差异的形式，我认为它是对更为传统的人物—背景（figure-ground）关系的一种修正形式。第二，需要适当考察风景画如何经常（隐喻性地）起到一种隐喻的作用。我打算把这些不同的研究途径集中在一起，因为正是在技术和隐喻之间的差异性再难维持之时，风景的效果 211
最为强烈，同时，它的遗产也最具相关性。

作为背景的风景

要想初步了解现代主义者和社会历史学家对于效果观念所持的差异看法，一个方法就是看他们对下面这个（典型的现代主义）问题的态度：这幅画的效果是什么？它实际上暗示了另一个（典型的社会历史学）问题：这幅画是为了谁？第二个问题的意义不是（不仅仅是）这幅画是为谁而做的，也不是（不仅仅是）其效果对谁而言成为效果，而是这幅画的组成是以谁——什么样的看画人,具有什么样的性情——为先决条件。这更为重要。这里所采取的策略要么是要防止效果的问题直接涉及到本质的特征,要么是要防止其直接涉及到关于绘画所有人的社会学问题或看画人的主观性。我的目标是要集中关注绘画如何设计一个对象。这不仅只是设计一种景象,也是设计一个典型的虚构的看画人。[25]

我并没有打算不去考虑“为了谁”的社会学含义——似乎如果对“构图”问题有足够的关注,我们就可以不用考虑这样一些棘手的东西,包括所有权、赞助人和支持者,这些问题不仅仅只是风景的外围问题,也是所有表现类型的外围问题。我也不想放弃那些围绕着看画人主观性的社会学和心理学的问题。相反,重新审查“为了谁”这个问题,对于考察特定画作在社会和心理层面上的接受效果有显著的重要意义。重要的是,如果坚持认为虚构的看画人和真正的消费者之间可能存在明显的差别,我们就可以避免两个简单但常见的方法论错误。第一是倾向于把绘画简化为加强特定财产关系和“意识形态框架”的形式;第二是倾向于把竞争性阐释的问题同众多观赏主体不同的兴趣问题混淆起来(阐释的诸多问题就会因此被简化成为一些社会分歧和心理差异的例子及其作用)。

绘画的权力和权力的绘画被认为是同步发展的时候,也许就是(以一种图画形式)开始论述的最好时机。如果我们可以粗略地勾画出它们汇合的一些假定理由,通过对比,就可以更加清楚地看到,在什么情
212 况下我们必须承认对它们其中一个的兴趣很明显是与对另外一个的兴趣背道而驰的。因此,我采用的例子是18世纪中期的英国肖像绘画。当时的画家如果把自己的能力扩展到风景展示,通常要么是为了表明赞助人的地产的广度及质量,要么是要把模特放置到一个被认为是与他们身份相适的文化环境中,或者兼具二者。在亚瑟·德韦斯(Arthur Devis)为詹姆斯一家所作的绘画中(见图7.2),画家在表现和装饰一种

深远的幻想性空间——风景的有利空间——时所使用的技巧一定曾显得与画中的男主人的权威位置很好地协调在一起。很明显,他既被那种空间所包围,又与它保持距离。毕竟,赞助行为的权力被认为是通过我们能够看到的空间内容实际得到维持的。

再现的权力在这幅画中的应用是为了权力的再现。这样说是要分辨出画面中主题内容的形式,或(根据我的第二个方法论观点)效果的形式。根据这种观点,德韦斯的画展示的并不只是赞助人同妻儿在一起的形象。效果是绘画对看画人的影响。这幅画也展示了一个人如果把这一家人看成是有土地的上流社会人士,他将看到什么。尽管作为一件装饰品,这幅画是为了赞助人而作的,但它的完成效果还是暗示了另外一位看画人的样子,他会把眼前的风景看成是合法的财产,也就是

图7.2 亚瑟·德韦斯,《詹姆斯一家》(1751)。画布油画。

说,他会赋予画面的人物与背景关系以一种稳定性,在某种意义上,也是让该绘画奏效。毕竟,谈论一个人的“背景”其实就是在谈论他的阶级指示物。

因此,考察绘画对典型看画人的影响不仅是把该绘画的权力同它所展示的画面联系起来,而且要把它同它的象征性引发及实施这种认知行为的方式联系在一起。这种象征性方式意味着要遵循某种刻画和逐步定型的原则,这样前景人物才能一直成为明确的焦点,而画面的氛围符号才能退让到背景中,到画面的深处,等等。

同理,我们可以说对这样的秩序和表现话语的承认是赞助人投资的大部分目的。这就暗示了一个情况,如果对于该绘画的效果没有大的争议,我们就没有很强的理由去区分其效果和有效性。当然,我们不难想象也存在不能够或不愿意承认这些东西的观众,但他们与预先假设的那类观众并不相符,因此,我们可以公平地说,不论是绘画本身,还
213 是构思过程,都未对这类观众加以表现。

这里需要插入一个保留意见,它与权力问题及其各种形式之间的关系问题有关。尽管它是由讨论这幅特定的画引起的,但它还是与绘画和权力之间的一系列关系具有一般性的联系。我们需要区分清楚两个事物:一个是一种似乎经过法律确定的权力,其事实的根据可能相当脆弱;另一个是可能被用来确保这种权力的机制力量。要支撑一个孱弱的权威,可能会使用一支强大的警察部队。一幅特定的绘画能够非
214 常有力而令人信服地展示某种等级制度关系,这点并不能够保证它所描绘的东西就是一种稳定的权力。

在德韦斯创作这幅画时,风景画在英国通常被认为正准备迈进自己的确立时期。[26] 但我引用它作为例子的意义并不是要强化这样的艺术史陈词滥调,即风景是从其他绘画类型的边缘发展到很重要的位置(或“成为艺术”)的。这个陈词滥调本身需要简单讨论一下,因为它的理论基础是两个可废除的假设,很多关于风景作为一种表现类型的概

括性论述经常做这样的假设。首先，它假设在艺术的发展中存在着某种不可动摇的、非历史性的渐进主义；其二，它假定风景作为一种艺术种类的意义比不同国家不同时期的土地使用和土地所有权的特定条件都重要。对这种陈词滥调的赞同促成了这样一些荒谬的想法，即15世纪意大利圣坛装饰画角落中的“风景”可以与18世纪英国肖像画背景中的“风景”混为一谈，因为两种都表现了向康斯太布尔发展的道路上的不同阶段。被这样使用的风景代表的是一种历史在其中消失的空间。[27]

其实，英国的风景画并不主要是由肖像画发展而来的。我认为，它代表的是肖像画的一个替代形式，或者甚至是对肖像画所表现的东西的一种抵抗形式。这种抵抗的技巧是不能够通过渐进的艺术过程的话语来理解的。风景只有在英国不再被看成是拥有土地的绅士阶级的财产时，或者，准确地说，只有在表现乡村的任务可以脱离巩固所有权的职责时，它才取得了自己作为一种艺术类型的独立地位。很明显，其所需的想象行为并不主要是艺术性的。[28]这并不一定表明乡村应该被看成是除了土地绅士阶级以外的其他人的财产。（毕竟，康斯太布尔的父亲就是他在19世纪第二个十年期间经常画的那片土地的业主。）[29]更为重要的是，它表明我们可以从财产之外的其他方面来看乡村。在艺术的实践中，这往往意味着，一方面，风景被看成是一种个人体验的典型场所——换句话说，对风景的反应被看成是个体特征的一种衡量方式（包括那个时期以个体特征为关注焦点的所有价值形式）；另一方面，风景的展现是通过绘画效果的话语来设想的。[30]我们可以说，康斯太布尔绘画最显著的特征是，他很注意在自己的绘画和现实世界之间保持一种关系。这种关系可以从经验主义的角度加以证明。如果必要，他甚至可以牺牲绘画与其典型消费者之间的稳定关系。也就是说，他把世界看成是绘画效果的形成条件的独立宝库。它的独立性跟“土地”的普通意义相关，这些意义正是康斯太布尔运用绘画的技术动力学，愈来愈想要予以清除之物。

215 根据艺术史的传统观点,谈论绘画效果实际上是要谈论艺术发展及艺术的“内在关怀”。因此,确定下面的这个看法便尤其重要,即在18世纪晚期和19世纪风景画的发展期间,使相关构思成为可能的条件并不只是与艺术有关,而且它们也不是逐渐形成的。同样重要的是,我们不能够错误地理解画面人物尺寸的相对变小,甚至是人物形象在风景画中完全消失所具有的重要意义。不言自明的是,风景这种艺术类型是把已经被展示的世界进行象征化的一个方式,这样的世界不可避免地体现了人的思想和价值。

因此,我的看法是,风景画作为一种现代艺术形式的发展意味着代表德韦斯绘画特色的那些人物—背景关系被置换了,而置换的途径是受特定历史条件限制的。随之而来的思潮(这是下一节的讨论内容)是强调与19世纪风景发展相关的绘画效果。这种思潮将一种迥异的想象活动——以及身份——的形式强加于任何相关绘画的观众身上。

风景的特性

我一开始就提出,《詹姆斯一家》这个例子为我们建立了对比的依据。它既不是现代绘画,也不是风景画,而是一幅相当保守的集体肖像画。我并不想说自己已经对这幅画作了充分的解释。实际上我前面刻意以我早前曾提醒过大家避免的解读方式阐释它。这种理解因为没有能够区分看画人和消费者,或者未能专注于德韦斯作品的独特性,实际上把它的地位降低到了对流行思想的巩固。我的目的只是想把一种明显的巧合主题化。这种巧合存在于它所属的绘画类型和诸如我所勾画的解读兴趣之间。我并不想否认这幅画可能存在有清醒评判意识的观众,对于他来说,它加强财产关系的重要身份明显从属于其他显而易见的特征,比如它的美学意义;或者甚至还可能有这样的合格观众,对于他来说,暗含的所有权主张由于其他原因而失效了。

到这里为止情况应该很明了,我之所以提醒大家留意被用为实例的德韦斯画作,用意即在于,说一幅画很现代,一方是说它的内容,另一方面则是传达了它如何被看的观点。这可以作多种解释。其中一点就是说,它的"内容"既不能通过技术与属性之间的调和来详细说明,也 216
不能通过人物和背景之间的稳定关系来明确。换句话说,如果我们坚持该绘画有一个假定的典型看画人这个观点,画家在画这幅画时采用的就是他的视角,那么我们就得说,一幅现代绘画的画家心中所设想的观众跟德韦斯绘画的概念性观众在设置上是完全不一样的。实际上,我们通过现代传统发展的各个不同时期得知,要表明相对现代的那个观众的不同特征,一个方法就是把他或她看成风景的观众。[31]

很明显,绘画中的人物—背景关系的意义并不是局限于人物形象怎样在绘画空间中得到呈现这个问题。(就好像是说风景这种类型不会成为合适的研究主题。)我们所要讨论的是概念观众与图画所展示的东西,或者与那些被认为是可以用图画展现的东西之间的关系。艺术史的传统智慧告诉我们,在这个关系的现代形式中,一幅画应该怎样被画出来得到了某种优先的考虑权,其代价就是人们对这幅画的象征性内容是什么不再感兴趣(这并不是说二者的区别没有自己的模糊性及复杂性)。从这点看,令现代观众引以为豪的是,他们意识到看一幅画并不是这样的一种体验:它让我们在想象中看到了绘画所描绘的真实场景,或者认为我们看画等同于看图画所展示的真实场景。现代观众被认为是在展示他们的世故,因为他们不想被错觉所欺骗,就像早熟的孩子看魔术表演一样。

如果人物—背景关系的某种转变的重要意义要得到充分的确定,这个传统观点需要从两个方面进行改进。第一,"绘画是一个可以让人在其中漫步的世界"这种观点从来不过只是一个文学中的异想天开。任何形式的图画空间现在都是被定义为"一个只能看、只能通过眼睛穿越的空间”。格林伯格就是用这个公式把“现代主义者所制造的错觉”与那些过去的大师们所创造的空间区分开来的，“我们可以想象自己正在走进那空间中”。[32] 必须指出，想象自己穿过一个空间与“通过眼睛”穿过一个空间是有差别的。这种差别尽管能够通过经验主义来证明，却还不能够成为一个可靠的向导，引导我们分辨各个不同绘画之间的经验性差异。但它确实证明了一点，即我们看待看画这种行为的方式是有差别的。然而，如果现代主义者的世故需要通过同一种单纯的观众来进行比较才能确立，我们肯定可以认为，这样的观众对错觉的权力深信不疑，并根据这种权力行事。要令人满意地成为这类观众的代表，
217 一幅真实的绘画需要有什么样的真实观众呢？第二个对现代主义观众传统自我形象的保留意见是，他们宣称自己所具有的那种怀疑主义如果仅仅只是在绘画的身上实践，就会什么都不是。

总之，现代主义的成就可以说与人们对深远空间这一错觉的欣然接受是不可调和的。但这样就几乎是什么都没有说，除非这种说法是在承认所有对错觉的反应都具有相对性的情况下提出的，除非它所引发的观点是说，那种成就与人们对（他们也许逐渐认为的）财产和权力关系的保守秩序的接受是无可相匹的。这一点反过来说就是，只有当人物—背景的关系是以绘画的方式象征真实的关系时，质疑人物与环境之关系的倾向才可被视为现代绘画观者的显著资格特征。对于拥有这种资格特征的观众来说，受画面背景稳妥保护的图画人物是一个被剥夺了生命力的符号。用沃罗欣诺夫的话讲就是：“一个远离了社会斗争压力的符号——也就相当于说它超越了阶级斗争的束缚，从而不可避免地将丢失自己的力量，堕落成为一种寓意，最终，它不是变成一个现实社会的研究对象，而是成了一个文艺学的研究对象。”[33]

因此，现代风景的一个明显的悖论就是，要想在绘画这个类型的范围内被看成一幅图画，它必须能够揭示一个相对深远的空间，而要想被认为非常具有现代性，它必须削弱人物—背景关系的地位——但在传

统上深远空间的错觉就是通过这种方式得以确立的。我估计,正是这个悖论的力量让风景与一种现代的理解力具有特殊的相关性。也就是说,正是在风景中,对有效性的要求和对效果的兴趣之间的对立才能被19世纪的先进画家非常生动地当成一个实践性的技术问题进行体验。格林伯格对塞尚的困惑无疑是对一个历史难题的困惑——虽然康斯太布尔在19世纪20年代中晚期的主要风景画也构成了一些相同的问题,在那个时期,可以说,那些即将被称为现代主义绘画的东西变成了一种虚假的开始。[34]

风景里的身体(一)

如果我们要发现现代风景画所特有的权力形式,我们须寻找的东西就不是某种对既成秩序进行想象性保护的倾向(甚至也不是那种自给自足或自主的形式,后者被认为是孤独的思考主体的属性),而是效果的一些类型,通过这些类型,任何可以用图画表达的秩序,不论其如 218
何深刻地反映可视世界,都有可能被某些其他秩序的影响所否定、模糊或取代。[35]

由于绘画(painting)与图画(picture)的意义已经趋向分离,前者已经越来越被通过体验和效果的个性加以概念化,而有效性这个概念则主要是与后者保留了联系。风景作为艺术的一种表现类型的结果就是,特定绘画的强度和自主性特征与概念性看画人的心理或社会学刻画之间已经出现了一种隔阂。现代世界——包括真实的风景——被认为是从这个看画人的角度被观看的,他因此被假定构成了它的权威性,即便不是它的作者。这种隔阂越深,把绘画同任何经过社会学定义的权力运作联系起来的做法就越没有作用。现代艺术经过这样表现就具有一种伦理学的含义:不管是出于什么考虑,在被当成是艺术体验的生动性和价值的一个条件时,对有效性的要求总是也只是一种保守的要求。

相比之下，谈论绘画的效果就是要考虑一种抵抗意识形态的潜力，它是绘画作为一种艺术形式所特有的，也是单个的绘画不仅仅是作为想象出来的事物，而且是作为创造出来的事物所特有的。对于风景这种类型而言，考虑这些效果的本质，一方面就是要考察相关绘画的技术特征，另一方面就是要探询除了实际表现的东西之外，风景图画还包含或者表达了什么。

我将尽量通过一个相当直接的例子来解释我的意思。我的目的是要阐明，画面表面所描述的事物与那些可能被认为是其隐藏内容的东西是有差距的（我们在某些情况下可能会把隐藏内容当成是无意识的）。可以说，在这个差距中会有关于技术性质的重要性的问题被提出来。

乔治亚·欧基夫的《红黄相间的悬崖》（见图 7.3）描述了一个被假

图7.3　欧基夫，《红黄相间的悬崖》（1940）。画布油画，61×91.4cm。

定在美国西南部的景象。此幅画创作于1940年，这意味着它的创作与格林伯格的《走向更新的拉奥孔》的出版是在同一时期，也和现代主义开始对效果自主性进行清楚地理论化的时间一致（但这并不意味着格林伯格认同欧基夫的作品）。地平线在画面中的消失是该画的一个明显特征。由于它看起来相当具有自然主义的特色，我们可以认为这种消失可以通过绘画主题的本质加以说明。经过认真思考——或者把它和其他主题，比如费尔迪南德·霍德勒1909年的《平地》（*La Schynge* 219
Platte）中的景色相比较——我们就会清楚地发现，地平线的安置总是与画面空间的构成和画面错觉的建立联系在一起的。也就是说，它总是涉及到某些概念性的观点及某种预设的效果。在欧基夫的绘画中，地平线的消失帮助画家制造出了一种抑制（containment）的效果，它似

图7.4　霍德勒，《瑞士阿尔卑斯山平地》（1909）。画布油画。

乎和由该画其他特征所建立的距离和空间错觉不甚协调。

承认这个效果就意味着我们可以在一定程度上从该绘画鲜明的自然主义的控制之下解放出来。这即是说，我们可以把它看成是风景画之外的其他东西（如果有人想把一个拉康式的意义加到这个“其他”身上，我认为我这句话和该绘画都会支持这样的做法）。于是，我们便可由此作出两种更有可能的观察结果：其一跟该绘画与风景之外的世界
220 特征之间的表象性相似有关；其二则关系到它与它的实际边缘之间的关系。这两个观察结果相互暗示，如果我们要一直把该绘画当成一幅绘画看，就不需要把它们分开。[36]

首先，如果这个作品与悬崖相似，它至少在某些地方跟肌肉的隆起和褶皱也有一种相似的关系，尤其是跟女性的阴户，画面比例的模糊性维持了这种联系。（也许是机缘巧合，同一美术馆收藏了埃贡·希尔创作于 1911 年的《梦中美人》[见图 7.5]，这幅画所展示的内容加深了这种相似性。在这幅画中，绘画主体张开阴唇的表现方式跟欧基夫画面中间那些裂缝的表现方式具有惊人的相似性。我们得承认，相似性这
221 种关系具有可能分散注意力的特征。[37] 但我们至少可以说，每个对希尔画作印象深刻的人在看到欧基夫的绘画时，都几乎不可避免地会把裂缝和女阴联系起来。）[38]

在处理了距离的错觉之后，我们关于欧基夫的绘画的第二个观察跟该绘画用以填充其画面的平坦和突起有关。从上到下，由左及右，该绘画中作为描绘对象的实体似乎正在向外膨胀，延伸到了观众的想象空间中，更凸显了它唤起象征性身体的意图。似乎绘画的背景正在向前推移，变成了绘画的人物。

我以这幅作品作为例子并不是要为它的优点做广告，而只是要形象地描述绘画的外表和隐藏内容之间的差异。[39] 也就是说，我意在暗示这样的一种看法，即在绘画和图画之间的那种对立（这是风景画的特色）中，存在着这样的一种倾向，就是要让特别人性的内容出现在隐藏

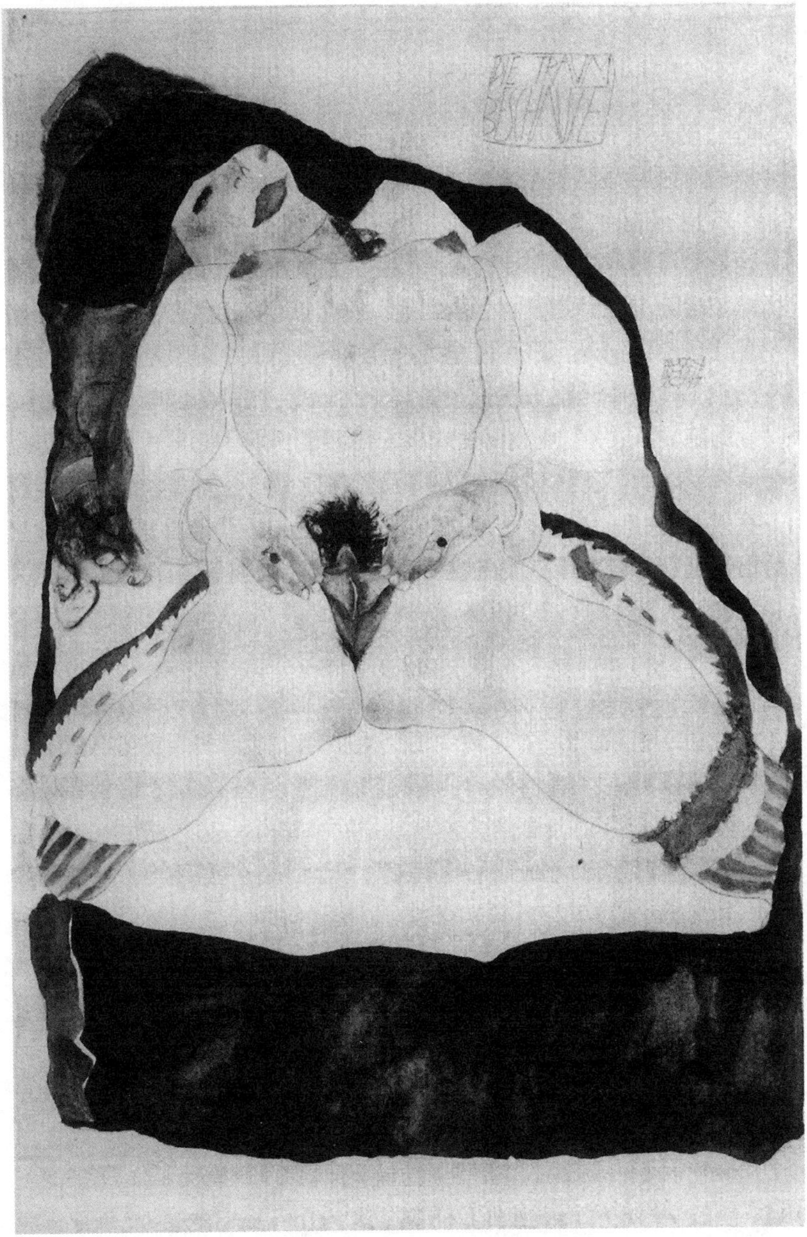

图7.5　埃贡·希尔，《梦中美人》（1911）。纸面水彩和铅笔绘画，187/8×125/8英寸。

内容的层面上，而且是通过这样的一种效果出现——不是不能够通过特定的人物—背景关系来解释，而是跟这些关系相互矛盾。

我必须表明，以《红黄相间的悬崖》做例子，我的用意不是说现代风景的隐藏内容需要同我们在欧基夫的绘画中所看到的那种可以翻译的意象联系起来。相反，把绘画权力等同于比喻性内容的可翻译性是一种方法论的错误。那些逃避相对品质问题的艺术社会历史形式所采用的就是这种错误的方法论。需要记住的是，图画的隐喻只是一些比喻性的隐喻。在《红黄相间的悬崖》中，尽管绘画的隐藏内容经常出现在其明显的自然主义风格中，尽管如画风景的典型特征因此而表现得不直接，但一旦同身体的传统联系被找到，其结果就好像另一种同样显著的典型特征代替了前面的典型特征的位置。毕竟，把自然表现成为一种女性的身体是合乎意识形态的规范的。

正是在这样的技术层面上，在抵抗和独创性上的失败才能被清楚地看到。在写到绘画“表演了风景的一致性”时，提姆·克拉克指的是在莫奈作品中，品味和技术能力的结合被用于远离某些实据形式。在欧基夫的绘画中，一种不同的“风景的一致性”是通过同摄影性特征之间的类比来达到的。正是这个类比的透明和普通生成了滥调式的隐喻。我们可以注意到，欧基夫绘画的效果与一位更现代、更受广泛赞美的风
222 景画家安塞尔姆·基弗的效果在本质上是相似的。在基弗的作品中，一种强烈的潜隐内容之感同样破坏了戏剧性风景中持续的摄影式写实主义，将常规文化之流中那些深奥的典型意象引进画面之中。

风景里的身体（二）

我们需要一个隐藏内容与更具创造性的技巧相互呼应的例子。一幅早期的绘画也许可以帮助我们更好地突出并深入研究一系列促进风景画的现代化发展的因素。柯罗的《呐米湖纪念》于 1865 年在法国沙

龙展出(见图 7.6)。这幅非常具有想象性的风景画因为两个明显的特征而闻名。第一是画面中极富戏剧效果的暮光,它似乎描述了这样一个时刻:此时太阳已经落到地平线下,但还没有下得很深,因此它的光还能把云层的底部染亮。与光的质量有关的效果包括画面左侧清晰的建筑轮廓和构成湖面景色的薄雾与倒影的融合。第二个显著特征是画面右侧前景中罗马农牧神一样的男性浴者,他被固定在一个身体即将离开水面的瞬间动作之中。尽管他所在的位置使他远离了光源,但他的背部曲线在黑暗湖岸的反衬之下依然闪着亮光。

绘画是一种"纪念"(souvenir),这一概念突出了这个作品的地位。它的美丽让人想起意大利一个非常有名的、风景如画的地方(一个柯罗极有可能在 20 年的时间里都没有到过一次的地方)。但我认为这幅画的效果来自于柯罗对传统的人物—背景关系进行了微妙的颠覆以及这

图7.6 柯罗,《呐米湖纪念》(1865)。画布油画,98.4×134.3cm。

种颠覆所产生的效果。这并不意味着人物在这里完全地融入到背景之中;最引人注目的是柯罗颠倒正常主题秩序的方式,其结果是在我们希望背景能够为人物提供活动场景的地方,反而看到人物增加了其周围世界的意义和气氛。

在某个层面上,柯罗使用了一种古典的传统,即把仙女和农牧神当成一个不受外界变化影响的虚构世界中的"守护神"(animus loci)。但他对其施以自然主义的影响,之后再加以吸收利用。在这幅画中,他在两个时刻之间建立了一种微妙的隐喻关系。一个是通过典型的视觉话语建构的预测时刻,也就是光即将消失的那个时刻;另一个则是身体的瞬间动作的预测时刻,想象力丰富的观众几乎可以用动觉的方式,通过该动作对他的精神运动反应的影响慢慢地对它进行体验。就好像浴者下一个动作的持续悬念成为了保留该图画所展现内容,通过一种令人印象深刻的光质,以绘画形式定义的"纪念"的条件。这种悬念被直观体验,以至于看画者自己的肌肉运动预期时间被延长。[40] 这种同感反应的产生对于该绘画的质量特征非常重要。

这些话说出了与柯罗作品的效果及其生产机制息息相关的一些东西。但这并不意味着这个效果本身就是有限的,或者可以被简化为一种语言学的命题或一组命题。用戴维森简洁的说法就是:"看作不是看到。"[41] 柯罗的绘画给我们上了很好的一课,那就是隐喻性结构所引发
225 的反应形式并不能够仅仅通过认知的行为得以穷尽,也不能够被引入到关于实际情况是什么或者不是什么的论断之中。

根据这些例子,我们可以为风景画的效果研究建立一种公理式的理论框架,就像下面展示的那样。它是就特定绘画类别而提出的:

1. 只要涉及到风景主题并部分通过一种相对深远的空间幻觉来建立自己与众不同的效果,但同时也被赋予不同秩序的隐藏内容,那它们就是"风景画";

2. 这种隐藏内容是无法通过简单地提到其自然主义的主题或体现该主题的幻觉系统来解释的；它是绘画内容，而非其表面形式的作用；
3. 揭示这个内容的一个必要条件是，这幅绘画的观众要能够站在所展现景色的观众的虚构视角上，因为那个位置是通过该绘画的布局来建构的；而且
4. 这个视角的采用和这个内容的揭示都是进行合理阐释的必要条件。

我们还需要进一步提出另外一点。把风景画当成身体和身体感受的一种隐喻化形式加以讨论，让人想起前面提到的弗里德论库尔贝的现实主义的著作。弗里德写到了库尔贝所进行的一些尝试——当然它们注定是要失败的，但却因此而更有意义——即亲身"进入"自己的画作之中，在想象中消除画家—观者这一角色，即远离画布、作为所呈现之景的假想观众的角色。弗里德还讨论了库尔贝风景的拟人化，一种通过石头和树叶帷幕表现身体形态的习惯做法，（如果我理解正确的话，）他更愿意把它们看成是可辨认的效果形式，而不是图画形式。

弗里德并不是第一个注意到库尔贝作品中的这个习惯的人，但他就该习惯所进行的论述使它跟我的观点产生了关联。为了阐明我对弗里德之论述的理解，我用同一作品的两个表现版本来做例子加以阐释，即库尔贝大概创作于 1865 年的作品《隐蔽的小河》和《黑井》（见图 7.7，7.8）。弗里德在画面的左侧发现了一张人脸（尽管他是通过参考该作品位于巴尔的摩的第三个版本来阐释这个看法。[42] 而我则在其右侧看到了一个人体躯干（就在巴尔的摩版本所省略掉的那部分场景中）。我所看到的是此人大腿以下的部分都淹没在前景中的小溪里，扭头向着图画的空间深处，因此其脖子以上的部分与右下角的巨石完全融合在一起。但我只在芝加哥版本（图 7.8）的场景中发现这个躯干，尽管巴 226
黎版本表现的是完全同样的地形，而且包含了几乎所有相同的形态成份。

图7.7　库尔贝，《隐蔽的小河》/《黑井》(1865)。画布油画。

现在我并不认为“谁看到了什么”这个问题非常重要。我想要证明的是，相对于巴黎版而言，该绘画的芝加哥版更为清晰地弥漫着一种人类的身体存在于其中的感觉。通过在后者之中“发现”一个躯干，我怀疑我所做不仅仅只是在寻找一个用以确定我所感觉到的不同效果的明显记号。过分地比较人脸状岩石、躯干状岩石和岩石本身之间的差别，这恐怕是没有必要的，而且确实具有相当的误导性。在某个时刻，绘画目的这个问题不可避免地会介入。而我怀疑，尽管有沃尔海姆，[43] 这个问题即使不是不得要领的话，也是无法确定的，尤其是在它涉及到一种高度隐喻性的表达的时候。弗里德的论点在我看来最有启发的正是：他一方面关注相关绘画效果的优先权，另一方面关注这些效果的实现过程的自主性或无意识性。

尽管我可能会在该绘画的芝加哥版中看到石头变成了人体躯干，

尽管我可能会把这两个版本看成——或者是体验成——不同的东西，但我并不认为这种差异是有意而为之。这样说我认为符合这篇文章的初衷。对于弗里德而言，他所讨论的效果的无意识性正是它们所具有的评判现实主义思想的保证。而能够确保把艺术家—观众作为决定绘画的一种存在从画面中抹掉的可能性的正是那种“自主性”——一种看不到自己正在做什么的可能性。为了让这个观点能够为本文的目的服务，我将提出这样的一个看法，即我们正是在实体存在的自主效果中发现了身体对抗意识形态的标志。换句话说，绘画的自主效果的一个条件就是，它放弃追求一种刻意的、可以通过比喻性的办法确定的有效性。

我们还需要把这点跟图画和绘画之间的对立这个问题联系起来。

图7.8 库尔贝，《黑井河谷》(1868)。60×73cm。

为此我要回到塞尚的作品上。我想到的是《黑城堡公园》(见图7.9)。尽管这幅画在很多重要的方面都是跟欧基夫的《红黄相间的悬崖》从属于不同的绘画种类,但它们具有一个很重要的相似点。它把空间后缩效果同实际饱满度或浓度的效果结合在一起。我认为,该绘画制造了一个相对深远的空间——一个风景空间——的错觉;它安置了一个虚构的观者,似乎就在图画所展示的景色的入口处;同时这位观者从一些认知活动的角度看是合格的,这些活动包括对色块、光、距离等的阅读。实际上,这些活动被极富想象力地假设成为该虚构观众在风景中赢得一个位置和方向的具体办法。

正是在这一点上——或者从这个角度看——我们可以说作用在该绘画的观众身上的是一种不同的秩序。因为,单凭想象力去采取一种在再现景象中观看的立场,在现实中,这种立场不可避免地会碰到复杂的技巧问题,而错觉正是建立在这些个复杂技巧之上的——在画作实际表层上的那些平面、笔触和对比,它们无比生动地显示出艺术家的刀工斧作,而且也让那些被绘制出来的表面细节不可避免地成为某种人造东西的组成要素。

虚构的观众似乎具有高度协调的认知能力,它以一套完整的感觉
228 器官和一系列动觉反应的形式出现,因此在他的理解中,所展示的景色不仅仅只是一组有组织的视觉细节,同时还被感受为一系列真实的边缘和间距、突起和凹进,通过这些,该景色本身被建构成为一种空间错觉。这绝不是要说,该绘画的平面可以被看成是某种浮雕,就好像可以在该绘画实际的平坦和它所展示的深度之间达成某种和解;而是要说尽管在人工的一面中,它留给我们的体验在某些方面与其在"视觉"的一面中是不可调和的,但这两个面却在那些我们感觉是一幅同时的图画(或绘画)的作品中融为一体。

塞尚的绘画因此具有非常明显的特色,体现在其对创作(making)
229 和观看(seeing)之间的关系进行了深刻的、批判性的主题化处理。这

图7.9　塞尚，《黑城堡公园》（约1900）。画布油画。

两个方面都是所有绘画的实践条件。看画的感觉是什么？是不是把所看到的东西当成是在自己身外形成的一个总体，是那种我们根据与它的关系给自己定位的东西？或者把看这种行为当成是决定我们的世界认知的手段？绘画的初衷并不是要提出这样的问题，仿佛它是哲学家冥思的对象。相反，它是这个问题所主宰的一种存在模式在特定情况下的特殊化产品。绘画并不总是作为这种存在模式的一种隐喻而存在。相反，画布上的风景让这个问题变得清晰明了，成为其自身对看画人所起效果的一个先决条件。

现在要解释《红黄相间的悬崖》所引发的一个次要效果——一种相对的失望感就容易得多了。欧基夫的绘画原先非常戏剧化的效果部分地存在于它实质上是以一种阅读方式，或者甚至是以一种标志代替另外一种。相比之下，塞尚画作的效果则是拒绝安置在一个位于其所描绘场景之外的想象性空间中，进而让观者保留其在真实存在之中的观看作用。换句话说，在塞尚的画作前，场景之观者的虚构位置永远都在，但其得以保留的结果是，由于该绘画的一个方面总在"修正"另外一个方面，因此，这个位置不论是处在哪一个点上，都受到来自画作创作者所在位置的修正。相反，欧基夫绘画的技术特点就不是这样，它不能生成一个能够对该绘画进行继续钻研的观众。

结　论

如果风景画存在一种特有的权力形式，它的衡量标准肯定不会是要考察风景画所展示的内容是什么，不管这种展示如何得到充分的解释。要对风景画的权力有充分的认识，我们需要研究风景画在历史上的不同时期提供、引发了哪些隐喻，并对它们进行批判性的再考察——其中就包括整合与打乱的隐喻和在场与缺席的隐喻。也就是说，我们要特别留意两个问题，一个是各种自然及视觉观点都具有的自我意识形式,另一个是这种自我意识本身被话题化的方式。之后我们还需要把这些同错觉深度与人工平面之间特定辩证形式联系起来,这些形式都是风景这种表现类型所特有的。最后,我们需要面对在现代时期与 231 风景联系在一起的那些效果的全部含义。它们有些是整合与打乱、在场与缺席这些陈词滥调的实际衰落形式。

那么,关于后现代主义,我们又能说点什么呢?我以《人质19》——艺术与语言小组创作于1989年的一个风景画形式(见图7.10)来结束本章的讨论。该绘画展示了一个虚构的、似乎是被密封在一块玻璃之后的博物馆的内部空间。玻璃上面贴着一个印刷文本,宣布了要创作一幅画的目的。它计划在将来的某个时刻创作一幅风景画,它将是业余的、具有明显的地方特色、"普通而又死板"、在情绪表达上非常别扭、十分失败,甚至连幼稚都谈不上。从博物馆这个意象可能代表的视角来看,这幅未来的绘画将是一个最彻底的、最令人尴尬的失败。该文本也很清楚这种失败是不可避免的。存在于禁忌边缘上的部分不是反对者们具有的那种浪漫色彩的完美,也不是现代主义的那些遭到排斥的另类具有的执著美德,而是一种无可救药的、不可逃避的无能。

这个文本详细介绍的风景无疑是一个无法绘制的风景,或它至少是一幅无法绘制及解释的画作——除非它是由这样的人来完成,对于他来说,这一作品的存在只是为了实现某种效果,即用作表达他对现代艺术手法几乎忍无可忍的反感态度的手段。某种真实可感的危险预感似乎确实弥漫在这件作品中——这看似确是它的部分效果——而这种危险与一种可能的事实边缘化联系在一起,与预期将被驱逐出该象征性博物馆所代表的那个世界联系在一起;在这样的世界里,意义和用途的问题最为重要,而这类问题的答案也早已被强制确定了下来。这样的一个世界不只是一个物质的世界,也是一个历史以及意识形态的地方——一种可怕的此时、此地。该风景为逃离这个世界提出了一种办法,但该文本也暗示,对风景的展望所带来的风险就是:"我们"将无法

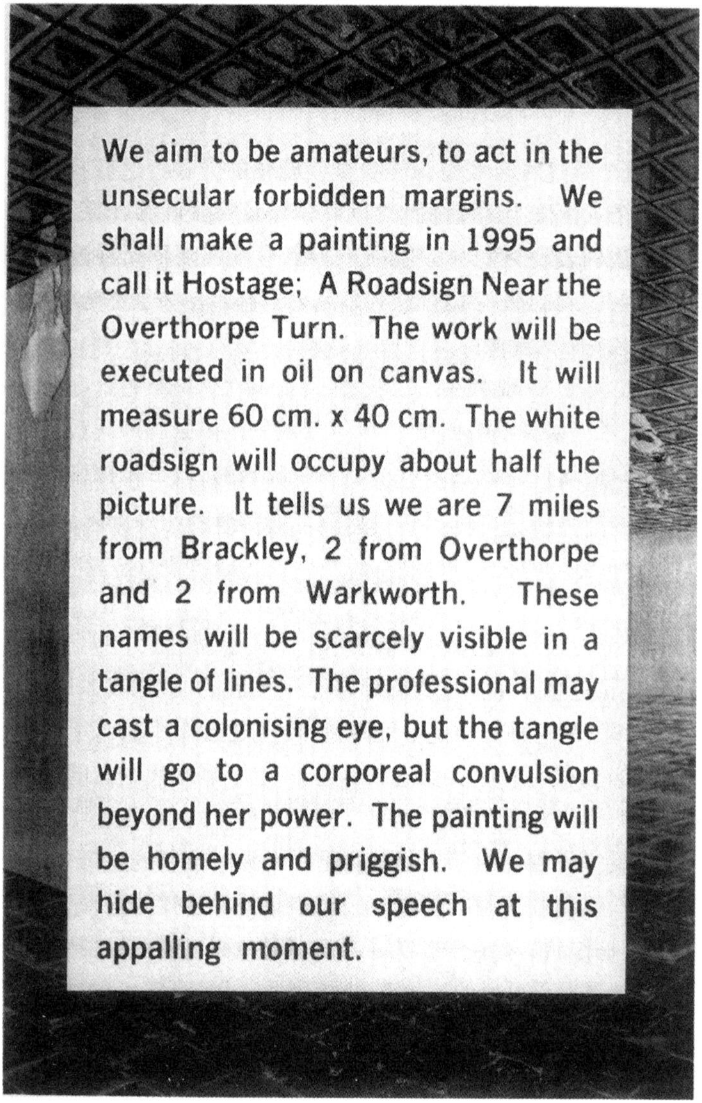

图7.10 艺术与语言小组，《人质19》(1989)。印制在纸张和玻璃上的明信片文本，画布及木板油彩。[图中文字：我们的目标是做业余人士，在非世俗的边缘禁地行动。我们将在1995年作一幅画，名为《人质》：Overthorpe Turn附近的一块路牌。作品将为布面油画，60×40cm。白色的路牌约占画面的一半，它说我们离Brackley 7英里，离Overthorpe 2英里，离 Warkworth 2英里。这些地名在凌乱的线条中几乎看不清。专业人士可能会投以占领的目光，但凌乱以肉体的痉挛挣脱其权力。画作将是平凡而自命清高的。在这骇人的时刻我们可能躲在我们的语言之后。]

安身于现代。它还进一步暗示,不管现代的东西是多么地缺乏吸引力,无法成为现代就意味着进行文化自杀。

如此看来,该作品的效果就是弄清楚克拉克所担心的问题,即在面对现代主义风景时,“无效性”的具体条件是什么——并把它们变成一种讽喻性行为的自觉性材料。当效果的话语本身由官僚机构壁垒保护时,风景就无法成为避难所了。但接下来的结果不是坠入痛苦。一种极小的可能性被提了出来,那就是该文本所计划的风景也许有一天会被画出来——而且是被某个对来自现代的限制视而不见的人画出来。 232

这样看来,我们似乎还要在我原来提出的四个公理上再加上一个:

5. 要确定特定画作的效果,并不是非得从假想观者的角度观看,也并不一定等同于采纳了这一观看视角后揭示的隐藏内容。相反,它可能来自于思想与制作之间的某种巧合,这种巧合既破坏了观看程式,也削弱了隐藏内容的假想意义。也许,批判性地延续了风景画类型的绘画,将是给无防备者设有陷阱的绘画。这样,就这种绘画的隐藏内容作出判断可能就会碰到以新的形式出现的相似难题。在尝试区分它们自身之阐释性行为的实际指示物和隐喻指示物时,这些判断就跟前人——即那些将可塑性人物置于图画背景之中加以解读的人一样,同样无法得出确定不移的结论。

对于持续进行的绘画实践、同时也是在持续进行的绘画实践之中,关于风景这种表现类型的传统,其可能最具批评价值的东西并不在于其有目的的刻画形式(它是定义风景的依据),而是在于该类型为一个得以继续进行的事业所提供的先例中,在于可视事物(包括那些临时被排除在被看见、被表现的可能性之外的事物)的语境中。 233

注 释

1. 艺术与语言小组的迈克尔· 鲍德温(Michael Baldwin)和梅尔·拉姆斯登(Mel Ramsden)创作于1989—1991年间的系列绘画《人质》(*Hostages*),激起了我对风景作为一种现代表现类型这个问题的兴趣。现在这篇文章促使我写另外一篇来专门讨论这些画。我同时非常感谢芝加哥大学艺术系的同学们,还有该系的玛莎·沃德(Martha Ward),在与他们的交往中,这篇文章中的一些观点早在1991年春季学期时候就已经被试探性地提出过。保尔·史密斯和W. J. T. 米切尔阅读了本文的初稿。他们的批评意见使我确定有必要对文章做较大的改动,并激发我进行后续的研究。但本章中所有的不足都是我一个人的责任。迈克尔·鲍德温阅读了本文的修改稿。他提出的批评和建议总是一如既往地贴切,很能帮助我打开思路,我已经尽力要在这篇文章中把它们体现出来。最后,我要感谢安·简森·亚当斯。她细致、热情的阅读促使我最后对一些矛盾、晦涩的地方进行了修改,而它们就出现在我原先错误地认为是最后定稿的文稿中。

2. 本文中我使用小写的"modernism"(现代主义),指的是从定性的方面考察的现代艺术,但并不一定指任何特定形式的相关理论。我使用大写的"Modernism",指的是任何声称在与克莱门特·格林伯格的《现代主义绘画》("Modernist Painting")不矛盾的基础上,代表该定性角度的批评立场。

《现代主义绘画》一文载于《艺术年鉴》(*Arts Yearbook*,纽约,1961),重印于哈里森(C. Harrison)和伍德(P. Wood)主编的《理论中的艺术,1900—1990》(*Art in Theory 1900—1990*,牛津,1992)。

3. 这些话分别是在一次画展上一篇大幅单面印刷的文章的开始语和结束语。这次画展中大多数画作都是各种风景主题的变形形式("艺术小组"画画(六),阿诺尔菲尼美术馆,布里斯托尔市,1991年秋)。引用自理查德·沃尔海姆,《作为一种艺术的绘画》(*Painting as an Art*,普林斯顿,1987)。

4. 沃尔海姆用这个公式来体现从艺术中的恢复(文明)意义的最低条件。比如,参见《作为一种艺术的绘画》,第22页。

5. 在这一点上,对现代主义的批评反应形成两种独立的趋势,得到不同形式历史关注和分析的支持。在这里我所关注的反应形式,试图将标准的现代主义理论下处于临界应变状态的现代艺术继续下去,同时通过重新阐释的方式给它注入生气。另一种与之并非毫无关联的走向则提出了这样的问题:如果现代主义自身的兴趣可以被揭示,那对绘画传统的有效性进行现代主义评判的代价是什么?把绘画与一种具有明显政治目的的计划重新联系起来,会遭到怎样的抗拒?这是渴望看穿现代主义的历史阻碍,把绘画的过去同它已经发生变形的现在重新连到一起。作为这一渴望的表达,请看下面这些话:"在我们谈论艺术的时候,权力——没有什么词比它更不贴切、更荒谬。它如果能有什么作用,那它就是这本书的目的:努力重构一些条件,在这些条件下,艺术曾经是历史过程的一个有争议的、甚至是有效的一部分。”这些话出自克拉克(T.J. Clark)《人民的形象:古斯塔夫·库尔贝与1848年革命》(*Image of the People: Gustave Gourbet and the 1848 Revolution*,伦敦,1973)的开头,第10页。

6. 在1874年首届印象派画展的同期批评中,有一个很好的关于这种迷惑的例子,即菲利普·比尔蒂(Philippe Burty)对毕沙罗《白霜》(*La Gelée Blanche*)的评论。“毕沙罗的《白霜》的一个效果让我们想起了米勒最好的主题。我们认为他刻意消除阴影,尽管他只选择了那些没有阳光、光线柔和的日子以便让所有的色调都能够保留其色彩值和柔和的平面。”《法兰西共和国》(*La République Française*),1874年4月25日,转引自《新绘画:印象主义,1874—1886》(*The New Painting: Impressionism, 1874—1886*,旧金山美术博物馆,1986),第138页。这里,比尔蒂评论了该画的一个独特的人工效果,随后把它说成是真实的光线条件自然形成的效果。

7. 格林伯格,《现代主义绘画》,第755页。

8. 同上,第756页。格林伯格对绘画本质的看法使他坚持把抽象绘画看成是一条渐进曲线的命运。但可以认为,绘画的独特性跟它作为图形表现方式的传统作用(即在平面上描写三维的物体)之间肯定有一定的联系。如果绘画现在同摄影一样都有这个特点,绘画中图形的生产机制还是绘画所特有的。同样的情况,抽象绘画如果失去了与这些生产机制发生联系的可能性,那它也就失去了作为绘画所有可能的意义。

9. 同上。

10. 参见他的《走向一个较新的拉奥孔》(“Towards a Newer Laocoon”),《党派评论》(*Partisan Review*)第7卷,第4号(1940年7—8月),第296—310页。

11.《现代主义绘画中自然的作用》(1949),载《艺术与文化》(*Art and Culture*,波士顿,1961),第171页。

12.《塞尚》(Cézanne, 1951),收录于《艺术与文化》,第52—53及57页。

13. T. J. 克拉克,《1865年〈奥林匹亚〉的可能接受条件》(“Preliminaries to a Possible Treatment of Olympia in 1865”),《荧屏》(*Screen*)第21卷第1号(1980年春),第18—41页。重印于F. 弗拉欣尼和C哈里森主编的《现代艺术与现代主义》(*Modern Art and Modernism*,伦敦,1985),第260页。

14. 引自《现代生活绘画:马奈及其追随者的艺术中的巴黎》(*The Painting of Modern Life: Paris in the Art of Manet and His Followers*,伦敦,1985),第180—181页。

15. 如果格林伯格式效果的自主化的时刻可以定位于《走向一个较新的拉奥孔》和《现代主义绘画》出版的两个时期之间,那么与有效性相关的艺术史发展,一方面可以指引到梅耶·夏皮罗(Meyer Schapiro)20世纪30年代后期的写作,另一方面则指引到1973年T. J. 克拉克《人民的形象》的出版。

16. 本文的部分压力来自于有效性这个概念已经向各种形式的诠释开放。但我并不打算利用模糊性,并要给这个术语某种相对固定的意义,这样才可能检验其他用法。我认为当一幅作品被看成是一个有目的性的指示物，与它所强力唤醒的现存方法或理论有着关键的、深重的关系时，它就是有效的。

17. 最初发表于《批评探索》(*Critical Inquiry*)第9卷，第1号(1982年9月)，第139—156页。

18.《现代主义怎样起作用：与T. J. 克拉克商榷》("How Modernism Works: A Response to T.J. Clark")，《批评探索》第9卷，第1号(1982年9月)，第217—234页。

19.《现代主义辩：与迈克尔·弗里德商榷》("Arguments about Modernism: A Reply to Michael Fried")，载于W. J. T. 米切尔主编的《阐释的政治》(*The Politics of Interpretation*，芝加哥，1983)，第239—248页。

20. 约翰·巴瑞尔，《风景的阴暗面：英国绘画中的乡村穷人，1730—1840》(剑桥，1980)。

21. 自动主义(automatism)是超现实主义画家倡导的摆脱思想束缚、让潜意识得到表现的一种创作方法。——译注。

22. 迈克尔·弗里德，《库尔贝的现实主义》(*Courbet's Realism*，芝加哥，1990)，尤其是第7章。

23. 保罗·海耶斯·塔克(Paul Hayes Tucker)，《九十年代的莫奈；系列绘画》(*Monet in the '90s; The Series Paintings*，纽黑文，1989)。

24. 我提出了一些可预测的发展领域供学者们去修正：战争期间法国"现代"风景绘画中的保守倾向(弗拉曼克、德·赛贡扎克、德朗)；同一时期英国风景绘画的现代化(保罗·纳什、本·尼科尔森和温妮弗雷德·尼科尔森、克里斯托弗·伍德)，有关论述请参见我的《英国艺术与现代主义，1900—1939》(*English Art and Modernism, 1900—1939*，伦敦，1981)；以及在美国从小型的现代主义风景(达夫)经由阐释性的心理风景(欧基夫)到地方主义的风景(格兰特·伍德，柯里)的全部谱系。即便这其中只有很少一部分确定属于20世纪国际经典的艺术成就，它们中大部分就"经典由什么组成"提出了有趣的质疑。举行一次1920—1945年间国际风景绘画展览将会特别有意思。

25. 在使用典型的或虚构的观者这个概念的时候，我想到两个相关思考和分析的丰富资源：弗里德的《同化与戏剧性：狄德罗时代的绘画及其观赏者》(*Absorption and Theatricality: Painting and Beholder in the Age of Diderot*，伯克利及洛杉矶，1980)和沃尔海姆的《作为一种艺术的绘画》，尤其是第1—3章。

26. "约1750年"(c. 1750)是莱斯利·帕里斯(Leslie Parris)的标准目录《英国风景》(*Landscape in Britain*，伦敦泰特美术馆，1973)的起点时间(*terminus post quem*)。

27. 这点在W.J.T. 米切尔的文章《待售的自然：贡布里希与风景画的兴起》中得到了充分论述。该文收录于安·伯明翰和约翰·布鲁尔主编的《现代早期的文化消费》。

28. 在古典风景绘画和地形风景画这些非常明显的例外面前，该论点可能分崩离析。至于前者，我们可以说那些赋予它特殊地位的经典作品的削弱是风景作为一种现代艺术类型发展的条件;关于后者,它假定与所表现的内容之间有一种毫无争议的权威形式的关系,而正是因为这个假定阻碍地形风景画参与或者帮助 19 世纪技术的发展,这种发展以风景作为一个整体类型为特征。就像战争绘画一样(因为类似的原因),地形风景画这种次类型的命运就是将会成为技术保守主义的一个有用宝库。

29. 当康斯太布尔写到“上帝不是为我而设,而我也不是为上帝而生的”的时候,他说出了一些关于自己作品地位的重要东西,而这种地位与 19 世纪 30 年代有地的贵族阶级和眷本土地所有权的中产阶级之间的巨大鸿沟有关。他的父亲是后者中的一份子。“我有限、抽象的艺术在每一道篱笆下面、每一条小巷中都可以找到,因此没有人认为它值得去做,但我有我的崇拜者,他们每一个人都是我的主人。”出自 1832 年 1 月 14 日致 C.R. 莱斯利的一封信,转引自莱斯利·帕里斯和伊恩·弗雷明—威廉姆斯的《康斯太布尔》(伦敦泰特美术馆,1991),第 34 页。

30. 康斯太布尔给莱斯利的信在佩特沃斯被收到。透纳在近当代创作的佩特沃斯公园风景画乍一看可被视为对“上帝”土地的一种赞美,因此也例外于我所说的普遍性。一方面,我们可以说透纳的作品对风景作为一种独立的艺术类型的发展具有一定程度保守性的抵抗。另一方面,我们也可以说,佩特沃斯图画中那些向外的全景及艺术家对效果的编排往往会抑制人们把相关景色看成是财产的景色。如果有一个预设的、想象性的观者,他也会和其他观者一起惊叹于大自然的壮美。泰特美术馆里一幅描绘佩特沃斯公园落日景色的素描中确实有一个伊格雷蒙特勋爵(Lord Egremont)的形象。但他并没有被描绘成自豪地站在土地前,而只用寥寥数笔勾画出来,还被狗追咬着。

31. 在此我并不是想说,“现代”这个术语应该具有可评估的价值;我只想提醒大家注意其中对社会历史条件的形式的暗示。但我们可以说,即使从 1751 年那类完全可以想象得到的观众的视角来看,德韦斯的绘画也是保守的。我想到了某种形式的占有式个人主义理论的想象性化身:典型的自由主义观众,他首先及首要地是其本人的所有者,或(理论上)就是本人。

32. 其《现代主义绘画》,第 758 页。

33. 沃罗欣诺夫(V.N. Voloshinov),《马克思主义与语言哲学》(*Marxism and the Philosophy of Language*, 1929),L. 梅特卡和 I.R. 迪图尼克译(马萨诸塞州剑桥,1986),第 23 页。

34. 在那些已经完成并展出的作品中,我特别想到的是英国皇家学会 1825 年的《奔马》(*Leaping Horse*)。如果考虑到素描之类的绘画,尤其是费城的《石头》(*The Rock*, 1823)和芝加哥的“*Stoke-by-Nayland*”(约 1835—1837),那种宣称康斯太布尔是“不成熟的现代主义”的观点将会得到更为有力的支持。这些作品复杂的颜料表层很明显既确保了模仿的可能性,又维持了一种全面的装饰秩序。直到波洛克(Pollock)1943—1944 年间作品的出现,我们才能再次发现这种程度的张力,支撑它的是那些曾经非常细腻、非常艺术的表面。毫不偶然的是,在尝试建立对这一张力的某种“视觉”控制时,两个画家都被相同的技术手段所吸引，即把一些白色斑点平均地散布在整个表面。关于这种“下雪”手法的意义，请参考《论绘画的平面》（“On the Surface of Painting”）一文，收录于我的《艺术和语言文集》（*Essays on Art & Language*，牛津，1991）。

35. 此外，这点很接近我们熟悉的一个现代主义诫令，那就是，现代风景要求观者既要顺从绘画（painting）在其作为一张图画（picture）时的有效性，也要通过对绘画作为绘画的效果保持警醒来对抗这种顺从。而现代主义批评的趋势是，根据绘画日益增长的对“内在”事务的关注来证明这个要求的合理性。相反，我意在提出，只有通过关注绘画对可表现的事物的批判，我们才能发现现代绘画——更不用说现代风景绘画——如何深刻地卷入经验评价和身份认同的问题，而这些问题容易被我们当成是哲学、心理学和政治学特有的研究范围。艺术效果和艺术有效性之间的对立，换句话说，是一个具有某种政治和哲学意义的问题。

36. 我遵循的是一种再建构的“逻辑”顺序，这并不意味着两种形式的观察是实时地一个接另一个，或者甚至说两种观察在实际遇到该画或任何艺术作品时是必然分开的。

37. 关于相似性的异想天开，参见尼尔森·古德曼（Nelson Goodman）《问题与计划》（*Problems and Projects*，印第安纳波利斯，1972）一书中的《相似性七问》（“Seven Strictures on Similarity”），第 437—446 页。

38. 在此我并没有断定共现关系本身就可以证明因果联系。但没有必要假装这样的联想所具有的结合力不是意义产生的一个决定因素。我们可以说欧基夫的绘画在某个方面跟希尔的绘画相似。从这个观点出发，我们可以继续进行其他的研究，比如研究可能存在的历史及因果关系，欧基夫的创作意图，或者可能会引发因果联系的问题或目的的问题，或者两者都有的相关的心理学研究，等等。

39. 事实上，我无意质疑格林伯格对欧基夫作品的评论。他是在一篇关于欧基夫 1946 年纽约现代艺术博物馆回顾展的评论文章中作出这个评论的：“我知道很多专家……把卫生学和淫秽这两种相反的极端归为现代艺术的特征，但博物馆的专家们至少应该已经足够成熟，可以把它们区分开来。”《国家》（*Nation*），1946 年 6 月 15 日，重印于 J. 欧布里恩（J. O'Brien）主编的《格林伯格：文章及批评文集》（*Clement Greenberg: The Collected Essays and Criticism*，芝加哥，1986），第 2 卷，第 87 页。

40. 有些证据表明，这种顺序的反应可能已经成为同时期先进的法国画家们自觉器官的一部分。米勒的传记作者桑希尔（Sensier）引用了米勒回忆米开朗基罗一幅描绘一个昏倒的人的素描时所说的话：“对他松弛的肌肉、扁平的身体的表现，对人物因肉体的创伤而倒下的形象的塑造，给我留下了很多的印象；像他一样，我也被颜料害惨了。我同情他。我也受同样的身体、同样的四肢的折磨（或者因为它们而感到痛苦）。”弗里德翻译并引用在《库尔贝的现实主义》一书中，第 601 页。

41. 唐纳德·戴维森，《隐喻的意义》（“What Metaphors Mean”），载于谢尔顿·萨克斯（Sheldon Sacks）主编的《论隐喻》（*On Metaphor*，芝加哥，1981），第 45 页。戴维森继续

说道:“通过一些言语表达来唤起或促成人的感悟,隐喻让我们能够把一个东西看成其他东西。由于在很多情况下,隐喻所唤起或促成的东西并不完全是,或者并不是对某种真理或事实的认识,企图把字面表达加到隐喻内容身上只能是一种被误导的做法。”

42. 弗里德,《库尔贝的现实主义》,第 238—241 页。

43. 在沃尔海姆看来,欣赏一幅绘画“有两种方式,一种是正确的,另一种是错误的;正确的那一种可以保证所体验的结果与艺术家得到满足的目的一致”,前提是“目的必须被视为包含了艺术家所拥有的,且对其绘画生涯起到了特定推动作用的思想、信仰、记忆,尤其是情感和感受的东西”。《作为一种艺术的绘画》,第 86 页。

八

虚构、记忆和地方

爱德华·W. 萨义德

在过去十年里,人们对于人文和社会科学的两个交叉领域——记忆和地理的研究兴趣越来越大,或更确切地说,即是对于人类空间的研究。它们都催生了大量有意思的著述,而这些著述在实践的过程中又创造了新的研究及探索领域。比如,对记忆的关注已经扩展到包括个人回忆录和自传这类越来越流行的写作形式。几乎每个著名的虚构文学作家都尝试过这样的写作,而那些越来越多的学者、科学家、公众人物等等就更不用说了。国家对回忆、忏悔以及目击证明的重视表现为各种形式,从公开忏悔(比如在克林顿—莱温斯基丑闻中)到各种关于集体记忆的意义的研究、对具体集体记忆事例的扩展性思考及分析以及包含集体记忆的各种历史记录上。我在下文将对此进行具体论述。此外,在相对边缘化的层面,还很认真,有时非常尖锐地考察了某些记忆的真实性,并且(在更为理性的一端),学术界还对虚构(invention)在诸如传统和集体性历史经历中的作用进行了精彩的分析。

存在着一些极为强烈甚至令人悲痛苦的争议实例,包括:安妮·弗兰克的日记真的出自她本人吗?它在出版时是不是已经被出版商、家人或者其他人改动过,以掩盖她的家庭生活中的那些杂音?在欧洲,关于犹太人大屠杀的意义一直都有剧烈而且经常尖锐的争论,涉及到的内容包括发生了什么事情？为什么发生了这样的事情？关于德国、法国和其他几个相关国家的本性，它又给了我们什么启示？法国有名的古典主义者皮埃尔·维达尔—纳凯几年前就法国那些否认大屠杀的人写了一本很有影响的书，叫《记忆的谋杀》（*Assassins of Memory*）。最近， 241
帕蓬在波尔多接受审判。这次审判引发了一系列令人感到不安的问题，不仅关系到德国对法国的占领，还关系到那些和纳粹合作的法国人所起的关键作用以及它对法国人关于维西政权的选择性记忆都有什么揭示。当然，在德国，关于死亡集中营的证词以及它们所具有的哲学及政治意义的争论每隔一段时间就会有新的争议意见注入。最近丹尼尔·戈尔德哈根的《希特勒的自愿刽子手》（*Hitler's Willing Executioners*）德文译本的出版又为这些争论烧了一把新火。而在美国，我们只需了解一下那些官方文化代表和政府成员以及史密森学会所引发的怒火便可。这个被恰如其分地视为美国官方记忆之象征的学会计划发起一些展览，但却没有成功，一个是关于艾诺拉·盖伊[1]，另一个与非裔美国人的经历有关。之前在美国国立艺术博物馆举行的一次令人印象深刻的展览“西部美国”也激起了愤怒情绪。该展览把对西部、印第安土著以及19世纪60年代美国西部生活情况的再现同该地被以武力的方式进驻、印第安人被驱逐的情况，以及其曾经非常安静的农业环境被改造成为弱肉强食的城镇环境的情况放在一起进行了对比。阿拉斯加的泰德·史蒂文斯参议员对整个事件进行了谴责，把它说成是针对美国的一次进攻，尽管他发誓自己从来没有看过该展览。不管怎样，这些争议所引发的问题不仅关系到记忆的内容，也关系到记忆的方式以及记忆的形式。这个问题关系到再现行为本身令人棘手的本质，而不仅仅只是其内容。

记忆及其再现涉及到身份、民族主义以及权力和权威的问题，意义重大。不论是学院还是大学的历史研究——它当然是记忆研究的基础——都远非在事实和基本真理中进行的中立训练，在很大程度上，它是一种民族主义性质的工作，其前提就是研究者须对祖国、传统及信仰抱有适当的忠诚以及真切的了解。大家都知道，在美国，关于历史中的国家标准这个问题一直存在很剧烈的讨论。其中，诸如乔治·华盛顿或亚伯拉罕·林肯在历史教科书中所占的篇幅是否应该比现在还大这样的问题都激发了非常愤怒的反对意见。与之相似，正如霍华德·辛在其著作中所指出的那样，对于在研究美国历史时为什么只颂扬伟大人物的伟大事件而忽略了小人物的遭遇这个问题，人们已经表示了怀疑。这些小人物包括铁路工人、农场劳动者，以及那些在作为国家的财富和权力中枢的工业企业中流汗的劳动者。（他在另一本令人印象深刻的
242 著作《人民的美国史》中对这种不平衡重新进行了论述，该书现在已经卖出了超过 50 万册。）[2] 在最近的一篇文章中，他的观点甚至走得更远。在接到参加一个关于波士顿惨案研讨会的邀请时，辛对自己说他想要

> 讨论其他的惨案，因为在我看来，把注意力放在波士顿惨案上是一次很容易的爱国热情运动。要遮掩美国历史中存在的巨大的种族和阶级差异，没有什么办法比把我们大家都统一到支持美国革命及其所有的象征（比如保罗·里维尔描述士兵向人群射击的醒目蚀刻画）这个事情上来更为有效了。
>
> 我曾经向集中在法尼尔大厅（墙上挂满了开国元勋和国家军事英雄的画像）的人们建议说，还有其他已经被遗忘或淡忘的惨案更值得回忆。关于种族癔症和阶级斗争，关于我们在美洲及海外的扩张，这些被忽视的事件可以告诉我们很多东西，这样我们就可以更清楚、更诚实地认识我们自己。[3]

这些话立刻把我们带到了那个争论不休的问题上，关于国家主义和国家身份，关于对过去的记忆怎样被依照某种关于“我们”或，就这个问题而言，“他们”真正是什么的概念加以塑造。国家身份总是包含

着叙述——关于国家的过去、它的开国元勋及证明文件、重大的事件，等等。但这些叙述从来都不是没有争议或者不偏不倚的事实讲述。比如在美国，有些人认为自己是哥伦布出现的受害人，因此他们在过去曾以一种不同的方式纪念1492年。他们都是有色人种、少数民族以及劳动阶级成员，一言以蔽之，对于这个被诸多学派尊为一种进步的胜利、一次人性的集体推进的事件，他们却拥有不同的集体记忆。因为世界已经变得越来越小了——比如，通讯速度已经得到了极大提高——因此人类发现自己正在经历史上最快速的社会转变，我们所处的时代已经变成了一个寻根的时代，一个人努力在关于种族、宗教、社群和家庭的集体记忆中寻找一个完全属于自己的、不受历史破坏、远离动乱年代的过去的时代。但这也同样引发了非常强烈，甚至是流血的争论。在伊斯兰世界中，关于一些问题的争论正在进行，包括怎样理解正统传统（*sunnah*，即圣行），怎样阐释先知穆罕默德的故事（这些故事基本上都是由信徒及他的朋友重新建构的），以及怎样形成一种关于伊斯兰行为准则和法律规范的现代观念，使之与那些过去的、早期的、实际上是最原始的记忆协调一致。类似的问题也出现在对基督教福音书和犹太先 243
知书籍的阐释中，对于当前的社群问题和政治问题都具有直接的影响。其影响部分地隐藏于饱受争议的家庭价值观念之后；这些价值受到了政治候选人和伦理学家的推崇，但却为公众所诟病。

另一个问题使得作为一种社会、政治和历史事业的记忆变得更为复杂。如前所述，这个问题即是虚构的作用。1983年，英国两位著名的历史学家埃里克·霍布斯鲍姆和特伦斯·兰杰编辑了一本收录有其他几位著名历史学家的著作的文集，题目是《传统之虚构》。[4]我不想在这里总结这本极具独创性、内容丰富的文集的观点，我只想说它所研究的是统治者——从大约1850年以来这段历史时期中的社会领袖和政治当权者——如何着手创造一些被认为已经年代久远的仪式和物件，比如苏格兰的短裙和印度藩王的接见仪式，以此制造出一种虚假的，即虚构出来的关于过去的记忆，把它当作为统治者和被统治者创造新的身份感的一种手段。比如在印度，藩王的接见仪式——其所谓的“传统”地位完全是子虚乌有之事——被说成是一次盛大的庆祝盛会，其设计的目的就是要根植在印度人的记忆中，让它帮助英国殖民政府强迫印度人相信那存在已久的英国帝国主义统治。兰哲写道：“非洲的情况也一样。白人利用虚构的传统来获得权力和信心，让自己变成革故鼎新的代理人。而且，由于这些虚构的传统（比如强迫非洲人在欧洲绅士的农场上当苦力）是被有意识地加诸非洲人的身上，因此这些 19 世纪的欧洲产物完全可被视为是‘现代化’的代理”。[5] 根据霍布斯鲍姆的说法，在现代法国，随着拿破仑三世帝国的终结以及一个已经被政治化的工人阶级的出现（就像巴黎公社所证明的那样，那些“温和的共和派资产阶级”相信，只有创造出一种新型的公民，“把农民变成法国人……把所有的法国人变成良好的共和党人”才能摆脱革命的危险。）就这样，通过发展“一种俗世中的教堂对应物……它充满了革命与共和的信念和内容”，法国革命在教育中被制度化了。此外，还有“公共典礼的发明。其中最重要的就是巴士底日，它的历史可以被准确地追溯到 1880 年”。最后，还有“公共纪念碑的大批量生产”。这主要有两种类型，一是共和国本身的形象，比如玛丽安[6]；另一种形象则是“胡子拉碴的爱国平民，他们被认为是当地最为优秀的人物”。[7]

换句话说，虚构传统是当权者经常采用的一种实践。它是他们在大众社会中的一种统治工具，尤其是当小的社会单位——比如村庄和
244 家庭的凝聚力正在解体，当权者需要寻找其他的方式来把数量庞大的民众团结在一起的时候。虚构传统是选择性地使用集体记忆的一种办法，其做法是篡改某一部分的国家历史、对其他部分进行压制，以及通过完全功能性的方式抬高特定部分的地位。这样，记忆就不一定是真实的，而是有用的。以色列记者汤姆·塞格夫在他的《第七个一百万》中表明，在未能足够重视国家身份许多年之后，以色列政府有意识地把

大屠杀（Holocaust）当成一种巩固政权的手段。[8] 无独有偶，历史学家彼得·诺维克最近出版了一份关于大屠杀在美国犹太人心中的形象的研究结果。他在其中表明，在1967年的战争及以色列战胜阿拉伯国家之前，美国犹太人对那段极其恐怖的经历很少关注（实际上是有意识地尽量降低其重要性，以此作为一种避免反犹太主义的方法）。[9] 从早期的态度到大屠杀博物馆在华盛顿的建设，中间经历了一段很漫长的路。同样地，围绕着亚美尼亚大屠杀记忆的争议因为土耳其政府否定它所扮演的角色而升级。

我引用这些例子的用意在于强调，在现在的社会，记忆的艺术不管是对历史学家还是普通的公民和组织都是某种可以被利用、误用和滥用的东西，而不是某种静止不变地待在那里，供每个人拥有并融入自身的东西。由此，研究、关注记忆或者某个特别受欢迎并且可以找回的过去是20世纪一种具有特殊含义的现象，它出现在一个变化急剧到令人困惑的时代，这个时代具有大到无法想象的分散的大众社会、各种对立的国家主义以及——也许是最为重要的——越来越失去效力的宗教、家庭和政府纽带。现在的人们都指望这种经过重新塑造的记忆，尤其是当它以集体的形式出现时，能够给他们一个清晰的身份、一种国家叙事以及一个在世界中的位置，尽管，正如我所暗示的那样，为了当今一些有时非常紧迫的目的，记忆的过程经常（如果不是总是的话）被篡改和干预。把这种更为现代、同时也相对容易锻造的记忆形式同弗朗西丝·耶茨所描述的那种古典时代的典籍化、严谨的记忆艺术相比较很有意思。[10] 记忆在西塞罗看来是某种经过组织和建构的东西。如果想要记住一些东西，比如为即将要做的演讲做准备，你就应想象一个带有各种各样的房间和角落的房子，在脑海中把想要记住的那些内容进行再分类，然后把它们放到房子的各个不同的部分中；在你演讲的时候，你就像是在脑海中穿过这个房子，一边走一边发现各个地方、各个物件、对应的字词句章。记忆的秩序在过去就是这样得到维持的。而相比较而言,记忆的艺术在现代则更受制于虚构性的重新组织和重新分配。

245 说到地理学,或说地貌,在这里我指的是一种经过社会的方式建构和保持的地方感(sense of place),现代学者和评论家已经把很多的注意力投到了这一方面:在人类事务中空间所起到的异乎寻常的构成作用。"全球化"这个词就是个简单的例子。作为现代经济学一个必不可少的概念,它是个空间的、地理学的名称,代表的是一个强大的经济体系遍布全球的状态。想一想诸如奥斯维辛这样的地理名称,想一想它们在一个特定的可以明确的历史时期及之后,对波兰和法国一类的地理地点所具有的影响和反响。同样的道理可以应用到耶路撒冷上。它是一个城市、一个概念、一部完整的历史,当然也是一个可以明确表现的地理位置,其典型的形象常常是圆顶清真寺、城墙以及环绕在橄榄山附近的房子的照片。当说到记忆以及各种各样被虚构的历史和传统的时候,它也是多因素决定的。尽管所有这些记忆、历史和传统都来自耶路撒冷,但它们中的大部分都是相互矛盾的。耶路撒冷的神话位置——与其真实的地理位置相对——加剧了这种矛盾。在其神话位置中,耶路撒冷的风景、建筑、街道等类似东西都镀上了象征性的意义,或者可以说全部被其覆盖。这些意义掩盖了耶路撒冷作为一个城市和真实之地的存在现实。巴勒斯坦也是一样。它的风景在犹太人、穆斯林和基督徒的记忆中所起的作用是截然不同的。对我来说,最匪夷所思的事情之一就是这个地方曾经强烈地吸引过欧洲的十字军,尽管他们与这个国家的距离是那么地遥远。比如,欧洲文艺复兴绘画中耶稣出生和受难的场景看起来就好像是发生在一个失去了本真面目的耶路撒冷中,因为这些画家没有一个曾经亲眼见过这个地方。于是,一种理想化的风景逐渐成形,在几百年的时间里它一直支撑着欧洲人的想象。明谷(Clairvaux)修道院的伯纳德站在位于法国勃艮第中心的维泽莱的一个教堂中,宣布发动十字军东征,从穆斯林的手中重新夺回巴勒斯坦和其他圣地,这样的场景总是让我非常惊讶。而在欧洲生活了几百年之后,具有犹太复国主义思想的犹太人竟然还认为巴勒斯坦在时间中一直是静止的,它还是他们的巴勒斯坦,罔顾时间已经过去了几百年,也不管其真实的居民存在。这也表明了地理如何被篡改、虚构及刻画,完全远离一个地方的实际情况。

西蒙·沙玛在《风景与记忆》一书中讲述了记忆在一些特定的地理位置与人的想象世界之间往来穿梭的情形。该书最引人注目的地方在于他用多种不同的方式表明,森林、村庄、山峰和河流与命其名、赋予其永恒性的稳固外在现实从来都不是密不可分的。相反,就像他引为例子的自己的家族在立陶宛的故乡一样,它的大部分痕迹都消失了;通过亚当·密茨凯维奇的诗歌,他现在看到的只有犹太人和波兰人是怎样
“纠缠在……彼此的命运中”,不管同代人如何相信他们“必定是彼此陌 246
生”。地理激发的不仅有记忆,也有梦和幻想、诗歌和绘画、哲学(比如海德格尔的《林中路》)、小说(比如沃尔特·司各特的苏格兰高地小说)以及音乐(比如西贝柳斯的《芬兰颂》和科普兰的《阿巴拉契亚山脉之春》)。[11]

但最令我感兴趣的是记忆和地理对征服和统治之欲望的控制力。我的两本著作《东方学》和《文化与帝国主义》不仅是建立在我所说的想象性地理——比如,虚构和构建一个叫做东方的地理空间,但很少关注其地理的真实性及其居民——的基础上,也是建立在领土的制图、征服及吞并的基础上,它们不仅发生在康拉德所说的地球上的黑暗之地,也发生在人口稠密的地区,比如印度和巴勒斯坦。那些地理大发现的大航海,从达迦马到库克船长,其动因既有好奇心和科学热情,也包含有一种统治的精神。这种精神在白人登上某片遥远的未知土地并受到当地土著的反抗时表现得最为明显。在现代,笛福的《鲁滨逊漂流记》是一个展现了地理和征服如何融为一体的重要寓言,诡谲地预示了几十年后出现的诸如印度的克莱武和哈斯丁斯一类的历史人物,以及非

洲的莫奇森一类的科学冒险家和探险家。不管是对当地人还是对英国人（以印度为例）而言，这些经历都会带来复杂的记忆。一种类似的领土记忆逻辑激活了法国和阿尔及利亚各自关于法国在北非长达130年的统治的记忆之间的关系。虽然有些人说我们永远都不应该离开或者放弃印度或阿尔及利亚，并使用诸如王侯复活一类怪异的吊古情感——催生了一大批的电视节目和电影，比如《皇冠上的宝石》、《印度之行》、《甘地》，以及身着狩猎旅行服装[12]、头盔和沙漠靴的时尚——周期性地怀念英国在亚洲和非洲的霸权统治。但大部分的印度人和阿尔及利亚人则会说，他们的解放来自于多年的民族主义斗争，他们现在总算可以掌握自己的事情，重新建立自己的身份、文化和语言，并且最为重要的是，从殖民主人的手中重新夺回了自己的领土。因此，在某种程度上，我们见证了英籍印度文学经由德萨伊、拉什迪、罗伊以及其他很多人的伟大崛起。它从后殖民的视角对过去进行重新挖掘、重新绘制，以此建立一个新的后帝国主义空间。

很容易就可以看到殖民经历中的置换事实，其本质是以一种地理主权、一种帝国主义的地理主权，代替另外一种权力、当地的权力。而
247 对领土的无休止的文化争夺，因为其中不可避免地要牵涉到一些相互重叠的记忆、叙述和实体结构，则要更为微妙和复杂。对这方面的研究没有人能够做得比刚刚过世的雷蒙·威廉斯在其经典著作《乡村与城市》中所做的研究更有说服力。他所展示的是，各种文学和文化形式，比如颂诗、政治小册子以及不同种类的小说的部分美学基本理论都是产生于地理或风景中所发生的变化，而这些变化都是社会斗争的结果。让我对这点进行更为具体的解释。以17世纪中期到18世纪的乡村别墅诗歌这种类型为例，它强调的是别墅的那种平静的庄严和古典的对称——“天堂的中心，大自然的怀抱”，但在马尔维尔，本·琼森以及后来的蒲柏的笔下，它却不尽相同。琼森关注的是别墅如何摆脱那些令人烦恼的不断侵入的农民；马尔维尔则以更为复杂的方式把乡村别墅

理解为集金钱、财产和政治于一体的产物；在蒲柏笔下它又变成了一种道德的中心；而后来在简·奥斯汀的《曼斯菲尔德庄园》中，它代表的是英国所有善良、积极、美好的东西。财产在四位作家的作品中都得到了巩固；我们所看到的是一种社会逻辑正在逐步赢得胜利，对有地产的阶层的美德与需要加以颂扬，而该阶级似乎代表了全盛时期的英国。在每一个例子中，作家都以自己的方式回忆过去，他/她看到的东西在他/她看来都能够典型地代表这个过去。他们都保留了某一个过去，而把其余的全部扫除。后来的作家，比如像狄更斯和萨克雷这样的城市作家，在回望这个时期时都会把它当成一种乡间天堂，英国就是从那里坠落下来的；田野的美丽被工业城市的污秽、黑暗和阴沉所取代。威廉斯认为，不管是过去的还是当代的意象，它们都是历史的建构，是不同时期的社会地理神话，由不同的阶级、不同的利益以及关于民族身份、政体和作为一个整体的国家的不同观点所塑造。这些意象没有一个不是没有实际的斗争和修辞争议的。[13]

我在这里所讨论的一切（地理、记忆和虚构之间的相互作用是基于有回忆就会有虚构这样的理解）跟一个二十世纪的例子，即巴勒斯坦的例子非常契合。它引证了至少两种记忆、两种历史虚构、两种地理想象之间极其频繁、紧张的冲突。我想表明，我们可以钻到关于中东冲突的报纸头条新闻和反复还原的媒体报道背后，在那里发现一种比我们经常谈论的那些更为有趣、更加微妙的冲突。只有了解这种地理（尤其是风景）与历史记忆和一种引人注目的虚构形式的特殊结合，我们才能够开始理解冲突是持续存在的，要解决它是非常困难的。这个困难比目 248
前的和平进程所能够预想的还要复杂、艰巨得多，更不用说解决了。

让我们把一些相关的日期和事件相互并置在一起。对于巴勒斯坦人来说，1948 年是灾难的一年。这一年，我们住在那个地方的人有 75 万人——占人口总数的三分之二——被驱逐，财产被掠走，数百个村庄被毁，整个社会被消灭。而 1998 年对于以色列人和世界各地的很多犹太人来说是以色列独立并建国的 50 周年大庆。以色列的独立是一个神奇的故事,包含了关于大屠杀后的复苏、关于民主、关于让沙漠开出花朵等等的内容。对回忆中的同一个事件的两种完全不同的描述就这样被建构出来。巴以冲突的源头存在着巨大的不可调和性,但一直让我震惊不已的是,人们在思考与民族或者集体记忆、地理分析及政治反思有关的问题时,却总是习惯性地忽略掉这一点。在研究德国制造的大灾难,还有前南斯拉夫、卢旺达、爱尔兰、斯里兰卡、南非及其他地方的民族冲突时,这一点就显得尤其重要。

先说德国。很少有人会怀疑,防止谋杀记忆者否定或者轻视大屠杀是一件很重要的事情;而同样重要的是,不要忘记揭示在当今的犹太人意识中存在的一种根深蒂固的联系,即大屠杀与被当成犹太人的天堂而建立起来的以色列之间的联系。但这个联系也意味着巴勒斯坦人被驱逐出自己的家园和农场,这点却几乎从来没有被公开地提出过。对于巴勒斯坦来说,这种无处言说的境地增加了他们的困境所带来的痛苦:他们问道,犹太人在欧洲的遭遇实际上是西方基督徒的一次种族灭绝行为的后果,为什么要我们为此付出代价?尽管这个问题是由诸如德国为大屠杀向以色列支付巨额赔款这样的事实引起,并在对瑞士银行的索赔案中再次浮出了水面,但是它从来没有在德国或关于德国的争论中出现过。我当然会毫不犹豫地说,是的,德国和瑞士应该赔偿,但与此同时,我们也该听一听在过去 50 年中遭受惊人损失的巴勒斯坦人的声音,尤其是因为对于我们来说,这些赔偿给以色列的钱增强了以色列对 1948 年我们失去的一切以及 1967 年被占领的土地的控制力。巴勒斯坦人遭受了巨大的不公对待,但是他们从未得到哪怕最低程度的正式承认,更遑论就被掠夺的财产、被杀害的人民、被摧毁的房屋、被占用的水、被关押的战俘等等问题向以色列提出索赔。还有英国的责任问题,它也同样非常复杂,几乎是一样的费解及意义深远。在我看
249 来更为重要的是,以色列的官方叙述拒绝提及该国在巴勒斯坦人被驱

逐这件事中的共谋关系及责任。很多很多年了,为保持以色列关于回归和正义的英雄主义叙述那种固定版本而进行的努力抹杀了任何巴勒斯坦叙述的可能性,其原因在很大程度上是因为以色列叙述的一些关键成分强调了巴勒斯坦本身的一些地理特征。比如关于解放的关键概念:关于犹太人的独立以及大屠杀后的重新崛起的故事是如此地强大,以至于我们几乎不可能问这样的问题——从谁那里解放并独立出来?如果有人问这个问题,答案总会说是从英国帝国主义那里解放出来的。或者,随着故事的复杂化,答案就变成了要防卫那些进犯的阿拉伯军队,因为它们要扼杀这个年轻的国家。巴勒斯坦人就这样隐没于"阿拉伯人"这个包含了一切、具有险恶模糊性的词语之中,而他们是这个地方的真实居民的事实就这样被遮盖,并同时被否定掉了。

也许巴勒斯坦人作为一个民族所发动的最大的战役就是为了取得成为一种被记住的存在的权力,以及在有了这个存在之后的拥有并重新找回一个集体的历史真实的权力,这种历史真实至少要从犹太复国主义运动刚刚开始侵占这块土地开始算起。所有被殖民过的民族也都进行过类似的战斗,因为他们的过去和现在都曾被一些外来的强权所控制,这些强权先是征服他们的土地,随后改写历史,以便能够以那些土地的真正主人的面目出现在改写后的历史中。每一个于后二战时期在老牌帝国解体后崛起的独立国家都认为很有必要叙述自己的历史,尽可能不受那些由英国、法国、葡萄牙、荷兰或者其他殖民主义历史学家书写的历史中的偏见和错误表现的影响。

但巴勒斯坦历史的命运则令人非常地伤心,因为他们不但没有赢得独立,而且对于建构集体的历史、把它作为争取独立的组成部分之重要性缺乏集体的认知。要成为严格意义上的一个国家,一个民族必须把自己改造为更加高层级的体制,而非几个部落的集合,或 1967 年战争后巴勒斯坦创建并一直延续至今的那种政治组织。有诸如犹太复国主义运动这样强劲的对手,努力重写巴勒斯坦的历史以便驱逐生活在那片土地上的人们，这一努力对巴勒斯坦寻求民族自治的目标产生了灾难性的影响。叙述历史具有把人们调动到一个共同的目标周围的力量，这是我们过去从未了解过的东西。在以色列的例子中，这种叙述的要点就是，复国主义的目标就是要恢复、重新建立、遣返、把一个民族同它原来的祖国重新联系起来。赫茨尔和魏茨曼[14]用自己的智慧诱使像爱因斯坦和布伯这样的思想家以及像罗斯柴尔德勋爵和摩西·蒙蒂菲奥里这样的金融家花费时间和精力来支持这样一个重要而又有历史公正性的计划。这个关于重新建设和收复的叙述达到了自己的目的，不
250 仅是在犹太人中间，而且也在整个西方世界中（甚至在某些东方国家）。因为犹太复国主义的叙述和思想（以对《圣经》的特殊解读为基础）所具有的强大力量和吸引力，也因为巴勒斯坦人作为一个民族没有能够创造出一种令人信服的有头有尾的叙述（我们过去总是太缺乏组织，我们的领导人总是只对保持他们的权力感兴趣，我们大部分的知识分子拒绝作为一个整体投身到一个共同的目标之中，而且我们也经常改变自己的目标），巴勒斯坦人一直处在分散的状态，一直是犹太复国主义的牺牲品，尽管这种牺牲并没有政治效力，而犹太复国主义运动则继续掠走越来越多的土地和历史。

对历史的强奸以及之后对巴勒斯坦的公共记忆的控制到底有多深谋远虑、长期存在？在这些年中到底有多少的关注曾被投射到重构犹太历史以满足犹太复国主义作为一种政治运动的目的身上？苏格兰的古代近东历史学家基思·W. 怀特拉姆对这些问题作了清晰明了的阐述。他的著作《虚构古代以色列：巴勒斯坦历史的沉默》具有极高的重要意义。我自己不是一个远古世界的研究者，尤其是古代巴勒斯坦，我不能够对他所提出的每一个观点加以判断。但我可以就他对古代以色列的现代学术研究之意义提出我的看法。他小心谨慎地提出了这些大胆的观点，给我留下了深刻的印象。怀特拉姆实际上讨论了两个问题：一个是集体记忆的策略，另一个是由犹太复国主义学者和历史学家所

创造的古以色列的地理形象，给它定型的是现代犹太复国主义运动的意识形态需求及其压力。[15]

如前所述，集体记忆并不是一种没有生气、被动的东西，而是一个活跃的场域，过去的事件在其中被挑选、重新建构、保留、修改并被赋予政治意义。在其 1995 年的著作《寻回的根：集体记忆与以色列民族传统的形成》中，以色列裔美国历史学家泽鲁巴维尔论述了大多数犹太人在 19 世纪末之前对马察达[16]一无所知，但在 1862 年，马察达故事的罗马源头，即约瑟夫斯的《犹太人的战争》（*Wars of the Jews*）一书的希伯来译本得到出版后，该故事在很短的时间内就被重新建构，变成了四个重要的东西："犹太历史的一个重要转折点、一处现代朝圣的地点、一个有名的考古场所以及一个当代的政治隐喻。"[17]1948 年之后，伊盖尔·亚丁将军对马察达进行了发掘。这次考察活动具有两种互补的特征：一次考古调查和一次"实现一个民族的使命"。[18]后来，这个地方成为了以色列举行军队庆典的场所、一个犹太英雄主义的纪念地，同时也是一种对当前和未来的军事技术的承诺。过去一个模糊、几乎无人知晓的 251
事件就这样被有意识地重新构建成为一个现代国家的民族主义进程中的一个重要时刻。而马察达则成为了关于以色列的斗争和生存的民族叙述的一个有力象征。

怀特拉姆为我们展示了一幅非常相似的画面，它告诉我们古巴勒斯坦的历史如何逐渐被一个大部分都是编造的古以色列的意象所取代，而古以色列这个政治实体在现实中只在地理意义上的巴勒斯坦地区发挥很小的作用。根据怀特拉姆的说法，古巴勒斯坦是很多不同的民族和历史的家园；耶布斯人、以色列人、迦南人、摩押人、非利士人和其他民族就是在这里生活、繁衍的。但自从 19 世纪末期开始，这种更为复杂的丰富历史就被压制、排斥，目的是为了让入侵的、曾一度压迫和驱逐当地各个民族的以色列人部落的历史成为唯一值得注意的叙述。就这样，在青铜时代晚期消灭巴勒斯坦土著人口的行为，在 W.F. 阿尔布莱特这样的学者眼中，就成了某种凯旋论性质的犹太历史的一个可接受的、并逐渐成为永恒的特点，而当地巴勒斯坦人的历史也就可以被压制，并被入侵的以色列人的历史所取代。阿尔布莱特是20世纪早期一个主要的古巴勒斯坦历史学家。他甚至以回顾性的方式宽恕为优势民族的利益而杀戮古巴勒斯坦的本地居民。他这样写道：“从一个历史哲学家公正的视角来看，一个特别低等的民族［即古代迦南巴勒斯坦人］在一个具有高级潜力的民族［以色列人］面前应当消失干净，因为存在这样的一个点，超过它之后，种族融合就必定伴随着灾难。”（引自*I*，第83页）

这句话特别直白地表达了一种种族主义的态度，非常令人心寒，而说这句话的人竟然认为自己非常客观，而且很凑巧还是现代《圣经》考古学研究学界中最有影响力的人物。但是它表达了清除挡在其前进路上的障碍的愿望，从历史的角度来回溯过去，它甚至达到了一种宽恕土地掠夺和种族灭绝的程度。从历史的角度来讲，当代犹太复国主义也是强加了一种目的论。怀特拉姆接下来展示，一些学者，比如阿尔布莱特和其他很多人，如何在他们的著作中继续建构“一个庞大、强大、有主权和独立……的国家，［这个国家］要归功于它的创始人大卫”（*I*，第124页）。怀特拉姆展示了这个国家其实只是一种虚构，其目的就是要与20世纪犹太复国主义控制巴勒斯坦土地的企图相呼应；就这样，“《圣经》研究在建构一个古老的以色列国时，被卷入到了当代的土地争斗中”（*I*，第124页）。怀特拉姆认为，这样的一个国家在过去远没有其现代的支持者所说的那么重要：被虚构出来的古以色列“压制了巴勒斯坦
252 的历史并阻断了其对过去的其他要求”（*I*，第124页）。现代学者通过虚构一个古以色列王国来取代迦南巴勒斯坦人的历史，这已经使得当今的巴勒斯坦人根本不可能说他们对巴勒斯坦的所有权具有长期的历史合法性。拥有这类亲犹太复国主义思想的学者确实已经继续宣称古以色列在本质上跟巴勒斯坦所有其他形式的政府是不同的。就像现代

的复国主义者们所说的那样，他们的到来把巴勒斯坦这片“空旷”的沙漠变成了花园。不管是古代的例子还是现代的例子，它们的思想根柢都是一样的，当然它同这个地方更为复杂的多文化身份是强烈冲突的。

怀特拉姆批评了我关于争夺巴勒斯坦的现代斗争的著作，认为它们没有关注《圣经》的研究话语，他是正确的。他认为这种研究话语其实是东方学的一部分，欧洲人过去就是以此把永恒的东方想象和表现成为他们希望看到的样子，而不是它实际的样子或者它的原住居民所认为的样子。复国主义的意识形态以及欧洲人对自己历史之根的兴趣就是这样强化了《圣经》的研究，它创造了一个与环境脱离的以色列，并认为是后者把文明和进步带到了这个地方。然而，他总结道：“这个话语并没有把该地区绝大部分的人口包括在内。”它是一种权力的话语，“它剥夺了巴勒斯坦人的土地和历史”。（*I*，第 235 页）

怀特拉姆的主题是古代历史和一次目的性很强的政治运动怎样虚构一种有用的历史，而它又怎样成为了以色列现代集体记忆的一个关键部分。当耶路撒冷市市长在几年前声明说该市代表的是犹太人连续三千年不间断的统治时，他是出于一个现代国家的政治目的，调用了一个虚构出来的故事；而这个国家还在努力地驱逐当地的巴勒斯坦人，他们现在已经被看成是令人无法容忍的异族人。

以色列作为解放和独立象征的观点是经过犹太主权的重新确立被表达出来的。与它一起的是一个同样基本的母题，那就是要让沙漠开出花朵。这个论断的前提即是巴勒斯坦要么曾经非常空旷（就像复国主义的口号所说的那样，“一块送给一个无地之民族的无人之地”（a land without people for a people without land），要么是被那些曾经无形地生活在此的游牧民族和农民给遗漏了。其主要的意思不仅是要否认巴勒斯坦人作为一个集体的历史存在，也要暗示说他们不是一个具有悠久历史的民族性的民族。晚至 1984 年，一家著名的商业出版社（Harper and Row）出版了一个之前籍籍无名的人——琼·彼得斯的一本著作。

该书意在表明，巴勒斯坦人作为一个民族是一个意识形态的有意宣传的谎言。她的这本《从远古时代》（*From Time Immemorial*）赢得了各种各样的嘉奖，并得到了很多知名人士，比如索尔·贝娄和芭芭拉·塔奇曼的表扬。他们称赞彼得斯"成功地"证明了巴勒斯坦人只是"童话"（fairy tale）。然而，尽管被重印了八九次，这本书的可信性慢慢地削弱，
253 因为很多评论家，最主要的是诺曼·芬克尔斯坦条分缕析地揭露说它只是一些谎言、曲解和捏造的拼缀物，可以称得上是一个巨大的骗局。这本书的简短寿命（它从此几乎消失了，不再被引用）表明，复国主义者的记忆是如何势不可挡地成功清空了巴勒斯坦的居民和历史，把它的风景变成了一个空洞的空间；之后，就像彼得斯所声称的那样，在 1940 年代，从邻国涌来的阿拉伯难民挤满了这个空间，他们是冲着在犹太定居者的统治之下兴旺发达的梦想而来的。[19] 我记得自己阅读一本书时的愤怒，它厚颜无耻地告诉我说，我在耶路撒冷的房子以及我于 1935 年在那里出生的事实（在彼得斯所说的"阿拉伯"难民涌入之前）实际上并不能说明我的父母、叔叔、阿姨、祖父母以及我在巴勒斯坦的整个大家族的人就是真实存在于那个地方的，它声称我们的祖祖辈辈都没有在那里住过，因此没有权利得到那片带有橙子园和橄榄林的特殊风景，虽然自我最早有模糊的意识以来，它就一直存在于我的记忆之中。我还记得在 1986 年，我有目的地出版了一本基恩·莫尔的画册《最后的天空之后：巴勒斯坦人的生活》。我们为这本画册写了一篇煞费苦心的文章。我希望有了相关的图片，这篇文章的影响力能够驱散那个关于一处空白的风景和一个无名的、不存在的民族的谎言。[20]

在那段时间里，以色列的故事挤掉了发生在巴勒斯坦境内和境外的历史——因为它的人民在地理和实际上都遭以色列人所取代。不论是以潜在的还是明显的方式，支撑这个故事的都是对一种反犹太主义思想的恐惧的回忆，而这种思想非常反讽地发生在一个完全不同的风景中。随着大屠杀的恐怖被诸如曾被广泛宣传的艾希曼审判案这样的

事件所揭露，那种"绝无下次"（never again）的感觉就顺理成章地变成了犹太意识的口号，它完全忽略了该地区正在形成的一种越来越深化的感觉，那就是需要聆听巴勒斯坦人的声音。1967年的战争一方面增强了胜利者以色列的过分自信，另一方面也增强了巴勒斯坦人对有组织的抵抗和应对措施的需要，这其中包含一种几乎是悲剧性的反讽意味。只是这一次，以色列已经占领了巴勒斯坦其余的部分并得到了几乎多达两百万的人口让它作为军事国家来管理（20%的以色列公民是巴勒斯坦人）。从犹太的历史中，新近出土的记忆——作为战士以及力量充沛的斗士的犹太人出现了，它取代了作为学者、智者并稍微有点内向的犹太人。保罗·布赖内斯的《顽强的犹太人》正是这种形象变化的精彩记录。[21]

随着巴勒斯坦解放组织先后在约旦和贝鲁特（在1970年9月之后）的出现，巴勒斯坦人对过去产生了新的兴趣。它表现在这样一些形式各异的活动中，比如有组织的历史研究以及基于某种重新找回的历 254
史感觉的诗歌及小说创作。这种感觉原先是被剔除在一些人的诗歌、小说还有绘画、雕塑以及历史书写之外，现在又被找了回来。比如扎耶特、达维什、侯赛因和阿尔—卡西姆的诗歌，卡纳法尼和亚布拉的小说以及阿布·卢格霍德的历史文集《巴勒斯坦的转变》。后来的一些著作，像瓦利德·哈里迪编辑的文集《在他们流散之前》和《剩下的一切》、拉希德·哈里迪的《巴勒斯坦人的身份》、吉里斯的《以色列的阿拉伯人》、胡特关于巴勒斯坦杰出人物的研究、祖雷克的《以色列的巴勒斯坦人》和很多其他全部由巴勒斯坦学者完成的作品，逐渐明确了一个在1948年事件与大灾难前后之间的朝代变迁路线图，它给关于巴勒斯坦人的集体生命的民族记忆注入了内容。尽管历经身体驱逐、武力占领和以色列官方否认的磨难，这种集体生命依旧在顽强地生存着。[22] 到了20世纪80年代中期的时候，以色列关于已被经典化的官方记忆的批判历史开始出现一个新的动向。我认为它们的根源在很大程度上就是以色列人和巴勒斯坦人在被占领区中的殖民遭遇，它们之间的冲突日趋激烈但又势均力敌。请看下面这点，右翼的利库德集团在 1977 年上台之后，这些被占领的领地被重新命名为朱迪亚和撒玛利亚；[23] 它们在名称上从"巴勒斯坦人的"领土变成了"犹太人的"领土，而那些安置点——它们的目标一开始就是通过强迫引进欧洲风格的集体住房来改变当地的风景，而这种住房形式在当地的地貌中既没有什么先例也缺乏存在的基础——则逐渐遍布到巴勒斯坦人的各个地区，并且只允许犹太人居住，这种粗暴的种族隔离行为赤裸裸地挑战了当地的自然和人文环境。在我看来，这些定居点——也包括环绕在耶路撒冷市周围的一大圈堡垒一样的住房工程——很明显就是要展示以色列的权力。它们是这片温和的风景中的附加物，代表的是侵略，而不是包容和文化的相互渗透。

以色列批评历史中的新趋势开始于已经去世的 S. 弗拉芬，之后在 B. 莫里斯、A. 史莱姆、T. 赛格夫、I. 佩普和 B.B. 哈拉米的一些有争议的学术专著和书籍中得到继续。我认为这些著作大部分都是由"intifada"[24] 激发的，后者终结了关于巴勒斯坦的沉默和不存在的思想。对官方记忆版本的系统性批评头一次有计划地揭示了虚构在集体记忆中的关键作用。这个集体记忆已经被僵化成为一种不易改变的、几乎已被神圣化的、对巴勒斯坦人来说是非人性化的再现形式。这些历史学家们所表明的不是巴勒斯坦人在其领导人的要求下离开或者逃跑（这种观点是对 1948 年人口锐减的风景的流行看法），而是这样的一个
255 事实：根据复国主义军事档案，曾经出现过一个要驱散、逐出当地人口，把他们偷偷地送走的残酷计划，这样巴勒斯坦人就不会作为非犹太人的存在而给以色列添麻烦了。在他们的论述中，犹太人的武装力量并不是小型、不占人数优势、在实际情况中一直受到威胁的，而是人数要比阿拉伯联合军队多得多，武器装备更为精良，同时具有对手所缺乏的一系列共同目标。巴勒斯坦人才是真的没有领导、没有武装的散沙，而

且在像耶路撒冷这样的地方，他们的命运是完全掌握在哈加纳和伊尔根[25]的手中。这两个组织自始至终只有一个目的，那就是毫不含糊地清理巴勒斯坦人，和我们的真实遭遇一样。而且，也不存在“纯洁的军队”这样的政策，这是以色列军事政策的惯用词汇，存在的只是一系列的大屠杀和暴行，它们是专门为了恐吓那些处于极端劣势的巴勒斯坦人，迫使他们逃跑并/或放弃抵抗而设计出来的。

最近，以色列有名的社会历史学家 Z. 施特恩赫尔在重新参观了官方的国家档案馆之后，特别令人信服地表明，曾经在世界面前呈现为某种社会主义民主制度的东西其实并不是那么一回事，而只是一种被他称为民族主义社会主义的东西。它最主要的设计目的就是要创建一个新的流血社区，以征服的方式收回土地，同时让犹太个体遵从于一种几乎带着救世主式的热诚的集体精神。[26]因此，以色列其实曾经是非常反社会主义性质的，因为它并没有鼓励个体权利和平等的公民身份，实际上，它是在创建一个神权政治国家，它对个体属性以及个体能够从国家那儿得到什么都有非常严格的限制。施特恩赫尔认为，基布兹制度[27]，这种长久以来一直被奉为一种平等主义和创新型分享模式的独特社会主义实验，其实只是一种门面粉饰，其成员资格是受到严格限制和限定的（从来没有任何阿拉伯人得到许可成为会员）。以色列现在是世界上唯一一个这样的国家：这个国家并不属于本国的公民，而属于整个犹太民族（不管他们在哪里）。它不仅一直以来都没有任何国际边界，而且直到现在也没有宪法，只有一套《基本法》。其中之一的《回归法》赋予每个犹太人这样的权利：不论他们身在何处，只要愿意都能够马上得到以色列的国籍，而那些在 1948 年被驱逐的巴勒斯坦人则没有任何这样的权利。以色列 92% 的土地是由一个犹太人的代理机构托管的；这意味着非犹太人，特别是人数多达一百万、几乎占到该国人口的 20% 的以色列巴勒斯坦公民，被禁止购买、租借或者销售土地。我们可以想象，在美国，如果土地只可以卖给（比如）基督徒白人而不是犹太人或非白人,那将会引发怎样的强烈抗议。

因此,关于巴勒斯坦这片1500年以来一直被占多数的非犹太人居住的土地的地理,最主要的思维模式就是“回归”的思想:对那些从来
256 没有到过以色列的犹太人来说,回到以色列就是回到锡安山,回到一个更早的国度,而犹太人就是在那里被流放的。巴登斯坦在一个敏感的研究中注意到,一些相同的意象,包括刺梨、橙子、树和回归在犹太人和巴勒斯坦人的记忆话语中是交替出现的。但犹太人的话语则把之前巴勒斯坦人的存在从该地区的风景中抹掉了:

> 我曾经有机会参观了一些前巴勒斯坦村庄的旧址。它们已经被通过植树和相关的犹太国家基金(JNF)工程进行了不同程度的重新改造,所采用都是那些显然可以促进“集体”遗忘,或者说选择性的遗忘的方式。比如,如果你参观加利利地区被摧毁的加布斯亚村,经过仔细的审视你就会发现这里的树木和风景本身就给出了两种不同的、相互对立的叙述,它们汇集在同一个地点。你只能依靠风景的解读,因为这里并没有什么东西遗留下来。对于第一次到这个地点的人来说,最容易看到的就是那里的犹太国家基金项目的树木——它们都是很容易辨认的松树和其他的树种的组合,已经在那里生长了四十多年,就好像这个地区一直以来都是这个样子。[28]

现在,作为一个简短的结尾,我将指出:如果不是被用在驱逐的目的上,即如果是被用在解放以及不同社会(它们的相互毗邻需要有某种尚可接受的持续和解)的共同存在上,记忆、地方和虚构的相互作用还能够做些什么。我还是想用巴勒斯坦问题作为我的有力例子。现在以色列人和巴勒斯坦人因为历史、地理和政治现实的原因相互纠缠在一起,因此要想尝试和计划其中一个的未来而不考虑另外一个,在我看来

是十足的荒唐。美国发起的奥斯陆和平进程的问题就是，它是建立在分割和隔离的理论前提上的，而罔顾这样一个事实：在历史上的巴勒斯坦，犹太人和巴勒斯坦人是生活在一起的。这个分离的理念也把这两个不平等的苦难社会拉到一起。很多巴勒斯坦人对以色列人遭受苦难的故事漠不关心，也经常被其激怒，因为在他们看来，当他们的土地被夺走、房屋被推土机推翻的时候，反犹太主义对于他们这些屈服于以色列军事力量的人来说似乎很遥远，跟他们毫无关系。相应地，很多以色列人拒绝承认以色列是建立在巴勒斯坦社会的废墟之上的，也不承认在他们看来 1948 年的大灾难一直持续到当前。如果没有和解的可能，则也就不存在解决这一冲突的可能性，除非这两个社会在面对自己的经历时能够顾及到另外的一方。我认为最本质的问题在于，如果更为强势的一方：以色列的犹太群体不承认他们驱逐了整个巴勒斯坦民族这个事实，那么就不存在任何和平的希望。这是巴勒斯坦人最为强烈的记忆。作为较弱势的一方，巴勒斯坦人也必须要正视这样的事实，即以色列犹太人把自己看成是二战大屠杀的幸存者，即使这个悲剧不能被用来证明驱逐巴勒斯坦人的合理性。也许在当今急剧的军事占领和不讲道义的氛围中，要指望这些承认和认识发生是太过分了点，但是，正如我在其他地方已经表明的那样，到了某个时候他们必须得这样做。 257

注 释

1. 艾诺拉·盖伊（Enola Gay）是第二次世界大战期间把原子弹带到广岛上空的美国 B-29 轰炸机。——译注

2. 参见霍华德·辛（Howard Zinn），《人民的美国史》（*A People's History of America*，纽约，1980）。

3. 辛，“对历史的屠杀”（*The Massacres of History*），《进步思想》（*The Progressive*）第

62期(1998年8月),第17页。

4. 参见霍布斯鲍姆(Eric Hobsbawm)和兰杰(Terence Ranger)主编的《传统之虚构》(*The Invention of Tradition*,剑桥,1983)。

5. 兰杰,第220页。

6. 玛丽安是法兰西共和国或其政府的绰号,因以女性为其化身,故名。——译注

7. 霍布斯鲍姆,《批量生产传统:1870—1914》(*Mass-Producing Traditions: 1870—1914*),第271,272页。

8. 参见汤姆·塞格夫(Tom Segev),《第七个一百万:以色列人与大屠杀》(*The Seventh Million: The Israelis and the Holocaust*),海姆·沃兹曼(Haim Watzman)译(纽约,1993)。

9. 参见彼得·诺维克(Peter Novick),《大屠杀与美国生活》(*The Holocaust in American Life*,纽约,1999),第146—203页。

10. 参见弗朗西丝·耶茨(Frances Yates),《记忆的艺术》(*The Art of Memory*,芝加哥,1966)。

11. 西蒙·沙玛,《风景与记忆》(*Landscape and Memory*,纽约,1995),第30页。

12. safari,一种与欧洲人在非洲游猎时所穿的服式类似的服装类型。——译注

13. 参见雷蒙·威廉斯,《乡村与城市》(伦敦,1973)。

14. 赫茨尔(Herzl)是犹太作家,魏茨曼(Weizmann)是当时的以色列总统。——译注

15. 参见怀特拉姆,《虚构古代以色列:巴勒斯坦历史的沉默》(*The Invention of Ancient Israel: The Silencing of Palestinian History*,纽约,1996)。以下简称为"*I*"。

16. Masada,死海东岸的一个山地要塞。——译注

17. 泽鲁巴维尔(Yael Zerubavel),《寻回的根:集体记忆与以色列民族传统的形成》(*Recovered Roots: Collective Memory and the Making of Israel National Tradition*,芝加哥,1995),第63页。

18. 同上。

19. 参见萨义德的《表扬的阴谋》(*Conspiracy of Praise*)和芬克尔斯坦(Norman G. Finkelstein)的"虚假信息与巴勒斯坦问题:不足为奇的琼·彼得斯的《从远古时代》事件"(Disinformation and the Palestine Question),收录于萨义德和克里斯托弗·希金斯主编的《责怪受害人:假学术与巴勒斯坦问题》(*Blaming the Victims: Spurious Scholarship and the Palestine Question*,纽约,1988),第23—31、33—69页。

20. 参见萨义德和基恩·莫尔(Jean Mohr),《最后的天空之后:巴勒斯坦人的生活》(*After the Last Sky: Palestinian Lives*,纽约,1986)。

21. 参见保罗·布赖内斯(Paul Breines),《顽强的犹太人:美国犹太人的政治幻想及道德困境》(*Tough Jews: Political Fantasies and Moral Dilemma of American Jewry*,纽约,1990)。

22. 见阿布·卢格霍德(Abu Lughod)主编的《巴勒斯坦的转变:阿以冲突根源及其发

展论文集》(*The Transformation of Palestine: Essays on the Origin and Development of the Arab-Israeli Conflict*,埃文斯顿, 1971);瓦利德·哈里迪(Walid Khalidi),《在他们流散之前:巴勒斯坦人图史》(*Before Their Diaspora: A Photographic History of the Palestinians*,华盛顿特区, 1984)、《剩下的一切:1948年被以色列占领、杀戮的巴勒斯坦村庄》(*All That Remains: The Palestinian Villages Occupied and Depopulated by Israel in 1948*,他主编,华盛顿特区, 1992);拉希德·哈里迪(Rashid Khalidi),《巴勒斯坦人的身份:现代民族意识的建构》(*Palestinian Identity: The Construction of Modern National Consciousness*,纽约, 1997);吉里斯(Sabry Jiryis)的《以色列的阿拉伯人》(*The Arabs in Israel*,纽约, 1976),茵卡·布什纳格译;胡特(Bayan al-Hout),《巴勒斯坦政治领导人及政治组织, 1917—1948》(*Political Leadership and Institutions in Palestine, 1917—1948*)(贝鲁特, 1984,阿拉伯语);以及祖雷克(Elia Zureik),《以色列的巴勒斯坦人:内部殖民主义研究》(*The Palestinians in Israel: A Study in Internal Colonialism*)(伦敦, 1979)。

23. 朱迪亚(Judea),古巴勒斯坦南部地区,等于Judaea;撒玛利亚(Samaria)古代巴勒斯坦与约旦河之间的一个地区,古代巴勒斯坦城市,以色列王国首都。——译注

24. 阿拉伯语,指巴勒斯坦人为反对以色列的占领而发动的暴动,尤指1987年末至90年代中期巴勒斯坦人的起义。——译注

25. 哈加纳(Hagganah)是一种犹太地下组织,而伊尔根(Irgun)则是在英国统治巴勒斯坦时期进行地下活动的犹太复国主义右翼组织。——译注

26. 参见施特恩赫尔(Zeev Sternhell),《以色列的建国神话:民族主义、社会主义与犹太国家的形成》(*The Founding Myths of Israel: Nationalism, Socialism, and the Making of the Jewish State*),大卫·梅赛尔译(新泽西普林斯顿, 1998)。

27. 基布兹(Kibbutz)是以色列聚居区的一种形式,尤指合作农场。——译注

28. 巴登斯坦(Carol Bardenstein),《记忆与有根性话语之线:以色列/巴勒斯坦的树木、橙子、以及刺梨仙人掌》(*Threads of Memory and Discourses of Rootedness: Of Trees, Oranges, and the Prickly Pear Cactus in Israel/Palestine*),《艾德比亚特》(*Edebiyat*)第8卷,第1号(1998),第9页。

九

神圣的风景：以色列、巴勒斯坦及美国荒野

W.J.T. 米切尔

风景画“是所有画中最纯洁的一种，就连魔鬼自己也可能永远不会指责它为偶像崇拜”。

——埃德温·诺加特，《纤细画》（*Miniatura*）[1]

一个人比一块土地，甚至圣地，都更神圣，因为在面对指向人的侮辱时，圣地变得赤裸裸的，只有石头和木头。

——伊曼纽尔·列维纳斯，《伦理与政治》[2]

每一个生活在以色列土地上的人都拥有神，每个在以色列之外生活的人都没有神。

——马丁·布伯引用的一句俗语[3]

神圣的风景，就是这个词让人想起了天堂，想起那流着奶与蜜之地，赐福之岛，应许之地，极乐净土，以及《旧约》中的比乌拉，它被布莱克和班扬看成是圣城耶路撒冷的牧歌郊区。圣地是和平与和谐的统一

之地，或者说是健康的土地，净化了所有不洁和疾病。在这纯洁、无害的风景里，暴力简直闻所未闻。

但是似乎每处神圣风景都被邪恶遮蔽。魔鬼用邪恶的眼睛盯着这诱人的景色，准备好猛扑过来。神圣的地方是人类被逐出的天堂，是被玷污的圣土，是未履行的诺言，是被诅咒的福地。这反常的逻辑似乎 261
使神圣的风景从上帝的馈赠变成了一尊要人献祭的污秽偶像。神圣的树林用血液浇灌，神圣的土地则用人的骨肉来施肥。巴勒斯坦/以色列——三大宗教的圣地，几千年征战、十字军东征和圣战的目标之地，已经经历了用鲜血神圣化的进程。科索沃、爱尔兰、美洲、南非和世界上无数其他的“应许之地”用不同程度的暴行和宗教狂热，效仿了这一逻辑。

本文的目的是要探讨神圣风景的概念，特别关注风景和偶像崇拜之间的矛盾关系。我的论点是：一方面，风景是一种表述的媒介。从历史上看，它一直被认为非但没有任何偶像崇拜的嫌疑，甚至还被关联到偶像破坏者的偶像禁忌，即摆脱第二诫所禁止的那种象征性肖像。另一方面，显而易见，风景完全能够凭自身力量变成偶像——即一种有效的、意识形态的图像，用来归化权力关系，抹去历史和可读性。我将进一步论证，风景可以成为一种偶像，不仅是在某种现代的、引申的意义上（例如意识形态），还恰恰符合《圣经》定义偶像的那些条件——一种具有物质形象的伪神，取代了真神，不可挽回地导致对所有训诫的违背，而不仅仅是禁止偶像崇拜这一条。[4]

1. 镜面：风景与遗忘

在开始就澄清以下这一点或许是很重要的：我要谈论的风景不是一种分析性工具，后者是瓦格斯塔夫等文化地理学者跨学科研究的核心部分，一种用于对人类生态学进行考古学、人类学和历史学挖掘的概念性工具。[5] 我还必须将我的方法同西蒙·沙玛的做一个比较。他的《风景与记忆》“被建构成为一种在我们的传统视觉层面之下进行的挖掘工作,其目的就是为了恢复潜藏于皮表之下的神话和记忆的脉络”。[6] 这种研究风景的方法可以被称为一种“深度模式”,尽管它的重要性非常明显,但却与我理解风景的“表层模式”完全对立。也就是说,我关注的是风景的形象、再现和类型,它们虽然不免虚假和肤浅,但对于调动
262 政治热情却相当有效。与沙玛相反,我将把风景当作一个记忆缺失和记忆擦除的地方加以研究,一个用“自然的美丽”来掩盖过去、遮蔽历史的战略场所。我非常赞同阿多诺的说法:“自然的美,在于历史的静止不动并且拒绝展开。”[7]

事实上,正是这种虚假而肤浅,赋予了我所要讨论的那些图像作为民族和帝国命运之象征的效力和危害。更为隐蔽的是,风景的外观有着非凡的能力,它可以揭露一些虚假的奥妙、选择性的记忆以及自利的神话。例如,沙玛回忆了自己孩童时期参加的以色列植树活动:

> 树木是我们的代理移民,森林是我们的地理移居。虽然我们认为一片松林比一座因牧羊而变秃的小山更加美丽,但我们并不确定这些树的作用何在。我们只知道,一片根深蒂固的森林与流沙、裸露的岩石和风吹来的红色泥土是截然不同的风景。流落他乡的犹太人是沙子。那么,如果以色列不是高大稳固的森林,应该是什么呢?(*LM*, 5—6)

人们必然会被神圣风景中有选择性的记忆和历史所迷惑。例如,这段话中并没有提到新的以色列森林往往掩盖了巴勒斯坦人的居住痕迹,也没有提到他们所覆盖的不是沙漠,而是种植的橄榄树和乡间的村庄。沙玛指出,他正在回忆“一个孩子看到的自然”,它“已经……承载了复杂的记忆、神话和意义”,并指出,这显示了“我们成人眺望风景的

框架是如何被更为精心地打造的”（*LM*, 6）。事实上，神圣风景就是一个精心打造的图像，但在那些能轻易从深处挖掘出来并公开展现的神话和记忆里，我们无法找到它的真相。有人会问：谁的神话？谁的记忆？什么被抹去，已经看不清了，以至于让风景呈现出当前的面貌？这个面貌是如何暴露出各种对立神话和不同记忆之间的论争和斗争的迹象？

因此，虽然恢复风景记忆、挖掘风景深度显然非常重要，但人们也必须记住，在某种意义上风景就是与遗忘相关，与以令人惊异的错位方式远离现实相关。如果沙玛在他那以色列的沙漠变成森林的幻想中踌躇得更久，他可能会把它联想到随后讨论的欧洲“树崇拜”传统，以及“激进的偶像破坏者”与实用主义者之间的争论——前者“试图毁灭偶像的根枝”，后者则将基督教圣地“嫁接”到异教徒的小树林（*LM*, 216）。沙玛评论说，儿童植树的“纯洁仪式”源自“一个悠久的、丰富的、 263
异教的传统，即想象森林是民族的最初发源地”（*LM*, 6）。在浪漫的德国民族主义中，这是一个强有力的的风景意象。神圣的小树林是偶像和一个种族纯净的民族的天然家园。正如塔西佗在《日耳曼尼亚志》中写道（沙玛指出，这些话所在的段落得到了纳粹的肯定），“日耳曼民族是世界上一种未曾和异族通婚因而保持自己纯净血统的种族，一种特殊的、纯粹的、除了自己以外和其他人毫无相似之处的人”。（引自 *LM*, 82）就像森林一样，这个种族（及其偶像）从“他们故乡的黑土地中”突然涌现出来（*LM*, 82）。就此而论，通过在巴勒斯坦的造林而把这块地区转化为以色列国土，这看起来就似乎不是那么单纯了。

虽然我们能轻易揭露“精心打造”的圣地形象就是一种偶像，但重要的是要记住，在历史分析的光照下对偶像进行批判性揭露，是不足以使它去魅或废黜的。从来没有人因为被驳倒而放弃某种意识形态或者因为被理性说服而放弃某个偶像。在我看来，我们所需要做的，就是要设法克服偶像，像尼采所说的那样，“像使用一个音叉一样使用锤子”去敲打偶像。这样做目的不是要粉碎它们，而是让他们发出声音，产生共鸣，暴露自己的空虚，并吐出它们向人们索取的祭品。[8]

无需赘言，我对巴勒斯坦风景的理解是“肤浅”的，与中东专家的不同——他们了解这里所有地质和考古特征方面的深度历史。我用一名游客和门外汉的眼光，经过这片风景时只看到它的外貌。“游客”是当代文化研究中被高度理论化的形象之一。自从有了迪安·麦坎内尔对旅游的经典研究后，我们提到旅游时难免会觉得讽刺，并想到那种对真实体验求而不得的双重困境。[9]旅游者已被塑造为流浪者、侦探、先知、预言者、文化理论家和不学无术的人。而我愿意把旅游中的自己比作客工（gastarbeiter），即流动工人。他们随身携带的不过是一些从别处习得的技术，这些技术或许有用，或许还派不上用场。我发现“纯粹的”旅游其实是一项非常艰巨的任务，不可抗拒、过于刺激，并且最终将因为无法实现完全的投入和回忆而失去活力。（你是否发现自己陷入过与另外一个人的“但你有没有看到……？”这个竞争性的游戏中？他游历过某个地方，清楚地看到了所有重要的、却被你因为无知而忽视的东西）。另一方面，一名客工又自有其优势。他被邀请（同时被清楚地暗示他的停留只是临时的），被领着四处参观，被要求发挥一些或多或
264 少非常特殊的作用。虽然风景中的客工所能提供的关于这个地方的实际信息或深刻记忆相对较少，但他的形象可能潜在地见证和证明了对风景的表层体验。这是一种比较性的体验，从自传的角度看无疑是私人的、个人的和无知的。这种无知是否能发挥哲学的作用还有待观察。

无知是某种故意不去了解的状态，它对风景概念而言极为重要，这点似乎不可否认。我曾在别处发表过此观点，本文中将再次简述其要点。[10]风景的概念主导了西方艺术史的话语，它始终关注的是视觉的和图像的再现，是自然地表所呈现出的优美、如画、表面性的一面。风景是用来欣赏的，不是触碰的。它是地方（place）的抽象化，空间（space）的具体化，简单地说就是从一定距离的视角中所看到的东西，是一处通过一系列约定俗成的习俗——如诗意、如画美、崇高美、牧歌等等对风

景进行支配、框定、编码的风景。我所说的“地方”和“空间”是两个因米歇尔·德·赛图而为人通晓的术语：地方是一个特定的场所；“空间是实践的地方”，是被移动、行为、叙事和符号激活的场所。[11]那么，一处风景就将一个地点变成了一个视域，将地方和空间变成了视觉图像。

但是，相对于地方和空间的活力而言，风景的镜面结构并不仅仅是呆板的、静态的衬托。尤其是神圣的风景，如果它是一种形象和偶像，那么它就是一个有活力的形象，一个有生命力的偶像。人们对世俗风景的感知一般不同于对圣地的凝视，但也模仿了后者的“净化”仪式——风景意味着人们把对自然的视觉消费从使用价值、商业、宗教意义或者任何易读的象征符号中解放出来，转而投向一种沉思的、审美的形式，一种因自然本身而对其进行的再现或者感知。最终，这种净化几乎总被描述为一个现代的、西方的发现，一场绘画领域的革命性解放——它把绘画从17世纪以来的叙事和教会象征主义中解放出来。一般认为，拥有风景美学传统的非西方文化（例如中国文化）赋予风景以宗教意义，从而妨碍了对自然本身的纯粹鉴赏。其他非西方文化，特别是那些没有发达的现实主义或自然主义绘画传统的文化，则忽略了风景的审美价值。土地上的原始或土著居民（“异教的”或“乡下的”村民）被视为风景的一部分，而不是自觉分离的观者，能像西方观者那样因自然本身欣赏自然。此外，当地居民被认为未能发现土地的物质财富和价值，但这些价值对于西方的观者而言则是显而易见的。矛盾的 265
是，正是当地人没有开发、发展和“改善”风景，才让它如此值得、如此成熟地被占用。土地没有得到开发及其“未发展”的特点，似乎也赋予了西方观者一种假定的征服和殖民的权力，他们带着武器和借口而来，以确保其占有土地的合法性——根据德尔图良，异教的或乡村居民与军人、士兵，特别是基督教的十字军形成鲜明对比。[12]风景为征战提供了美学托辞，它是使帝国扩张自然化，甚至是使它在康德的哲学意义上显得很无私的一种方式。

我把自己在最近一次关于巴勒斯坦风景的会议上的露面当成是把“表面风景”看得如此重要的一次声明，这是一个本身需要我们认真考虑的话题。[13] 这意味着我必须抱有某种形式主义和审美的态度，并赞同对马克·吐温所谓的“旅外的傻子”（the innocent abroad）——游客、流浪者或朝圣者的看法。它还表明，我们要谈论的不（仅仅）是土地、领土争端、地产所有权、对土地和房屋的占领和毁坏，以及其他所有以政治、种族或者宗教净化的名义对以色列 / 巴勒斯坦的掠夺行为。这意味着我们将从各种无休止的纠纷中抽离出来，如关于 A、B 和 C 区域的争端，关于行动区域的隔离、划分和限制，关于那片可能是和谈关键的 3% 的沙漠，关于那些穿透地表、再现了战争历史的考古挖掘。[14] 这意味着我们用一种比较的、全球的观点，把这片土地看成一个*通道*，一个想象的、象征的同时也是真实的存在，一块地上的*风景*（land*scape*），一个有形的、可感知的形体。它承载了太多的想象和各种相互冲突的表现形式，但令人惊讶的是地壳并没有因此而弯曲。这意味着，正如爱德华·萨义德所说，在美学的真空环境中无法思考风景的政治学，政治必须与诸如形式、影响和感觉，以及文化形态等问题进行复杂而辩证的协商。简言之，我们被要求把巴勒斯坦当作一件正在建造的风景艺术品，要思考该如何想象这片土地的景象，该为它吟诵什么样的地理诗以治愈、修复、统一、了解和纪念这个地方。我们被要求要同时考虑地志学和类型学
266 的问题，即地方的典型性和模范性，地点的编纂，以及作为绘画、地理和诗学修辞形式的风景的重复。因此，当我们用“风景视角看巴勒斯坦”，看这个迄今为止仍未诞生的国家（巴勒斯坦）的新生风景时，以及当我们从“巴勒斯坦的风景视角”向外观看整个世界时，我们都必须以比较的方式看待风景，看待我们所见、所闻以及阅读到的东西。一个国家是如何看这个世界的？这个世界又是如何看一个国家的？风景如何被认为拥有自己的视角？从字面意义理解，这难道不是暗示了风景以某种

方式回望观者，以一种空洞、冷漠的注视回应他们的凝视，而它的脸上则带有暴力和破坏以及（甚至更为重要的是）在其表面上爆发的野蛮建设所留下的痕迹？

2. 沙漠、偶像和偶像破坏者

现在我将要把话题转到沙漠。但至少在一开始，我要讨论的并不是以色列人游荡了四十年的沙漠；不是耶稣守斋四十个昼夜的旷野；不是那个因为渴望一个有形之神而导致金牛犊的诞生，从而引来妒忌的无形之神可怕报复的荒野；不是浩瀚的北极苔原，在那里一棵树或一块石标（nukchuk）像一个孤独的目击者凸显了四周的空旷；不是那些冥思的丘坛，从伊甸园到眺望着新西兰海景的毛利人图腾，它们将这个世界供奉为一张地图、一块无垠的平地。

不：我心中的沙漠是记忆中一块真实之地。它是内华达西部的沙漠，是锯齿形内华达山脉的山脚，是卡森谷地长满山艾的旷野，是被毁坏、辐射的亚卡台地的土壤——在我孩童时这里曾进行过核试验。当然，这片沙漠也是想象中的。我的父亲（一名地质学家和采矿工程师）向我保证，这片散落着海洋动物和恐龙化石的沙漠曾是海底。这片沙漠并非人迹罕至的荒野，在这里过去的事情以神奇的拼贴画的形式重现，历史与史前史，甚至与地质事件的"深层时间"，陷于战斗的绝迹物种的幻影等并置。它是数千部好莱坞西部片中闪现的风景：马背上无休止的追赶，逃入荒原、溪谷和峡谷，逃到更高的长满矮松和黄松的山区，或者最高逃到树带线上的裸露山峰。在20世纪50年代，还是孩子的我躲藏在这片旷野中，寻求越来越远离文明的避难所。我曾想象当共产主义者侵占美国时，他们将在最后到达内华达州的卡森市，但他们永远都没法在迷宫般的峡谷和山脚下废弃的矿井中找到我。我和我的派尤特人邻居们在山脚奔跑，还在学校操场上与他们玩扮演牛仔和印第安人的游戏。我们嘲笑来自加利福尼亚的观光客——因为California这个词的轻柔及颓废,以及我们对加利福尼亚州明显的财富和优良的教养的羡慕,我们在念它的语调中让它押“porn”(色情)和“scorn”(蔑视)这两个韵。他们来这拍摄竞技表演和祈祷仪式,红种、白种的男孩都聚集到了他们的视线内。我的这些在旷野中逃跑、寻求安全的幻想,与恐怖和暴力死亡的幻象混合在一起:从悬崖上跌落下来,被蝎子、响尾蛇及毒蜥怪物叮咬,被活埋在塌陷的矿井中,残酷的入教仪式——所有这些景象都与安全庇护的感觉混合在一起。

268 我始终把这片土地视为充满回忆、幻想,需要不断重访的梦想之地。这与巴勒斯坦有什么关系呢? 美国荒原背负着犹太教与新教的共同“使命”——流浪,严酷的考验,在沙漠中跋涉以寻找那应许之地——这与巴勒斯坦有什么关系呢? 当然,都有关系。自建国以来,美国人一直面向西部边疆,试图横越这片旷野去找寻一块应许之地,一个“锡安”。[15]“美国大沙漠”是几代人对肥沃的西部平原的“固有观念”,似乎为了到达应许的“迦南”加利福利亚,美国人需要一片沙漠来游荡,一段流散的考验来净化自己。[16] 当然,在这个“迦南”里生活的是印第安人。
269 他们是一些报告中记载的“失踪的以色列支派”,是这块土地上的原住居民。作为一个失落的乐园里逐渐消逝的馀民,他们不得不被驱逐、迁移、感伤化。乔治·卡特林这样评论这个共同的神话:“我相信,有许多人也相信,北美印第安人是一个混合的种族——他们的血脉里流淌着犹太人的血,但我不会断言‘他们是犹太人’,或者说他们是‘失踪的以色列十支派’。尽管已经有人已经开始着手证明这点。”[17] 马克·吐温在内战后曾以新闻记者的身份旅居在卡森市边境的矿区(这段经历后来在《艰难历程》中得以描述),随后又访问了巴勒斯坦。他在《傻子国外旅行记》(*The Innocents Abroad*, 1869;这段“新天路历程”描绘了他在“欧洲和圣地”的远足)中把“迦南人”比为美国西部的印第安人。[18] 由于对吐温来说,这些“迦南人”或阿拉伯人是耶稣时代犹太人的祖先,他便像卡特林一样将印第安人同犹太人联系起来。[19]然而，吐温认为贫穷和疾病是阿拉伯文化的固有状态，等待着西方现代化的救赎。相比之下，卡特林认为印第安人的衰落是“爆炸的边疆”的产物，“它涌向他们……如同大火燎原，毁坏它所经过的一切”。[20]

我在自己的旅行经验中，肯定或多或少一直在做这样的比较性“识别”。1970年我第一次访问以色列时，似曾相识的感觉一闪而过。我把它当作一种边疆文化，因为它具有我记忆中神话般的内华达——这个淘金热和康斯托克矿的家乡——的粗犷活力和乐观精神。1987年我第二次访问以色列，在巴伊兰大学参加一个关于风景的会议，它更多地让我想到60年代的洛杉矶，一个已经变坏的郊区，一个衰落的应许之地。自那次访问，我心中的以色列已被其他边疆风景覆盖——从澳大利亚的内陆和孤独的丛林居民，到南非大草原和开拓者的传奇故事；[21]被拓荒者、移居者和殖民者面向他们的应许之地时毫不掩饰的热切面孔取代；被那些萦绕心头的、遭到驱逐的原住民们——印第安的派尤特和沃肖人、祖鲁人和科萨人、布西曼人、巴勒斯坦人——的坚毅面孔所取代。

然而，把所有这些不同的流亡者、难民以及被殖民、被驱逐的人用蒙太奇手法融合、并置，是不是错误的，或者是否有些流于伤感和美化？难道这种风景旅游没有使人的心灵变得狭窄？它正如华兹华斯所说的“景色与景色的比较”，把这些地方平面化成一种如画的牺牲品，去除了所有的历史特性及独特性。[22]难道风景视角本身没有将一个地方简化为一个形象、一幅图像吗？难道风景事实上不是“困扰着人类思想的伟大偶像”之一，浓缩了民族和帝国的意识形态，把它们归化到一种有力的固定模式，以供大众消费和集体的歇斯底里之用吗？这些问题在我 270
第二次访问以色列期间一直占据我的头脑。当时我到巴伊兰大学参加了一个主题为“作为人工制品和文本的风景”的会议，看到了一个新的以色列。即使在我短暂的、游客的眼光之下，它还是呈现为一个处于占领地位的殖民强国，一个极权国家，似乎已下定决心要违背了所有人对这首个现代犹太国家道德、法律和政治原则的期许。在那次访问期间，我们到马察达作了短途旅行。以色列导游为我们吟诵了对那片土地的颂歌。他告诉我们，马察达是古代以色列人宁死也不投降于罗马偶像崇拜者的象征。但在现代世界它已有了一个新的意义。我们的导游向我们保证说，下一次当以色列被敌人包围时它将不会单独自杀，而是会把整个世界卷入最后一场大火。[23]

这种对风景的启示性阅读，不用说，非常符合美国基督教原教旨主义者的观念。后者已经同正统派犹太人在圣地的涵义方面达成了共识。毫不奇怪的是，在巴勒斯坦的象征性风景中，三大宗教的圣地主要集中在耶路撒冷的城区，特别是岩顶圆顶寺的所在地。正如劳伦斯·赖特指出的，“笼罩着圣殿山——以及外延至耶路撒冷和以色列本身——的关于神圣空间的神秘思想，几个世纪来都是和平难以逾越的障碍”。据赖特记载，耶路撒冷的极端正统圣殿研究所（他将之描绘成“犹太版本的塔利班”）计划与一个密西西比州五旬节派基督徒的养牛者合作繁殖“红色小母牛”，这个献祭品对于即将到来的基督复临具有重要意义。[24]随着千禧年的到来，神圣的时间和空间似乎聚合到了一个备受争议的地方，一个马丁·布伯所谓“推动最后结局”和“天堂风暴”的地方（*OZ*, p. 91）。风景成为一个有魔力的物体，一尊要人类供奉的偶像，一个象征的、想象的、真实的暴力得以在某个真实的社会空间中内爆的地方。

可以毫不夸张地说，风景视角是把握萨义德所称的“巴勒斯坦问题”之全局的途径之一。巴勒斯坦已经被简化成为一处风景：被框定、圈围、塑造、控制，并从每一个可能的角度被监视。当我写下这些话语时，有一处“风景”作为以色列和巴勒斯坦和平的关键正在被协商。那有名的 3% 的不毛之地，目前被少数贝都因人和大量蜥蜴所占据，将被“划分”给巴勒斯坦人。但有一个限制条件，那就是，这片土地不能开发，它将被留作“自然保护区”——总之，是一处可以看到却不能触及，也不

271 能居住的风景。当以色列快速发展，到处修建新房时，它赠予巴勒斯坦

人一个风景礼物，一个有毒的礼物，那是一个空无一物的空间，到处拉满铁丝网。这将成为巴勒斯坦式的风景，一个观看巴勒斯坦的风景视角。[25] 巴勒斯坦人可以看着它，从某个视角对它进行观望，但却不能在其中居住。

也许，正如华兹华斯所说，旅行确实能开阔心胸，唤醒心灵，使它注意到风景可以重复性地表现成为诗性的地理、恐怖的场景以及“远处乡村化”的领土（*P*, 第 1 卷，1. 89, 第 195 页）。打开、发展这些形形色色的“机遇之地”的风景，让沙漠开出花朵的将是那些上帝的选民。他们肩负着白人的使命，昭昭天命、一个历史性的文明化使命、上帝的旨意，把它带给那些即将被驱逐或者毁灭的土著人。原始、野蛮、异教的原住民必须为移民让路；偶像崇拜将不被容许，同异教徒进行任何领土协商都将被视为偶像崇拜。“领土”（territory）一词有一个错误但有效的词源“恐怖”（terror），表明维护边界需要暴力和恐惧。[26] 这是诗意的地理。
梅尔维尔在沙漠蹒跚，把它当做用石头和骨头写成的文本来阅读： 272

Stones mention find in hallowed Writ:
Stones rolled from well-mouths, altar stones,
Idols of stone, memorial ones,
Sling-stones, stone tables ; Bethel high
Saw Jacob, under starry sky,
On stones his head lay—desert bones:
Stones sealed the sepulchers—huge cones
Heaved there in bulk ; death too by stones
The law decreed for crime.[27]

石头提及神命之下的发现
从井口滚来的石头，圣坛的石头

石头偶像，纪念碑，
投石器，石桌；
在伯特利耀眼的星空下，看见雅各布
他的头颅靠在石头上——荒漠枯骨
石头密封了坟墓——
大量巨型圆锥体被抬到那里；亦有被石头砸死
这是为罪行颁布的法令。

律法，惩罚的工具，偶像崇拜的罪行，牺牲的祭坛，牺牲品的残骸，还有（还用我们说吗？）虔诚、狂热的献祭者变硬的心都是石头做的。伏尔泰在《哲学辞典》里见证了这一场景，一个魔仆把他从美妙的对“自然的沉思”中带到了一处“遍布着层层叠叠的枯骨的沙漠”，这些枯骨是来自“两万三千个曾在金牛犊前舞蹈的犹太人，以及两万四千个在强奸米甸女人时即被杀害的犹太人……因为形而上的争论而互相屠杀的基督徒的尸骨……有一千两百万因为没有接受过洗礼，在自己土地上被杀死的美国原住民。”当然，伏尔泰并没有忽略了这一点：正是一神论者、偶像破坏者、“圣经中的民族”、基督徒、犹太人和穆斯林，他们都对圣战观念负有主要责任：“至于对其他民族而言，自开天辟地以来，他们中没有哪一个制造过一场纯粹的宗教战争。”[28]

在我看来，内华达处于沙漠边疆回流地带，当风暴消退之后，留下的是石化的、干燥的废墟。鬼城、废弃的矿山、遗弃的家园、干涸的水井，遗失的箭头、从牛到恐龙等动物的骨头，这些构成我心中原始的自然景色。内华达中部、伊利、埃尔科和托诺帕满目荒凉，人们在这无尽的空旷里完全无法目测距离。在这人迹罕至的地方，唯一的形象可能是因为口渴产生的海市蜃楼或者幻觉。简而言之，这是一个幻象之地，但却不是关于人物、特征或者形态的幻象。这种风景所呈现的形象是抽象的、无像的，突出的只有孤独的树，独居的见证者。这是蒂莫西·奥沙利文在参加克拉伦斯·金主持的美国地质勘查期间（1867—1874）所拍摄的一神教的风景，它是抽象的、无形的上帝的土地。上帝能说会写，却不曾露出他的面容。他在地震撕裂的地表留下了灾难的足迹，再隐退到看不见的地方（见图9.1）。[29] 对风景观念而言，这种变空、抽象 273 的趋势是地方性的。欧洲的风景画史通常被讲述成为了得到这样一个“纯净”的自然符号而消灭人物形象，消除叙事、象征及易读性的过程。[30] 风景的纯净化使得它不会触犯任何可能的偶像崇拜。我们认为，偶像必定显示为一种形象，一个俯视着这块土地的神像。空景（empty landscape），即荒地、旷野或空洞的空间，是一种偶像破坏的符号，它摧毁了丘坛，粉碎了土著或原住民居住过的痕迹。罗兰·巴尔特也许会说，这片沙漠是一处零度风景（landscape degree zero）。

图9.1　奥沙利文，《内华达州碱湖》（1868）。

恩斯特·勒南在他的《闪族语系通史及比较体系》一书中重申了地理神学上的一个共识："闪族人从来没有神话。"他们之所以是一神论者，因为"单调的沙漠风景使这里的居民发展出抽象的神学概念，而遏止了创造神话所需的想象力"。[31] 相反，詹巴蒂斯塔·维科在他的《新
275 科学》（*New Science*）中提出，"非犹太人"——即没有得到唯一、抽象、无形之神之启示的绝大多数人类——"在森林中成长"，因而彼此隔绝，没有能漫游的空旷沙漠。对于非犹太人来说，"人类制度的秩序"根植于其居住场所："首先是森林，随后是小屋，然后是村庄，再接下来是城市，最后是学院。"非犹太人生活在对周围自然力量的恐惧中，他们为这些力量创造了诗意的形象，用可见的雕像来塑造偶像。他们还创造了"占卜"的"科学"来解释偶像的含义，并预测未来——维科暗示，正是在禁止这种科学的基础之上，真神创造了希伯来宗教[32]。在他看来，世界完全可以划分为多神教的、偶像崇拜的异教徒和希伯来人两类，后者的宗教是基督教和伊斯兰教的根源。在犹太法典中，偶像崇拜主要是指对"犹太人和异教徒之间（以及激进的一神论者和崇拜偶像的乡下人之间）联系方式的一种系统阐述"。[33]

森林或沙漠，哪个先出现？从经验的、历史的地理学立场来看，这个问题没有意义。但是从诗学的和神学的地理角度看，这个问题激发了对世界的创造和历史中各种不同起源神话的反思：最初风景是不是一种空白，一种虚空、荒野或荒原？亦或是富足的树木繁多的花园，流着奶与蜜之地？布莱克把这些风景称为"乌尔诺"（Ulro），即无限的、同质的空间；"生成"（Generation），即带有老虎的丛林；以及"比乌拉圣地"（Beulah Land），即乐园。[34] 当然，对他而言，原初的风景就是耶路撒冷。这个四门之城，是充分解放的人类生产力的产物，也就是说，它是按照自然本身的形象重新创造自然的想象力的产物。布莱克深知，尼采所称的"monotonotheism"（Nobodaddy）的神就住在沙漠中，在那些空旷的地方。文森佐·维泰洛也曾如此叙述摩西："他唯一的土地和

家园就是沙漠——家是缺失的。”[35]

在第二次访问以色列时，我买了一张明信片（后来掉了）。它是为吸引美国游客而设计的。画面的中间，一个贝都因人骑在骆驼上穿越沙丘，前景有一丛棕榈暗示了从绿洲看出去的视角。我敢肯定，这张非常普通的明信片迎合了人们对圣地的幻想。在这媚俗的图画中，阿拉伯形象是荒野中流浪的以色列人的替身。但是，还有一个特征只有当仔细观察时才能发现：在棕榈树的阴影下有一圈带刺的铁丝网。也许这就是以色列心中的“自然保护区”——一种展示原始犹太或撒马利亚生活的主题公园。在那里，原始的沙漠可以保持荒芜，而那些游牧民族则可以始终停留在游客视线善意的监控之中。

在这里，所谓“让沙漠开花”的过程反咬了自己一口。“‘沙漠在扩 276
张’”，尼采说；“我们历史的沙漠是由价值创造”，维泰洛回应道。[36]沙漠不是自然的产物，而是文化的产物，是对荒野、空地及人造的原始荒野进行开发。这里的矛盾在于风景的时间性（图 9.2）。现在，我们可以创造出艺术家艾伦·森菲斯特所说的时间风景，一个被现代性完全框定的原始地方。森菲斯特的时间风景是位于纽约大学银塔的阴影中一小块原始曼哈顿的生态地。它显示了在白人到来之前，甚至在印第安人之前，曼哈顿岛的森林看起来是什么样的。它是一扇看到土著历史的窗口，但是它却比身边高耸的公寓更年轻、更新。这似乎预示着一种未来，到那时荒野早成为一个微小、无法接近的避难所，被都市风景——钢筋混凝土沙漠所包围。人们可以看到过去，却不能触及。

类似的双重时间性决定了神圣风景的神话形象。它既是起源的地方，又是未来的乌托邦景象，稍纵即逝，无法被当下所把握。这种双重性定义了一种第三空间——一种居中的空间，关于游荡、错误、流散及考验的空间。无论是四十年、四十天，或者四百年，它都是朝圣者、先知或游牧者必须要穿越的空间。应许之地是人类想象中最美好的集体的海市蜃楼风景。正如华兹华斯所言，它是一个土地“永远将要成为现实”

图9.2　艾伦·森菲斯特，《时间风景》。

（evermore about to be）的承诺（*P*, 第 6 卷，1. 608, 第 268 页），以色列在前进道路上的每一个失足每一个错误，都受到了忌邪的上帝的惩罚。这个上帝不仅没有给予以色列那流着奶和蜜之地，反而让一片本是花园的土地变成了沙漠。先知以西结让这个上帝说出了自己的话：“在你们一切的住处，城邑要变为荒场，丘坛必然凄凉，使你们的祭坛荒废，将你们的偶像打碎。你们的日象被砍倒，你们的工作被毁灭。”（《以西结书》6: 6）特别是那个掌管绿洲、耕种、取水场的巴力神，必须被毁掉。“在闪族人的宗教中”，W. 罗伯逊·史密斯评论说，“神与特定地点的关系……通常通过巴力这个头衔来表达。”[37]

如果在因特网上搜索关键词“Landscape Israel”，你将会找到一个叫做“圣经植物公园”（Neot Kedumim）的网站。通过这个窗口，我们

看到了犹太复国主义的一次神奇实现。锡安山不仅仅是个抽象的概念：它是一个地方，一块土地，一处风景。

> 锡安是（Zion）上帝为他自己永久住所取的名字，是他为
> 277 自己的御座耶路撒冷所取的名字。上帝是第一个犹太复国主义者（Zionist），他创造了这个概念。正是上帝允诺亚伯拉罕的后裔——以撒和雅各（不是以实玛利和以扫）以色列这片土地，也是上帝允诺在最后的审判时他会让犹太人重新聚集、回归到以色列这片土地。几个世纪以来，巴勒斯坦（由罗马人命名）都是一片沙漠和沼泽之地。当犹太人返回后，他们再次耕种土地，于是这块地上开始产出农作物。

《什么是犹太复国主义，我们是否应该支持它？》一文展示了圣经植物公园的规划，一个致力于“圣经风景”的主题公园。网页上写道：“在希伯来语中，neot 是美丽的地方；kedumim 是古代。在圣经植物公园，
279 你可以游览美丽的景色——这里的植物全是在过去 25 年内栽种的，以便了解以色列的土地与犹太教—基督教共同传统之间的联系。” 如果阿拉伯和穆斯林传统的无声缺席不具备足够的说服力，那么那些支持圣经植物公园的《圣经》段落则是非常清晰明了：《民数记》33，52—53 告诉那些正在到达的移民：“你们过约但河进迦南地的时候，就要从你们面前赶出那里所有的居民、毁灭他们一切錾成的石像、和他们一切铸成的偶像、又拆毁他们一切的丘坛。你们要夺那地住在其中、因我把那地赐给你们为业。”《俄巴底亚书》19—21 描述更为具体：“南地的人必得以扫山、高原的人必得非利士地、也得以法莲地、和撒玛利亚地。便雅悯人必得基列。在迦南人中被掳的以色列众人、必得地直到……国度就归耶和华了。”[38]

偶像破坏者就如何征服、殖民以及驱逐原住民，做了非常详尽、清

晰的规划。布伯阐述了这种在明确信念指引下的征服的正义性。

> 重要的一点是，在以色列人迁徙到迦南之初就听到了主的召唤，在完善健全的信念之下占领了那片土地，这是在完成主的意志。在各种情况下，尽管这些民族都多少有权利指责彼此的掠夺行为，但他们对以色列的控告完全是不公平的，因为它是在得到许可的情况下行事的……再没有其他人像以色列人一样听到或接受了来自上天的命令。（*OZ*, 第 49 页）

“《圣经》用自然的语言描述的”美丽的、经过耕耘的，拥有奶和蜜的应许土地，不论在其古代或者现代形式上都是帝国的风景。现实中被毁灭和荒废的旷野是通向这个承诺的必经之路。从两种意义上，这是一片不可分割的土地：其一，它属于那些与上帝有着牢不可破合约的以色列人；其二，它驱逐了那些现在看来将成为本地或者土著外族的那部分人，他们可以被征服或被消灭，但最重要的是必须被驱逐，就像他们在古代曾经遭遇过的那样。如今在“终结日”，他们的土地变得荒芜，以便沙漠开出花朵。

然而，最有说服力的细节就是原住民偶像的毁灭。来自《民数记》
的文章表明，这些偶像和雕像以及“丘坛”被摧毁不仅仅是因为它们亵
渎了第二诫，更是因为它们建立了一个竞争誓约，一场在迦南人、非利
士人以及管辖他们领地的地方诸神之间所达成的土地交易。“丘坛”，
作为战略监视、审美沉思、预言异象的场所，在被争夺的土地中显得特 281
别重要。有人推测，那些雕像是荒野中的标志，标志着土著居民对领土
的划分。当领土变成令人恐惧的地点时，仅仅驱逐这些居民尚且不够，
还必须清除他们在这一处风景中的各种痕迹，他们的所有权，他们的历
史以及他们的偶像。

因此，犹太复国者的破坏偶像思想与偶像崇拜者的宗教虔诚或道

德谴责并无太大关系。严格意义上讲,它是一个征服的策略,是披着道德运动的外衣所进行的领土占领。与政治谴责不同,对崇拜偶像的道德非难是专门针对以色列人自己的——他们处于被偶像诱惑的险境之中。崇拜偶像的以色列人被描绘为通奸者,而偶像则被描绘成"别神"(strange god)或是引诱以色列人走向淫乱和憎恨的竞争情人。关于偶像崇拜的描写,诸如越轨、乱交、淫乱以及种种可憎之事,可被"输出"用来刻画异教徒和非犹太人。(有时候很难说偶像崇拜是否被比作通奸,只是比喻对上帝作为一个放荡的以色列人的权威丈夫进行反抗,又或者那些预言者是否真正地把不道德的性行为归咎于埃及人和非利士人。)

以色列学者摩西·哈尔伯塔和亚维塞·玛格丽特最近一项关于偶像崇拜概念的研究认为,通奸主要是对与外族人进行任何交往的一种隐喻,只要它涉及到诸如契约、合约以及政治协定等此类的东西。他们指出,"不同民族的造物主都是契约的保证人"(*I*, 第 139 页)。多神论者对不同地方、民族的神灵都怀有亲切的宽容,这种基于不同造物主的名义签订的契约,对他们而言毫无问题。"一神崇拜者"或"单一主神教者"崇拜单一的民族神,他们会设法尊敬其他民族也有各自唯一的神这一事实。但是一神教设立了更苛刻的标准;他们的上帝不仅是这一个,而且是唯一的一个。要么一神论者采取唯名论态度,正如早期美索不达米亚人那样,"协约国"约定把"希泰族的神和巴比伦的神"看成"同一个神"(*I*, 第 139 页)。否则人们可以把任何这样的条约看作通奸的不忠行为,是与别神的邪淫。更为甚者,是对上帝统一性和纯洁性的直接攻击,因为它混淆了上帝与外邦神灵的身份。与偶像崇拜者缔结合约或者契约是偶像崇拜最糟糕的形式,因为它不仅仅指迷失到别神的旗下,还是对唯一真神的玷污。当偶像崇拜的协议关系到土地——上帝赐予以色列人的神圣以及不可剥夺的领土时,这种玷污被具体又真切地领悟到。即使就一寸神圣土地进行谈判也犯了上帝不可饶恕的罪孽,会招致最悲惨的惩罚。如哈尔伯塔和玛格丽特指出的那样,"偶像

崇拜的禁令就是试图独享支配权，规划那独一无二的上帝的独特领土”（*I*，第 5 页）。 282

讽刺的是，极端的一神论本身就是一种形式的偶像崇拜，不仅在于它对自然风景的“意识形态”建构——历史在风景中被抹去，还恰恰在于第二诫所设立的各种条目。圣经植物公园是圣地的一种形象和相似物，是一个仿像，一处仿造的风景。在其中，风景实际上正在被转变成神灵，而那个无形的、不可显现的上帝正变得有实体而可见。这种自我欺骗非常完美，因为风景中并没有人形的偶像，没有雕像或金牛犊，只有一些满足地吃着草的奶牛——或许根本就是一群等着牺牲的红色小母牛。正如布伯指出，“国家形象就在其中”，而不是雕刻在石头上（*OZ*，第 23 页）。或者就像以色列艺术家拉里·艾布拉姆森所描述的那样，这片风景被抽象地进行处理，以提供一个“伪装网，从而掩盖荒芜的（‘空寂的’）巴勒斯坦村庄的真貌”。[39] 我们不能指控这片风景成为上帝的“相似物”；它只不过是个代替品，一个换喻象征，上帝身处之地。它就像一个圣坛或神殿，只是上帝现身说话的地方，而不是他的象征——除非在一种否定表述的奇特逻辑上。通过塑造一个缺乏图像、历史和可读性的空间，不可看见、无法再现以及超验的事物得到了“再现”。偶像就是空寂、荒芜的风景本身，是“《圣经》（在其中）以自然的语言说话”的“自然风景”，还是人类献祭得以进行的圣坛。

狂热主义和犬儒主义之间的界限在这里非常细微。哪一个更糟糕一些呢？是那些把神圣风景奉为偶像的“虔诚信仰者”？还是那些世俗的民族安全专家——他们利用极端正统派的信仰，使之成为巴勒斯坦人的“挑衅”的警报器？触犯第二诫对偶像崇拜的禁令，是圣经中信徒所犯的最严重的罪孽。比起其他任何戒律，上帝花了更多时间通过这条戒律来解释、强调并重申自己。单纯的道德戒律——反谋杀、反淫乱、反偷盗、反欺骗——触及的是人们之间的相互关系，显然是可协商的。[40] 在合适的情况下，上帝迟早都会为这些罪行开释，甚至鼓励或者命令人们这样去做。但是神灵崇拜却是上帝在任何情况下都不会原谅的罪行。它是一种绝对的罪行，因为它冒犯的不是其他的人，而是上帝本身。偶像崇拜者因违反了石质律法（stoney law），必须被石块砸死。

考虑到这些信仰的不可调和性，任何关于以色列领土所达成的协
283 议都将是某种奇迹，而这种不可调和性也预示了这些协议的脆弱性。当然，我提出这些思考，并没有希望能使以色列移民相信，他们与这片土地的关系不仅仅违反了国际世俗律法，还在绝对忠诚戒律的伪装下，违反了他们最重要的戒律。我也不指望，在揭露了他们使耶和华成为地方神巴力（Baalim）后，他们会有所触动。那么，我涉足于风景理论中的荒野有什么用呢？

3. 推土机和拳头

对以色列/巴勒斯坦风景的偶像崇拜性质的认识，可能指引政治、艺术以及智识工作的方向，这一点从下面这张传单中可见一斑。这是近年来在雅法市广为流传的传单，用以反抗以色列人在这个古老城市兴起的城市复兴计划（图 9.3）。画面中，一只紧握着拳头的手臂在土地上、在雅法的建筑物中扎下了根，它拔地而起，以对抗迎面而来的推土机。近几年来，推土机已成为以色列人占领土地和“沙漠化”的象征。[41] 这幅画中意味深长的一点是，其附文是用希伯来语和阿拉伯语描述的，表达了犹太的、阿拉伯的穷人和工人阶级对“城市复兴”的共同反抗。他们常年共同生活在雅法，由于“城市复兴”计划，他们居住的贫民窟将让位给豪华公寓和休闲酒店。这种关于犹太—阿拉伯团结的画面在以色列非常罕见，我不想对它的意义做过高评价。但有时候一幅粗糙的图画可以投影出未来，远远超出了它在目前描绘的现实世界中的效力。这幅画不仅表现了工人阶级的团结一致（人们希望，对那部分仍然宣称对社会主义，或者至少对社会正义保持忠诚的犹太复国主义而言，这种团结将能够具有某种吸引力），还反映出风景内部

具有一种机制，一种对破坏力和现代化的抵制。这种抵制比犹太人和阿拉伯人之间的分裂还要深。[42] 它还理想化地投射了以色列 / 巴勒斯坦的一种未来状态，即一个双语、双文化及双民族的公民社会，它不分民族、种族和宗教，能够保障所有公民的平等权利。必须承认，在目前斗争双方民族主义热情高涨的情形下，在美国倡议的“和平进程”占主导地位时，这是一个非常乌托邦式的规划。“和平进程”似乎注定只能导致无限的种族隔离，因为它只给予约旦河两岸和加沙名义上的独立，而实际上相当于建立了巴勒斯坦的“班图斯坦”（bantustans），给以色列

图9.3　犹太/阿拉伯反抗雅法城市复兴计划的传单。

雇主们提供廉价劳动力以及无休止的暴力循环。以色列 / 巴勒斯坦的
284 长远未来必须走出这个荒野,来到这样的一个地方:它不仅仅是双民族
或者其他任何双重事物,还是一处所有斗争团体得以和解的神圣风景。

当然,只有当第三种语言(至少)加入到希伯来和阿拉伯声音之中
时,这一未来才有可能实现。这就是我们的语言,在神圣风景的轮廓里
无形发言的英国和美国的声音。它表达了对锡安的幻想,而这个幻想
非常接近美国的民族想象,即认为美国是上帝许诺给他的选民——白
种人、信仰基督及说英语的人——的应许之地。我希望到现在大家已
285 经清楚,为什么以色列的土地在美国想象中是一个如此强有力的文化
象征,远远超出了任何对其战略意义的现实评价。[43] 我相信现在更清楚的是,为什么在以色列占领约旦河西岸过程中处于前沿的极端正统派"殖民移民",对美国消费而言,甚至在非犹太人中,都是如此有力的形象。或许有人可以另写文章,分析在更伟大的以色列的应许之地——犹太和撒玛利亚的风景中犹太拓荒者的形象。这些人大部分是美国移民,这一事实的作用只有一个:即如实体现了他们对于一种美国自我形象的象征性吸引力,这种美国自我形象通过好莱坞及麦迪逊大街的狂野边疆风景得以呈现,由大型越野车(Bronco、Cherokees、Range Rover、Blaze 及 Safari 等)穿越的风景。许多东正教的移民迁居至郊区带有围墙的山顶,那里的草地因为过多地消耗约旦河西岸的水源而得以常年保持葱绿,这一事实又为他们美国梦的实现增添一份讽刺意味。但是以色列 / 巴勒斯坦风景是我们民族梦想的一部分,不仅是图像,更是一个亟待我们清醒的现实梦魇。

也许对我这个在以色列 / 巴勒斯坦的风景中游览的游客而言,说这些事情太轻松了。因此,请允许我用伊曼纽尔·列维纳斯那些晦涩的话语来作结(他对以色列的历史正义性的狂热信仰是不容置疑的)。在一篇关于尤里·加加林和海德格尔的文章中,列维纳斯用他的地点、空间及风景神秘主义,比较了苏联第一位宇航员(第一个被投入到"绝对

的同质空间”的人）和海德格尔。列维纳斯说：“犹太教在地方这一点上总是自由的。”[44]“一个人在一片风景中的实践，一个人对于某个地方的依附，若没有这些，整个世界将变得毫无意义，甚至将不复存在；正是这把人类划分成本地人和陌生人。”（*DF*，第232页）对于列维纳斯而言，对地方和风景的崇拜必须让位于“他者的面孔”。作为普世人道主义者，犹太教不可能完成他们献身社会正义的使命，除非它愿意牺牲对风景和地点的依恋。正是在这一点上，列维纳斯看到犹太教与基督教的巨大区别，后者信奉地方神灵、圣人以及家庭的神灵。“犹太教也许只是对所有这些的否定。”所有这些“异教的永久的诱惑，超出了偶像崇拜的幼稚，后者在很久以前就已被克服。对世界的神圣渗透——犹太教也许只是对所有这些的否定。要毁灭那些神圣的树林——现在我们明白了这种公然的破坏行为的纯洁性。事物的神秘性是所有对人类的残忍行为的根源”。（*DF*，第232页）。这是把列维纳斯置于推土机这一方？还是挥着拳头的根深蒂固的树木一方？列维纳斯偏向加加林这位现代的科技人员，而不是地球神秘主义者海德格尔，这似乎使这个选择会不可避免地偏向推土机。但是列维纳斯想要摧毁的风景是想象的，而不是真实的。它们是那些神圣的风景，是那些充满了奶和蜜的土地，是把犹太人的命运幻想成为对一块现实地方的占有，而不是一种普世的人类价值的典范。现在这种幻想通过一种地方的偶像崇拜、一种由子弹和推土机实施的领土神秘主义已经得到实现。我们的挑战就是要说出这种偶像崇拜，破解其神秘感。也许既然巴勒斯坦能从他们的章程中删除毁灭以色列的要求，以色列也可以设法废除第二诫。 287

注　释

我衷心地感谢阿诺德·戴维森、比尔·布朗、霍米·巴巴、劳伦·贝兰特、桑德·吉尔曼、拉里·艾布拉姆森、丹尼尔·蒙克、甘尼特·安科瑞、拉希德·哈里迪、乔尔·斯奈德以及乔纳森·波尔多在各方面给予的帮助。

1. 引自恩斯特·贡布里希,《文艺复兴艺术理论和风景画的兴起》,载《范式和形式:文艺复兴艺术研究》(*Norm and Form: Studies in the Art of the Renaissance*,芝加哥, 1966),第 107 页。

2. 伊曼纽尔·列维纳斯,引自什洛莫·马尔卡对列维纳斯和阿兰·芬凯尔克劳特(Alain Finkielkraut)的访谈录,《伦理与政治》,乔纳森·罗姆尼译,《列维纳斯读本》(*The Levinas Reader*),肖恩·汉德(Sean Hand)编(牛津, 1989),第 297 页。

3. 马丁·布伯,《关于锡安:一个观念的历史》(*On Zion: The History of an Idea*),斯坦尼·戈德曼译(1952;锡拉丘兹,纽约, 1997),第 53 页;以下简称 *OZ*。

4. 关于意识形态和偶像崇拜的关系,见 W.J.T. 米切尔,《反偶像主义的修辞学:马克思主义,意识形态和拜物主义》,载《图像学:形象,文本,意识形态》(*Iconology: Image, Text, Ideology*,芝加哥, 1986),第 164—168 页。

5. 见瓦格斯塔夫(J.M. Wagstaff)的经典研究,《中东风景的演变:到 1840 年的概况》(*The Evolution of Middle Eastern Landscapes: An Outline to A.D. 1840*, 托托瓦,新泽西, 1985)。

6. 西蒙·沙玛,《风景与记忆》(*Landscape and Memory*,纽约, 1995),第 14 页;以下简称 *LM*。

7. 西奥多·阿多诺(Theodor Adorno),《美学理论》(*Aesthetic Theory*),C. 伦哈特译(伦敦, 1984),第 105 页。

8. 见弗里德里希·尼采《偶像的黄昏》的序言(1889),《〈偶像的黄昏〉和〈反基督〉》(*"Twilight of the Idols" and "The Anti-Christ"*), R.J. 霍林代尔译(哈芒斯沃斯, 1968),第 22 页。"至于试探偶像,要用锤子触碰他们,就像用音叉一样。这次他们不只是某个时代的偶像,而是永恒的偶像。"

9. 迪安·麦坎内尔(Dean MacCannell),《游客:有闲阶级新论》(*The Tourist: A New Theory of the Leisure Class*,纽约, 1976)。麦坎内尔之后对"游客理论"的精彩批评,见米根·莫里斯(Meaghan Morris),《在亨利·帕克斯汽车旅馆》,载《太快太晚:大众文化中的历史》(*Too Soon Too Late: History in Popular Culture* ,布鲁明顿,印第安纳州, 1998),第 31—63 页。

10. 见米切尔《帝国的风景》,载《风景与权力》,米切尔编(芝加哥, 1994), 5—34。以及《贡布里希和风景画的兴起》,载安·伯明翰、约翰·布鲁尔编《文化消费, 1600—1800:形象,物体,文本》,(纽约, 1995), 103—118。

11. 米歇尔·德·赛图（Michel de Certeau），《日常生活实践》（*The Practice of Everyday Life*），史蒂芬 . F. 伦德尔译（伯克利，1984），117。

12.《牛津英语辞典》（*Oxford English Dictionary*），第 2 版，“异教徒”词条下：“德尔图良著，《*De corona militis*》第 xi 页：‘Apud hunc（christum）tam miles est paganus fidelis quam paganus est miles infidelis.’”

13. 1998 年 11 月 11 日—14 日在比尔泽特大学召开的名为“从风景视角看巴勒斯坦”的会议。

14. 关于“复活某些魂灵，把其他的遗留在荒野”这一意识形态选择的探讨，见基斯 .W. 怀特勒姆（Keith W. Whitelam），《创造古代以色列：巴勒斯坦历史的沉默》（*The Invention of Ancient Israel: The Silencing of Palestinian History*，纽约，1996）。

15. 见萨克文·贝尔科维奇（Sacvan Bercovitch），《美国神话的圣经根源》，载《圣经和美国艺术与文学》，贾尔斯·甘（Giles Gunn）编（费城，1983），第 219—229 页。

16. 见马丁·J. 鲍登（Martyn J. Bowden），《美国人心中的大沙漠：一个地理概念的历史编纂》，载《精神的地理：历史地理学论文集》（*Geographies of the Mind: Essays in Historical Geosophy*），戴维·罗文萨（David Lowenthal）、鲍登编（纽约，1976），第 119—148 页。比较《关于锡安》第 88 页论述的“流放的净化影响力”。

17. 乔治·卡特林（George Catlin），《北美印第安人》（*North American Indians*），彼得·马西森（Peter Matthiessen）编（1841；纽约，1989），第 464 页。

18. 见马克·吐温，《傻子国外旅行记，或新天路历程：乘“奎克城”号汽船到欧洲和圣地的愉快远足》（*The Innocents Abroad, or The New Pilgrim's Progress*），两卷合一（纽约，1911）。赫尔曼·麦尔维尔的史诗《克拉瑞尔》（*Clarel: A Poem and Pilgrimage in the Holy Land*，1876）叙述了他“在圣地的朝圣”，将“阿拉伯的荒野”与美国人航海时的壮观海景相联系：“漫天狂沙 / 给人一种大海的感觉”，“随风卷起的沙柱 / 就像喷涌而出的水流”。麦尔维尔还引用了达尔文的话，后者“援引了雪莱 / 他一直漂流 / 在所有为人所知的荒凉之地 / 神秘主义的怀疑——令人敬畏 /”（赫尔曼·麦尔维尔，《克拉瑞尔：诗与圣地朝圣》，沃尔特·E. 贝赞森（Walter E. Bezanson 编（纽约，1960），2：xi：39—42，2：xi：13—15，第 178，177 页）。

19. 桑德·吉尔曼，《马克·吐温和在圣地的歇斯底里》，载《构想健康与疾病：同一与差异的形象》（*Picturing Health and Illness: Images of Identity and Difference*，巴尔的摩，1995），第 104 页：“吐温笔下 19 世纪中期的巴勒斯坦阿拉伯人……不是《圣经》里的犹太人。他强调了一个事实，即他当前正在谈论的是圣地的阿拉伯人……然而，吐温看见“那些衣衫褴褛，露出少许伤痕和罪孽的可怜人”居住在圣城里，在各方面都与基督时代居住在这里的犹太人一样。他们的面容依旧如故，他们的身体仍然伤病累累。”

20. 凯特林，《北美印第安人》，第 61 页。

21. 戴维·邦恩告诉我：“南非欧裔的民族主义很大程度上依赖于建造一个应许之地（Geliefde Land）的神话。在整个南非国家，都可见这个《圣经》比喻的影响。例如，德兰士瓦省的内尔斯特鲁姆（意为“尼罗河”）显示了19世纪早期加尔文教派的迁徙者如何构想他们在埃及发现的那块巨大的湿地系统。在其他地方，同样存在一波又一波农民长途跋涉寻找乐园的迹象。其中最著名的一支队伍最后死于纳米比亚的沙漠里（被称为“dorsland trekkers”，或旱地跋涉者，“thirstland trekkers”），而另外一支队伍称自己是“Jerusalemgangers”——正在走向耶路撒冷的人们。（作者与戴维·邦恩的通信，1999年8月19日）。

22. 威廉·华兹华斯，《序曲》（*The Prelude*），载《诗选与序文》（*Selected Poems and Prefaces*），杰克·斯蒂林格编（波士顿，1965），bk.12，1.115，第342页；以下简称*P*。

23. 见萨义德，《创造，记忆与地方》（Invention，Memory，and Place），本辑中第八篇文章。

24. 劳伦斯·赖特（Lawrence Wright），《来自耶路撒冷的信》，载《纽约人》（*The New Yorker*），1998年7月20日，第48，43页。

25　然而，人们可能期待内塔尼亚胡和利库德在1999年春季大选中的失利会暂时中止新移民定居点的开发和现有移民定居点的扩张。

26.《牛津英语辞典》，第2版，territory注解：“1.与5同。teri-，tery-.拉丁单词territo+ri-um的缩写，指一个城镇、领域、地区、领土周围的土地。词源上不确定：一般认为派生于terra，即地球、土地（在通俗拉丁语中，当它变成terra+to+rium时确实指这个意思）；但是其原先的形式表明了从terre+re到“惊动、威胁”之意的衍生，由此有“土地威胁者”（*territory frightener）这个词，即territo+rium，也就是‘一处人们被告诫要远离的地方’（Roby的*Lat*，希腊，第943页）。法语单词territoire也是如此（1278年Godef的*Compl.*）：同时参见terroir。”

27. 梅尔维尔，《克拉瑞尔》，2：10：2—10，第170页。

28. 摘自伯顿·费尔德曼（Burton Feldman）、罗伯特·D.理查森（Robert D. Richardson）编，《现代神话的兴起，1680—1860》（*The Rise of Modern Mythology, 1680—1860*，布鲁明顿，印第安纳州，1972），第153—154页。

29. 见乔尔·斯奈德（Joel Snyder）在《领土摄影》中对奥沙利文照片背后神学设想的精彩论述，《风景与权力》，第175—201页。

30. 见本辑中波尔多（Bordo）关于荒野中的见证者的论述。约翰·狄克逊·亨特（John Dixon Hunt）的《风景中的人物：18世纪的诗歌、绘画和园林》（*The Figure in the Landscape: Poetry, Painting, and Gardening during the Eighteenth Century*，巴尔的摩，1976），同样探讨了18世纪风景美学中出现的隐士和独处者形象。

31. 恩斯特·勒南（Ernst Renan），《闪族语系通史及比较体系》（巴黎，1858），第7页。

32. 摘自《现代神话的兴起，1680—1860》，第56页。比较《风景与记忆》中关于森林的探讨。对维科和栖息地历史的精彩论述，见罗伯特·波格·哈里森（Robert Pogue Harrison）的《森林：文明的阴影》（*Forests: The Shadow of Civilization*，芝加哥，1992）。

33. 摩西·哈尔伯塔尔（Moshe Halbertal）、亚维塞·玛格丽特（Avishai Margalit），《偶

像崇拜》(*Idolatry*)，纳奥米·戈德布卢姆译(马萨诸塞州剑桥，1992)，第5页。以下简称 *I*。

34. 关于布莱克象征性风景的权威评论，见诺思洛普·弗莱(Northrop Frye)，《可怕的对称：威廉·布莱克研究》(*Fearful Symmetry: A Study of William Blake*)，普林斯顿，新泽西，1947)。

35. 文森佐·维泰洛(Vincenzo Vitello)，《沙漠，民族精神，遗弃：走向宗教地志学》，载《宗教》(*Religion*)，雅克·德里达(Jacques Derrida)、基阿尼·瓦蒂莫(Gianni Vattimo)编(斯坦福，1996)，第139页。关于"沙漠化"和荒地主题，见哈里森的《森林》。

36. 维泰洛对尼采的引用，《沙漠，民族精神，遗弃》，第136页。关于马丁·海德格尔对尼采毁灭观的论述，见《什么是所谓的思考？》(*What is Called Thinking?*)，弗雷德·D. 威克，J. 格伦·格雷编(纽约，1968)，第29—30页。

37. W. 罗伯逊·史密斯，《闪族人的宗教：基本制度》(*The Religion of the Semites: The Fundamental Institutions*, 1889；纽约，1972)，第93页。

38. 见 http://www.virtual.co.il/travel/neot/。匿名文章《什么是犹太复国主义，我们是否应该支持它？》以及《圣经》的引文已在圣经植物公园的网站上消失。

39. 拉里·艾布拉姆森与作者的通信。同样见艾布拉姆森《犹太复国主义的抽象：伪装的艺术》，载 *Studyo*, no.94 (1998年6—7月)，即将以英文刊登于《耶路撒冷评论》(*The Jerusalem Review*)。

40. 如沃尔特·本雅明所说，关于杀戮的戒律"不是作为一种审判标准，而是一种准则存在"(沃尔特·本雅明，《对暴力的批评》，载《反思：散文、格言，自传写作》(*Reflections: Essays, Aphorisms, Autobiographical Writings*)，埃德蒙·杰夫科特译，彼得·德梅茨编，纽约，1978，第298页。

41.《梯坤》(*Tikkun*)杂志的马克·列文(Mark Levine)在比尔泽特会议上展示了这幅值得注意的画。我对他就下述问题给予的启发表示感激。

42. 以色列的"现代化"常常诉诸一种净化和公共健康的话语。见吉尔曼，《马克·吐温和圣地的歇斯底里》，第93—114页。同样见布伯关于"重返是基于治愈彼此的目的"这一逻辑的评论(*OZ*, 第150—151页)，即认为巴勒斯坦这块"生病的土地"需要靠重返的移居者(同样病态的)来治愈，而他们也将通过与这块大地重聚而获得痊愈。

43. 这不是要否认，地缘政治策略在形成"以色列是西方深入阿拉伯世界心脏的'缓冲国'"这一观念中所起的作用。自从拿破仑1799年号召"以色列人"重返巴勒斯坦，欧洲强国一直对犹太复国主义保持了切实的兴趣。见霍华德 M. 萨克尔(Howard M. Sachar)，《以色列的历史，从犹太复国主义的兴起到现代》(*A History of Israel from the Rise of Zionism to Our Time*, 纽约，1976)，第22页。

44. 列维纳斯(Emmanuel Levinas)，《难以实现的自由：论犹太教》(*Difficult Freedom: Essays on Judaism*)，汉德译(巴尔的摩，1990)，第233页；以下简称 *DF*。

十

荒野现场的图画与见证

乔纳森·博尔多

我们不会去尝试回答下面的问题:目前被我们称为野蛮人的那些民族是否都生活在一种原始、荒凉的环境中,或者,就像他们的语言结构经常引发外界猜测的那样,他们中的许多是否并非那些已经退化到某种野蛮状态的部落,而是留有从一个早已失落文明的废墟中保存下来的零散碎片。对这些所谓的自然之子有了更深入的了解后,那些有关大地力量的知识的优越性不见踪迹。对不可思议的事物的爱引导人们把这些力量归因于这些民族身上。对自然力量之统一所产生的某种模糊、恐惧的感觉无疑在那些野蛮人的心中被唤醒,但这样一种感觉与尝试通过思考的力量去证明所有现象之间存在联系的做法没有任何共同点。

——亚历山大·冯·洪堡,《宇宙》

然而,提出依据来证明论据终将有个结论;——但这个结论不是让我们立马就认为是真理的确切命题,即它不是一种眼见为实的东西(eine Art Sehen unsrerseits),而是我们的行为(unser Handeln),是语言游戏的根基。

——路德维希·维特根斯坦,《论确定性》

一

荒野（wilderness）是一个神圣之地；它存在于最初的话语中，比如“荒野中的声音”。它是虚空，是一种空洞混沌（*tohu-bohu*）；是清除，清 291
除出来的空间；是一片荒原，一处野兽的巢穴，咆哮的大海，条顿人的黑夜和森林；是“加拿大附近延绵的白雪”；[1] 是“野蛮人之地”（来自 17 世纪）和《野蛮之地》（20 世纪加拿大画家 A.Y. 杰克逊的一幅画）；是文化的缺失、野蛮人；是夏令营的神圣领地。通过荒野中主体的图形符号，我们探讨的是什么情形呢？这不仅仅是一个关于“荒野”这个词语的问题，该词就像一个名称标签，用来标注某个人、团体或部落与现实事物（the real）和不动产（real estate）之间亲密、地方性的联系。一谈到荒野，欧洲部落民族已经有非常强烈的占有欲，并把它作为自己的象征符号，一个象征性地展现本尼迪克特·安德森的民族 — 国家想象共同体的理想场所：作为领土乌托邦的荒野、荒野中的理想国、进入荒野的大迁徙。现代欧洲语言对这个词语的处理强调的是它的词根（印欧语系的“wilde”），但其后缀，那个修饰野外事物的“-ness”又是什么呢？（图 10.1）。

在一个形容词或者过去分词，比如 empty（空的）、sad（悲伤的）、dark（黑暗的）或 wild（荒凉的），后面加上“-ness”，就会把它的特性和属性转变成为状态或情况：emptiness（空虚）、darkness（黑暗）、sadness（悲伤）、wildness（荒野）。通过这一转变，“wild-”几乎神奇地变成了一个实体和一个主体——黑暗降临大地，这片杳无人迹的荒野。词典中也注明了跟这些探究相关的一个特殊用法，即表示一种知晓状态的“witness”（目击）作为名词用时，它指的是作证这个行为的执行者。[2] “ness”把荒野从游动的、荒芜的、一个虚空转变为超越的、欢欣的、一种纯粹的存在或缺失的环境。作为一个语言的定位器（linguistic

图10.1　美术馆参观者。

locator),“荒野”(wilderness)这个词显示或者例示了“荒凉”的状态。“ness”将那些野性的东西容纳到一个鸟巢或者壁龛中,使它们似乎被容纳或成为某个东西的核一样。荒野的核心就是野性事物,一种无形物:是野性事物存在的地方。这是否就是深层生态学在援引梭罗的名句“世界保存在野性之中”时,努力分辨的“荒野”(wilderness)和“野性”(wildness)之间的差别呢?[3]它是不是从不可言喻的外表到不可言喻的内容的一个转移?因此,我们坚持区分荒凉(wilderness)、荒野(a wilderness)荒野之物(the wilderness)之间的差异是正确的。

作为这种状态的本质,荒野之物(*the* wilderness)本身包含了野性的东西(the wild)。当谈到“wilderness”这个日常词语及其用法时,我们说是语法而不是哲学变得形而上,这并非要指责维特根斯坦。作为一种语言符号、一个移位和空隙的符号,作为一种文化中文化的例外、一种纯粹任意性(来自德语的“wil”)的宣称,荒野之物完成了(自动)提升,超越了法则。它以清空和分解意义的方式提供意义,以宣布人类消失的方式为人类特有的声音(human enunciation)加上光环。荒野把 292
自己立为符号就是要预示人类符号的灭绝。“荒野之物”这个名称我将从日常语言中保留下来,作为我论述的语言符号、地点和对象。请把它当做一个专有名称。

尽管“wilderness”这个词很特别,其范围几乎无处不在,但四组先兆性地反复出现的意义群滋养了这一问题:(1)作为一种热带的或者象征的方位,不论地理上位于何处,荒野总是向北方和西方延伸;(2)作为一个专有名称,在殖民环境中用来代替久经传承的地名,为疯狂夺取、霸占领土辩护;(3)作为一种僭越性的行为方式,荒野虚构出“野蛮的”生活方式;(4)作为一种短暂存在和所谓的过去,荒野与现代欧洲对古代看法的产生相一致。把这四种观点综合起来就可以看到,现代性本身正是在荒野的象征符号这个多产之地上被创造出来的。本文关心的是第二个话题,以及构建一种现代绘画时假设一个镜式见证者的必要性。这种镜式见证者发挥了一种相当特殊的、双重的作用。它欣赏那些证明了一种不可用图绘的状态——荒野的崇高——的绘画，同时又以风景画的形式使暴力占领土地、驱逐原住民，再把它重组成为领土的行为变得合法。

我思考的出发点不是书写文本或者实际的广阔区域，而是图画，那些据称把野性作为所谓的指示对象的，关于荒野的图画。为什么说“据称”？因为这些画很少将自己命名为荒野之物，但它们全部都被认为与荒野之物有关。这些画可以被当成典型的对视觉表象进行口头再现的（ekphrastic）集合体，至少是在 W.J.T. 米切尔的视觉文本分析中是这样；不过有一个限制条件。[4] 因为“wilderness”这个词与它的同源词之间的限定关系不是很紧密，而是很遥远，这些画把圣经中的文本情形视觉化，但却很少对圣经进行引用。如果多数视觉表象的口头再现分析把一个集合体定位在某个表现平面之上、旁边或者之下，文字的指示物就很少能够从经验中找到。我们可以看到文字与形象在一个被延长的平面上同时出现，或者是一种相互覆盖的羊皮纸效应关系。在所有这些情况下，它们的组成物体都可以凭经验去发现。比如，古典风景画通常点明其主题——阿卡迪亚、沙漠等等。然而，在我们即将介绍的绘画中，文字指示对象似乎很遥远，无法接近。引发这样关于绘画的思考的
294 风景艺术在北欧象征艺术的传统中占有一席之地，它的民族主义理想使它更接近于沃普斯韦德的地方主义特征，而不是美国 19 世纪风景艺术的世界主义理想，后者的目标就是要对抗欧洲的标准。[5]

实际上，我就是在研究这些有些阴暗甚至是偏狭的 20 世纪初加拿大风景绘画时，才第一次困惑于它们令人好奇、隐晦的反射性特征。它产生于它们的风景处理手法，即在一个无法见证的场景中安置、抹除见证人。对这种反射进行讨论反过来导向一个更为广泛的思考，即关于现代绘画的配置（apparatus）及似乎有必要被当作镜式见证者（specular witness）的主体。这个讨论是探讨理论和绘画实践之间关系的开始。“绘

画理论化和理论绘画化”这个口号说明反射性并不是语言的专利，它也扩展到了绘画。[6] 关于“组成我所举例子的核心的那些绘画有什么作用？”这个问题，我的回答是：它们正在见证，这种见证功能就是它们具有意义的基础所在。我关注的是作为现代绘画的普遍的决定行为的见证，其运行方式以及绘画在扮演这个角色时的文化含义。我所说的见证功能就是揭示这种反射性的策略性场所。这一假定角色即使不是由绘画配置本身确立，也部分地由它预示，即广义上的框定。[7] 因此，本文旨在通过简单描述绘画的见证作用，把问题带回到有关荒野的各种复杂问题上。[8] 要揭示现代绘画与反射见证之间的复杂关系，荒野是个特别有收获的地方。

二

读者们可能会想起加拿大作家玛格丽特·艾特伍德的一个短篇小说《死于风景》。在故事的开头，叙述者给我们介绍了一些 20 世纪早期到中期加拿大“七人画派”（Group of Seven）的风景画，它们就挂在主人公在多伦多面朝安大略湖的公寓墙上。[9]

这些画是荒野的符号；画中描绘了置于前景的孤立的树，以及各种布局的北方风景。我曾在其他文章里详细阐述过这类风景的标志就是一株北方孤树。[10] 绘画是进入荒野环境的通道和视觉符号。作为符号，它们证明了荒野之物的状态，一种不可言喻的状态（图 10.2）。

汤姆森的《短叶松》（*The Jack Pine*）中所描绘的荒野之物在原则上拒绝一个主体存在的靠近。它在邀请人来见证这一环境或状态的同 295
时，又否定了这一想法。这种情况的悖论表明，作为一种结果的绘画，其责任已经从绘画作为一种接近式阐释（proximal rendering）的可传递性转向作为视觉符号的不可传递性；而视觉符号的语言特征，或者说先它存在的语言符号，则似乎需要在画中荒野之外的地方才能找到。因

图10.2 汤姆森，《短叶松》（1916—1917）。

为原则上的不可再现，荒野使一幅画成为证据的宝库，证明的是绘画无法描绘的东西。这些风景画通过描绘缺乏人物见证的风景，来拒绝人类的存在。正是把作为见证者的主体写入画中阻碍了启示录意图的实现，即人类存在的完全消解，而被视觉假设的见证行为本身造成了这一阻碍。目击者是符号走向消解这一启示录旅程中的临时停靠点，之后这个旅程将会被一些能证实此情形的非图像性视觉刻画本身、标记或符号的闯入而被打断。因此，至少对于汤姆森和“七人画派”而言，作为绘画行为的荒野之物，其特征似乎就是通过不懈的努力来在图画上实现一种系统性地拒绝人类存在的形而上的目的，这类似于上帝在创世第五天的工作。

当我们回想西欧风景画史，风景画缺少人物见证者这一悖论就开始具有特殊的视觉意义。至少早在15世纪，西欧风景画表现的是被见证的风景，其中总有特意安排的表示人类存在的符号：如果没有人，也有鲜活的人类生存的迹象（窝棚、房屋、小路、大道、标示、诸如围墙或者篱笆之类的围护结构、从火中冒出的烟）；即使不是鲜活的人类生存的物质证据，也有人类曾经在此居住而留下的痕迹（墓碑、古坟、废墟、坟墓、建筑）。

诚然，当见证者形象（witness figure）在19世纪的澳大利亚、美国和英属北美洲风景艺术中的"新世界"里出现的时候，它和其他描绘风景、声明所有权的象征性手段一样，成了传播了这些风景的象征工具（图10.3）。这些形象扮演了见证者的角色，因此我把它们叫做见证者形象。就像指着十字架上的耶稣的这个使徒形象，其见证具有使徒传统的特征，但在这种情况下，见证荒野之物状态的形象早在《圣经》中就有了铺垫。[11]这个形象在荒野中见证了荒野之物的状态。它见证的是上帝与人之间的那次决裂，开启了人自身的存在。它是时钟开始敲响的时刻：历史从这一刻起上演。当风景成为欧洲记忆的舞台时，荒野则是这样的一种状态或者情况：它让历史从一个被铭记为视觉证据的时刻开始，以此消除了历史。"之前"既指开始回忆之前的假设，也指回忆开始往后追溯而成为的记忆。因此在之前，欧洲人（人类）的出现即标志着眼见之物的重现，对那些眼见之物的历历举证，和那种视觉所见引起的毒害。因为荒野假定了历史的零刻度，那些被推测住在荒野中的土著就被认为是生活在一种原始或者野蛮的状态之中，甚至被视为动物和植物，并且/或者因此被认为根本就不存在。

即使是在美国超验主义者提出与人类存在本身有关的本体论问题

图10.3　托马斯·科尔，《卡特斯基尔瀑布》（1826）。

时，通过视觉步骤把主体的形象刻画从视觉平面中完全清除，以实现无人之地的想法也很少能够实现。人类存在的本体论问题本身反而变成了这样的断言：美国文化胜过欧洲的标志恰恰就在于荒野变成了人类的占有物之一。[12] 但这个关于人类存在的断言预设了一道门槛，需要荒 297
野从被见证跨越成为无人见证的风景艺术。[13] 这个跨越的标志就是把人类存在的各种形象痕迹从再现的内容之中清除出去，并以一棵孤立的树木之类非人类的形象取代见证者形象。孤立的树是镜面式见证者的替身。

三

我一直把这些主体当成见证者（尽管它们通常不全是人类形象），并在几乎总是无命名、大体上无法描绘的视觉证据链条中赋予它们指示符号的角色。我想从我所说的见证功能的角度来更全面地探讨主体的话语，以及古典再现的分裂（dédoublement）如何把见证功能当成其必要的附加物。[14]

图画是见证的有序沉淀——与“行为”（*ergon*）有关、在行为之中、以行为为中心。因此，荒野绘画是实证性（testamentality）呈现出特殊性质的地方。然而，见证意味着什么？见证了什么？正如我所指出的那样，见证的法则是以《圣经》为依据的。更确切地说，就视觉艺术而言，它就是古登堡事件的一部分，即德里达概括早期现代性时所说的“《圣经》的时代”。[15]

现代性使见证功能无法同主体的反身性相分离，而作为见证者的主体恰恰开始以词语组织视线的方式，来组织视觉艺术的空间、结构及内容。凡艾克 1434 年为阿诺尔芬尼那对新人所作的纪念画像是个广为流传的例子。由于充满了各种认证符号，它可以例证说明这种绘画的实证性。这幅画设定了两个镜面式见证者，他们被反映在镜子中，是婚礼的见证人，这使它成为了婚礼中的一个中介。帕诺夫斯基说这幅画“既是一幅双重肖像，又是一张结婚证书”。[16] 这幅双重肖像中所描绘的镜中的两个人，其中一个据说就是画家本人。之所以这样说因为镜子上方权威的署名和日期——“扬·凡艾克在场”以及不是特别精确的“1434 年”。因此，这幅画既是肖像画，又是自画像。帕诺夫斯基认为这幅画兼有“结婚证”的作用，因为镜子里的两个人是婚礼的见证人，这幅画本身因此成了婚礼的证明。在这个作用中，签名确认了画里以镜中的见证者形象呈现的见证行为。下面帕诺夫斯基的话强调了该
299 签名的法律地位：“画家写下了他的签名——用的是签署法律文件时常用的华丽字体——他把自己当成了一个见证者，而不是画家。”[17] 在帕诺夫斯基看来，这是一幅画和一份证明，但两者之间的连结关系有些松动。这幅画本身记录了见证者凡艾克见证婚礼的情形，而他用这对新人夫妇——乔万尼·阿诺尔芬尼（？）和乔凡娜·切纳米（？）的双人肖像画来纪念自己的见证行为。

更准确地是，我想说是这幅画，而不是艺术家凡艾克成为了见证者。即使这样的描绘能够成功地确认事件的真实性，它还是不能使画像变成帕诺夫斯基所说的结婚证书，也不能让凡艾克成为婚礼活动现场的见证人。但是，这种表现手段的原理认为，事件的视觉证人就是这幅画像而非凡艾克，无论他是艺术家还是普通人。肖像是假定的视觉证人，它通过“公证”画出来的、带有签名及日期的镜子来证明这幅画是视觉证人。[18] 该画具有一个双重的假象，即凡艾克是事件的见证人，而画是事件的证明书。这是些意味深长的绘画断言。[19] 帕诺夫斯基说这幅画投射了一种神圣—法律的色彩无疑是正确的，这点他在多少过于详细的肖像学分析中阐释得十分清楚。但投射这种色彩并不能给予该绘画以任何神圣性及合法性。它确实展示出绘画指派自己去扮演（夸张地说）某个事件见证人的角色，并因此增加了婚礼的合法性。镜中人物证明的不是事件，而是作为一种视觉见证的绘画，就像画面之外那缺

席的镜面主体,即人们所认为的凡艾克。他不是婚礼的证人,而是这幅画的证人。凡艾克是这个绘画的第一个见证人,他从画中事件开始启动了一连串的重复见证。[20]那个非常清晰的向外观望的眼神其实是在看着画面中的事件。一幅画折叠成一个符号。

该画之所以具有实证的效力,部分是因为它在视觉上复制了《圣经》的意象(不论有多么不准确、随意、亵渎),尤其重要的是那些证明事件之神圣的见证者形象。实证的透视法把看画者引入会场作为镜子证人的替代者。正是靠着洞察整个事件,这幅画赋予自己认可事件的作用。因此,考虑到绘画赋予自己的(非)法定及纪念性作用,镜中的人物就得被看成是见证人物。围绕着画内镜子(即画内结构)的自我指示见证活动标志着绘画赋予了自己这样的作用:承认事件是合法的。这幅画是一种声明——宣布某件事情刚刚发生,而自己就是见证人。尽管 300
有这些宣布通过以视觉把握真实事件,从而对事件进行合法认证的声明,但我们是否能够比绘画介入之前更加接近事件的实证真实性、或是其神圣—法律地位呢?

本弗尼斯特用两个不同的词语把证人(testis)的作证同仲裁人(arbiter)、法官和公证人的作证区分开来。他的作品确认,这幅画被用来执行两种相去甚远,实际上双重的见证行为。证人要作证就必须在场,而仲裁人则不必。这幅画既有在场的,也有不在场的,既有 testis 也有 arbiter。一方面,这幅画具有代表或者代理见证人(镜子中的见证人物);另一方面,作为见证的绘画自己取代了这个见证人。证明事件的是绘画,可以说它就是事件的仲裁人。它之所以能够“仲裁”,是因为它不必在场就可以看见。同时完成两项任务的绘画成为了中间人。它宣布可以同时成为在场和不在场的证人。凡艾克的绘画因此成为了双重的见证。[21]我们可以利用这两种功能,但不能在同一时间。一个看起来简单、直接、没有歧义的问题现在变得模棱两可、具有多种稳定姿态。它类似于维特根斯坦《哲学研究》中的鸭—兔图形,因为这幅画轮流给出这两种功能，而不是同时。

在绘画中加入见证代理人意味着什么呢？暂且搁置这个哲学问题，阿诺尔芬尼的双重画像作为现代绘画（picturing）的典范，让自己的摹拟行为沉浸在一种工具主义的氛围之中。请看它所执行的所有有用的社会工作——见证、作证、记录、行使职权——画家集法官、公证人与牧师于一身（一揽包收）！这种工具主义的结构方式赋予这绘画以法律与认识论的特征。公证人的签名、给出日期与盖章的行为，与在镜子中对真实性的视觉展现，是两种相互联系的工具主义姿态。据此，在镜子周围留下签名和日期这样的公证行为使得这幅逼真的画作可被视为一面“自然的镜子”，这也让人想起了理查德·罗蒂。[22] 一旦剔除了法律和认知论上的字谜，这幅画剩下的便是审美性了。我们所谓的审美性于是成了一种额外之物，它内在于绘画赋予自己的工具主义重担中并被其所遮蔽。经正式授权、能够认证婚礼的画像同时给人一种有损于这种工具主义结构形式的假象。所谓的审美就这样超出了绘画工具性地为自己建构的结构框架。[23] 这幅画如果不是要证明自己，至少是要展
301 示它完成这些作用的能力，不管社会认为它能够胜任与否。这正好表明：证明（testimony）的语言游戏是多么地普遍，而在现代绘画表现的核心，镜子见证人又是多么重要的一个复杂因素，而不是一个偶然的象征符号。

四

《圣经》为阿诺尔芬尼肖像僭取婚礼见证权打下基础，以类似的方式，它也为把荒野视作视觉艺术做好准备。在场与不在场的见证之间、在场和缺席（标记和观照）之间的差异最后成为了决定性因素，因为在绘画中见证人物的参与具有某种不确定性。荒野逻辑，尤其是在殖民化的“新大陆”空间中，对这种不确定性的强调已经到了自相矛盾的地

步。这个差异确实完全颠覆了早期现代绘画中的审美与工具主义之间的关系，因为最终成为绘画的“公共面”的不是工具主义，而是审美。荒野的现代话语被迫展示了一种无法见证的状态。通过讨论几个欧洲荒野的传统主题，我将论述当荒野从欧洲传到“新大陆”时，绘画的见证功能发生了变化。这几个传统主题包括：（1）阿卡迪亚；（2）“新大陆”本身；（3）孤独。

阿卡迪亚

如果我们想到普桑的《我也在阿卡迪亚》（*Et in Arcadia Ego*），早期现代欧洲与19世纪美英殖民地在荒野话语的实证定位（testamental orientation）中的差异就会变得明朗。阿卡迪亚的牧羊人由于不知道人类的生活方式，在看到一个墓堆时对它困惑不已。人类的死亡、记忆以及苦难就隐藏在田园牧歌的表面之下。即使是思想实验也不能把它们排除在外。坟墓的表面上有铭文。牧羊人们面对的是一些无法辨认的符号，它们扰乱了阿卡迪亚。书写渗透进阿卡迪亚的界限，把历史，或者如我们所说的没有历史的原始人的前历史带进了阿卡迪亚。根据帕诺夫斯基的解读，坟墓文字（*seme*）阻止它向田园诗所描绘的阿卡迪亚的其他原始情况退却。[24] 在阿卡迪亚之前就有书写——阿卡迪亚的黑暗时期。坟墓文字的“之前”（before）使历史具有了空间性。《我也在阿卡迪亚》并没有预示主体的消失。它预示的是言语文化这个永恒礼物的死亡。无论是阿卡迪亚，还是坟墓上的符号所显示的之前环境，都不是荒野。欧洲的风景乌托邦从来都不想放弃关于人类世代相传的那些无法逃避、无法涂抹的痕迹。风景是历史的舞台。阿卡迪亚是这样，302
普桑的《拾取吗哪》（*Gathering of Manna*）中的沙漠也是一样。《我也在阿卡迪亚》中的坟墓文字，是远古时代在欧洲现代性描述经典神话时为古代打开的比喻空间中的一种外露。为远古时代新开辟的地点正好位于阿卡迪亚的象征性外露之下。通过把时间空间化，欧洲风景开始把远古时代假定为其自身的悠久历史，在视觉上表现为两个层面。[25]

新大陆的虚构

得到正式授权的笛卡尔肖像有好几幅，其中最有名的就是弗兰斯·哈尔斯的那一幅。韦尼克斯绘制的笛卡尔肖像可以追溯到17世纪30年代，它是笛卡尔一个受挫的宏伟计划的一部分。他想在1632年6月伽利略遭到第二次审判之后的压制时期出版自己全部的科学著作（图10.4）。[26]审判使得笛卡尔放弃了它的出版并否认其内容。这幅肖像画的内容显示它属于那个时代。这幅被当成笛卡尔的肖像画描述的是一个手拿书本的人，他指着下面的这个句子："Mundus est fabula"（世界是寓言）。这句话当然不是画中人物手中打开着的书的书名，但它也许暗示了这个书名。或者，这本书是否被当作世界的一个比喻，就像当时非常流行的诸如"世界之书"和"自然之书是用数学写成的"这些句子一样？这是什么寓言？为什么世界是个寓言？什么样的世界才是一个寓言？

"世界之书"的首次出现其实是在第一本《方法论》（*Discourse on Method*）中，与之一起的还有这样一个断言，即这些经常被笛卡尔提到的世界中，至少有一个是寓言（fable）。它出现在笛卡尔讨论物理的专著《世界》（*Le Monde*）的开始章节中。"Mundus est fibula"至少在两处地方有详尽的讨论。在《世界》第六章的一篇重要文章中，笛卡尔写道，他的物理学所研究的对象及过程与人们对于事物秩序的认知存在着差别，为了省却读者阅读关于这类差异的长篇大论，他将诉诸于"创造一个寓言"的方法，从而在不引起反感的情况下阐释他的物理学。想要理解他的物理学，笛卡尔要求读者在观念上"从这个世界转移出来，以便进入到一个在想象空间中形塑成的全新世界"。[27]在其他地方，笛卡尔用"*feindre*"——虚构、伪造和假装——来说明这个抽象的过程："虚构这个世界。"如果"物理新世界"需要被虚构，那么它当然就是一

图10.4　韦尼克斯，《勒内·笛卡尔》（17世纪30年代？）

次杜撰（a fiction），一个寓言——虚构、模糊，是虚拟（*virtus*）而非真实（*actus*）。假定、假设、假想以及思想实验都有可能被看成虚构。其实，“理论化”（theorizing）这个词便可以概括这些否定性的概念操作。所以我没有把笛卡尔的物理学说成物理理论。在被叫做理论之前，现代 303

理论的空间一直都处于被论述的过程之中。虚构来到了想象主题这个终点，即科学的“新世界”。它不能够与真实的世界相混淆，后者据《圣经》所言是上帝在6000年前创造出来。这个“新世界”是个虚构，缺乏真实性。它可以说相当空洞——由像原子一样被称作微粒的简单实体组成，包括它们的因果关系相互作用的结果，以及它们之间的空隙——相比之下，真实的世界很紧密，充满了生命。这个关于理论之替代真实（alternate reality）的宣言拥有其重要的先驱，可以追溯到哥白尼和奥西安德为《天体运行论》（*De revolutionibus*）所写的前言，其中的“hypothesis”（假说）这个词与笛卡尔的“fabula”（寓言）相似，两者都说明了这个新理论的本质。[28] 它产生于现存文化规范与新兴的认识论实践之间的空间中，这种思考把自己的行为标注为推动虚构。宣布理论的虚构暗示了一个策略性场所，在那里，新兴的科学努力地让自己适应现存的文化构成，达到F.霍林所说的“文化嵌入”的效果。[29]

否认某个事物对现实的附着性，以此对它进行确认，这意味着什么呢？在这本文集中，《世界》不是唯一一个笛卡尔宣称自己的思想是寓言或者图画的地方。它还出现在《方法论》的前言中，这具有很重要的意义。第一个论述包含了一个虚构化的否定，它指向的不是思考的客体，而是正在叙述的故事本身，即他是如何踏上科学的旅途的。他把该故事叫做“一幅绘画”。他的物理学是个虚构，而关于其知识起源的故事也是一样。“故事”、“图画”和“寓言”最终被互换使用：“我把这篇文章当成一个故事，或者，如果你愿意，你也可以把它当成一个寓言。你在其中可能会发现有几个样板可被模仿，而其他还有很多，人们则找不到理由也这样做。”[30]

诚然，我们可以说《方法论》是笛卡尔用来作为其科学文集前言标题的文字概念，因为它为他报告自己的科学成果搭建了一个平台。在谈论科学的最初话语条件中，有一个就是它必须被当作一种否定（negation）进行讨论。这样，韦尼克斯的笛卡尔画像其实就是一幅图画。它通过真实的图画性质证实了笛卡尔在自己的论述中所阐释的否定性。画像是图画式的《方法论》。它说出了它所展示的内容，展示了它所说的东西。它宣布说："我，笛卡尔，宣布我的物理学是一个寓言。"这个画像是个可视的言语行为。凡艾克的《阿诺尔芬尼》是婚姻事实的视觉证明，而韦尼克斯的笛卡尔画像则是物理学事实的视觉否认。

笛卡尔的画像揭示了一种反复否定模式。这里的否定是一种明确而激进的否认，似乎具有某种法律的特征：笛卡尔在宣誓。通过把自己的物理学宣称为一种图画，笛卡尔宣布自己的全部科学计划都是个语言寓言。他的否定不是一种拒绝或者放弃。通过这个否定，笛卡尔使理论的推断性工作变得合法化。

这种否定就在笛卡尔用来建构自己的否认的（各种）媒介中不断 305
自我强调，不论它是被建构成叙述或者图形，是通过语言还是形象（寓言和图画）。他用来把自己的科学计划建构成为话语的媒介本身就是一种否定。图画本身，即（所谓的）笛卡尔画像，是一种否定。话语媒介把自己标注为一种图画。

图画不像照片，它把自己凸显为符号，不能与它所指示的东西混淆，至少在巴尔特的重要论述中是这样。[31] 它处于某个特殊的关系中，外在于、高于并且本体上少于世界之材料，并因此为自己增色。作画也是一种否定。再现因此是一种重要的否定。某个事物要代表其他事物，这个其他事物就必须被搁置一边，被收回、梳理、否定，这样才能被取而代之而不会相互混淆。"denegation"（"否认"）这个词包括上述众多的"nots"（"不是"），它的出现是我们理解弗洛伊德理论中多义性的否定与否认概念的一种努力。[32] 它从简单的语法式否定转到搁置、取消，转到一种明确的否定。[33]

韦尼克斯的笛卡尔画像因此是一幅画中画，否定中的否定。笛卡尔正在画中为一个寓言作证。这个证明是一种否定，是对一个对否定的否认；而同是一种否认的凡艾克画像，却靠真正的图画确认了指示物的真实性。否认（denegation）因此与绘画的逻辑是不可分离的——无论是在海德格尔讨论“世界绘画”的最广泛意义的方式中，还是在当代理论家更为细腻的文化历史主义式的论述中都是这样。

我所考虑的各种否认策略表明了理论与绘画如何相互缠绕。早期现代理论的否认，其重点包括反射性见证和否定（denial），它的话语本身就是实践。“否认”的重点就是要拒绝承认物理学的推断是实践。绘画就这样安置了一个镜式见证人来证明绘画所提供的内容。绘画的否认行为为推断本身打开了“自由的空间”。推断否认它的推断行为与世界有共谋关系，相互纠缠。因为理论要进行绘画表现与绘画要进行理论化都要求话语否定自己的有效性，这种否定（denying）的办法就是否定话语的言语——以某种言语行为为其方式——是一种行为。简而言之，现代理论把自己建构为一种绘画的构成行为就是要宣布自己具有文化豁免性——是虚拟（*virtus*）而非真实（*actus*）。

笛卡尔对现代“我思”的哲学证明本身与作为否认（denegation）的绘画行为不可分离。通过镜子见证人必定处于绘画之外但又要依靠
306 于绘画的证明，笛卡尔引出了现代“我思”的哲学证据。这些绘画都是见证人，“我思”则是一个镜式见证人。我们在绘画中所见到的作为镜式见证人的那些自反性述行成分最终被笛卡尔用来引出绘画之外的“我思”的必要伴随物。这个“我思”证明完全通过“绘画之否认”这种语言游戏来起作用。

“平静的孤独”

笛卡尔全部的计划中充满否认。它把“新世界”虚构替代中的客体安置到了写作与外界隔绝的荒野中，他把这种情形叫做“一种平静的孤独”（une paisible solitude）。[34]“平静的孤独”是17世纪的另一种乌托邦，它不是地理意义或者科学意义上的“新世界”，而是进行独白式虚构的地方。这是一种第一人称的写作，它在内省的思考和自白中增补

了自我。——一种公开和私人的见证。写作本身就是证明。那么,在《圣经》时代,写作通过自身设想绘画——“我思”成为它作为绘画书写的镜式见证。“我思”因此是已被设想的镜式见证人的一个哲学证明。

孤独是爱探索的主体的一种隐退状态,是17世纪用来说明荒野的典型词语,是“eremos”(孤独)的荒野,是独处的、与其他人断绝社会联系的主体。它既不假定也不期待一种消灭自身的状态。即使是笛卡尔的“*deus malignus*”(阴险的神)也没有预示着主体的消灭。“我思”之所以原始,是因为它宣称要摆脱自身的共同文化的外衣,以自己来建构自己,就好像它自己身上就具备进行思考(speculation)的基础。它渴望原始的状态,就像梅洛—庞蒂后来逐渐认识到的那样。[35] 当然,从一到零与从多到一一样,都是激进的一步。它是第一步所开始的那些东西的完结。从欧洲到美国的荒野,不论是在其与其他事情的联系中还是在其对自然的描述中,都在尝试从一到零。

五

现代“我思”在绘画面前安置了一个镜式证人。图画—符号这种否认(denegation)戴上认证自反性的盔甲,假定主体是一个把绘画看成通向真实的特许、间接手段的镜式见证人。新世界荒野的“我思”就是这个镜式证人,一个见证人物,它通过把自己标注为在荒野现场以证明荒野的情况。但差别是,被看见这个行为和绘画的“*factum*”(事实) 307
损害了绘画所证明的那个情况。而欧洲的荒野主题,不论多么“空洞”,都是普桑的“*istoria*”(历史画)的展现舞台——也是呈现笛卡尔科学思辨的自由地带——被转移到探险和殖民地理“新世界”的欧洲荒野不可避免地使镜式见证变得更为复杂。

艾特伍德在《死于风景》中写了她的主人公罗伊斯为什么在房间墙上挂这些画。这不是因为品味或者“*gemütlichkeit*”(舒适)的原因,而是因为这会让她想起一种难以言说的不适（dis-ease），即参加青少年夏令营时在人迹未至的荒野里造成的创伤。那次意外是她的一个美国朋友在加拿大灌木地区失踪且至今未被找到。因为这是一个非常私人的，被抑制的事件（只为叙述者而不为虚构主体所知），风景画假定了镜子证人。七人画派的绘画成了这个“难以言说的”事件的代理人、替代物。

在艾特伍德看来，荒野是这次受打击现场的名字，绘画转移的不是关于该事件的记忆，而是把该事件从记忆中抹去的打击。关于打击的模糊记忆代替了关于事件的记忆：简而言之就是创伤。从这个角度看，经典的现代崇高之美的两个端点，柏克和康德，在荒野这个地点相汇到了一起。用柏克的话讲，荒野是那次事件，那次把见证人击倒的打击发生地的名字，它区分（被见证的）如画风景与未被见证的崇高之美。然而，荒野的情况或状态正与那种认为荒野拒绝被人类见证的观念有关。在这一点上，另人感到好奇却并不惊讶的是，康德从来都不把荒野论述为一种崇高之美——以主体本身为准的唯我论的崇高之美。创伤把柏克所说威胁的存在同康德崇高美的概念联系起来。受打击事件不可避免地走向受打击的结果，后者是主体无法注意到的。被通俗地理解为“一件没有见证人的事件”的创伤在荒野之物中找到了一种象征性的支架，它把风景现实化成了一种忘却和无记忆的场面（mise-en-scène），与传统再现形成对比。在后者中，风景是历史和历史叙事的场面。[36] 创伤使崇高美变得具有辩论性和历史性。它把对事故作为组织视觉意义之方式的要求引进审美之中。荒野中的事件一旦被投射到绘画上就会把绘画变成失效的意义（failing meaning）的载体。在艾特伍德的叙事中，发生在丛林中的事件变成了伴随这些绘画的创伤斑点。

308 由于艾特伍德故事中的事件已经受到抑制，它使画面成了一个没有见证人的事件。这指出了风景绘画作为事件的类载体（generic carriers）的特殊地位。对于七人画派来说，孤树的形象标记了地点，就好像它是某个事件——一个“X”——的发生地。缺席的是被孤树形象所标示的事件。艾特伍德用一个故事来把这个“X”填满。孤树的形象是一个替代物,一个幻影。[37]

六

就像其本身的绝对界限一样,荒野之物没有假定任何痕迹,这相当于假定了一个视觉上不在场证据来证明那里根本没有发生任何事情。所发生的悲惨的、残忍的事情一旦通过荒野的重新组织,就会失去它们具有重要意义的发生语境。[38]荒野之物是对事件意义的否定,作为一个主题,它把偶发事件定位在被记录为一个正式事件的门槛之外。荒野之物也成为崇高美学的结构及主题,一个反射性镜像,通过开发并实践与绘画的关系构成,是某种无法用绘画表现的情况的视觉证明。因为现代性的原因,没有绘画就没有荒野,而我在上面所讨论的绘画都是与“无主之地”(*terra nullius*)有关,同时又是审美性崇高的领地中的证明物。荒野之物把欧洲的想象从集体清空计划,经过作为原始空白之神学及审美提升产物的荒野,延伸到一种把土地与其居民隔绝的“新世界”的迁移运动之中。荒野之物消除历史,把深远的、无法追忆的东西提升为符号的迹象。因此,荒野之物可能被看成是一个没有见证者的历史遗迹,一个否认其作为符号的可识别性的迹象。风景艺术是“新世界”殖民计划和生存空间(*Lebensraum*)中遗忘之境的舞台布景,这个观点在其他地方已有讨论。我勾勒了绘画(在本文中是指宣称与荒野有关的那些绘画)如何跨越两种语域,赋予否定(denial)双重的含义:在其中一个我称为政治—法律的语域中,荒野是一种领土建构的宣告性工具。绘画的象征符号是一块屏幕,它能够提供一种视觉性的不在场证明,一种楔子或者间隔物,两边分别是传承下来的充满地点名称的文化和一些新的领土化计划,后者宣布这块土地人口稀少或者荒无人烟——一个法律—政治的零度，以此让自己介入。

英国人征服了北美，但没有进行“无主之地”的法律宣告来把这块已被传承、居住的土地变成“国王的土地”，但在澳大利亚他们这样做了。1774年的《魁北克法案》巩固了《1763年（加拿大）皇家公告》的
309 地位，后者承认土著居民对土地具有优先所有权。[39] 在法律上承认土著人的优先所有权的这些举措通常被理解为美国革命的导火线（*causis belli*）。可以说，加拿大的历史一直都是殖民文化和加拿大最早居民之间关于所有权的一个协商。然而，欧裔北美人的统治性文化工程以清空荒野的形式在审美—神学性方面清楚地表达了自己。首先是马萨诸塞湾的殖民者，然后是立宪之后的美国人、19世纪的超验主义者，之后是20世纪头30年的欧裔加拿大人以及汤姆森和七人画派。[40] 深层生态学以想象荒野为其象征性驱动的清空行为标志着20世纪的结束。这些北美和澳新殖民主义幻象通过把“无主之地”审美化或者“崇高化”对风景想象进行深入建构。澳大利亚的想象逐渐凸显了一个与正式的清空行为相矛盾的混合空间。可以说，风景想象压倒了“无主之地”的宣言，为最近在1993年6月3日所作的关于马波与昆士兰诉讼案（Eddie Mabo v. Queensland）的法律判决做了铺垫[41]，此时距1788年宣言已有204年。

在“无主之地”语域中，荒野绘画里投射性的、工具性的那些东西给风景艺术注入了一种回顾的、怀旧的审美，它通过把绘画积淀为纪念物来遗忘历史的创伤。欧洲荒野的崇高之美因此见证了它所反思的“无主之地”语域。它投射了一种似乎已经完成的总体化，从而遮掩了对这种役射的持续对抗的事实。对这种作为反镜面证明的绘画手段的本地吸收已经在促进一种反证明的发生，它置换、重新记录了欧洲侵入本土风景绘画表现的历史。绘画作为见证是一种模仿（mimesis），而不是伪装（mimicry），在霍米·巴巴富有影响的阐释中，它是一个“双重想象”的仲裁人。[42] 重回到这篇文章的题词，绘画实践把观看方式转变为某种

未得到论证的行为方式。

> 然而，提出依据、证明论据成立就会产生一个结论；——但这个结论不是一些我们一眼就认为是真实的确切命题，即它不是一种眼见为实（eine Art Sehen unsrerseits）；而是我们的行为（unser Handeln），是语言游戏的本质。[43]

已过世的澳大利亚土著艺术家罗弗·托马斯晚近时所创作的一系列名为《杀戮时代》（*The Killing Times*）的作品显然都是作为见证的绘画。它们以视觉的形式记录了“无主之地”上的事件，把它们标注为土 310
著梦想的公开外观上的各个基点（stations）。它们没有被标注在仪式轨迹上，而是被标注在出于历史目的而对仪式轨迹所进行的模仿上。通过这种方式，这些绘画都成为了法医图解，把观众带回到犯罪的现场。该系列中有一幅名为《红宝石平原的杀戮一》（*Ruby Plains Killing I*）的作品，画面中装满头骨的空心木头显示了一个“X”；空心木头本身让人想起了阿纳姆传统的土葬风俗以及澳大利亚土著纪念馆中用空心木头制成的人骨棺材。[44] 是绘画手段而非土地唤起这“两种想象”，它们被严重颠倒，还有可能被进一步复杂化并识别。就这样，在一个开放、活跃、痛苦、还没有得到解决的记忆场所中，与现代性一起出现的绘画实践逐渐占据了一个见证者的位置。

注 释

1.《小罗伯特》(*Le Petit Robert*),参见词条 “arpent”。(原文为法语 “quelques arpents de neige vers le Canada”。——译注)

2.《新牛津小词典》(*New Oxford Shorter Dictionary*),参见条目 “-ness”。

3. 梭罗,《英美文集》(*Essays: English and American*),查尔斯 · W. 艾略特编辑,共 50 卷(纽约, 1910),第 28 卷第 421 页。

4. 参见米切尔,《图像理论》(*Picture Theory: Essays on Verbal and Visual Representation*, 芝加哥, 1994),尤其是第 3—8 页;关于意象与文本的关系,还可以参看第 411—418 页。

5. 参见尤其是罗森布鲁姆(Robert Rosenblum)的《现代绘画与北方的浪漫主义传统》(*Modern Painting and the Northern Romantic Tradition: Friedrich to Rothko*,纽约, 1975);纳斯高(Roald Nasgaard)的《神秘的北方:北欧和北美的家征主义风景画, 1890—1940》(*The Mystic North*,多伦多, 1984);希尔(Charles C. Hill)的《七人画派》(*The Group of Seven: Art for a Nation*,多伦多, 1995);诺瓦克(Barbara Novak)的《自然与文化》(*Nature and Culture*,纽约, 1980);以及米勒(Angela Miller)的《眼睛王国:风景的再现与美国文化政治, 1825—1885》(*The Empire of the Eye,* 纽约伊萨卡, 1993)。

6. 参见米切尔的《图像理论》,尤其是第 3 章。

7. 参见杜罗(Paul Duro)为他主编的《画框的修辞:论艺术作品的边界》(*The Rhetoric of the Frame: Essays on the Boundaries of the Artwork*,剑桥, 1996)所写的导论,他在其中非常到位地分析了 “画框” 的广义、狭义、实际意义和概念意义之间一些难以控制的滑移。

8. 更为全面的描述参见本人的《现代艺术失误的见证》,载《画框的修辞》第 178—202 页。关于荒野作为产生见证人的绘画地点的论述,参见本人《荒野无主之地》,《加拿大研究国际杂志》(*International Journal of Canadian Studies*)第 15 期(1997 年春),第 13—36 页;以及《短叶松》,《加拿大研究国际杂志》第 27 期(1992—1993 年冬),第 98—128 页。

9. 参见艾特伍德(Margaret Atwood),《死于风景》(Death by Landscape),《荒野的启示》(*Wilderness Tips*,纽约, 1991),第 97—118 页。关于该故事更为详细的分析,参见波尔多的《荒野无主之地》。

10. 见本人的《短叶松》,尤其是第 112—115 页。

11. 关于其指示词(diexis)及其与圣体再现的关系,参见本人的《现代艺术失误的见证》。

12. 参见本人的《荒野无主之地》,尤其是 22—30 页;同时参见本人的《文化象征学》,这是我为波科维奇(Sacvan Berkovitch)的《准许仪式:美国象征结构的变化》(*The Rites of Assent*)所写的书评,载《符号学书评》(*Semiotic Review of Books*)第 5 期(1994 年 5 月),第 4—8 页。

13. 参见米勒(Perry Miller),《荒野使命》(*Errand into Wilderness*,马萨诸塞州剑桥,

1956）；纳什（Roderick Nash），《荒野与美国思想》（*Wilderness and the American Mind*，康涅狄格州纽黑文，1967）；以及厄尔施莱格（Max Oelschlager），《荒野的思想：从史前到生态时代》（*The Idea of Wilderness*，康涅狄格州纽黑文，1991）。我重点推荐米勒的《眼睛王国》，尤其是第 3 章，以及与之一起的《美国的象征主义：19 世纪艺术与文学新探》（*American Iconology*），米勒主编（康涅狄格州纽黑文，1993）。最新的有米切尔的《最后的恐龙书：一种文化偶像的生命和时代》（*The Last Dinosaur Book: The Life and Times of a Cultural Icon*，芝加哥，1998），尤其是第 16—19 章，它们把在普利茅斯和马萨诸塞登陆之前壮观的美国荒野搬到了侏罗纪。

14. 关于传统再现的分裂的讨论请重点参见马林（Louis Marin）的《话语批判：〈波尔—罗亚尔逻辑学〉和帕斯卡的〈思想录〉》（*La Critique du Discours,* 巴黎，1975），尤其是第 58—67 页。我在其他地方论述说，人们所说的固定在某个视觉形象之上的凝视本身是见证功能的附属，而不是反过来。参见波尔多的《现代艺术失误的见证》，第 197 页。

15. 参见德里达的《论文字学》（*De la grammatologie*），尤其是第 1 章。同时参见布鲁门伯格（Hans Blumenberg）的"*Die Lesebarkeit der Welt*"（法兰克福，1975），以及费弗尔（Lucien Febvre）和马丁（Henri-Jean Martin）的《书籍的诞生：印刷的影响》（*The Coming of the Book: The Impact of Printing, 1450—1800*），戴维 · 杰拉德译（伦敦，1976）。

16. 帕诺夫斯基（Panofsky），《早期的尼德兰绘画：起源与特征》（*Early Netherlandish Painting*），共 2 卷（马萨诸塞州剑桥，1964），第 203 页。

17. 同上。达米奇（Hubert Damisch）做了如下注释：

就像《阿诺尔芬尼的婚礼》的画家，他的影子被反射到位于像面中的镜子上，所有正交直线就在这个点上汇合。镜子上写着那句著名的"扬 · 凡艾克在场"（Johannes van Eyck fuit hic）及日期"1434 年"。"hic"表示"这里"，就在我目睹它（正如照出的那样）的地方，而不是"那里"，即我通过镜子看到它所在的地方，是见证人所在的地方，面对着由凡艾克绘制肖像的那对新人。如果我们同样以帕诺夫斯基的经典解读的话，画像就是一种结婚证书。

达米奇在这里的论述是紧随着帕诺夫斯基的脚步，同意他关于结婚证的提法，用它来把视点的技术手段同形象联系起来，以此给出一个反射性的论题（达米奇，《视点的起源》，约翰 · 古德曼译，马萨诸塞州剑桥 1995，第 130—131 页）。

18. 塞德尔（Linda Seidel）对凡艾克的见证技巧作了详细论述。她写道："通过利用公证的'风格'，扬宣称他已经把我们在画面上所看到的一切记了下来，而不用去实际宣称他曾经见过其发生。他既表明了自己权威性，又追求一种这种绘画类型所能提供的最大的真实性。"（塞德尔，《扬 · 凡艾克的阿诺尔芬尼画像》，剑桥，1993，第 138—139 页）。比较霍尔（Hall）把这种公证理解为一种简单的修辞的做法："而且，庆祝现场并没有什么进行公证的迹象来证明新人获得了许可。凡艾克本人便可以完成这个角色：光有他花哨的签名并不能弥补他缺乏资格成为一个受过训练、公众认可的法律专业人士，它也不能认定这幅画为法律文书，因为签名下面的日期只给出了年份。"（霍尔，《阿诺尔芬尼订婚礼》，伯克利，1994，第 64 页）。更多论述见贝尔丁（Hans Belting）的《相似性与存在》（*Likeness and Presence*），埃德蒙·杰夫科特译（芝加哥，1994），特别是第 19 章。

19. 霍尔的《阿诺尔芬尼订婚礼》证明这些说法就是这样——一些毫无根据的断言，没有以历史事实为依据。

20. 这是我所理解的塞德尔的意思，她写道："由此，见证婚礼的并不是画家。……正如他在自己的画中告诉我们的那样，他的作用结束了。反之，能够在未来时间继续这个作用的是绘画本身，它就像画家为约斯·韦德和罗林大臣画的那些画像一样，但在这里，神奇的、可以证明的镜子为它增色不少。我们以及我们之后的人被当成是我们所看到的事件的见证人。对于之后的每一代人，扬的绘画为他们提供了第一手的证明。"（塞德尔，《扬·凡艾克的阿尔诺芬尼画像》，第 162 页）。

21. 参见本弗尼斯特（Émile Benveniste）的《印欧习俗话语》（*Le Vocabulaire des institutions indo-européennes*），共 2 卷（巴黎，1969），第 2 卷第 110—122 页。

22. 罗蒂（Richard Rorty），《哲学与自然之镜》（*Philosophy and the Mirror of Nature*，新泽西普林斯顿，1979）。

23. 达米奇探查绘画的自主性的技术办法与这个论述相违背。视点是见证的假象工具的一部分。

24. 参见帕诺夫斯基，《我也在阿卡迪亚：普桑与挽歌传统》，《视觉艺术中的意义》（*Meaning in the Visual Arts*，芝加哥，1995），第 295—320 页。

25. 关于古希腊人阅读以第一人称单数说出的坟墓碑记的行为的讨论，参见斯文博罗（Jesper Svenbro）的精彩著作《阐释：古希腊阅读文集》（*Phrasikleia: An Anthology of Reading in Ancient Greece*），詹妮特·劳埃德译（纽约伊萨卡，1992），尤其是第 1—2 章。斯文博罗论证道，在公元前 7 世纪到公元前 15 世纪之间的一类很重要的墓碑上，以第一人称单数雕刻出来的碑文要求过路者大声读出铭文，以此作为一种纪念。女儿们的作用是要赞扬她们父亲的声望。在研究她们的碑文时，斯文博罗很确定地指出（与整个阐释传统相反）它们就是用第一人称的单数写成的，而且指出为何如此。第一人称指的是墓碑的"Hierbeit"（在这里），而不是它的"cogito"（我思）。当作者和之前的读者离开时，墓碑还在原来那个地方。

26. 关于对伽利略审判的解读及其对笛卡尔的影响，参见我的博士论文《诉诸理性：科学和笛卡尔知识系谱的合法化》（*Appeal to Reason*，耶鲁大学，1980），尤其是第 2 部分第 2 小节。

27. "De ce Monde pour en venir voir un autre tout nouveau que je ferai naître en sa présence dans les espaces imaginaires." 笛卡尔，《世界（论光）》（*Le Monde, ou traité de la lumière*），载《哲学作品集》（*Oeuvres Philosophiques*），费迪南·阿尔基耶主编，共 3 卷（巴黎，1963—1973），第 1 卷，第 343 页。

28. 见布鲁门伯格，《哥白尼的世界的起源》（*The Genesis of the Copernican World*，马萨诸塞州剑桥，1987），尤其是第 3 部分，第 1—2 章。

29. 霍林（Fernand Hallyn），《世界的诗学结构：哥白尼与开普勒》（*The Poetic Structure of the World: Copernicus and Kepler*，纽约，1993），第24页。

30. 笛卡尔，《方法论》（*Discours de la méthode*），艾蒂安・吉尔森主编（巴黎，1964），第48页。

31. 见罗兰・巴尔特，《明室：摄影笔记》（*La Chambre Clair: Note sur la photographie*，巴黎，1980），第18页。

32. 见弗洛伊德，《否定》（Negation），《弗洛伊德心理学作品全集标准版》，詹姆斯・斯特拉齐翻译、编辑（伦敦，1953—1974），第19卷第235—239页。更新的资料参见格林（André Green）的《否定的作用》（*Le Travail du negatif*，巴黎，1993）。

33. 在其对法国古典绘画的重要研究中，马林（Marin）把否定的概念从心理分析转移到早期现代文化的研究中。他的方法非常恰当、有效，那就是证明否定对于理解现代表现工具是不可或缺的。见马林，《摧毁绘画》（*To Destroy Painting*），梅特・约尔特译（芝加哥，1995），第45—64页。

34. 笛卡尔，《形而上学思考》（*Méditations métaphysiques*，巴黎，1976），第6页。

35. 感谢佩雷斯・戈麦斯（Alberto Pérez-Gómez）让我注意到梅洛—庞蒂在《可视与不可视》（*Le Visible et L'invisible*）中提到的原始的"我思"，以及他区分笛卡尔的"*cogito tacite*"（默认我思）和"*cogito langagère*"（语言我思）以便运用梅洛—庞蒂自己的区分的做法。在寻找自然与文化之间的共同接口时，每一个激进化"我思"的计划都会导向它所努力确立的文化假设（cultural posit）解除自己的负担。因此，一个德勒兹的游牧民族从来无法逃离自己的笛卡尔传统，即使它有自己的腹语术。追求一种激进的相异性会导致同样的反复。"游牧的"与"原始的"是欧洲掠夺者的显露形式，它们是它的狩猎面具。

36. 在"基础医学的"创伤概念的谱系中，古典崇高之美中的先驱后来会在克尔凯郭尔和尼采身上出现。要了解之前人们如何努力建立创伤同崇高之美之间的联系，请参见波尔多，《生态危险、现代技术与后现代污秽》，载《精神的阴影：后现代主义与宗教》（*Shadow of Spirit: Postmodernism and Religion*），贝里（Philippa Berry）和沃尼克（Andrew Wernick）主编（纽约，1992），第165—181页。

37. 受最近读到的亚伯拉罕（Nicola Abraham）和托洛克（Maria Torok）的一篇题为《幽灵笔记》（Notes on the Phantom）的文章的启发："主体无论如何都不能把幽灵当成自己受抑制的经历来看待，甚至不能通过吸收把它看成一种经历。那些不断出现的幽灵可以见证埋藏在其他人身上的死者的存在。"（亚伯拉罕与托洛克，《壳与核：精神分析的复兴》，尼古拉斯・T. 兰德编译，共2卷，芝加哥，1994，第1卷，第175页。）

38. 在这里我指的是吉尔伯特—罗尔夫（Jeremy Gilbert-Rolf）的一篇文章的标题，《空白作为一种指示物》，见《批判研究》（*Critical Inquiry*）第24期（1997年秋季），第159—175页。作为一个符号操作者，荒野用空白遮蔽了它所遇到的一切。

39. 感谢英联邦历史学家霍德金斯（Bruce Hodgins）、米尔洛（J.S. Milloy）和雷诺德兹（Henry Reynolds）。在过去十年一直到最近关于加拿大、澳大利亚和新西兰如何在法律上解决土著对土地的权力要求的讨论、书写，他们是最好的指导老师。

40. 参见波尔多的《荒野无主之地》，尤其是第28—32页，以及《文化符号学》。同时参见阿肯森（Donald H. Akenson）的《上帝的子民》（*God's Peoples: Covenant and Land in South Africa, Israel, and Ulster*，纽约伊萨卡，1992）。

41. Eddie Mabo v. Queensland，澳大利亚最高院一个里程碑式的判例，首次承认原住民在澳大利亚的土地权利。——编注

42. 见巴巴的《论模拟与人：殖民话语的矛盾》（*Of Mimicry and Man: The Ambivalence of Colonial Discourse*），《十月》第28期（1984年春季），第125页；重印于巴巴的《文化定位》（*The Location of Culture*，纽约，1994），第88页。是模仿，而不是伪装，其原因是在这种绘画表现的情况中，当要进入某个实践时，不管其意向或者计划如何，都要求掌握某种技术；考虑到可以接触到欧洲的绘画实践（不因入门仪式而封闭），进行这个实践的外在动机与讨论游戏（play）的外在动机一样重要。即使澳大利亚土著进入欧洲绘画表现实践是相对很近的事情，至少对于本作者而言很显然的一件事情是它如何全面、完整地解释、为它的政治及文化目的处置“新教会”版镜子证人。作为构成记忆场所的反见证的绘画是我最近正在收尾的专题论文的后半部分的主要内容，它的标题是《没有见证人的风景》（*The Landscape without a Witness: An Essay in Modern Painting*）。

43. 维特根斯坦，《论确信》（*On Certainty*），丹尼斯·保罗和G.E.M.安斯坎译，安斯坎和G.H.冯·赖特主编（纽约，1969），第204页。

44. 见托马斯，《道路交叉：托马斯绘画集》（*Roads Cross: The Paintings of Rover Thomas*，澳大利亚国家美术馆展览目录，堪培拉，1994.2.18—6.5），第40—45页。

十一

海滩（幻想一种）

迈克尔·陶希格

海浪就是这样生活的——如果我们愿意，也可以这样生活——其他毋庸赘言。

——尼采，《快乐的科学》

序　言

终极的幻想应该是描写一个幻想，因为一旦你意识到它是个幻想，它就发生了变化。但它去了哪里呢？它发生了什么事？弗洛伊德说过，幻想是视觉和声音的蒙太奇，它来自过去的经历，目的是要隐藏这些经历并抑制其记忆。但如果幻想的强度超过了某一个点，它也将受到抑制，取而代之的是身体的一种症状。[1]写作会不会就是这样的一个症状，特别是当它以与弗洛伊德的蒙太奇截然相对的插科打诨的形式出现之时？“插科打诨？当然了。很多年来我一直在插科打诨……词语在我的想象中就像动物一样具有生命力。它们不想被囚禁在笼子里。把纸张撕碎，把词语释放出来吧。”[2]

世界的历史

美国诗人奥尔森在他于1947年出版的论《白鲸》的小册子《请叫我伊斯梅尔》中说道，世界的历史可以通过三个大洋来概括，它们是地中海、大西洋和现在的太平洋（分别代表荷马、但丁和现在的梅尔维尔）。[3]

海洋的消失及其梦幻般的重生

但奥尔森的观点现在已经变得非常不可想象，原因不是它的排序，而是它的内容。现在我们很少有人有关于船只或者海洋的直接经历。
317 我们现在是通过船只载回的商品跟海洋及其历史发生关系的。康拉德的写作不是对海洋与他在世界各个海洋的经历的反思，而是对海洋作为一个主要的自然元素从人类经历中消失的焦急和不祥的预感。康拉德在取得船长的证书之后不久便从海上退出，而这时候正是帆船让位给蒸汽轮船的时候，也是很多激进的现代主义实验出现的时间。马克思也注意到了人类的日常生活经验被商品所替代的现实，并提出了拜物教的观点。很多批评家认为，这个观点的重点并不是说某种更为重要的现实（比如物质生产的过程）被阻隔，以及人（除了知识分子和政党领导人之外）对现实的视而不见，而是说这个现实被替代，正如负面潜在幻想的作用一样，推动了奇异的想象飞翔以及更为奇怪的时空并置方式。

古老的港口现在已经消失了，取而代之的是混凝土的集装箱终端，而码头则搬到了远离人群的工业生产场所，人们只能以游客的身份到一些经过美化的港口，看一些改造为博物馆的海轮。但就像我们被告知的那样，世界从未像现在这样被统一在一个大市场上，而这必定意味着大量的海洋运输以及人类对海洋货运的依赖：从澳大利亚和加拿大过来的铁矿石、从塔斯马尼亚岛过来的苹果、从中国过来的廉价钢材、从以色列过来的自然熟西红柿、从台湾过来的晶体管收音机、从美国和日本过来的汽车、从哥伦比亚的麦德林过来的蓝色牛仔裤以及从委内瑞拉和科威特过来的石油,等等。当今的生活行为完全、彻底地依赖海洋及其承载的船只,但没有什么比这更不可见。[4] 虽然人类进入 20 世纪已经有些年头,但在这之前的景象该有多么的不同啊！那时候,从尤利西斯以降,西方经验的地平线上就一直充斥着船只和水手的影子。现在这种情形难道就是乔伊斯当年感觉到将会发生的那种情况吗?他对梅尔维尔折返并对尤利西斯进行了去神话化处理。他把伟大的白种男性忘记掉,把自己作品中的尤利西斯变成了一个摸索前行的凡人——一个名叫布鲁姆、几乎无法面对生活、只能在沙滩上进行手淫的都柏林犹太人。"'这个鼻涕般灰绿的海洋,这个让我们阴囊收缩的海洋,她是我们伟大的亲爱的妈妈。'""衣着华丽、圆胖的巴克·穆里根"喊道,随后他突然转向史蒂芬·迪德勒斯:"'阿姨认为是你杀死了你的妈妈。'""'别人杀死了她。'史蒂芬阴沉地说。"[5]

在荷马那部让灵魂出窍(out of body)的旅行见闻中,是大海给他提供了旅行的方式,而对于乔伊斯,它为以内心独白方式进行的内心旅行搭建了背景。《尤利西斯》的第一部分是一个在西方历史中流进又流出的心灵海景。在其中,海洋冲到沙滩上的运动浩 318
浩荡荡、一刻不停,非常令人着迷。它们是人类的无意识撒布各种意象的运动,就像是作者在我们叫做语言的疯狂遗产中散布各种风格一样,而这是一种处在帝国边缘的语言。我们无意中听到了年轻的史蒂芬·迪德勒斯在沙滩上漫步时的自言自语。这也许是语言在自说自话,"贝壳壳儿可可粉色。"(shellcocoacolored)原谅我拿他开语言玩笑的玩笑来开玩笑,因为我们都为这样的景象心潮起伏:"海潮在跟随着我……这些厚厚的沙子都是潮汐和海风在这里洒下的语言。在那边，还有死去的建筑工人留下的石堆……炎热的正午，一群皮肤光滑的鲸鱼被搁浅在浅滩上，它们正在喷水、翻滚。不久，一大群穿着无袖短上衣的小矮子，也就是我的同类，从充满渴望的笼子建构的城市中提着剥皮刀冲了出来，剥皮，劈砍绿色、肥厚的鲸鱼肉……你看到海潮快速地从四面涌进来了吗？贝壳壳儿可可粉色，很快地就淹没了低处的沙子。”(《尤》，第55、56、57页。)

年轻的迪德勒斯的视线晃到了一只正在水边玩耍的狗身上。(这样一个玩耍的地方，这水边。)而我们也通过史蒂芬看到了这只狗。我们不再听史蒂芬对着大海自言自语，而是通过史蒂芬听这只狗在自言自语。这只狗的意识现在已经取代了历史意识，就像历史被原始取代一样，也就是说被一片垂死的大海和从母亲正在腐烂的肝脏中取出的绿油油的胆汁所取代。这只狗正在“寻找在前生丢失的某个东西”(《尤》，第57页)，它在沙滩上嗅个不停。“它抬起嘴巴，对着海浪的声音和成群的海象狂吠。海浪向着它的脚边蛇行而来，卷起一个又一个浪峰，又把它们松开，每到第九个便全部散开，水花飞溅，从远处，从更远的海面过来，一浪接着一浪。”(《尤》，第58页)语言就这样走进大海，就像人的身体一样，并在某个地方重又变得轻松、快乐，就在它如水般的运动能量和人类熟练的模仿之间的某个地方。“听啊：一段四字的波浪言语：窸——窣——、哗、吵、哇……它泼洒到杯状的岩石上：哇啦、吵啦、哗啦：在水桶中跳动。”(《尤》，第62页)无法再现。在水桶中跳动。就在乔伊斯的《尤利西斯》这个第一部分的末尾，在我们碰见布鲁姆在厨房里忙乱、为楼上的情人炒腰子之前的这个结尾，年轻的迪德勒斯看到了康拉德的船正逐渐消失在时间飞驰而过时所留下的气流中，就在我们的身后。“他转过脸，越过自己的肩膀往身后看去。半空中移动着的一艘三桅船上那高高的桅杆，船帆被卷放在桅顶的横桁上,船正在逆流回航,悄无声息地移动着,一艘悄无声息的船。”(《尤》,第 64 页)乔伊斯最终在这里突然改变了他的方向,通过这个过于自我意识的抒情时刻、这艘悄无声息、不知道从哪里来的返航船“向身后回望”。

随着这些船只在二战之后的某个时间穿过“鼻涕般灰绿的海洋”,返航进入遗忘,沙滩也在富足的西方社会越来越受欢迎,而大海则凭借一种新的情感结构经历了一次梦幻般的重生:比利·巴特林的海边露营地;裸着上身的瑞典人和德国人在水边晒着太阳,令阳光海岸上的西班 319
牙人目瞪口呆,不停地绑紧他们的方巾;伯罗奔尼撒的希腊农民把自己的海岸地块卖给蜂拥而至的德国人,因为他们出于提防海盗的原因从来不在暴露的海边斜坡上建房。但这一切现在都变了。那一类海盗的故事属于过去,海滩现在是几乎每个人都想去的地方。

在我出生(1940 年)和成长的悉尼,海边沙滩和港口的滨水区几乎无一例外都是工人阶级居住或在周末冲浪的地方;或者如果是在港口,他们就喝着图黑的拉格啤酒(Toohey's lager),在那些十六、十八英尺长、备有大量船帆和船员的大型竞速船只上下注赌博。那些被雇来跟踪比赛进程的渡船倾侧幅度几乎和比赛船只一样大,因为醉醺醺的观赛者会一窝蜂地挤在船的围栏边。在诸如默斯曼(Mosman)和城堡岩(Castlecrag)一类的深水海湾处,还有用瓦楞铁皮建造的穷人居住的简易房,非常靠近那些紧紧地贴在橙色砂岩面上的牡蛎,而这些砂岩就像悬挂在水边的一张帷幕。柔软的木麻黄(she-oaks)对着渐渐退却的潮汐轻轻地唱着哀伤的歌,它们柔软的针状叶子踩在脚底下软软的。但在今天,它们不再被叫做“she-oaks”,而是“casuarinas”。[6] 名称的变化说明了一切,某种严重的疏离现象发生了,一种更为准确、甚至是更为科学的命名方法控制了我们喜爱的大自然,而这样的城郊地区,比如原先属于工人阶级的巴尔曼(Balmain)滨水区,现在却成了澳大利亚最富裕的地方之一。有名的城市海滩，比如邦代（Bondi）和库基（Cooge）现在都成了有钱人争抢日光浴地点的战场，但那里庞大的砖头房子和低矮的公寓建筑在过去完完全全都是工人阶级的活动区域。为了能够看到“港口风景”或者来到海滩旁边，这些有钱人除了谋杀以外什么都做得出来。而在 20 年前他们对这些地方根本就不屑一顾。

今天，看着从城里出发的轮渡把穿着考究的乘客吐在巴尔曼的长鼻子码头上是个感觉最奇怪的事情。他们刚刚结束在律师行或股票经纪行一天的辛苦工作，正赶回家里。每个乘客都茕茕独处，就像一尊尊沉默的雕塑，被静静的港口轮渡带进一种庄重的安详，它是上帝带给这些脑力严重消耗的人们的新礼物。他们精神抖擞地跳上岸边，回到了他们的居住地，一个已经被改造为豪华住宅区的工人阶级城郊，就在海岸上。它即使算不上很自然但却是新的。而就在同一时刻，那些占用了码头公共空间的贫穷越南人会把他们的捕鱼线收进来，以便给渡船让路。这总会给人一种时空错乱的感觉，一次世界历史的小规模洗牌。没有人说话。越南人似乎并没有意识到他们真的不应该待在那里，尽管这是完全合法的。实际上，相对于那些正在踏上岸边的疲惫不堪的
320 白人上班族，他们似乎是这一场景中更为自然的一部分。这些越南人是一个未知的实体。傍晚时分，他们开着破烂的车从遥远的贫民窟来到这里。他们的车在这附近很难找到车位。每隔一段时间就有媒体报道说他们在吃狗肉。他们是典型的外人，与这个地方格格不入。但他们却能跟它很亲密地融合在一起，而且凭着手电筒和热水瓶，他们似乎可以一整晚都在捕鱼。他们捕鱼时又高兴又无聊的心情就像他们之前的那些澳大利亚白人水岸居民，而后者似乎都已经快灭绝了，至少在这个港口一带是这样。现在我们只能在这些东南亚难民身上看到他们重新转世后的样子。

在我看来最奇怪的事情就是从渡船上下来的那些人在与这些捕鱼男女相遇时的那份沉默。似乎后者根本就不存在，他们是隐形的，可被

视如空气。但是他们却是真正把那里的水域当成是地产之外或马克思所说的交换价值之外的东西加以利用的人。也许随着时间的流逝,他们就会逐渐变成这里的景色,成为这里的动植物群中的一部分,这些植物都是被当作澳大利亚的野生植物经过精心挑选和种植的。

本雅明引用了阿多诺 1935 年 8 月 5 日的一封来信,体味“辩证意象”的各种谜团。它对本雅明非常有用。作为一个作家,他正在寻找一种可以把词语和事物按照适合资本主义现代性的实际情况的方式并置在一起的办法。阿多诺推测说,当世界越来越受制于商品化,而“事物失去了它们的使用价值的时候,它们就会在异化中被抽空并且会作为符号吸入意义”。[7] 本雅明同意这样的说法,认为这样“被抽空”的事物正以世界史上从未有过的速度在增长;正是在这种在死亡和意义之间挣扎的被抽空的状态中,它们归化了主观性的意图,也就是一个人的希望和忧虑。(N,第 12 页)就这一点而言,我不知道这些从渡船上下来的、“被抽空”的商业男女,不少于那些在码头上捕鱼的沉默人群(自然成分多于文化成分),他们的剪影是否已经把这些海滨郊区已经死亡的过去吸收到了自己的身上,包括它们已经死亡的造船技艺以及一度繁忙的社交活动?这个例子中的辩证意象就是渡船抵达码头卸下乘客的那个时刻,是下班黄昏中的那个时刻。你可以感觉到沿着吱吱作响的木板码头一路辐射过来的那种颤栗。它直接传到海底下的木桩上。悄无声息。

本雅明非常热爱儿童文学,他肯定是承认大人关于儿童想象力的想象之作用的先驱之一,即它在辩证意象的构成中的作用,以及它对于史前史的影响。而且正因为有了这种自我维持的循环(circuit),我才能宣称,港湾再次自然化成为古老的第二自然早被一本书预见到了,1950 321
年,当我还是个 10 岁左右的孩子时,我读到了它。在这本名为《科拉隆的伙伴》(*Mates of the Kurlalong*)的书中,一群动物从位于陡峭、多石、直插入海港的山坡上的悉尼动物园逃了出来。它们夺得了一艘渡船，长颈鹿成为驾驶船只的工程师，它需要在机房中为自己的长脖子找到一个地方。

我想，像我这样拥有此类回忆的移居海外者会尤其强调成人对于儿童想象力的想象；对于我们来说，儿时在海边度过的时光已经石化，像个死物般封存于玻璃下，只待有只手来摇醒它，赋予它以生命。在总结本雅明方法论中他认为重要的东西时，阿多诺作了如是表述："不仅要去唤醒那些石化物体中被冻结的生命——就像在寓言中那样——还要仔细检查那些活着的东西，让它们展现出自己古老、'原历史的'一面，并迸发自己的重要意义。"[8]

在我孩提时生活过的海湾，曾经有个带有多条滑道和一个大型船棚的码头。它的主人就住在这个名叫海员湾的海湾顶端，那是一个美丽的地方。在当船只修理工之前，他曾经是一位很好的自行车运动员。在前雅皮士时代这是一种非常具有劳动阶级特色的运动。当我在码头之外的地方钓鱼，好给自己买件皮夹克，我的视线总是会游移到那些停泊在码头里的游艇上。大概有 10 艘。就这么多。但现在，游艇密密麻麻，以至于你几乎都看不到水面。而且，在我孩童时期，很多游艇都是它们的主人亲手打造的，常常需要花费好几年的时间。这在现在是无法想象的。后来，大概 14 岁左右，我们参加了一个设在西弗斯(Seaforth)的航海俱乐部，就在海湾的另一边，驾驶一种叫做"飞蛾"的船参加比赛。这种船有 11 英尺长，带有一张很大的帆和一根 19 英尺高的桅杆。俱乐部成员都是些技工男，木工或管道工之类。

我生长的这个地方非同寻常，它是一个伸进中港(Middle Harbour)之中的半岛。据称，在 20 世纪二三十年代，要到达那里的最简便办法就是从岬口划船进去。岬口是一块狭长的地面，城内开来的电车就停到那里。住在那里的人大多是一些古怪的人，比如共产主义者、我父母这种中欧难民,还有艺术家。从文化意义上讲——如果不是从经济层面来看——尽管这里属于中产阶级和专业人员居住区,但是体面的人还是会绕开这个地方。这里长满了木麻黄和高大的白皮桉树,夏天的时候蝉声不断。周围全都是水,从太平洋过来的咸水。但当时很少有人有船,或是在任何意义上适应大海,我想。我现在能够想到的只有厄恩·克拉里奇一个。他经营一个销售热水系统的小公司,就这样一路做 322
上来。他很和蔼,很胖,笑声非常洪亮。他和妻子、女儿一起住在一个石头房子里,从房子到水边需要步行 15 分钟。这个房子原先是为一个演员建造的。它的起居室呈星形,可以当作剧场使用。在我的印象中,他几乎每天下午都会下到港口,划着一只拼接的小船出海钓鱼,直至夜幕降临。他抽大只的哈瓦那雪茄,喜欢喝白葡萄酒,这两个习惯对一个真正的澳大利亚人来说可是非同寻常。但他可以在早上好几个小时都泡在浴缸中,仔细研究赛马指南,打电话下注,然后再去上班。这一点保证了他有资格成为真正的澳大利亚人。我记得他似乎能够捕到很多的鱼。我说这些干什么呢?因为在我那毗邻美丽港口、怡人海湾的“中产阶级”半岛城郊中,我所认识的人中,只有少数才会利用几步之遥的大海,他是其一。我认为这非常了不起。

从我居住的陡峭山坡往下走,可以看到四五所房子。它们挤在水边和那些巨大石块之间一处狭窄的空间里,离大路几乎有一英里远。它们都是用木头和瓦楞铁皮建成的。如今,它们都被列入非法的建筑材料,因此可以推测它们的建造时间要追溯到另外一个时代,可能要到大萧条时期。当时我从来都不知道住在那里的都是些什么人。不管他们是谁,他们都像是外来者。他们肯定都是坐着船来,然后又坐着船离开,或者是秘密地通过那些弯弯曲曲的、只有他们和我们这些小孩知道的小路进进出出的。我现在还记得,因为经常生病,需要医生照顾,我曾经听我的医生说,有一次他必须一路跑着下到那个地方去照顾一个病人。他把他叫做“新澳大利亚人”,我想是个南斯拉夫人。因为是

"新来的",他没有注意那些提防鲨鱼的警告,还经常一大早在那个海湾里游来游去。这是一个无法想象的事件,非常吓人。据说他被一条鲨鱼咬成两半。这故事的灵感无疑也是来自于"老澳大利亚人"对于移民的相同态度。当我的医生(他曾经是个足球明星,而且,当时还能健步如飞)赶到那里的时候,一切都太晚了。现在,雅皮士和后来的嬉皮士已经把这些原居住者挤出那个地方,争先恐后地挤进水边这块曾经因红树林、鲨鱼及其牺牲品的冤魂而一直隐藏在人们视野之外的禁地。现在的医生不再需要冲下崎岖的山坡,或者把上门出诊当成是自己工作的一部分。

全球对于海洋的态度改变,最典型的实例莫过于鲨鱼的命运。在我还是小孩的时候,人们因为害怕鲨鱼都不敢把脚放到海水中。有一次我们三人乘坐的小帆船(我们是这项新运动的先锋之一)因为大风侧翻了,我们都特别小心地把脚收了回来。一旦到某个防鲨区(很可惜这样的地方很少)之外的地方去游泳,我们都不敢涉水而行,否则后果真
323 是不敢想象。除了被咬成两半的新澳大利亚人之外,我们都听说过还有一个学校的女老师,她在涉水的时候被拖进水中,丢掉了一条腿。长到更大一些的时候,我们就开始在海中冲浪,有时候我们会看到一艘拖网渔船在两个海滩之间慢慢前行,把渔网收进来。负责把捕鲨网放置到悉尼所有海滩前面的是一个叫做尼克·戈什宁(Nick Gorshenin)的人,我到现在还记得他的名字及其拼写。那时我从来没有真正看到过鲨鱼,但我很容易就能够想象到它们在被拖到船上等待自己应得的下场时,那鱼雷般的身体在他那恐怖的网中翻滚的样子。因此,你可以想象当我在 1995 年回到那个地方时的惊讶程度:我发现竟然有小孩欢快地跳进港口的水中,(他们这样做是为了鄙视我吗?)而在尼尔森公园,竟然有人在捕鲨网之外的地方游泳。年轻的时候,我们经常在这个公园里狂饮啤酒、唱歌、做爱,一直到凌晨时分。我们会做出很多越界行为,但却从来都不敢到网外的地方游泳。而现在鲨鱼似乎都不再存在

了,新的时代到了。大海已经变成了其他的东西,海洋中的魔鬼已经被清除了,或者这些魔鬼已经被对皮肤癌和水中的污染物的恐惧所取代,而造成这些污染的就是未经处理的污水和铅。

在我生长之地的对面海湾,有一栋红砖砌成的平房,十足的样板式的典型劳动阶级的房子。但与周围的环境完全不协调,因为它孤零零地立在灌木之中,而在周围几英里的范围之内什么建筑都没有。我记得它属于一个叫 H.C. 普列斯的人。从房子所在的高处,一些做工精细的木制台阶及林间小路弯弯曲曲地下来,一直通到一个小码头及一个带围栏的防鲨游泳池。那时我只有 12 岁,经常和小伙伴们一起在炎热的工作日下午偷偷溜进这个地方,划船穿过海湾,然后裸泳。普列斯是 18 英尺小艇竞赛冠军。从自己真正从事的工作上退休之后,他在港口边建造了这个小公园,把它租给那些周末远足的城里人。因此,经常有屠夫、面包师和制烛人联合会的人在这里租渡船、举办烧烤宴,而中产阶级和有钱人则不见踪影,因为他们选择在树木更为繁茂的“北滩”生活、养育下一代。北滩徒有其名,它实际是一块内陆,没有一丝大海的痕迹。就像我前面所说的,他们对大海不屑一顾。

从普列斯的住所穿过丛林大约一英里的地方是一座城堡,一个很特别的东西。它加深了普列斯烧烤场所在劳动阶级身上引发的美妙幻想。城堡!就在澳大利亚!我们小孩都把它叫做威利斯医生的城堡,这是自然有其原因。但我本人曾经怀疑它真正的主人是一个叫约翰·米斯德利(John Mystery)的人。他曾经写过一些惊悚小说,但不是很受欢迎。我现在似乎还记得他的脸,一幅邮票大小的微型画像就出现在那些书之一的扉页上,和它一起的还有出版商名字信息以及该城堡的小轮廓。有那么一两次,我们壮着胆子划过海湾,把船拖到岸边悬伸出
来的树下,然后悄悄地从林间一条宽阔、平坦的小路溜上去偷瞄城堡的 324
美丽花园。我们不敢靠得太近,但我们从未见过任何人。那一整片岬角都荒废了,就除了这两个特别的东西,一头是普列斯的劳动阶级红砖

平房,另一头是米斯德利的石头城堡。整个海湾悄无声息,空空荡荡,闪烁在绿色、透明美丽海水之中;海水则被一道道蓝色、金色的太阳光照亮。现在,写着它的时候我感觉自己还能够触摸到它们。今天,这个地方已经被一个叫做 L.J. 胡克的人开发了,堆满了巨大、丑陋的房子;而在周末,海湾中挤满了游艇和摩托艇。它们经常被绑在一起,以便能够让人们充分地享受派对,又或是为了让尽可能多的船挤进这个地方。它事实上已经不再是一条自然水道,而是一个船只停靠处。

这种对金钱和海洋的重新配置在我有生之年开始并已经完成。它是价值的完全逆转,经济实力稍弱的人被迫离开海边。它决没有像把土著人的土地占为己有那样富有戏剧性或者深远的影响——后者开始于 18 世纪晚期,当时那些土地被英国政府非法地定义为没有主人的土地,与本世纪[9]以色列人对巴勒斯坦人的所作所为如出一辙——不过,是通过市场,也即一个幻想市场的那种无名强力而免费得到的。

那些古老的东西

我把这种对海洋的重新评价看成是那些古老的东西在现代性中的力量证明。这种力量是一个“第二自然”逐渐发展成熟的过程。在这个过程中,随着有形的东西融进虚拟现实,物体和风景,还有那些土生土长的人都获得了经过彻底强化的意义。

“人的初始是咸水。这个伟大的古老事实一直不断地在回响,不停地在每个人类个体所展开的生命中得到重生,这是与梅尔维尔有关的一个重要事实,远洋性(Pelagic)。”这是奥尔森在《请叫我伊斯梅尔》收尾时所写的话。[10] 但“远洋性”是什么意思呢?“它指的是属于公海或者外海,或者与公海或外海有关。”[11]

但我正描述的这种转向大海似乎截然不同,它不再被视为一处栖息之地,而被当作观赏的地方是一个昂贵的背景,或成为像小威廉·F.

巴克利这样的共和党百万富豪的游艇游乐场,他们周末就在这里考验自己与风浪搏斗的勇气,但时刻保持同海岸警卫队的无线电和雷达联系。比较低档的则是溜到加勒比海待一个星期,身边有身着燕尾服的黑人侍者侍候着,他们端着马提尼酒杯的托盘,站在碧海之中。或者乘坐一艘花里胡哨的远洋游轮,做一次两周的巡游,它们按照固定的线路在七大洋上航行。现在很难想象梅尔维尔在19世纪中期以及康拉 325
德在世纪末刻画的水手了,他们曾充分利用了"第二自然",这一由大海的孤绝和自然界所提供的"第二自然"。大海正是通过分离和损失,大海才获得新的庄严性,因此,当本雅明觉察到欧洲文化的故事讲述(storytelling)之死时,他说道,在那个时候,我们"可以在正消失的事物中看到一种新的美"。[12]

古老的东西以"第二自然"的身份破裂成为现代性,带给我们的是一种不同的历史前进感。它不同于奥尔森关于三个海洋的时间先后顺序:地中海、大西洋到太平洋。因为随着那些古老的东西浮出水面,我们开始意识到,不同的时间顺序之所以可以跟某个过去共存就是因为这个过去同时是真实的也是虚构的,既是自然也是"第二自然"。这让我们想起了弗洛伊德,他把幻想描述成为一种与记忆之间的游戏,涉及到蒙太奇和遮盖。作为生产这种幻想的一个场所,海滩的工作不是要掩盖而是要揭示并醉心于只揭示这种游戏,把自己宣布为游戏场所和典型的越界空间,替换掉到目前为止先前所有逆转和欢乐的仪式。那么海滩就是终极的幻想空间,在那里自然和狂欢在现代性的辩证意象中结合在一起,成为了史前历史。

辩证意象

作为一种浮现在现代性中(在蒙太奇和遮盖中)的存在,古老的东西为本雅明所说的辩证意象既提供了力量也提供了实质。这里的关键神经在于那个被视为商品的动态结构体。它是一种超现实的物体，具有很大的文化影响力和很强的自我改造力，即改变外形的能力。因此，它非但不需要有对抗性的行为，还可以引发一些模仿策略以对其未来主义的力量加以利用。也许卢卡斯关于物化的文章是这里起决定作用的转折点。它涉及到黑格尔的“第二自然”的概念（现在经常被说成社会建构）。我们还应该把商品拜物教的观点补充到这点上来，从资本主义文化中创造出一种“幽灵般的对象性”（phantom objectivity）。[13] 因此，我们可以认为本雅明是在调整他在20世纪20年代初研究巴洛克艺术时发展出来的寓言概念，以便让它能够适用于卢卡斯的商品构想。如果寓言构成语言的书写形式与它们的意义（意象与文本）之间大部分的复杂关系，那么它也构成大部分作为悲剧的历史，进入到对僵化自然的描述之中。经过重新调整的寓言——即辩证意象的新意在于它是一种邀请，目的是要把“第二自然”重新搬进历史，成为现代商品拜物教的史前史——关于这点，本雅明告诉自己：“在辩证意象中，某个特定时
326 代的过去也是‘从远古时代算起的过去’。”（N，第10页）这样的一种意象中就包含了时间，就像一部被压缩成剧照的电影。这是时间流逝过程中救世主式的寂静时刻，它抓住了人的思想，使现实可以与它相碰撞、在它身上翻滚，以便能够在往往似乎是一种关于过去及其意义的政治斗争中寻找另外一种历史，一种在此之前一直未被承认的历史。在西方，大海绝对是“‘远古/太古时代以降的历史’”的最佳实例。除了这张复制的明信片，我再也想不到一个更好的辩证意象的例子。它是克劳斯·特维莱特的《男性的幻想》的英语版中的扉页。他是在他母亲的相册中发现了这张明信片，当时她躺在床上，“中风使她意识模糊，正踏上一次不是旅行的旅行”。他接着说：“当人们死的时候，我们就会看他们的相册，聆听属于这些图像（意象）的声音。”[14]

太平洋

“南大海”,这是欧洲人给它起的第一个名字。它就是我此刻在纽约一间阴暗的房间中奋笔疾书时所渴望和幻想的东西。现在是冬天,是幻想海滩的最好时间、最好情境。但我所写的三大洋历史却与奥尔森的相反。我追踪了我自己的生活运动轨迹,它的顺序与世界历史的顺序相反。它是倒着进入历史,就像幻想那样,倒着进入时间的海洋,从太平洋到英格兰,然后穿过大西洋到哥伦比亚,而现在我住在大西洋的一处海边,人们都叫它东海岸。我发现这片海岸很丑。我无法、也不愿意理解它,因为每一次我走近它的时候总是想到某种更为精彩的东西,它以直线的形式跳跃在泼散而下的波浪之外,等待更大的海浪出现。我们曾经对着一些奇怪的神灵歌唱,比如休伊神(Huey),让它给我们送一个大海浪过来,它就会听从我们。在海浪的声音之外,我还能够听到蝉在中午的热气中在海岬的桉树林里唱歌。这是一种难以言传、不可思议的逃离体验，那些力图传达海浪感觉的冲浪者对此尤其谙熟。这和哈基姆·贝所谓的“临时自治区”——比如海盗乌托邦——一类总是已成过往的脆弱自由有着直接的联系。[15] 在记忆所记录的不可复原的丢失里，这片伤心的大海确实没有什么东西留下，只有绿色的黄昏和绿色的闪电。全部或一无所有，我说。真正的海滩或者城市的崇高美，连同耗子药和渐入遗忘之境的锈迹斑斑的铁路，无家可归者的家园。“我用一只炸弹在时间中炸出了一个洞。”大屠杀幸存者威廉·伯勒斯在《红夜之城》的末尾这样说道，“有少数人也许能够穿过时间之门。而像西班牙一样，我是跟过去捆绑在一起的。”[16] 他的这本书是献给加勒比海和马达加斯加的海盗乌托邦的。但是，论及历史的围城状态，本雅明写道：“这并不意味着对于犹太人来说，未来变成了一种同质的、空洞的时间。因为每秒时间都是一扇窄门，弥赛亚可以穿过。”[17]

大西洋

虽然我是在浩瀚的“南大海”边长大，但当我 27 岁时来到大西洋边上阴雨连绵不断的英格兰岛生活时，我才发现，先前的生活经历并未让我认识到何谓南方，更别提海滩了。我从来没有见到那么荒凉、丑陋、令人沮丧的海滩。这不止是一个残酷的玩笑，而是一种背叛。

多年以后我在西尔维娅·普拉斯细腻敏锐的回忆录《海洋—1212W》中读到了她对令人沮丧的英国海滨抱有的相同绝望感。这部回忆录是在 1962 年她生命的末年时为 BBC 而写的。一个名叫阿利西亚·拉宾斯的人给我带了一本，他是个巴尔的摩的水手，同时也是个诗人。回忆录的题目指的是普拉斯的奥地利祖父母的电话号码。普拉斯住在海边的时候还是个小女孩，她经常在家中通过接线员打电话给他们。她家的房子就建在马萨诸塞海岸边，波士顿一处海岬的海滩边上。她在那里一直生活到九岁。这一年她的父亲去世了，她妈妈带着孩子们搬离了海边。大海就这样从她的生活中消失了，完全、永远地消失了。随之而去的还有她的童年和父亲。[18]

关于她父亲的死已经有了很多的说法，尤其是来自她的丈夫，桂冠 328
诗人泰德·休斯。他有时候似乎急于要在他的死中找到她死亡的原因。她在1963年自杀，就在他们的婚姻破裂之后几个月的时间，死时只有31岁。

似乎你在每天晚上睡觉时都会进入
到你父亲的坟墓之中
似乎你在次日早上害怕看到、或者回忆
你所看到的一切。在你真的回忆时
你的梦是一片大海，堆满了尸体
死亡集中营的恐怖，和集体砍杀。[19]

泰德想起了诸如《爸爸》一类的诗。在她的《阿里厄尔》诗集中，这类诗的名声是最差的，全是她在自杀之前几个月的时间里，在极度亢奋的情况下写出来的，有时候一天就有两到三首。下面是《爸爸》的第二、第三节：

爸爸，我不得不把你杀害
但你死了，我还没来得及—
大理石般沉重，一个装满上帝的袋子，
恐怖的雕像有一只灰色的脚趾
像一只弗里斯科的海豹

还有一个头，在怪异的大西洋中
它吐出豆绿的颜色，盖住蓝色

就在美丽的诺赛特海湾之外的水面上。
我曾经祈祷能够把你救回。
诶呀。[20]

"诶呀"把大海和语言联系在一起,而语言又与父亲的力量和记忆联系在一起。接下来的这一节把德国语言植入到被持续的战争削平的波兰城镇中。父亲的存在是一种幽灵的存在("我从来不知道你在哪里 / 停下脚步,你的脚步"),因此她从来不能跟他说话("我的舌头在我口中打了结"):

它被线圈中的一个倒钩钩住。
咿吱、咿吱、咿吱、咿吱,
我不能够说话。
我以为每句德语都是你。
这门语言很粗俗。

一个引擎,一个引擎
带着我嚓嚓地离开,像一个犹太人,
前往达豪、奥斯维辛和贝尔森的犹太人。
329 我开始像犹太人一样说话。
我觉得我可能就是个犹太人。[21]

"就在美丽的诺赛特海湾之外的水面上",祈祷的好地方。但"还有一个头,在怪异的大西洋中",是她父亲的头吗?是陆岬头吗?是一样的东西吗?"我开始像犹太人一样说话",离开家来到奥斯维辛。"它吐出豆绿的颜色,盖住蓝色。"总之,语言不断地出现、出现、消失。在莱恩博题为《所有的大西洋山峰颤抖了》的文章中,他复原了布莱克对神秘的亚特兰蒂斯岛的复原，这个大西洋因其在非洲、欧洲和新大陆的浩瀚无边而被视为是当下的一种相互交织的多元文化历史。[22] 这片繁忙的大海不仅仅只是人们所说的通往新大陆的一个通道，它还激发了人们想象世界的新方法，尤其是对于大西洋特质的想象取代了标准的想象，也就是保罗·吉尔罗伊受莱恩博的启发所说的"黑色的大西洋。这是一个水手、奴隶还有其他乌合之众的杂乱混合体。他们与海浪战斗、在种植园中种植、在大西洋两岸及所有的岸边装载船只、杂乱地说着克里奥尔化的语言、哼着克里奥尔化的音乐、想象着前工业化时期的人权。考虑到当时的船只和海洋，这些关于人权的想象并不是严格地拘泥于民族国家的范畴。它是一笔新交易，一个聚散不定、鱼龙混杂的群体，来自大西洋冲刷的海岸。[23] 这个重新兴起的亚特兰蒂斯更多的是一个水下影响和乌托邦式想象，某种等待被激发弹起的具有海盗式反霸权主义潜力的东西，它不能够取代关于非洲奴隶制的反乌托邦或者这样的事实：海员的生活是肮脏、严酷和短暂的。相反，奴隶制和人权这两种事实需要被理解为同一枚硬币的两个面，而这就是为什么大西洋的山峰会颤抖的原因。这本应可以是另外的一种情形。现在还可以！

地中海

> 现在，我终于亲眼看到了这片海，并在这平整如打谷场般的美丽沙滩上散步。这是海水退潮后留下来的。我多么希望孩子们现在能够和我一起！他们会非常喜欢这些贝壳。我也像小孩子一样捡了很多，因为它们对我有特殊的用途。
>
> ——歌德，《意大利之旅，1786—1788》

一个"黑色的"大西洋把我们引向一部未被书写的历史，它将把历史认识的表达方式改为现场构成。这种构成开始于寻找一种可以替代父亲的指示权威的东西，它和损失所具有的力量紧绑在一起，我认为它也是普拉斯努力要做的事。罗斯认为，语言转变成为游戏和身体也许具有自己解放性的一面，但她认为它也同样证明：“在幻想的层面上，这
330 样一种超自然的过程需要付出巨大的代价。”[24] 这首诗中最明显也是最有异议的历史指示物即是纳粹发起的大屠杀以及由紧随其后的恐怖所制造出来的生动幻想，现在，在普拉斯的诗歌发表后 40 年的时间里，一种大屠杀已经延伸到了贩卖非洲人的贸易，这种贸易把非洲人当做奴隶贩卖到新大陆去。罗斯提醒我们注意的“代价”——这个词很明显就是一个证据，证明了弗洛伊德的限制性经济（restricted economy）所规定的止赎——要求我考虑更多的、而不是更少的幻想，并因此把亚特兰蒂斯和人权理解成为一种礼物，它来自于奴隶制，大屠杀这些巨大恐惧；是的！还来自于普拉斯之死的重大性，一点也不亚于来自她的诗歌天赋。我所说的礼物是这样的一种东西，它既能够认识这种负债，也能够抵消这种负债，这样，它就可以摆脱那种悲伤经济学，甲板上总是堆满了这类东西。

照我的理解，亚特兰蒂斯在这里要求我们去检视那个反常易变的大西洋是如何像蒙太奇那样以追溯既往的方式存在，并且与连绵不绝的欧洲，特别是德国叠加在一起——与它那具有异国情调的，甚至可以说是“黑色的”或是“像非洲”的南方以及环绕地中海渐渐呈现出来的那种远古时代谈情说爱。不管我们对这个艳遇、对身体、美丽和知觉、光和太阳的权利主张反应如何，我觉得我们必须把真理的意象，一种分层为外表和深度（以及秘密和揭示）的意象也包括进来。因为难道不是南方，也说是说“海滩”，与作为北方美德的真理正好相反？难道不是这种两分法构成了世界的统治语言和感知习惯？

比如，弗洛伊德的思想不断地转向南方，就像他的长篇论文《詹森的〈格拉迪瓦〉中的妄想与梦》（1907）所展示的那样。这篇论文分析了一个丹麦作者所讲述的关于北方的爱和压抑的故事。这个北方被模

仿性地安置于公元79年维苏威火山爆发后在庞贝古城遗留下的已经僵硬的熔岩中。恩斯特·琼斯注意到了弗洛伊德这篇很有吸引力的文章，也注意到了弗洛伊德对从古中东、希腊和罗马过来的古物的喜爱。他认为这篇文章把两个东西等同了起来，即“这对［恋人］相识之时的两千年前的远古时代……与他们已经被遗忘的真正的童年时期。与清除这个记忆的抑制作用相呼应的是庞贝惨遭火山灰的埋葬，但不管是哪种情况中都只有埋葬存在，没有破坏”。[25]南方因此是史前历史，它那些已经硬化成为石头的废墟都是一些隐藏的故事，供分析家们去发掘。因此可以说，当下的童年就是远古时代——也即是说，位于“南方”。琼斯说道，弗洛伊德“对南方和北方的召唤做了两分法的描述，这并不罕见”。“北方代表着责任这一崇高理想。比如柏林就以其永不止歇的活力和对于成就的无尽追求而闻名。但要说到享乐、幸福和单纯的兴趣，则南方更胜一筹。”他向弗洛伊德展示了一些勃朗宁表现自己热爱 331
意大利的诗歌。琼斯回忆道，弗洛伊德一见到它们便笑了，说道：“我不需要那个；我们有自己的狂热分子。”

啊，这一女性的国度
她被追求，而不是被赢取
受大地的男性之国百般爱抚
倒进他们的心中。[26]

我们也可以回忆一下尼采对南方的爱慕。他使用意大利语（*La gaya scienza*）作为他最有寓意的书《快乐的科学》（1882）的标题就很好地表达了这种爱慕。还有歌德在一个世纪前写下的《意大利之旅，1786—1788》。南方绝不只是过去时代的奇特现象，它现在还是一个被不自觉地性感化的地方。我们可以在奥登和伊丽莎白·梅耶的作品中看到这一点。《意大利之旅》的这两位译者在1962年宣称意大利是歌德性欲觉醒的地方，并以他在回来之前和之后所绘制的肖像作为论述基础。他们认为后者展示了一张“已经体验到性欲满足，非常阳刚和自信的男性脸庞”。[27] 对面相术这样既可爱又大胆的运用，当然是更多地展示了对意大利的态度以及以貌取人的习惯，而非歌德的性爱经验？但这不是问题所在。作为一种常用的驾驭社会空间的工具，根据脸部的外部特征阅读一个人的秘密的艺术与南方的面相具有一种亲密的关系，它具有过度的表现力，被赋予了过多的模仿能力。

马克思在他非常到位的论现代资本主义“原始积累”的著名章节中再现了南方的秘密和“腐败”这个问题。他在其中写道：“威尼斯盗窃体系的罪行构成了荷兰资本—财富的一个秘密基础，威尼斯通过自己的腐败借给了它大量的钱。”[28] 关于资本依赖于南方（的秘密）的早期现代史也是各个贸易港口、衰落的威尼斯帝国与新兴的阿姆斯特丹港口城市之间的一种关系。前者代表的是地中海的历史，而第二个代表的是大西洋和荷兰东印度公司的历史。它们不仅都是海边城市，而且还都是建立在运河边上。从东方过来的香料和丝绸就是通过这些浑浊的运河进来的。运河实际上就是城市，而且它们还提醒我们这些城市本质上是一些持续运行的海上打捞机构，蹲在那些因为小心维护才免于海水吞没的沼泽和泥潭之中。1786 年，歌德把威尼斯庞大的防卫
332 系统描述为由“没有加水泥的石块”建成，以保护城市不受暴风雨和大浪潮的侵害；这个城市建立在泥泞沼泽中一些突起的地方上，这些突出部分是随着“原始的海洋”逐步退却，经过“海潮和泥土之间的相互作用”而形成的。[29] 这些史前的进出点的海岸都没有打破成这样或那样，交汇的小岛屿、环礁湖和半岛。我们可以把它们叫做自然形成的运河。它们似乎是被一个具有历史知识的大自然精心地挑选出来，作为生产金钱和贸易的富饶地区。它们就好像那种既不是水也不是陆地的史前空间—物质，它是生命的开始与回归之地。最终完善这个生产过程

的是一个航海国家,它建立在一个岛屿之上,拥有当时世界上最大的海军。它就是英国。它采用的办法就把工厂生产体系添加到了美洲黑人的种植园系统中,这从 18 世纪晚期(当威尼斯的海上帝国最终消亡的时候)就已经开始了。

在马克思的脑海中,阿姆斯特丹和威尼斯之间的这种财政关系到底隐藏了什么特别的秘密,我不得而知。但威尼斯很早之前就与性欲放纵联系在一起。它"腐败"的名声让我想起了理查德·塞尼特的观点。他认为,"肉欲曾是欧洲人看待威尼斯的一个关键因素,也是威尼斯人自我感觉的一个关键因素"。在 16 世纪,这包括了高级妓女和低级妓女、"一种盛行的、喜好易装的同性恋次文化;青年男性整天在运河中的贡多拉上闲混,身上除了女式珠宝外什么都不穿",以及隔离区内那些犹太人的肉感身体,它们是吸引力和令人反感的化身。[30] 历史上的第一个隔离区出现在威尼斯。犹太人(从 1397 年起)和妓女(从 1416 年起)都被迫穿黄色的衣服作为他们的识别颜色。妓女们用的是黄色的围巾,而犹太人则戴一个星形的大卫像(或者一顶帽子)。公共的刽子手总是犹太人。当时的基督徒也经常把犹太人想象成为麻风病、梅毒(开始时人们并不认为是哥伦布带来的,而相信是犹太人)、其他性病以及神秘的污染力量的典型携带者。但这些犹太人同时也是放贷者,如果没有他们,支撑威尼斯航海力量的长距离香料贸易就会被迫停止。因此就有了《威尼斯商人》,当然还有他的那一磅肉。[31]

因此,当马克思把威尼斯"盗窃系统"的"恶行"和"腐败"归为资本的一个秘密,并特别把它跟从南到北的金钱借贷关系拉上关系的时候,我们很容易感觉到,这个秘密非常怪异地是由多种因素决定的,包括数个世纪以来融合了金钱、性、神秘污染、种族隔离和违法犯罪在内的错综复杂的文化行为。若要说它是一个秘密,那也是一个公开的秘密,只能是真理的游戏中一个强大的玩者;而这是尼采和弗洛伊德都在穷尽他们一生的作品中提醒我们注意的。正如对于马克思的商品拜物

333 教的观点,他们并不认为这个秘密像一张毯子一样掩盖了真理。相反,它进入到自己所掩盖的真理之中,使两种无法被分开,至少是在人类世界及社会世界中是这样。不过话说回来,人类恐怕无法接受这种灰色而阴郁(gray-on-gray)的真理观。或者,假使他们能够接受这样的观点,他们也会把它分割成不同的真理区,比如沿着北—南轴线分割——就像皮特—里弗斯在他一项巧妙的民族志研究(关于安达卢西亚的一个小镇在1950年前后的秘密)中所说的那样,由于他们擅长说谎,安达卢西亚人比那些朴实、诚实的英国人更看重真理的价值。[32] 这个精彩的悖论不仅让我们清楚欺骗和真理可以很轻易地通过地理政治的方法加以区分,而且它们实际上是紧密地联系在一起的,知道不应该知道什么就是通常所说的社会有存在的一种。尼采不停地提醒我们注意社会有这种积极的需求:主动遗忘和支持幻觉,以此提高真理的意义、把它写到一个无限的高度。我认为,这种主动的“不知”是一种受到严密保护的公共秘密。在我看来,这类知识是最为普遍存在、最为强大、最为复杂的社会知识类别。跟这种知道不要知道什么东西的社会艺术相比,意识形态、话语和习性就显得无关紧要了。这门艺术也包括知道什么时候、用什么办法去揭示这类知识。布莱希特把它叫做展示展示本身(“展示必须被展示出来”),这是他作为剧作家、导演、诗人的全部作品的一个重要组成部分。[33]

通过把这样的公共秘密和现代资本主义的诞生联系在一起——尤其是其“原始积累”——可以说,马克思在他的普遍经济理论范围中选择了一个我认为值得我们所有人都深思的主题。这个主题(至少我选择如此定义)与这样的论点相关,即控制真相的秘密既存在于商业活动的核心,也取决于为了获取利润在市场价值和使用价值之间翻滚的“劳力”运作的方式,劳力(labor)即指在工作的人。这一观点在我们读到马克思在《资本论》中论述劳动力的章节时就会得到巩固。在这一章中,就像在舞台戏剧中一样,我们跟随一位阔佬到市场上去雇佣一个劳动力,但就在他和新雇来的人走进工厂的时候,我们受到阻止不能再跟随他们。“闲人免进。”马克思先生很拘谨地说。他就这样画出了一条分界线,一边是市场的开放性,另一边是点石成金的劳动过程。但之后他变得温和起来,我们早就知道他会这样,关于秘密的全部意义就在于我们都喜欢去揭露它们。在把我们带到工厂黑暗的中心之后,这位伟大的揭露者写道:“在这里我们将不仅能够看到资本生产其他事物的方式,而且还能看到资本被生产的方式。至少我们将能够了解制造利润的秘密。”[34] 他计划揭示的就是劳动如何成为一种独特的使用价值,它所生产的市场价值超过了它本身被买进时的价格。我们可以说这种价 334
值在劳动本身之中给出,但条件是我们能够搭起一个庞大的哲学大厦,它被写成市场的物化作用和一种黑格尔式关于“问题逻辑对逻辑问题”的关注,也就是使用价值对交换价值。由于市场和金钱所提供的抽象对等的作用,这两种价值可以不断地被联系在一起、相互脱离,然后又被重新联系起来。

如果启蒙运动坚决把暴露秘密当作自己获取权力的方式,就像那些大胆的去神秘化话语所展示的那样,那么其他的权力关注,比如尼采的“快乐的科学”的观点,确实认为真理的游戏要比这难办得多,于是确定了在同社会现实的神经系统之间无休止的斗争中应该采取狡黠的策略。[35] 尽管马克思理所当然可以被归到那类勇敢的去神秘化者、普罗米修斯之火的盗火人等的行列中,但他给我们指出的利润创造的秘密仍需要一种完全不同的解释办法——不是一种秘密的揭露,而是一种可以公平对待秘密的揭露方式,就像本雅明曾经指出的那样。[36]

如果没有使用价值和交换价值(问题逻辑和逻辑问题)之间这种反复的螺旋式转化,价值的扩展和资本主义也就不会存在。所有一切都取决于那些马克思早先所指的价值的实质与大小(magnitude)之间的结合,具体的微观与抽象的宏观之间的结合,有血有肉的感官模仿学与差异性的关系制度即符号学之间的结合。也是通过这种方式,本雅明让我们了解了书写和阅读中所涉及到的劳动对非感官性关联的利用。[37]这表明,我们可以在一种闪电般的顿悟中寻找对利润秘密的理解。本雅明多次在其论语言、历史和意象的文章中单独论述了这一顿悟。

他在1993年论模仿能力的精彩文章中说:“语言中的模仿因素,就像一道火焰一样,只能通过掌握它的人来显现自己。这个掌握人就是符号因素。”对于本雅明来说,这个劳动中的“秘密”是通过他奇妙的瞬间认识——“闪电”显现出来,而不是被揭露的。这种认识“闪电”把能指和所指之间的模仿关系点燃了。他解释道:“因此,词语或者句子的连贯是个载体,通过它相似性产生了,就像一道闪电一样。”[38]在这篇文章的一个早期版本《相似的原理》中,这“闪电”被描写如下:“不论在什么情况下,对相似性的认识都是与一道瞬间的闪电联系在一起的。它飞快地消失,也许可以重新得到,但确实不能够被抓紧,这与其他的认识不同。在我们的眼中它就像空中的星星组合那样短暂闪现。”[39]

335 这个神秘的认识闪电,浮现出来,继而消失。它跟他在一篇有名的论马克思主义史学的文章中所提出的记忆作用的微妙瞬间是一样的。这篇文章的第五个论点是这样开始的:“过去的真实图像飞快地掠过。过去只能被当成一种意象来把握。当我们可以认识到它的时候,它在瞬间闪现,之后永远不会再被看到。”接下来我们看到这些富有戏剧色彩的名句:“要历史性地清楚表达过去……意味着要在记忆于危险的瞬间闪现之时抓住它。”[40]认识的这种突然出现又突然消失的特性也被他应用到辩证意象上,他曾经把它说成是“历史的最初现象”。“就像闪电,”他在《文集N》中记下这句话。为了他未曾完成的巴黎拱廊研究计划,他仔细地保存了很多笔记,连同这句话在内。“过去必须被当成一个意象来把握,它在认识的瞬间闪现。通过这样,并且只能是这样而得到的解救,只能作用于那种在下一瞬间便会失去并且是无可挽回的事物上边。”(N,第21页。)他还补充道:“对于辩证学家来说,最为重要的是顺着世界历史的风向航行。对于他来说思考意味着要扬帆起航。

重要的是扬帆的方式。语言就是他的帆,它们被扬起的方式把它们变成概念。”(N,第21页。)

考虑到认识即消失(recognition as disappearance)的这种突兀运动,我们也许要问,难道本雅明的这条辩证之船不就是和乔伊斯给我们展示的、在史蒂芬·迪德勒斯身后不知什么地方突然冒出来的三桅帆船一样的吗?有一件事情是可以肯定的,那就是迪德勒斯那时候、尤其是现在所站立的那片海滩在这里的作用。如果海滩就像我所说的那样,是终极的幻想空间,自然和狂欢在其中混合成现代性辩证意象中的史前史,那么西方传统中的海滩则因为其对游戏和童年的偏爱(为歌德和他的贝壳作证)取得了这种地位。但关键是,这正是模仿能力得以促进的环境,它通过认识的瞬间消失把自然与人工、说话人与语言以及肉欲与理智捆绑在一起。“向后看”(rere regardant)。

很多论题都通过这种“闪电”表述去追逐问题逻辑和逻辑问题,比如本雅明对作为认识论和风格的蒙太奇所葆有的不变的热爱,这把弗洛伊德的幻想理论当作蒙太奇和叠加来加以应用,并把它转化成为一种名副其实的技巧,一种不是心理分析而是文化分析的技巧。当然,本雅明的方法同弗洛伊德存在关键性的差别,即前者有一种超现实主义的特质:蒙太奇是分析性表达的必要组成部分,而不是某种需要被翻译为叙述逻辑的东西。这个,归根到底,与本雅明的努力是一致的:他努 336
力超越现代性对记忆的冲击效果——以及随之而来的对体验现实能力的冲击。但我并不怀疑,关于这种神秘的认识闪电,最重要的论题就是一种史前史突然出现在当下时刻,而这所产生的冲击就像人从梦中醒来时,在梦醒的那一刻看到了事物的超现实的脸。

本雅明在提到波德莱尔的象征森林时写道:“感应是记忆的材料——不是历史性材料,而是史前历史的材料。”他引用了波德莱尔的十四行诗《以前的生活》(*La Vie antérieure*),认为这首诗中,“洞穴和植物、云彩和波浪的意象”产生于“眼泪温暖的朦胧之中，这是思乡的眼泪”。“我曾经生活在那里。”[41] 这是另一个家（home）或“heim”，[42] 二者都很亲切且私密。而在本雅明看来，19、20世纪的欧洲城市就是随着时间的流逝并通过时间在卡夫卡诡异的“heim”中安置了一个威尼斯式的沼泽世界，里面有先于语言出现的、形状鲜明的动物、精灵以及稀奇古怪的、正处在变形中的过渡人，它们集中出现在俄克拉荷马自然剧场的《亚美利加》中。[43] “‘猎人已经被变成了一只蝴蝶。不要笑。’”猎人格拉克楚斯说道。他已经死了好几百年了。把他带上岸的作者住在世界上最内陆的一个地方。这引出了D. 萨耶尔最新的一个极富独创性的捷克历史研究标题：《波西米亚海岸》。[44] “‘我总是停不下脚步。’”猎人格拉克楚斯说道，他在他的伟大努力中看到前面有一扇闪闪发光的门，而在此期间，他一直躺在一张简易的木床上，裹着一条肮脏的被单。他的头发和胡子有些已经变白，全部缠绕在一起。他的手臂上盖着一条带花朵图案和长穗边的女用大围巾。他说道：“‘在我的脑袋旁边，一根圣事蜡烛把我照亮；在我对面的墙上挂着一幅小画，上面很明显是一个丛林人，正拿着他的矛瞄准我；在他前面是一块绘有精美图案的盾牌，它给了他最好的保护。’”这是一个死人在说话，他漂浮在汹涌的海面上，海浪像头发一样正在他身边经过。时间在流逝，各种意象出现又消失。他一度进入我们的内陆港口。南方夜晚温暖的空气从船边的一个洞中吹了进来，他听到了海浪拍打在破旧船壳上的声音。[45] 现在我们回到乔伊斯，回到我们开始的地方。这是语言在进入大海，就像我们自己的身体那样，把它托起的是它那水样的运动能量和人类的模仿能力。“听啊：一段四字的波浪言语：窸—窣—、嗞、吵、哇……它泼洒到杯状的岩石上：哇啦、吵啦、嗞啦：在水桶中跳动。”

就这样，资本自我扩张能力的秘密开始显得甚至比马克思分析得更为有趣。他把它说成是在特殊商品，即劳动商品之中使用价值和交
337 换价值之间的相互作用。它看上去当然比那些算术公式有趣多了，资

本正是通过自我反射将价值作为价格的秘密转换成简化的算数公式，而价格正是那些为了理性追求自我利益而将利润极大化的个人所制造的“供”与“需”的逻辑所产生的必然结果。我所主张的是：价值扩张的秘密是一个以史前为轴心的人造启示的结果，如果要让现代资本魔术发挥其功能，这种计谋必须得抹去劳动商品的颜面，让其模仿的或是使用价值的成分凸显出来，象电光一闪那样，很快再次消失，成为一种扩张的符号或是交换价值。因此，拜物主义并不是商品的一个结果，而是其神奇的前提条件，也是成熟资本主义发挥作用的前提条件。因此，看到古老的东西在现代性中的惊人“回归”，我们不应该过度惊讶。

我所论述的是，史前历史作为“第二自然”是与以三大洋经济史面目出现的世界史联系在一起的。在现代性条件下，它受制于一种特殊的启示美学，它扩展了价值。如上所述，这里启示的与其说是一个秘密，不如说是公开的秘密，是知道不该知道什么，是社会的基础。对否定性劳动（labor of negation）的操纵，连同其的启示，暗示了一种抑制和表达的特殊混合，乔治·巴塔耶称之为无利可图的“开支”。[46] 这一混合及其独特张力的记录展现在另一个威尼斯故事及其太具南方性质的秘密中，也就是说，与不敢说出其名的爱情有关的瘟疫史，见于托马斯·曼1912年的中篇小说《威尼斯之死》。[47]

在这篇小说中，霍乱从南方逐渐渗入到欧洲的薄弱地带，它的秘密跟古斯塔夫·冯·阿申巴赫的个人幻想联系在一起。他是个神经紧张的中年作家，因心力憔悴而去度假，为一个十四岁的美少年神魂颠倒，后者正在威尼斯海滨度假。官员一边极力否认霍乱的存在，一边忙着用石灰水喷洒运河。当地的服务阶层，比如餐厅侍者和酒吧服务员则津津乐道那些死在威尼斯的各种暧昧信号。这是一个被秘密控制的城市，一个公开的秘密，一个关于秘密的秘密。居民知道什么是他们不应该知道的。正是对这种情形的觉察一直困扰着冯·阿申巴赫。最后是一个穿着花呢服装的英国人把真相告诉了他。他是一家英国旅行社的职员，曼这样描写他："他还年轻，留着中分的发型，两只眼睛离得很近。他的举止镇定、真诚，在南方各种油嘴滑舌的欺诈行为中给人留下很特别、很深刻的印象。"（DV，第252页。）

338 这个秘密从各个方面看都是南方的秘密。但是，没有北方就没有南方，不管这种认识有多平庸。秘密于是变成了"亚洲的霍乱"，其洞穴就位于第三世界的最深处——它源自"恒河三角洲湿热的沼泽，同那里无用繁茂的荒野散发出的蒸汽一起升腾。等级制在繁茂的荒野中失去了作用。人不敢靠近这个原始的岛屿丛林，因为老虎就藏在里面的竹林中"。（DV，第252—253页。）

这个秘密不仅与南方有关，也和太阳有关。巴塔耶在《受非难的分享》的开头部分把这个太阳描写成是挥霍性支出（exuberant expenditure）原理的象征。其他礼物都要求回报，但这些支出却有去无回。[48] 这和曼的"恒河三角洲湿热的沼泽"所表达是同一个原理，但它更为清晰，因为它把秘密描写成是"同那里无用繁茂的荒野散发出的蒸汽一起升腾"。诚然，太阳和植物之间令人眼花缭乱的相互作用正是巴塔耶所描述的关键部分。他在对一般经济进行阐述的序言中写道："生命有机体一般都会吸收比维持生命所需的更多的能量；过度的能量（财富）可用于促进一个系统的生长（比如一个有机体）；如果系统无法再生长，或这种过度吸收的能量无法在其生长过程中被完全吸引掉，那么，它必定会消失而无法产生利润；不管是否愿意，它都必须被炫耀性地或灾难性地消耗掉"。

现在我们来比较一下《威尼斯之死》开头部分对冯·阿申巴赫的描述。他在慕尼黑一个殡仪馆的柱廊中看到一个奇怪的人，因此而不能自持，旋即进入了一种幻觉：

> 他的想象力还没有从早上几个小时的工作中休息下来，此

时在其中……出现了一个热带的沼泽地，处在一片布满云彩的天空之下。它潮湿、草木茂盛、十分可怕，是海岛、沼泽和泥泞的冲积河槽所特有的一种原始的荒凉。在他周围遥远、开阔的地方，他看到一些毛茸茸的棕榈树树桩从一排排的蕨类丛中、从花朵繁茂的厚厚的肉状植物之间冒出来。他看到一些畸形、古怪的树，它们的根先是在空中弯曲伸展，然后才扎入地面或者插入凝滞不动、长满暗绿色水草的水中；水面上漂浮着一些碟子大小的奶白色花朵，一些带有怪异喙嘴的奇异鸟类耸着肩站在这些花朵之间的浅水里，头一动不动地斜歪着。他还看到在竹林枝叶交错的地方蹲着一只老虎，两眼闪闪发光。他的心因为恐慌急剧地跳动起来，但同时也充满了一种神秘的渴望。（DV，第197页。）

换句话说，这种幻觉把植被丰茂的原野同蹲在竹林中、野蛮、威严、两眼闪闪发光的隐蔽老虎的压缩形象联系在一起，引导它的是巴塔耶的"支出原理"，即人类"炫耀性地或灾难性地"消耗但却没有任何利润的普遍必要性原理。我们几乎可以看到海关官员亨利·鲁索的众虎之一，1910年的古董，它那伤感、游移的眼睛在这片波浪和囚服状条纹的 339
沼泽地中是最具人性的东西。在银色的月光下，这些波浪和斑纹与挤挤挨挨的竹林枝条融合在一起。这也是E.卡内蒂所说的秘密作为一种野生动物的动物性形象，它是一种暴力的象征。这种暴力因为其在跟踪猎物时所具有的无穷耐心而显得更为可怕。[49]

那为什么是恒河和带有"海岛、沼泽和泥泞的冲积河槽所特有的原始荒凉"的"热带沼泽"呢？康拉德以孩童时期在波兰的一张地图上所看到的非洲中部一条蜿蜒曲折的神秘河流开始了他的黑暗之心旅程，没过几年，托马斯·曼在德国让他的河流源于印度，似乎这些河流早就注定要流进北方的想象中。毕竟，非洲、亚洲和美洲都是主要因为其大河的缘故向着欧洲人开放的。这些欧洲人在很多地方就是直接在船甲板上开展生意的，一步都没有走远。

诚然，在那个注定命运的晚上，当冯·阿申巴赫决定不向男孩的家人透露有关瘟疫的事情时，他的梦想被一种变形的情欲之流及其水样的力量所点燃，这种力量是由带着阳光和繁茂野性的恒河通过其神秘的力量事先建立起来的。他这样做是希望不知情的他们可以在海滩上多逗留几天。不泄露瘟疫的秘密目的就是要保存他关于一个混乱的爱情的秘密幻想。在做这个重大的决定之时，他睡梦中的思想在狂乱地转动，进入了时间伊始的远古时期之中，沉浸于一种狄奥尼索斯式的欲望及其幻想变形。天亮了，天空开始放晴，但出现在眼前的并不是热带沼泽及眼睛闪亮的老虎，而只是海滩。

如果不是因为其美妙的阳光，当然，最好还有海滩，那么南方就不必像现在这样被卷入这些涉及到秘密和越界行为的众多事情中。在海滩上，孩子们在玩堆沙子城堡，而大人则在玩变成孩子；鲜艳的遮阳伞在湿热的微风中轻轻摆动，人体脱去了大部分的衣服，阳光照在水面上，闪闪发光。在这陆地和海洋的交界之处，维持人类文明的抑制行为发生了越界性的潜跃，而且这里也是这种潜跃必须为人所见的地方。离开了海滩、大海，就来到了这个故事中那空洞的永恒，一个巨大的虚无。冯·阿申巴赫的凝视远离了他作为一个作家所必需持有的苛刻，进入到了这个虚无中。

要是冯·阿申巴赫了解自己的身体就好了。它的作用就像是曼的滩头堡，是个激情被释放的游乐场，就像是从钓鱼者手中甩出去的鱼
340 线，又被艺术创造力（这种创造力依赖于抑制）所具有的那种濒死的力量给猛然拉了回来。创新成为了抑制的升华产物，这种意象是一种终极、恐怖的残酷。关于这种把身体当作滩头堡的做法，巴塔耶确定了一条路线，它跟弗洛伊德的限制经济截然不同。对于后者来说，北方来到

南方的海滩上，煽起肉体的原始之火，然后又回到北方去推动精神的发展。这似乎是一个古老的模式、一个永恒的回归、一个人类灵魂的地理。但是，如果我们有一天被困住无法回来，情况又会怎样呢？威尼斯之死，这就是答案。

"'你看，'"一个慕尼黑的朋友说，"'阿申巴赫一直都只是像这样生活。'"他紧紧地攥起拳头。"'从来就不像这样。'——然后他松开拳头，手垂了下来。"（DV，第201页。）

当他沉入越界的国度时，冯·阿申巴赫抹上口红、涂上胭脂、梳了一个很好看的发型，尽量让自己的脸显得更年轻一些。至少他的脸可以令正在吞噬他的幻想具有某种物理的真实性。这是他的生命第一次碰上并超越了他的艺术之处。在这里，生命和艺术将互相换位。这个致命的相遇必定将会发生在海滩上，也发生在作为他苏醒的身体的外表的艺术作品中，尤其是在他的假面孔上。它是灵魂的窗口，也是灵魂的面具。他现在就在海滩上，这是生命开始的地方，但因为死亡现在人们纷纷逃离它。他正在看那个男孩在沙子中玩离开威尼斯之前的最后一个游戏。一个玩伴把男孩摔到沙滩上，用沙子埋住他的脸，用膝盖顶住他使他几乎窒息。"他拼命地挣扎以摆脱折磨他的人的重压；有一阵子他们都停了下来，又变成只是不断地抽搐。"（DV，第262页。）在最终得以脱身之后，男孩走开了，任凭玩伴怎么呼唤都不理睬。他的玩伴被推到一边，开始还笑着，最后变得着急起来。这个男孩被锁进了冯·阿申巴赫的凝视中。他走到水中，涉水来到沙洲上，在这块没有被海水淹没的狭长地面上慢慢地来回走动。一大片海水把它同海岸边隔离开来。他像一个似乎就在水面上走动的幽灵，他的头发漂在"海水中，飘在风中，前面是一大片迷蒙的水面"（DV，第262页）。突然他转向了阿申巴赫，他的双眼似乎正在呼唤、对着地平线示意。然而，就在阿申巴赫奋力地从自己的甲板椅子上站起，把自己的身子投向他视线的飞行路线中时，曼把他杀死了——通过这种方式，曼掌控了自己对这个产生于水边的、被禁止之爱的作家式幻想。

“意志与海浪”

“意志与海浪”是尼采《快乐的科学》中的一个小节的题目，它随着
341 我所说的神经系统内在的节奏和骚动在起伏，总是比人的理解快一步。这当然就是写作，它在预感到自己的显露之前伪装自己，目的就是要更为有效地对付我们所说的真理这只变色龙。

> 怎样？你们不相信我？你们这些漂亮的魔鬼，你们是在生我的气吗？你们是否害怕我会泄露你们所有的秘密？好吧，你们就生我的气吧。请尽可能高地拱起你们危险的绿色身体，在我与太阳之间竖起一道墙来，就像你们现在所做的这样吧！诚然，即使是现在，世界也没有什么东西保留下来，除了绿色的暮光和绿色的闪电。只要你们愿意，请继续下去，带着极大的欢乐和怨恨咆哮吧——或者，再一次俯冲吧，把你们的绿宝石全都倒进最深的深处，把你们无限的白色泡沫和浪花全都撒到它们身上吧。[50]

尼采的狄奥尼索斯式冲动包含了模仿，它是侵入他者的物质之中的一种形式。这种模仿观后来被本雅明和阿多诺采用时主要是与现代生活所释放的美学力量和表现媒介有关。在沙滩上散开的大海为这种模仿提供了一个恰当的比喻，这是一种深刻的转化，犹如“永恒的化为”（eternal becoming）之混沌。通过与自然对话，作者沉溺于一种必要的幻想。在这个幻想中，那些已经散开和即将要散开的海浪有了人的样子，但又有别于他自己。因此，在自我与他者的融合之中，作者和海浪保持了话语的距离。这涉及对秘密的幻想，它与自然隐秘性密切相连，也正是重新架构资本主义征用模仿功能之方式所需要的，自然文化用

这种模仿功能创造第二自然,古老事物的家园。“我怎么能够想到要背叛你们呢?因为,请你们注意,我知道你们和你们的秘密,我也知道你们的同类!我和你们,难道我们不是同一类吗?我和你们,难道我们不是拥有同一个秘密吗?”[51]

尽管太阳在他的计划中占有重要的地位,就像对巴塔耶和他的第三只眼一样,但我记住的是海洋,它是我的家园、我的秘密(*Heim und Geheimnis*),不仅是因为它的样子,也是因为尼采熟练地应用它来给自己提供诗学和哲学灵感。这些灵感与阐释和作为液体力量的“存在”有关。这是一个机会,一个让改变发生的机会。瓦尔特·考夫曼认为“意志与海浪”是一段有意为之的无目的文字,一个狄奥尼索斯时刻,这时,孩子似的游戏得到了一个发挥的空间,就像在海滩上一样。它的出现早于尼采提出的永恒轮回的第一个构想,它被当成是一个符号,表明世界历史这个表面规划没有意义、缺乏目的性。[52]但对于这样的狄奥尼索斯“时刻”,其要点不正在于它们不仅超越了时间,也超越了习俗,所以它们看起来决不只像是一些固定在一个隔离地点的、可以准许越界的“时刻”?海滩正是这样一个史前史变成了人类史的场所,例如 342
当尼采提到同内疚感和本能的抑制被发明之前所发生的一切的艰难决裂,把它同那些被迫成为陆地动物或者毁灭的海洋动物的命运相比较。“让人与自己为敌。”“我认为世界上没有痛苦这样一种感情,这样一种沉重的不适感。”人类历史在这里并不存在“缺乏构思”,而意志和海浪的狄奥尼索斯式的作用则获得了经过事先预谋的政治力量。因为尼采作品的全部意义就是要试图赢取“倒退实验”,解放那种让人与自己为敌的抑制。这应该是有可能的,“原则上是这样——但谁能有足够的力量?”[53]因此,这个倒退实验必须是在海水边缘、历史边缘、抑制的边缘“让人与自己为敌”,这是最致命的模仿行为。就像本雅明一直为了自己所喜爱的“辩证意象”所强调的那样,史前史以“第二自然”的形式回归,确保当幻想过度扩展自己,使记忆变成身体的征兆及肉体的符号,一种新的有活力的语言会把我们推向大海，就像我们自己的身体会做的那样。当普拉斯在1958年冬天回到马萨诸塞海岸边的温斯洛普时，她发现它“变小了，变得没有生气了，皱着一身厚重的皮：梦想中所有彩虹般的扩展都失去了光彩，贝壳离开了水面，色彩全都被漂白了”。[54] 歌德在威尼斯时平生第一次看到了大海，退潮的时候，他在沙滩上散步，捡贝壳，重新找回了孩童的幻想。涨潮的时候，海浪就在沙滩上泼散开来。他爱海浪退回到大海之后留下来的沙滩，把它叫做“美丽的细沙打谷场”。“我像个小孩子一样捡了很多。”同样是这些贝壳，它们让普拉斯绝望，她不禁要问，是否“我们的思想给了那时候的街道和孩子都涂上了颜色，而今却不再这样做了”。她可能是在重复尼采的观点，关于那些被迫变成陆地动物或者死亡的海洋生物的命运。“我认为世界上没有痛苦这样一种感情，这样一种沉重的不适感。”她在日记中继续写道：“我们必须战斗。我们必须战斗以便回到早期的心灵……我们必须重新把它创造出来，即使是在我们称量发酵粉，准备马马虎虎做一个蛋糕，并计算下个月的花费的时候。神将自己的气息吹入万物。让我们练习吧。让我们成为一张椅子、一支牙刷、一壶咖啡，从内到外：让我们通过感受内心去感知”。[55] 就像那些诗歌一样，这个日记突出了幻想和蒙太奇。巴勒斯说：“我把语言想象成为有生命的东西，就像动物一样……把书页切碎，把语言释放出来吧！”海滩，这是我们喜欢的东西，一个不断被绿色暮光和绿色闪电夺去的永恒的童年，它是海浪在我自
343 己和我的太阳之间涌起时的残留影像。让我们练习吧。[56]

注　释

1. 见弗洛伊德1897年5月2日致弗里斯(Wilhelm Fliess)的信,收录于《弗洛伊德致弗里斯书信全集》(马萨诸塞州剑桥, 1985),梅森(Jeffrey Moussaieff Masson)翻译并编辑。第239页。

2. 巴勒斯(William Burroughs),《萨顿—史密斯夫人的文学技巧》,《时代文学副刊》(*Times Literary Supplement*), 1964年8月6日。第682页。

3. 见奥尔森(Charles Olson),《请叫我伊斯梅尔》(*Call Me Ishmael*,旧金山,1947)。

4. 塞库拉(Allan Sekula)在他的《鱼的故事》(*Fish Story*)这本书中提出这个主题并对它进行了很有独创性、很有见地的研究。这是一个旅游展览的目录册,共有204页,包括文本和照片。墨尔(Jean Mohr)拍摄的照片让塞库拉想起了博格(John Berger)的著作。他在他的照片旁附上了一篇简洁的、电报式的呼应散文,通过一种广泛的马克思主义敏感性,把一些政治性的意义和艺术史的意义联系在一起。这也涉及到了海洋和船只之间的一种古怪的组合,即商业和罗曼史的结合。(感谢汤姆·米切尔和安东尼·戈姆雷提醒我注意这本书,同时感谢迈克尔·沃茨在旧金山暴雨不断时给了我这本书。)

5. 乔伊斯,《尤利西斯:学生注释版》(*Ulysses: Annotated Student's Edition*),迪克兰·吉伯德编辑(哈芒兹沃斯, 1992),第3、1、4页。以下简称为《尤》。

6. "she-oaks" 和 "casuarinas" 是木麻黄的两种不同的称谓——译注。

7. 引自瓦尔特·本雅明, N(知识理论;进步原理),《哲学论坛》(*The Philosophical Forum*)第15卷(1983—1984,秋—冬),第12页。以下略为N。

8. 西奥多·阿多诺(Theodor W. Adorno),《本雅明画像》,《多棱镜》(*Prisms*),塞缪尔·韦伯和西莉·韦伯译(马萨诸塞州剑桥, 1981),第233页。

9. 这里是指20世纪。——译注

10. 奥尔森,《请叫我伊斯梅尔》,第13页。

11.《牛津英语词典》(*Oxford English Dictionary*)第二版,"pelagic" 词条。

12. 本雅明,《讲故事的人》,《启示》(*Illuminations*),哈里·左恩译,汉娜·阿伦特主编(纽约, 1969),第87页。

13. 乔治·卢卡契(Georg Lukács),《物化与无产阶级意识》,《历史与阶级意识:马克思主义辩证法研究》(*History and Class Consciousness: Studies in Marxist Dialectics*),罗德尼·利文斯通译(伦敦, 1971),第83页。

14. 克劳斯·特维莱特(Klaus Theweleit),《男性的幻想》(*Male Fantasies*),斯蒂芬·康威、艾丽佳·卡特和克里斯·特纳译,两卷本(明尼亚波利斯, 1987)。第1卷,第xviii—xix页。

15. 参见哈基姆·贝(Hakim Bey),《T.A.Z: 临时自治区,本体论无政府状态,诗学恐怖主义》(纽约, 1985),以及威尔逊(Peter Lamborn Wilson),《海盗乌托邦:摩尔海盗与欧洲背教者》(*Pirate Utopias: Moorish Corsairs and European Renegadoes*,纽约, 1995)。

16. 伯勒斯（Burroughs），《红夜之城》（*Cities of the Red Night*，纽约，1981），第 332 页。

17. 本雅明，《论历史哲学》（Theses on the Philosophy of History），《启示》，第 264 页。

18. 她父亲是德国人，出生在波兰走廊（一战后从德国割让给波兰的一条狭长地带。——译注）的格拉堡，是一位昆虫学教授。参见安娜·史蒂文森，《苦画框：西尔维娅·普拉斯的一生》（*Bitter Frame: A Life of Sylvia Plath*，波士顿，1989），第 4—5 页。

19. 泰德·休斯（Ted Hughes），《梦想生活》，《生日书信》（*Birthday Letters*，纽约，1998），第 141 页。

20. 西尔维娅·普拉斯，《爸爸》，《阿里厄尔》（*Ariel*，纽约，1996），第 49 页。

21. 同上。第 49—50 页。

22. 参见莱恩博（Peter Linebaugh），《大西洋所有的山峰颤抖了》，《加拿大劳动研究》（*Journal of Canadian Labour Studies*）第 10 期（1982 年秋），第 87—121 页。

23. "我已经确定那些在欧洲、美国、非洲和加勒比海之间的空间中活动的船只的形象。它是这个工作的中心组织性象征，是我的出发点。"（吉尔罗伊，《黑色的大西洋：现代性与双重意识》[*The Black Atlantic: Modernity and Double Consciousness*，剑桥，马萨诸塞，1993]，第 4 页。）这点帮助他避免民族主义的及扎根于民族的分析，而赞成"我所说的黑色的大西洋这个跨文化、国际性的构造的根状、不规则结构。"（同上。）

24. 杰奎琳·罗斯（Jacqueline Rose），《西尔维娅·普拉斯的幽魂》（*The Haunting of Sylvia Plath*，马萨诸塞州剑桥，1991），第 227 页。罗斯认为，《爸爸》这首诗勾勒了"在什么条件下，这种有名的失去象征作用的情况才会发生。"她接着指出，如果身份和语言就这样在父亲这个地方迷失了自己（拉康的引证在这里得到了回应），他的消失反而能够给他无尽的力量。其实，她认为这首诗所讲的就是"这样的幻想的产生"，"一首描写自己的语言及幻想的生产条件的诗。"（同上。第 227、230 页）。同时参见第 235—238 页。

25. 琼斯（Ernest Jones），《成熟之年：1901—1919》（*Years of Maturity: 1901—1919*），《弗洛伊德生平及作品》（*The Life and Work of Sigmund Freud*）第 2 卷（纽约，1955），第 341 页。参见弗洛伊德，《詹森的〈格拉迪瓦〉中的妄想与梦》（Delusions and Dreams in Jensen's *Gradiva*），《弗洛伊德精神病学著作全集标准版》，詹姆斯·斯特拉奇翻译、编辑，共 24 卷（伦敦，1953—1974）。第 9 卷，第 7—93 页。

26. 琼斯，《成形之年及大发现，1856—1900》（*The Formative Years and the Great Discoveries, 1856—1900*），《弗洛伊德生平及作品》第 1 卷（纽约，1953），第 331 页。弗洛伊德致弗里斯的信是这类意大利引证的一个金矿。

27. 奥登（W.H. Auden）和伊丽莎白·梅耶（Elizabeth Mayer）所作导读，见歌德，《意大利之旅，1786—1788》（*Italian Journey*，1786—1788），奥登和梅耶译（旧金山，1962），第 xvii 页。

28. 马克思，《所谓原始积累》，《资本论：政治经济学批判》，塞缪尔·摩尔和爱德华·艾弗林译，弗里德里希·恩格斯编辑，共 3 卷（纽约，1967），第 1 卷，第 755—756 页。

29. 歌德，《意大利之旅，1786—1788》，第 82 页。

30. 塞尼特(Richard Sennet),《肉体与石头:西方文明中的身体与城市》(*Flesh and Stone: The Body and the City in Western Civilization*,纽约,1994),第223页。

31. 同上。同时参见莫里斯(Jan Morris),《威尼斯帝国:一次海洋之旅》(*The Venetian Empire: A Sea Voyage*,纽约,1980),第148页。

32. 参见皮特—里弗斯(Julian Pitt-Rivers),《高山地区的人们》(*The People of the Sierra*),第2版(芝加哥,1971),第xvi—xvii页。

33. 参见布莱希特,《戏剧诗歌五首》,《布莱希特诗歌:1913—1956》(*Bertolt Brecht Poems: 1913—1956*),约翰·威尔莱特、拉尔夫·曼海姆和埃里克·弗里德编辑(伦敦,1976),第340—343页。

34. 马克思,《资本论》,第1卷,第176页。

35. 参见陶希格(Michael Taussig),《神经系统》(*The Nervous System*,纽约,1992),尤其是其引论部分。

36. 参见本雅明,《德国悲剧的起根源》(*The Origin of German Tragic Drama*),约翰·奥斯本译(伦敦,1977),第31页。

37. 参见本雅明,《论模仿能力》(On the Mimetic Faculty),《反思:论文、格言及自传性文章》(*Reflections: Essays, Aphorisms, Autobiographical Writings*),埃德蒙·杰夫科特译,彼得·德梅茨编辑(纽约,1978),第335页。

38. 同上。

39. 本雅明,《相似的原理》,克努特·塔努夫斯基译,《新德国批评》(*New German Critique*)第17期(1979,春),第66页。

40. 本雅明,《论历史哲学》,《启示》,第182页。

41. 本雅明,《论波德莱尔的一些主题》,《启示》,第182页。

42. "heim"是德语的"家"。——译注

43. 本雅明,《卡夫卡:逝世十周年纪念》,《启示》,第111—141页。(《亚美利加》[Amerika]是由克里斯托弗森主演的微型系列剧,它虚构了美国被苏联占领后的情景。——译注)

44. 卡夫卡,《猎人格拉克楚斯》(The Hunter Gracchus),《卡夫卡故事全集》(*Franz Kafka: The Complete Stories*),纳胡姆·N. 格拉特泽尔编辑(纽约,1971),第228页。参见萨耶尔,《波西米亚海岸:捷克历史一种》(*The Coasts of Bohemia: A Czech History*,新泽西,普林斯顿,1998)。

45. 卡夫卡,《猎人格拉克楚斯》,第229页。

46. 参见巴塔耶(George Bataille),《支出的概念》,《过量之想象:作品选,1927—1939》(*Visions of Excess: Selected Writings, 1927—1939*),艾伦·斯托克勒、卡尔·洛维特、小唐纳德·莱斯利译,斯托克勒编辑(明尼阿波利斯,1985),第116—129页。

47. 参见曼,《威尼斯之死》(Death in Venice)(1912),《威尼斯之死及其他故事》,大卫·卢克译(纽约,1988)。以下略为《威》。

48. 巴塔耶,《受非难的分享:总体经济论》(*The Accused Share: An Essay on General Economy*),罗伯特·霍里译,三卷本(纽约,1988),第1卷第28页。

49. 参见卡内蒂(Elias Canetti),《秘密》(Secrecy),《人群与权力》(*Crowds and Power*),卡罗尔·斯图亚特译(伦敦,1962),第290—296页。

50. 尼采,《快乐的科学》(*The Gay Science*),瓦尔特·考夫曼译(纽约,1974),第247—248页。

51. 同上,第248页。

52. 考夫曼,第38条脚注,《快乐的科学》,第248页。

53. 尼采,《道德的谱系》(*On the Genealogy of Morals*),卡罗尔·迪兹(Carol Diethe)译,基思·安塞尔—皮尔森编辑(剑桥,1994),第61、70页。

54. 普拉斯,《普拉斯日记》(*The Journals of Sylvia Plath*),泰德·休斯和弗朗西丝·麦克卡罗夫编辑(纽约,1982),第182页。

55. 同上。

56. 这篇文章是为"幻想空间:全球化世界与意象的力量"这个会议而作。该会议由阿姆斯特丹大学宗教与社会研究中心组织,时间是1998年8月27日,地点在阿姆斯特丹。

十二

Hic Jacet: 这里躺着……

罗伯特·伯格·哈里森

1966年在接受德国《明镜》杂志的一次采访中，海德格尔宣布“只有神灵才能救我们”，而在我居住的地方，新房子和建筑正在到处拔地而起，而且都非常昂贵，我没有一天不对自己说：“只有建筑师才能救我们。”[1] 作为一个外行，我有这样一个印象：这段时间，一种离奇的灾难正在美国发生，那就是建筑的基本艺术的消失。我们似乎再也不能设计一个简单、不唐突、不会显得有些虚假的家，或者立起一座公共建筑物，其“外观实质（truth of feature）和存在实质（truth of being）是有相互关系的”。这是赖特曾经表达过的对美国建筑的愿望。[2] 现在，外观实质和存在实质之间的裂缝正在逐渐加大，其中的原因我们可以有无尽的猜测，但可能收获不大。塔夫里认为，要对建筑进行大的改革必须要等到现存的社会和经济结构被推翻之后。海德格尔认为，只有神给出新的划时代启示，我们的居住方式才会改变，并由此改变我们的建筑方式。在改变我们的建筑方式之前，必须要改变我们的存在方式吗？老实说这个问题是无法确定的。但如果人是一种“世界中的存在”，就像海德格尔所说的那样，那么我们的存在最根本的东西就是我们的建筑行为，因为我们被抛入的这个世界其实就是一个被建构的世界。我们以周围的事物来衡量自己的存在，而我们周围的事物在某种程度上都是由我们自己创造的。从地面立起的建筑是我们世俗生活的基础本体论开始、结束的地方。

349 下面的论述主要关注的是这种本体论必须涉及的一个基本问题，那就是地方（place）的问题。地方是什么？它是如何被建构起来的？建筑如何成为界定或者表达它的必要手段？构成其地方性的东西是什么？最近关于地方的著作很多，作者既有哲学家也有建筑历史学家。尽管它们都写得非常好，但在确认地方的传统基础方面，有些著作缺乏一种人类学的深刻见解。[3] “基础”（ground）这个词在这里既是字面意义，也有非字面意义。因为地方是通过人类接触地面才存在的，这一点让这个词既有字面意义，又有非字面意义。地方的必要手段并不是先于建造房子的行为存在，而是被风景中的人类记号——其熏陶的符号或者识别标志——创造出来的。我感兴趣的正是这种做记号的本质，在我看来，如果没有考虑到这种做记号的根源及其创建能力，我们就不可能理解地方的本质。

让我以一个确定无疑的命题开始本章的讨论：一个地方是由其边界、本质的界限以及特性鲜明的本地“这里”（here）定义的，这个“这里”固定于空间之中，长存于时间之内。接下来的观点相对更具争议性：地方并不是自然地出现的，而是人类通过某种记号或者人类存在的符号创造出来的。一个荒野本身是没有地方性的，因为它没有一个可以让大自然集中或被束缚在其周围的人类中心或者汇集点。华莱士·史蒂文斯的诗歌《罐子轶事》描述了这类地方形成的最低条件：

> 我把一个罐子放在田纳西，
> 圆圆的，在一座山上。
> 周遭杂乱的荒野
> 于是包围住了那座山，

荒野爬上山头来到罐子身边,
它展开四肢,不再荒凉。
罐子圆圆地立在地上
而且也很高,像一个空中的港口。

它四处占领土地。
它呈灰色,空空如也。
它没有给我们小鸟或者丛林,
与田纳西的其他东西都不像。[4]

我想先提醒大家注意第二行中的"一座山"如何变成第四行中的"那座山"。它表明放罐子的行为已经为该指示代词的指示动作建立了 350
一个参照范围(horizon of reference)。准确地说,这个罐子并不是一个建筑物,但是它却引发空间的驯化。我们通常把这种驯化同建筑在一个地方的形成中所具功能联系在一起。在被这个物体的存在驯化之后,"杂乱的荒野"现在"爬上山头",到了这个定位中心并把它"包围起来"。罐子为周围的自然提供了一种包容,一种人类的包容,我得坚持说,起因于这个事实:该物乃人工制品,由人放在那儿,它躺在荒野的中心,以一种瓮的方式存在。这一处自然景色的完全转变——它在一个地方的汇聚——都是由于引进了这个人类世界符号。

决定这个世界特征(worldhood)的首先是时间。在《建筑的道德作用》一书中,K. 哈里斯写道:"认为建筑只是通过在空间中建构边界,确立地方的艺术,所有这类观点都难免片面。虽然只有先确立了地方才能有居所,但是,地方也必须从时间上理解。"[5] 我将进一步提出这样的观点:一个地方是人类模式的时间产生的地方。如果没有人类时间的介入,任由大自然进行自我更新的周期——比如"鸟类和丛林"的周期,那就无法形成一个地方。干涉自然时间的是人的有限性,它与其他有限事物的不同之处在于:死亡在带走我们的生命之前先带走了我们的意识。我们居住在空间中,这一点是可以肯定的,但首先我们是居住在自己必死的命运界限之内。当我们在大自然中建造某个东西的时候,不管是一个住所、一座纪念碑还是一堆火,我们就留下了一个符号,表明我们都是地球上注定要死的匆匆过客。

这种必死的命运的原始符号是墓碑,而史蒂文斯的罐子只是它的一种日常关联物。在希腊语中,代表符号的词“sema”同时也代表坟墓,这一点不是没有其意义的。对于希腊人而言,墓碑并不是众多符号中普通的一个。它是一个可以指示“signification”(指示)自身的起源的符号,因为它代表的是它所代替的东西——墓地。通过指向自身、或者指向自己在土地中的记号,“sema”有效地打开了“这里”(here)这个地方,给予它以人的基础。如果没有这个人的基础,大自然就不会有各种地方的存在。

米歇尔·塞尔在《雕像》一书中提醒我们,古老的雕像是作为一种被赋予人性的石碑,或者是作为一种可以代表被埋在雕像竖立之地的人的雕刻艺术而产生的。实际上,雕像在最初被实例化(instantiation)时并没有包含这样的“代表”含义,因为根据塞利斯的说法,最早的雕像其实就是那具干瘪的尸体本身。如果“尸体和干尸所躺的地方就是它们的雕像被竖立的地方”,同时如果后者使前者的形状更加具体化,那么这个雕像就真的是一个全面、多义的希腊意义上的“sema”。[6] 之前
351 我曾经论述说史蒂文斯的罐子作为一种瓮安置在田纳西的风景中,现在我要补充说它就像一个原始的雕像立在那里,这并不是说它代表的是一个已经死去的人,或者标示一个坟墓,而是因为它是被人创造出来并有目的地放置到山上的,因此它在其自身或者在描写它的诗歌中体现了人的必死的命运,不论是锻造它的人、把它放置到那里的人,还是认识它为何物的人。[7]

我同意哈里斯、D. 科尔布、E. 凯西等人的观点。他们都对这个主

题进行了深度的思考并都认为，对地方之本质作了最彻底的思索、见解最深的人非海德格尔莫属，但我还是觉得海德格尔本体论还需要添加一些人类学的东西。这一点在他对地方的形成条件进行思考时体现得特别明显。比如，海德格尔很抽象地谈到，世界在此在（*Dasein*）的此（*Da*）中通过此在的此展现。但无疑，“此”是由制度秩序首先打开，之后又维持打开的姿态，而关于这一点海德格尔几乎没有再做任何论述。[8] 维科（一个真正的人类学哲学家或者哲学人类学家）把埋葬死者当成是三个人性的“普遍制度”之一是正确的，其余两个是宗教和婚姻生活。[9] 埋葬与“此在”的地方有什么关系？坟墓围地是通过什么方式来打开它的“此”呢？塞尔评论说“*être-la*”（在那里）这个词可以说是通过另一个习语意译了“*ci-gît*”或者“这里躺着”这个通常出现在古老的法国墓碑上的词组。[10] 意大利语表示“这里躺着”这个意义的词“*qui giace*”更加接近“*hic jacet*”这个墓碑指示词的拉丁母体。如果一个人用海德格尔的方式表达，他可能会这样说，“*hic jacet*”中的“*hic*”是让“此在”的在地性（situatedness）着地的原初的“此”，它历史化了“此在”在世界中的存在，特别是因为“*jacet*”暗指了“此在”在面向死亡的存在（being-unto-death）中的有限时间性。不论在什么情况下，“*hic jacet*”中的“*hic*”都不是一个普通的地点副词。它是一个占领了指示场地的指示物，它在自己的周围画出了一个归属的界限。它是一个拒绝转变的转变体。它总是指向同一个地方，以此标明那种持续存在的有限性。这种有限性是地方的地方特征的基础，并渗透在“此在”的“此”中。墓石上不需要刻有什么人类的话语，一块粗糙的墓碑就足以指示这个终有一死的“*hic*”或者“这里”。

1939年，在一篇讨论亚里士多德《物理学》中“physis”一词意义的文章中，海德格尔探讨了希腊人用于思索和命名存在之存在性的两个术语——“*hypokeimenon*”和“*hypostasis*”；他认为，在这两个词的差异性之下存在着更深层次的共性。前者的字面意思是躺在下面的东西。它的拉丁对应词是“*subjectum*”,字面意思是被抛到下面的东西。“*hypostasis*”的意思是可以自己站立的东西,它的拉丁对应词是“*substantia*”。海德格尔认为,尽管躺和站的差别很大,但“只有站着的
352 东西才能倒下然后躺着;只有躺着的东西才能被扶直然后站着”。[11] 而我则认为这种观点至少在一种情况下是不能够成立的,那就是在死亡的情况下。死人不能够“被扶直然后站着”,除非被其他东西间接代替,比如立在他们所躺之处的地面上的雕像。

尽管这样,如果海德格尔说“两者(*hypokeimenon* 和 *hypostasis*)都有相同的份量,因为在两种情况中希腊人考虑的是同一种东西:即存在之显现(being-present),是它自身的和通过它自身,显现(presencing)”,那么我也可以说,这种“相同的份量”源自于一种“主观的”共性,它以记忆、宗谱、传统、历史等模式把生存同死亡联系到一起。[12] 这就好像是说我们这些活着的人之所以能够站立(以文化、制度、经济的方式,也就是以人的方式),唯一的原因就是那些死去的人所躺的地方就是我们站立的基础。再一次用海德格尔的话说就是,“此在”之所以能够居住在它的“此”,唯一的原因就是“此”已经被那些先来的人提前居住了。人类“主体性”的本质有可能就是由这种提前居住构成的。也许,甚至连人类的分析与合成模式的“理解”都是源自于同样的基础性根源。

我认为,撇开埋葬制度去理解地球上的地方制度是不可能的。如果地方不是自己对自己的记忆——即是时间反映自身的地方,那它又能是什么呢?坟墓在风景中标记了一个时间无法简单地穿越或绕过的场所。此时时间必须围绕在这个“*sema*”(符号、坟墓)周围,把自己俗世化。正是时间的这种俗世化给了地方以清晰的界限,把它同均质空间的无限性区分开来。作为人类必死之命运的标志,坟墓使非人性的空间超越变得通俗化,把人类的时间与神灵以及大自然的永恒回归那不受时间影响的特征区分出来。这就是为什么神不是地方的最初创建者,凡人才是。一个不死的神可以保佑一个已经被建立起来的地方,但

这样的神却不能引进一个让这个地方着地所必需的有限时间性的标记。让我们看看历史学家 W. 伯克特对古希腊时期的英雄迷信和神灵迷信之间的差异有什么看法：

> 英雄迷信和神灵迷信之间的一个重要差异就是英雄总是被限定在某个特定的地点：在他的坟墓附近他代表的是他的家人、朋友或者城市。人和英雄之间的联系会因为距离而松散……在一些新建立的殖民城市中，城市的建立者通常会变成该城市的新英雄，他们通常被埋葬在市场里。通过这种方式，这个新地方马上就有了一个中心，即使不是始于更远的过去，它象征着城市从这个新的开始起所具有的好运和应当承担的义务。[13] 353

在这里，英雄安葬于此起到了与史蒂文斯的罐子相同的作用，因为它为这个新的居住之地提供了一个中心，把它变成一个恰当的地方。这一点神是无法做到的。雅典有雅典娜作为其保护神，但即使是这样，它也需要有俄狄浦斯的坟墓在它的附近，以保证它的兴建和好运气能够持续到未来。伯克特在这一段话中所提到的英雄迷信就其根源而言，比神灵迷信还要古老。它可追溯至原始印欧人最早的崇拜，那时的人类尊崇自己的祖先，仅有的神灵也都是家族中的、必有一死的神灵。[14]

我在这里再提出一个论题，大意是地方不仅仅是被建立起来的，同时也是被埋葬死者这种行为所占用的。L. 皮兰德娄一个故事中的西西里男爵无疑是一位精明的现实主义者，他坚决不同意他手下的农民们把他们家的死者埋在他的土地上，因为他害怕他们会马上认为，根据自然权利这些土地是属于他们的。[15] 占领一个地方并保证它成为自己的地方，最稳妥的办法就是把自己家的死者埋葬在其中。关于这方面的内容，请想想几年前发生在以色列的宗教领导人和正在发掘古希伯来墓地的犹太考古学家之间的争执。犹太宗教法律认为，亵渎坟墓是一种渎圣行为，因此那些犹太拉比都在要求停止发掘。而那些考古学家反过来认为，他们能够找到的可以证明犹太人在远古时期就已经被埋葬在这里的证据越多，以色列对该地区的领土权的要求就越合法化。拉比们以一种犀利的逻辑进行了回应：这些发掘者试图借此合法化这样的所有权，事实上却是在破坏它的根基。

通过埋葬来确定归属权的来源可以追溯到很久以前。维科——我的作品最要感谢的那不勒斯人——谈到过“人性的人”（*homo humandi*），他认为，我们的早期祖先首先是通过埋葬死者来使自己具有人性的。在《新科学》中他宣布，这些原始的“巨人”会指着他们祖先的木质墓碑来表明他们的归属依据，并以此表明他们对土地的所有权：“就这样，在他们的死者的坟墓旁边，这些巨人展示了自己对土地的控制权。罗马法律要求把死者埋葬在一个合适的地方以使它具有宗教性。他们可以不无正确地说出这样一些英雄气概的话：我们是这大地的儿子，我们是从这些橡树中生出来的。”[16] 这些代词——“这大地、这些橡树”——表明了他们通过指点的手势对“*hic*”（这里）的占有。这就是这些巨人们的自然语言。维科是在他们是“这大地的儿子”这个意义上把他们叫做巨人的。他们是那些被埋葬的祖先的后人，他们可以指向祖先们被埋葬的地方，把它们当成是自己的土地。

维科考察了远古房子的最初根源。这种房子不仅仅是一个居住的地方，而且是一个把活人和死人、死人和未出生的人、家庭成员和其出
354 生地联系在一起的机构。我曾经说过，维科让我想起了我喜爱的另外一位作者，他受到维科极大的影响，他就是《古代城市》的作者、19 世纪法国作家德·库朗日。这部古典文献学杰作宣称（经过广泛实证），古代的城市是建立在古代的房子的基础上的，而古代的房子则是建立在祖先的坟墓之上。德·库朗日宣称已经读完了从远古直到他所在时代的所有希腊和罗马著作，他认为希腊和罗马的每座房子都有一个祭坛，祭坛上燃烧着一堆永不熄灭的圣火，居住在房子里的人就是通过这圣火

来认同他们的家神，也就是他们已经被埋葬的祖先的。事实上，甚至有证据表明那些死者有时候是被放置在这些圣坛之内的，因此古代的房子不论是在事实上还是在隐喻意义上都是建立在死者的坟墓之上的，它是把它们包围起来的一个大坟墓。我们不知道德·库朗日的观点的历史准确性有多少，但很少有人怀疑古代的房子以及紧跟着它的古代城市都是建立在这种坟墓之上的。[17]

如果不了解活人和死人之间的这种谱系性合约的约束作用，我们将永远无法理解埃涅阿斯这个特洛伊难民的领导及罗马的神话创始人身上的沉重负担。在特洛伊被摧毁之后，埃涅阿斯被委派负责把特洛伊之家（the House of Troy）从一个地方转移到另外一个地方，以便能够把它留住。更为准确地说，他要负责把他家庭先祖的神灵搬到一个新的家里。在《埃涅阿斯纪》的一个戏剧性的段落中，死去的赫克托耳的鬼魂在一次梦幻中出现在埃涅阿斯的面前，并给他做出指示：

> "啊，女神的儿子，快跑吧［赫克托耳喊道］，
> 快点逃离这些火焰。敌人
> 已经占领了城墙；特洛伊就要从高处跌落。
> 我们的家，我们的普里阿摩斯王——气数已尽：
> 如果有什么英勇的行为可以拯救帕加穆斯，
> 我的手就可以有作用。但特洛伊指派
> 她神圣的东西和家神给你负责；
> 带走它们，把它们当成你命运的伙伴，
> 为它们找到坚固的墙，
> 在你跨过大海之后，你将最终把它们建立。"
> 赫克托耳这样说道，然后他从屋内祭坛中
> 取出花冠和伟大的灶神维斯太，
> 他的手中是那永不熄灭的圣火。[18]

这些家神在那永不熄灭的圣火中继续活着。圣火在一年中只有一次因为仪式需要被熄灭，之后重新点燃。为了拯救特洛伊之家，让
355 它在时间中持续保留下去，埃涅阿斯不仅要把这些家神重新安置到一处的土地上，他还要通过埋葬自己的人民来归化这个新的世界（*terra nova*）。《埃涅阿斯纪》中经常有这类仪式性质的埋葬。埃涅阿斯把父亲安咯塞斯埋葬在西西里，把巴利纽拉斯埋在大陆的尾端，把米塞纽斯埋葬在库麦附近，把自己的保姆伽伊塔埋葬在伽伊塔，未来的帝国城市南边一百英里的地方。这些地点中的每一个都先后变成了罗马未来历史中的一个地方。在这部关于罗马的创建的回顾性史诗里——它因为其所说的神话埋葬都具有回顾性质而更具启示性——维吉尔把埃涅阿斯塑造成为意大利半岛的一个驯化人，一个英雄，他在其荒野中通过以埋葬在那里的人的名字来命名个地点，把这些地方建立起来。就好像在走上海岸的过程中，他通过把自己的死者安葬在不同的地方，为罗马将来对这些领土的所有权打下了基础。

但是不只有地方，国家和帝国也都长存于这些人——请容许我称之为腐殖层——的基础之上。为防止我们认为这个观点只建立于古老的神话和过时的法国文献学之上，我们只需看一看一个现代、“文明的”国家，比如美国的创建过程。我们被告知美利坚合众国是建立在其宪法之上的。但是，宪法是如何在这片原本可采纳抽象、普遍法的大陆上生根发芽，又为何必须以此为基？因为建构宪法是一回事，而要给它一个能够确保其权威地位的依据则是另外一回事。在美国历史上的一个关键时期，即这个国家在奴隶制问题上产生分歧之时，林肯意识到，宪法必须由那些正在前来拯救这一司法制度，且将决定其权威地位的人来拯救。换句话说，他意识到这个国家的立国圣典需要一次重建，而这个重建又非圣典本身所能提供：

八十七年前，我们的先辈在这块大陆上创建了一个新的国家。她孕育于自由之中。奉行一切人生来平等的原则。

现在，我们正在进行一场伟大的内战，以考验那个国家，或者说，以考验任何孕育于自由并奉行上述原则的国家能否长久生存。我们聚集在这场战斗中的一个伟大的战场上。我们在此汇集，是为了把这战场的一部分奉献给那些为这个国家的生存而献身的烈士，作为他们的最后安息之所。我们这样做是理所当然、恰如其分的。

但是，从更为广泛的意义上来说，我们无法奉献、无法圣化、无法神化这块土地。那些曾在这里战斗过的勇敢的生者与死者已经将这块土地圣化，这远不是我们微薄的力量所能增减的。全世界不会注意，也不会长久记住我们今天在这里所讲的话。但是，全世界永远不会忘记这些勇士在这里做过的事。对我们这些活着的
人来说，倒是应该把自己奉献于勇士们以崇高的精神向前推进而 356
尚未完成的事业，应该把自己奉献于依然摆在我们面前的伟大任务——我们要从这些可敬的死者身上汲取更多的献身精神，来完成他们为之献出全部忠诚的事业；我们要在这里下定最大的决心，不让烈士们的鲜血白流；要在上帝的保佑下，使这个国家获得自由的新生；要使我们这个民有、民治、民享的政府永世长存。

爱默生的《经验》以一个向自己的国民提出的问题开始："我们在哪里发现自己？"[19] 对于这个长期出现、特别有美国特征的问题，林肯在葛底斯堡回答道："*hic*（这里）。""这里"这个词在他的简短演说中整整出现了八次，每一次都是指向地面——"这片土地"（this ground），这片让烈士和国家矛盾（它的内战）的受害人为之献身的土地。一个转折性的语法变化——从演说开头的"那个国家"到结束时的"这个"，表明这个国家的"这里"已经得到保证，它正是通过演说本身的埋葬行为

得以实现的。

“sepulcrum” 这个拉丁词来自 “*sepelire*”，意为埋葬，但它具有一个印欧语系的词根，即 “表达敬意”。林肯演说的历史反讽性在于，如果不是因为其表达敬意的姿态，世界将不会注意到在葛底斯堡所发生的一切。换句话说，光埋葬死者是不够的。正如我早些时候所强调的那样，记住、标记这个埋葬也是必需的。在这个意义上，林肯的演说是一个 “*sema*”，或者坟墓标记。它的言语行为把那片土地变成了这个国家发现自己的一个地方，或者那个地方。它必须在这片土地上建立或者重新建立它的共和国。这些留名青史的死者通过他们的牺牲以及更具重要意义的仪式性埋葬，让这个国家首次可将这片大陆宣布为己有。林肯演说中的 “这里” 就是国家和大陆在那块 “土地” 上合二为一的那个地方。从那里开始，“这个民有、民治、民享的政府永世长存”。从此以后，这块大陆变成了名副其实的一个地方，一个可以让美国这一理念在地理意义上扎根的地方。

但是，林肯的演说中所肯定的最重要的地方也许是国家之时间。它的 “*hic*” 不仅标明了一种地理意义上的 “这里”，还有一个历史的 “现在”：“八十七年前……现在我们正在进行一场伟大的内战……” 演说确定了这个国家在时间中的位置，在一个不断前行、很关键的历史中，在一个决定这样的一个国家是否会在时间中消失的时刻。简单地说，美国需要一个地方来进行历史性的诞生。这个地方不仅是在 “这块大陆” 的土地上，同时也是在这样的一些人的心中——他们将重新投入到那些就在这里死去的人为之奋斗的事业中，以此保证美国这一理念将能够延续，而这个 “*hic*” 从今往后将成为一个历史、地理和宪法交汇的
357 地方。[20]

除了这些想法之外，我还要加上下面的提醒：这样的奠基行为从来都不是完全原始的行为。埃涅阿斯到达拉丁姆地区的时候，它并不是一处杳无人迹的荒野。远非如此。《埃涅阿斯纪》在后半部分讲述了特

洛伊人与这块新土地上的土著居民之间的战争。这跟美洲大陆上出现的情况一样。史蒂文斯的罐子诗可能会被看成是关于在一片荒野中开辟地方的一个寓言——我自己就这样阅读过这首诗——但我们不能够忽略这样的事实:说话者“把一个罐子放在田纳西”,那里已经有一个可以放罐子的地方了。这个地方的名字本身——田纳西——道出了当地已有人迹的事实。当梭罗漫步在所谓的新英格兰荒野中时,他发现泥土中到处都是弓弩的箭头。我们是后来者,包括自认为是先驱者的那些人。我们安葬死者的地方在此之前一直都在接收他者的尸骨——这是绝对意义上的“他者”,包括其他物种,其中很多都是因我们而死,或死于我们的手上。

到现在为止,我关于地方奠基的观点大多依赖于我们的文化历史资料。现在我将把注意力投放到目前的情况,考虑所有这些将怎样与建筑的意义及职责产生联系,以此作为一个结论。

如果文化记忆有未来(这一点目前是值得怀疑的)的话,那么,有一天20世纪将被视为一个断断续续但连绵不绝的持续过程,即始于整整一个世纪前的新石器时代的结束进程。这个时代开始于动物的驯养和农业的发现,自始至终绝大部分的人类都生活、劳作在埋有他们的祖先,也将埋葬他们自己、他们的孩子以及孩子的孩子的土地上。但在现在的西方社会中,情况已不再是这样了。一百多年来,我们中的很多人头一次不知道我们将被埋葬在什么地方,假如我们都将有地可葬的话。我们与任何一辈祖先埋葬在一起的可能性变得越来越渺茫。从历史或者社会学的角度来看,这非常令人震惊。在几代人之前,不能确定自己死后的归宿地对于绝大部分人来说都是无法想象的。关于后新石器时代的地方性缺失(loss of place),没有什么比这种不确定性更具说服力。

与之伴随的是另外一种不确定性,它到最近之前对于绝大部分的人来说同样也是不可想象的。我们有很多人不知道我们所吃的食物从

哪里来。我们不了解自己所食用的谷物产于何地，蔬菜长于哪个菜园，
358 水果是在哪个果园被采摘下来。我们不熟悉我们所吃的个体动物，因为我们无需照料它们、不必看着它们生长，我们不知道它们属于哪个畜群，或者在哪块草地上吃草，而且最为重要的是，我们不参与它们的牺牲过程。每天，为满足世界市场对于肉类、鱼类和家禽肉的需要而进行的大屠杀都发生在与我们大部分人所生活的世界不同的另一个世界里。但我们不可避免地要依靠这样的大屠杀来生活。

当今世界有太多小孩子从未见过奶牛，这个事实对于奶牛而言未必是什么问题，然而，对于我们中的一部分人而言，这却是一个问题。不管我们是否知道牛奶从何而来，它都是同样的物质，但当很大一部分的第一世界小孩对于“牛奶从哪里来？”以及肉从何处来之类的问题答以“它从纸盒中来”和“它从超市里来”时，我们有理由相信，除了城市造成人类与食物生产过程的隔离之外，这其中还有更为重要的原因。在终极意义上而言，起源是不可知的，但是，不知道生命最初的脉动来源于何处与不了解牛奶从何处来还是存在着差别。当我们所消费之物的“来源”变得不只遥远，而且完全不真实时，我们所生活的世界就会给我们赖以生存的土地罩上一层帷幕——这席帷幕不只隐藏了我们所享用的食品的来源，而且也模糊了我们与土地的联系，换言之，即我们的死亡；因为土地既是我们的 *unde*（即“来处”），也是我们的 *quo*（即“去处”）。

不确定食物的来源以及尸体的归宿之间的相互联系并不是偶然的，而是必须的。它们都是西方在过去几百年时间里一心想要解放自己的结果。我们一心想把自己从我们跟土地之间长达千年的约束关系以及我们被死者奴役的状态中解放出来，不管采取什么办法。谁能责怪我们为了这个解放所作的努力呢？无数代人，不为人知，他们的汗与泪汇聚成海洋，渗入我们的劳动之中。我们在大地上劳作，至死方休，背负着面朝黄土之种族的诅咒，无可逃遁。我们经历无尽的困难和侮

辱,它们都打着我们对土地和死者的责任的旗号。我们不是已经数倍地履行了我们的职责了吗?难道我们没有权利一了百了地解除我们与死者、土地、甚至是上帝之间的债务吗?

这一点还有待观察。真正的现代性或后新石器时代的自由可能就存在于这种真正的解除,但我们并不真正的现代,而且很多时候我们仅仅通过否认这些债务就认为已经解除了它们。可以肯定的是,不管解放到什么程度,无论它是通过机械化的食物生产、技术创新,还是基因工程;不管生物医药科学能否成功地找到无限延长人类生命的办法,我 359
们都不能从自身人性的"实质"中解脱出来。生命的无限延长并不等于解脱。必死的命运只有通过对其条件进行明智的重新利用才能解脱。当前对地方的破坏几乎每个地方都有,而且已经持续了很长一段时间。它至少跟一种焦急甚至是疯狂的逃离死亡的行为是有部分联系的。我们是在脱离我们自己,这与其说我们正在遗弃或者破坏我们传统的家园(homehand),不如说我们正在遗弃或者破坏我们能够死得很舒心(at home)的地方。

在接受《明镜》的采访中,海德格尔宣称只有神灵才能把我们从虚无主义之中拯救出来,他认为后者正在把我们从土地上连根拔起。他宣称:"我们一点都不需要原子弹——人类已经被连根拔除了。我们所有的关系都已经变成了纯技术的关系。现在的人不再是在土地上生活了。"(O,第56页。)正是这种庄严的声明使得海德格尔在很多人眼中那么令人厌烦。当然在整个漫长的采访过程中,他真的惹恼了那些生活在都市里的采访者。这些做了充分准备的采访者并没有被哲学家的高度境界所吓倒,他们以下面的问题回应了海德格尔的哀痛:

> 《明镜》:好吧,我们得说我们真的愿意身在这里[在这个地球上],而且在我们这个年纪,我们也不会再离开这里去往其他地方。但是,谁又知道人是不是注定要出现在这个地球上呢?可以想象

> 得到,在这方面人是绝对没有决定的。毕竟,人可能会把自己的视线从这个地球上向外延伸,投到其他的星球上,我们会认为这是人所具有的诸多可能性之一。当然我们现在无论如何都无法做到那个程度——但是,哪儿写明了人的地方就是这里呢?(O,第57页。)

这是采访过程中采访者所提的最为关键的“哲学”问题,因为它直指海德格尔对于“人”与土地之间的相互关系的信念核心。其实,他的这种信念是坚信存在在其终极意义上就是这种相互关系而不是其他什么东西。海德格尔对这个问题的回答相当别扭:“就我自己的取向而言,无论如何,我知道,根据我们人类的经验和历史,任何必要的、非常重要的事情仅产生于这样的一个事实,那就是人曾经有一个家,它扎根在一个传统之中。”(O,第57页。)这个回答显得有点无力,不仅是因为关于“家”和“传统”的话语带有一种德国斯瓦比亚地方主义的味道,而且是因为海德格尔(他在自己整个生涯都在努力尝试各种形式的经验主义)在这里提到了自己的“取向”,并且非典型地求助于“经验和历史”
360 的权威,这就好像公开承认:那个作为他哲学基础的信念是不能在哲学的理论基础上得到证明的。假如证实这一信念的可能性真的不存在的话,那么,将此次采访实际上推向高潮的那个声明——“只有神灵才能拯救我们”——即便不是不可避免的,至少也是一以贯之的。这样的神被假定可以挽救我们与大地之间的联系,以此把“人”从无家的状态中,或者从采访问题所假定的大自然的不确定中解救出来。

如果是我来回答采访者的这个问题,我的答案将会有所不同,或者无论如何都会更加具有人类学的特点。首先,我会指出我们的“地方就在这里”,它就“写”在地球身上。你们可以自己去把它的化石挖起来、发掘它的坟墓、挖掘它的城市、阅读各种笔迹。它们都在说一个同样的东西:“*hic jacet*”(这里长眠着……)。我还要加上这一点:作为物种存在的人很有可能不是注定要出现在地球上,但对于人性,我们就不能说同样的话。人性不是一个物种。它就像维科提醒我们的、或者就像这个词的词源本身所表明的那样,是同腐殖土的一种联系。尼安德特人属于跟我们不同的一个人种,但他们埋葬死者的事实足以证明他们的存在方式是人性的。如果有一天我们把其他世界殖民化,那么我们就可以经验主义式地、肯定地说人毕竟不是注定要出现在这个地球上。但这样的人如果他存在的话,在他存在的时候,他就不再具有人性,至少不是在维科所谈论的"人性的人"(*homo humandi*)这个意义上,或者在他的巨人们把"这大地"和"这些橡树"指认为他们的所属地这个意义上。

"哲学将不能在当前的世界形势中促成任何即时的变化",或者通过任何方式抵消"正在引发一种绝对技术性状态的……世界的运动"——一种与地球分离但又不是不受地球限制的状态。如果海德格尔的这个观点是正确的,同样的话不能或者无需被用在决定了我们生活世界的具体结构的建筑上面(O,第57页)。我在开头宣布说只有建筑才能拯救我们的时候,我只有一半是开玩笑,因为建筑收容我们必死的命运,这是它能力范围之内的事情。它通过这种办法把罐子重新放到我们的后新石器时代的住处中。建筑不仅反映,同时也实用性地塑造了我们在世界中的存在方式。我们建造了我们的样子。我们建造我们自己。我倒希望我们无需等待一次全球革命或者一个神灵的到来才能重新人性化各种建筑行为的基础本体论。我认为,死亡随时都会来到我们身边,因此,我们应以此为基础在此地此时进行建造或重建。一旦我们只把自己所在的房屋、城市和国家当成一个居住之地,而非死后的长眠之所,这些房屋、城市和国家就永远不可能成为我们的家,也不可能被置于必死的界限之内,而后者正是所有的庇护所和地方性的终极源泉。

尽管在过去存在种种不尽人意之处,但是建筑或许会让我们以一

361 种完全现代的方式解除对于土地的债务，并开启一种新的居住秩序，我认为这并非绝无可能之事。这种建筑将以我们腐殖的本性作为尺度而不是以那种空泛浩淼的虚假超然的存在为尺度——这种虚假即是我早前提到过的我们那种虚假的现代性。我们不想要假装成其内容物之源头的牛奶盒式建筑，我们需要的是一个名实相符的奶牛式建筑，它的轮廓特征和组成材料包含了生命本身的“*unde*”和“*quo*”。它的建筑不只应建于教化（edification）之基上，而且还应深入这一基础内部。它们不只应伫于地面之上，而且应当延伸至地面之下。简而言之，我们需要的建筑与其说是人文主义的（humanistic，取其宏大的现代主义意义），不如说是腐殖性的（humic）。

我愿意期待这类腐殖建筑被大地的幽灵所缠绕，无论是存在性的过去还是历史性的过去都将在大地中安息。我这样说并不意味着它必须是阴森的、纪念性的、或者自觉地向已发生的事情表示虔诚，而是说它的建筑物应该沉入俗世时间的深处、尤其是死者的下层世界，即地方圣灵最终居住的地方，并从中拔地而起。如果一个房子、一个建筑物、或者一座城市的建筑特征没有在某种程度上显示出大地灵魂的迹象——如果大地的地方历史真实性和其所包含的死者没有明显地渗透到它的建造形式和构成物质中——那么这个房子、建筑物、或者城市对于世界来说就是死的。这意味着它被切断了与大地的联系，向死去的人关上了自己的门。这是我们生活的各个世界的一个反讽：它们的活力来自于它们下面的世界。[21]

注 释

1. 海德格尔,《只有神灵才能救我们:〈明镜〉采访》(Only a God Can Save Us: The *Spiegel* interview, 1966),威廉·J. 理查德森译,收录于《海德格尔:其人及其思想》(*Heidegger: The Man and the Thinker*),舍翰(Thomas Sheehan)编辑(芝加哥, 1981),第57页。以下略为《采访》。

2. "当不同于包围建筑的展开建筑来到美国的时候,就会产生与存在实质相关的外观实质。" 赖特(Frank Lloyd Wright),《一座美国建筑》(*An American Architecture*),埃德加·考夫曼编辑(纽约, 1955),第256页。

3. 下面这些著作标题仅代表一小部分的关于地方的文献资料,但它们都是我已经精心评论过的:哈里斯(Karsten Harries)的《建筑的道德作用》(*The Ethical Function of Architecture*,马萨诸塞州剑桥, 1998);卡塞(Edward S. Kasey)的《地方的命运:一种哲学史》(*The Fate of Place: A Philosophical History*,伯克利, 1997);科尔布(David Kolb)的《后现代复杂性:语言、建筑和传统》(*Postmodern Sophistication: Philosophy, Architecture, and Tradition*,芝加哥, 1990);弗兰普顿(Kenneth Frampton)的《走向批判性地区主义:反抗性建筑的六个要点》,收录于《反美学:后现代文化论文集》(*The Anti-Aesthetic: Essays on Post-modern Culture*),霍尔·福斯特编辑(华盛顿波特唐森, 1983),第16—30页;卡西亚里(Massimo Cacciari)的《建筑与虚无主义:现代建筑的哲学》(*Architecture and Nihilism*),史蒂芬·萨塔雷利译(康奈狄格州纽黑文, 1993);以及塔夫里(Manfredo Tafuri)的《球形与迷宫:从皮拉内西到1970年代的先锋艺术与建筑》(*The Sphere and the Labyrinth*,马萨诸塞州剑桥, 1987)。

4. 史蒂文斯(Wallace Stevens),《罐子轶事》(Anecdote of the Jar),《史蒂文斯诗歌集》(*The Collected Poems of Wallace Stevens*,纽约, 1962),第76页。

5. 哈里斯,《建筑的道德作用》,第223页。

6. 塞尔(Michel Serres),《雕像》(*Statues: Le Second Livre des fondations*,巴黎, 1987),第281页。

7. 我使用"体现"这个词目的在于暗示海德格尔的一篇短文《艺术与空间》,《人与世界》(*Man and World*)第6期(1973)第3—8页。海德格尔在这篇文章中认为,通过把空间局部化以及塑造人类居住的地点,雕塑比建筑更早地"体现"了地方。

8. 参见海德格尔,《存在与时间》(*Being and Time*),约翰·马克卡里和爱德华·罗宾逊译(纽约, 1962),第182—187页。

9. 参见维科(Giambattista Vico),《新科学》(*The New Science*),托马斯·伯金和梅兹·费什译(纽约, 1958),第97—99页。

10. 塞尔,《雕像》,第6页。

11. 海德格尔,《论亚里士多德〈物理学〉中"physis"的本质及思想》,托马斯·舍翰译,收录于《路标》(*Pathmarks*),威廉·麦克尼尔编辑(剑桥, 1998),第200页。

12. 同上。

13. 伯克特(Walter Burkert),《希腊宗教》(*Greek Religion*),约翰·拉芬译(剑桥,1988),第206—207页。

14. 要了解关于印欧人的早期家庭宗教的全面考古研究,请参考德·库朗日(Numa-Denis Fustel de Coulanges)的《古代城市》(*The Ancient City*,巴尔的摩,1980)。

15. 参见皮兰德娄(Luigi Pirandello)的中篇小说"'Requiem aeternam dona eis, Domine!'",Novelle per un anno, *Opere di Luigi Pirandello* 第1卷(米兰,1956),第559—566页。

16. 维科,《新科学》,第185页。

17. 这个问题在我的文章《房子是什么》中有全面的谈论,见《新世界》(*Terra Nova*)第1期(1996,春),第17—26页。

18. 维吉尔,《埃涅阿斯纪》(*The Aeneid*),艾伦·门德尔鲍姆译(纽约,1972),第2章第285—295行,第39页。

19. 爱默生,《经验》(Experience),《文集:系列二》,《爱默生作品全集》第3卷(波士顿,1903),第45页。

20. 关于地理、意识形态和历史的相互交错怎样促成了所谓的"神圣的风景"的相关直接讨论请参见W.J.T.米切尔的《神圣风景:以色列、巴勒斯坦与美国的荒野》。在这篇文章的结尾,米切尔认为"关于犹太主义的命运的幻想是对一个具体的地方的占有,而不是一种普适性人类价值的理想。这种幻想现在已经在一个被盲目崇拜的地方、一种由子弹和推土机强制推行的领土神秘主义中得到实现。我们的挑战是要打探这种盲目崇拜,解放它的蛊惑力"(第223页)。从我的文章的观点看,我们的挑战是要避免对地方的盲目崇拜,同时坚持地方的地方性。

21. 这篇文章来自于1999年10月在弗吉尼亚大学的一次讲话。我把它献给建筑学院院长凯伦·范·伦根(Karen Van Lengen)。除另作说明之外,所有的翻译都是本人自己的翻译。

撰稿人介绍

安·简森·亚当斯（Ann Jensen Adams），加州大学圣塔芭芭拉分校艺术与建筑历史系的助理教授，著有《纽约私人藏品中的17世纪荷兰和佛兰德绘画》（*Seventeenth-Century Dutch and Flemish Paintings from New York Private Collections*, 1988）。

安·伯明翰（Ann Bermingham），加州大学圣塔芭芭拉分校艺术历史教授，著有《风景与意识形态》（*Landscape and Ideology: The English Rustic Tradition, 1740—1860*, 1986）。

乔纳森·博尔多（Jonathan Bordo），特伦特大学的文化研究副教授，他目前的研究项目是一部题为《缺少见证的风景》（*The Landscape without a Witness: An Essay in Modern Painting*）的著作。

戴维·邦恩（David Bunn），西开普大学的副教授，他是《来自南非：新书写、摄影及艺术》（*From South Africa: New Writing, Photographs, and Art*）一书的合编者。

查尔斯·哈里森（Charles Harrison），英格兰开放大学的艺术史特约审稿人，著有《英国艺术与现代主义 1900—1939》（*English Art and Modernism 1900—1939*, 1981）和《论艺术与语言》（*Essays on Art & Language*, 1991），是《现代主义、批评、现实主义》（*Modernism, Criticism, Realism*, 1984）和《理论中的艺术 1900—1990》（*Art in Theory 1900—1990*, 1992）的合编者。

罗伯特·伯格·哈里森（Robert Pogue Harrison），斯坦福大学意大利文学的罗西娜·皮耶罗蒂荣誉教授，他最新的著作是《罗马，雨》（*Rome, la pluie: A Quoi bon la literature*?）。他目前正在研究的课题是现代西方文化中生者与死者之间的关系。

伊丽莎白·赫尔辛格（Elizabeth Helsinger），芝加哥大学英语语言与文学系的教授，著有《罗斯金与观者的艺术》（*Ruskin and the Art of the Beholder*, 1982），合著有《妇女问题》（*The Woman Question: Society and Literature in Britain and America 1837—1883*）。

W.J.T. 米切尔（W.J.T. Mitchell），芝加哥大学英国语言与文学系和艺术系的盖洛德·唐纳利突出贡献教授，著有《图像学》（*Iconology*, 1986）、《图画理论》（*Picture Theory*, 1994）和《最后的恐龙书》（*The Last Dinosaur Book*, 1998），是《批评研究》（*Critical Inquiry*）杂志的编辑。

爱德华·W. 萨义德（Edward W. Said），哥伦比亚大学的英语和比较文学大学教授，著有《格格不入》（*Out of Place: A Memoir*, 1999）。

乔尔·斯奈德（Joel Snyder），芝加哥大学艺术系的教授，著有《美国边疆》（*American Frontiers: The Photographs of Timothy H. O'Sullivan,*

1867—1874, 1981),是《批评研究》的合编者。

迈克尔·陶希格(Michael Taussig),哥伦比亚大学的人类学教授,著有《南美的魔鬼与商品拜物主义》(*The Devil and Commodity Fetishism in South America*, 1990)、《模仿与差异》(*Mimesis and Alterity*, 1993)和《丑化》(*Defacement*, 1999)。

索 引

（条目后的数字为原书页码，见本书边码）

人文与社会译丛

第一批书目

1.《政治自由主义》(增订版),[美]J. 罗尔斯著,万俊人译 118.00 元
2.《文化的解释》,[美]C. 格尔茨著,韩莉译 89.00 元
3.《技术与时间:1. 爱比米修斯的过失》,[法]B. 斯蒂格勒著,裴程译 62.00 元
4.《依附性积累与不发达》,[德]A. G. 弗兰克著,高铦等译 13.60 元
5.《身处欧美的波兰农民》,[美]F. 兹纳涅茨基、W. I. 托马斯著,张友云译 9.20 元
6.《现代性的后果》,[英]A. 吉登斯著,田禾译 45.00 元
7.《消费文化与后现代主义》,[英]M. 费瑟斯通著,刘精明译 14.20 元
8.《英国工人阶级的形成》(上、下册),[英]E. P. 汤普森著,钱乘旦等译 168.00 元
9.《知识人的社会角色》,[美]F. 兹纳涅茨基著,郏斌祥译 49.00 元

第二批书目

10.《文化生产:媒体与都市艺术》,[美]D. 克兰著,赵国新译 49.00 元
11.《现代社会中的法律》,[美]R. M. 昂格尔著,吴玉章等译 39.00 元
12.《后形而上学思想》,[德]J. 哈贝马斯著,曹卫东等译 58.00 元
13.《自由主义与正义的局限》,[美]M. 桑德尔著,万俊人等译 30.00 元

14.《临床医学的诞生》,[法]M. 福柯著,刘北成译 55.00 元
15.《农民的道义经济学》,[美]J. C. 斯科特著,程立显等译 42.00 元
16.《俄国思想家》,[英]I. 伯林著,彭淮栋译 35.00 元
17.《自我的根源:现代认同的形成》,[加]C. 泰勒著,韩震等译 128.00 元
18.《霍布斯的政治哲学》,[美]L. 施特劳斯著,申彤译 49.00 元
19.《现代性与大屠杀》,[英]Z. 鲍曼著,杨渝东等译 59.00 元

第三批书目

20.《新功能主义及其后》,[美]J. C. 亚历山大著,彭牧等译 15.80 元
21.《自由史论》,[英]J. 阿克顿著,胡传胜等译 89.00 元
22.《伯林谈话录》,[伊朗]R. 贾汉贝格鲁等著,杨祯钦译 48.00 元
23.《阶级斗争》,[法]R. 阿隆著,周以光译 13.50 元
24.《正义诸领域:为多元主义与平等一辩》,[美]M. 沃尔泽著,褚松燕等译 24.80 元
25.《大萧条的孩子们》,[美]G. H. 埃尔德著,田禾等译 27.30 元
26.《黑格尔》,[加]C. 泰勒著,张国清等译 135.00 元
27.《反潮流》,[英]I. 伯林著,冯克利译 48.00 元
28.《统治阶级》,[意]G. 莫斯卡著,贾鹤鹏译 98.00 元
29.《现代性的哲学话语》,[德]J. 哈贝马斯著,曹卫东等译 78.00 元

第四批书目

30.《自由论》(修订版),[英]I. 伯林著,胡传胜译 69.00 元
31.《保守主义》,[德]K. 曼海姆著,李朝晖、牟建君译 58.00 元
32.《科学的反革命》(修订版),[英]F. 哈耶克著,冯克利译 58.00 元

33.《实践感》,[法]P. 布迪厄著,蒋梓骅译 75.00 元
34.《风险社会:新的现代性之路》,[德]U. 贝克著,张文杰等译 58.00 元
35.《社会行动的结构》,[美]T. 帕森斯著,彭刚等译 80.00 元
36.《个体的社会》,[德]N. 埃利亚斯著,翟三江、陆兴华译 15.30 元
37.《传统的发明》,[英]E. 霍布斯鲍姆等著,顾杭、庞冠群译 68.00 元
38.《关于马基雅维里的思考》,[美]L. 施特劳斯著,申彤译 78.00 元
39.《追寻美德》,[美]A. 麦金太尔著,宋继杰译 68.00 元

第五批书目

40.《现实感》,[英]I. 伯林著,潘荣荣、林茂、魏钊凌译 78.00 元
41.《启蒙的时代》,[英]I. 伯林著,孙尚扬、杨深译 35.00 元
42.《元史学》,[美]H. 怀特著,陈新译 89.00 元
43.《意识形态与现代文化》,[英]J. B. 汤普森著,高铦等译 68.00 元
44.《美国大城市的死与生》,[加]J. 雅各布斯著,金衡山译 78.00 元
45.《社会理论和社会结构》,[美]R. K. 默顿著,唐少杰等译 128.00 元
46.《黑皮肤,白面具》,[法]F. 法农著,万冰译 58.00 元
47.《德国的历史观》,[美]G. 伊格尔斯著,彭刚、顾杭译 58.00 元
48.《全世界受苦的人》,[法]F. 法农著,万冰译 17.80 元
49.《知识分子的鸦片》,[法]R. 阿隆著,吕一民、顾杭译 59.00 元

第六批书目

50.《驯化君主》,[美]H. C. 曼斯菲尔德著,冯克利译 68.00 元
51.《黑格尔导读》,[法]A. 科耶夫著,姜志辉译 98.00 元
52.《象征交换与死亡》,[法]J. 波德里亚著,车槿山译 68.00 元
53.《自由及其背叛》,[英]I. 伯林著,赵国新译 48.00 元

54.《启蒙的三个批评者》,[英]I. 伯林著,马寅卯、郑想译　48.00 元

55.《运动中的力量》,[美]S. 塔罗著,吴庆宏译　23.50 元

56.《斗争的动力》,[美]D. 麦克亚当、S. 塔罗、C. 蒂利著,李义中等译　31.50 元

57.《善的脆弱性》,[美]M. 纳斯鲍姆著,徐向东、陆萌译　55.00 元

58.《弱者的武器》,[美]J. C. 斯科特著,郑广怀等译　82.00 元

59.《图绘》,[美]S. 弗里德曼著,陈丽译　49.00 元

第七批书目

60.《现代悲剧》,[英]R. 威廉斯著,丁尔苏译　45.00 元

61.《论革命》,[美]H. 阿伦特著,陈周旺译　59.00 元

62.《美国精神的封闭》,[美]A. 布卢姆著,战旭英译,冯克利校　68.00 元

63.《浪漫主义的根源》,[英]I. 伯林著,吕梁等译　49.00 元

64.《扭曲的人性之材》,[英]I. 伯林著,岳秀坤译　22.00 元

65.《民族主义思想与殖民地世界》,[美]P. 查特吉著,范慕尤、杨曦译　18.00 元

66.《现代性社会学》,[法]D. 马尔图切利著,姜志辉译　32.00 元

67.《社会政治理论的重构》,[美]R. J. 伯恩斯坦著,黄瑞祺译　72.00 元

68.《以色列与启示》,[美]E. 沃格林著,霍伟岸、叶颖译　128.00 元

69.《城邦的世界》,[美]E. 沃格林著,陈周旺译　85.00 元

70.《历史主义的兴起》,[德]F. 梅尼克著,陆月宏译　48.00 元

第八批书目

71.《环境与历史》,[英]W. 贝纳特、P. 科茨著,包茂红译　25.00 元

72.《人类与自然世界》,[英]K. 托马斯著,宋丽丽译　35.00 元

73.《卢梭问题》,[德]E. 卡西勒著,王春华译 39.00 元
74.《男性气概》,[美]H. C. 曼斯菲尔德著,刘玮译 28.00 元
75.《战争与和平的权利》,[美]R. 塔克著,罗炯等译 25.00 元
76.《谁统治美国》,[美]W. 多姆霍夫著,吕鹏、闻翔译 35.00 元
77.《健康与社会》,[法]M. 德吕勒著,王鲲译 35.00 元
78.《读柏拉图》,[德]T. A. 斯勒扎克著,程炜译 68.00 元
79.《苏联的心灵》,[英]I. 伯林著,潘永强、刘北成译 59.00 元
80.《个人印象》,[英]I. 伯林著,覃学岚译 88.00 元

第九批书目

81.《技术与时间:2. 迷失方向》,[法]B. 斯蒂格勒著,赵和平、印螺译 59.00 元
82.《抗争政治》,[美]C. 蒂利、S. 塔罗著,李义中译 28.00 元
83.《亚当·斯密的政治学》,[英]D. 温奇著,褚平译 21.00 元
84.《怀旧的未来》,[美]S. 博伊姆著,杨德友译 85.00 元
85.《妇女在经济发展中的角色》,[丹]E. 博斯拉普著,陈慧平译 30.00 元
86.《风景与认同》,[美]W. J. 达比著,张箭飞、赵红英译 68.00 元
87.《过去与未来之间》,[美]H. 阿伦特著,王寅丽、张立立译 58.00 元
88.《大西洋的跨越》,[美]D. T. 罗杰斯著,吴万伟译 108.00 元
89.《资本主义的新精神》,[法]L. 博尔坦斯基、E. 希亚佩洛著,高铦译 58.00 元
90.《比较的幽灵》,[美]B. 安德森著,甘会斌译 79.00 元

第十批书目

91.《灾异手记》,[美]E. 科尔伯特著,何恬译 25.00 元

92.《技术与时间:3. 电影的时间与存在之痛的问题》,
[法]B. 斯蒂格勒著,方尔平译 65.00 元
93.《马克思主义与历史学》,[英]S. H. 里格比著,吴英译 78.00 元
94.《学做工》,[英]P. 威利斯著,秘舒、凌旻华译 68.00 元
95.《哲学与治术:1572—1651》,[美]R. 塔克著,韩潮译 45.00 元
96.《认同伦理学》,[美]K. A. 阿皮亚著,张容南译 45.00 元
97.《风景与记忆》,[英]S. 沙玛著,胡淑陈、冯樨译 78.00 元
98.《马基雅维里时刻》,[英]J. G. A. 波考克著,冯克利、傅乾译 108.00 元
99.《未完的对话》,[英]I. 伯林、[波]B. P. -塞古尔斯卡著,
杨德友译 65.00 元
100.《后殖民理性批判》,[印]G. C. 斯皮瓦克著,严蓓雯译 79.00 元

第十一批书目

101.《现代社会想象》,[加]C. 泰勒著,林曼红译 45.00 元
102.《柏拉图与亚里士多德》,[美]E. 沃格林著,刘曙辉译 78.00 元
103.《论个体主义》,[法]L. 迪蒙著,桂裕芳译 30.00 元
104.《根本恶》,[美]R. J. 伯恩斯坦著,王钦、朱康译 78.00 元
105.《这受难的国度》,[美]D. G. 福斯特著,孙宏哲、张聚国译 39.00 元
106.《公民的激情》,[美]S. 克劳斯著,谭安奎译 49.00 元
107.《美国生活中的同化》,[美]M. M. 戈登著,马戎译 58.00 元
108.《风景与权力》,[美]W. J. T. 米切尔著,杨丽、万信琼译 78.00 元
109.《第二人称观点》,[美]S. 达沃尔著,章晟译 69.00 元
110.《性的起源》,[英] F. 达伯霍瓦拉著,杨朗译 85.00 元

第十二批书目

111.《希腊民主的问题》,[法]J. 罗米伊著,高煜译 48.00元
112.《论人权》,[英]J. 格里芬著,徐向东、刘明译 75.00元
113.《柏拉图的伦理学》,[英]T. 埃尔文著,陈玮、刘玮译 118.00元
114.《自由主义与荣誉》,[美]S. 克劳斯著,林垚译 62.00元
115.《法国大革命的文化起源》,[法]R. 夏蒂埃著,洪庆明译 38.00元
116.《对知识的恐惧》,[美]P. 博格西昂著,刘鹏博译 38.00元
117.《修辞术的诞生》,[英]R. 沃迪著,何博超译 48.00元
118.《历史表现中的真理、意义和指称》,[荷]F. 安克斯密特著,周建漳译 58.00元
119.《天下时代》,[美]E. 沃格林著,叶颖译 78.00元
120.《求索秩序》,[美]E. 沃格林著,徐志跃译 48.00元

第十三批书目

121.《美德伦理学》,[新西兰]R. 赫斯特豪斯著,李义天译 68.00元
122.《同情的启蒙》,[美]M. 弗雷泽著,胡靖译 48.00元
123.《图绘暹罗》,[美]T. 威尼差恭著,袁剑译 58.00元
124.《道德的演化》,[新西兰]R. 乔伊斯著,刘鹏博、黄素珍译 65.00元
125.《大屠杀与集体记忆》,[美]P. 诺维克著,王志华译 78.00元
126.《帝国之眼》,[美]M. L. 普拉特著,方杰、方宸译 68.00元
127.《帝国之河》,[美]D. 沃斯特著,侯深译 76.00元
128.《从道德到美德》,[美]M. 斯洛特著,周亮译 58.00元
129.《源自动机的道德》,[美]M. 斯洛特著,韩辰锴译 58.00元
130.《理解海德格尔:范式的转变》,[美]T. 希恩著,邓定译 89.00元

第十四批书目

131.《城邦与灵魂:费拉里〈理想国〉论集》,[美]G. R. F. 费拉里著,刘玮编译 58.00元

132.《人民主权与德国宪法危机》,[美]P. C. 考威尔著,曹晗蓉、虞维华译 58.00元

133.《16和17世纪英格兰大众信仰研究》,[英]K. 托马斯著,芮传明、梅剑华译 168.00元

134.《民族认同》,[英]A. D. 史密斯著,王娟译 55.00元

135.《世俗主义之乐:我们当下如何生活》,[英]G. 莱文编,赵元译 58.00元

136.《国王或人民》,[美]R. 本迪克斯著,褚平译(即出)

137.《自由意志、能动性与生命的意义》,[美] D. 佩里布姆著,张可译 68.00元

138.《自由与多元论:以赛亚·伯林思想研究》,[英]G. 克劳德著,应奇等译 58.00元

139.《暴力:思无所限》,[美]R. J. 伯恩斯坦著,李元来译 59.00元

140.《中心与边缘:宏观社会学论集》,[美]E. 希尔斯著,甘会斌、余昕译 88.00元

第十五批书目

141.《自足的世俗社会》,[美]P. 朱克曼著,杨靖译 58.00元

142.《历史与记忆》,[英]G. 丘比特著,王晨凤译 59.00元

143.《媒体、国家与民族》,[英]P. 施莱辛格著,林玮译 68.00元

144.《道德错误论:历史、批判、辩护》,

［瑞典］J. 奥尔松著，周奕李译　　58.00元

145.《废墟上的未来：联合国教科文组织、世界遗产与和平之梦》，［澳］L. 梅斯克尔著，王丹阳、胡牧译　　88.00元

146.《为历史而战》，［法］L. 费弗尔著，高煜译　　98.00元

147.《语言动物：人类语言能力概览》，［加］C. 泰勒著，赵清丽译（即出）

148.《我们中的我：承认理论研究》，［德］A. 霍耐特著，张曦、孙逸凡译　　62.00元

149.《人文学科与公共生活》，［美］P. 布鲁克斯、H. 杰维特编，余婉卉译　　52.00元

150.《美国生活中的反智主义》，［美］R. 霍夫施塔特著，何博超译　　68.00元

第十六批书目

151.《关怀伦理与移情》，［美］M. 斯洛特著，韩玉胜译　　48.00元

152.《形象与象征》，［罗］M. 伊利亚德著，沈珂译　　48.00元

153.《艾希曼审判》，［美］D. 利普斯塔特著，刘颖洁译　　49.00元

154.《现代主义观念论：黑格尔式变奏》，［美］R. B. 皮平著，郭东辉译（即出）

155.《文化绝望的政治：日耳曼意识形态崛起研究》，［美］F. R. 斯特恩著，杨靖译　　98.00元

156.《作为文化现实的未来：全球现状论集》，［印］A. 阿帕杜拉伊著，周云水、马建福译（即出）

157.《一种思想及其时代：以赛亚·伯林政治思想的发展》，［美］J. L. 彻尼斯著，寿天艺、宋文佳译（即出）

158.《人类的领土性：理论与历史》，［美］R. B. 萨克著，袁剑译（即出）

159.《理想的暴政：多元社会中的正义》，[美]G. 高斯著，范震亚译（即出）

160.《荒原：一部历史》，[美]V. D. 帕尔马著，梅雪芹译（即出）

有关“人文与社会译丛”及本社其他资讯，欢迎点击 www. yilin. com 浏览，对本丛书的意见和建议请反馈至新浪微博@译林人文社科。